専門士課程 建築法規

福田健策＋渡邊亮一［著］

学芸出版社

はじめに〜「建築法規」を学ぶ人たちへ

　建築学科の基本教科として，建築計画，建築施工，建築法規，建築構造と建築製図の5教科に大別される．これらの基本教科について，はじめて建築を学ぶ人のために適した教科書が少なく，多くの専門学校の現場から，平易でわかりやすく，なお二級建築士の教材としても活用できるテキストが求められてきた．この本では，著者自らが教壇に立ち，また長年にわたる二級建築士受験指導の経験に基づいて，私たち自身が使いやすいテキストづくりを目指した．

　これから初めて建築を学ぶ諸君は，ともすれば建築学は学ぶ範囲が広範で，なおかつ高い理数系の能力を必要とするように思われがちであるが，それは大きな誤解だと思ってもらいたい．建築は日々の生活行動と密接に関連している．その生活行動を，それぞれの分野ごとに詳細な検討を加えていくことで，今まで難解と思われていた事項も理解が安易なものとなる．

　また二級建築士受験を目指す諸君は，一次試験では4教科を受験した後に，二次試験の建築製図試験にのぞむことになる．近年，建築士試験は一級，二級とも非常に厳しい試験となり，合格率も一段と下がった．この本では，学科の基本解説の後に，各章ごとに過去の関連問題をのせた．この関連問題には，詳しく解答解説も加えてあるので，この部分も教材としてしっかりと活用してもらいたい．

　建築法規は，建築基準法，建築基準法施行令，都市計画法，建築業法，建築士法などによって建築物を計画，設計するうえでの様々な法規制がなされており，国民の生命，健康及び財産の保護を図っている．

　そのため，これらの法規は常にその時代の変化に対応して，改定がなされている．

　本書では，各法規における主要部分について詳しく解説を加えるとともに，近年の改定された部分にも触れつつ，図版を多く掲載して，読者の理解をはかった．

目　次

1　概　　要 ……………………………8
　1・1　建築にかかわる関連法規 ………8
　1・2　建築基準法の構成 ……………8
　1・3　条文の構成 …………………10
　1・4　法令用語 ……………………10

2　用語の定義 …………………………12
　2・1　建築物に関する用語 …………12
　2・2　防火関係の用語 ………………16
　　　　例　　題 …………………30

3　面積・高さ等の算定 ………………32
　3・1　一般用語 ……………………32
　3・2　面積算定 ……………………34
　3・3　高さ等の算定 …………………36
　　　　例　　題 …………………38

4　建築手続 ……………………………40
　4・1　用語の定義 …………………40
　4・2　建築の手続き …………………42
　　　　例　　題 …………………49

5　一般構造・設備規定 ………………50
　5・1　敷地の衛生及び安全 …………50
　5・2　居室 …………………………50
　5・3　長屋又は共同住宅の各戸の界壁
　　　　　…………………………54
　5・4　石綿その他の物質の対策
　　　　（シックハウス対策含） …………56
　5・5　階段 …………………………62
　5・6　便所 …………………………64
　5・7　その他の設備 …………………66
　5・8　昇降機設備 …………………68
　　　　例　　題 …………………70

6　防火 …………………………………72
　6・1　大規模の建築物の主要構造部 …72

	6・2	法22条指定区域内の建築制限 …72
	6・3	大規模の木造建築物等の外壁等 ……72
	6・4	木造建築物等の防火壁・界壁等 ……74
	6・5	耐火建築物又は準耐火建築物 …76
	6・6	防火区画等 ………………………78
	6・7	建築物に設ける煙突 …………80
		例　題 …………………………80
7	避難施設等 ………………………82
	7・1	無窓居室 …………………………82
	7・2	適用の範囲 ………………………82
	7・3	廊下・直通階段 …………………82
	7・4	避難階段 …………………………84
	7・5	各種出口・屋外広場等 …………84
	7・6	排煙設備 …………………………86
	7・7	非常用の照明装置 ………………88
	7・8	非常用の進入口 …………………88
	7・9	敷地内の避難上及び消火上必要な通路等 …………………………90
	7・10	避難上の安全の検証 ……………92
	7・11	内装制限 …………………………92
		例　題 …………………………94
8	構造強度 ………………………………96
	8・1	構造設計の原則 …………………96
	8・2	保有水平耐力計算 ………………96
	8・3	限界耐力計算 ……………………98
	8・4	許容応力度等計算 ………………98
	8・5	荷重及び外力 ……………………98
	8・6	許容応力度と材料強度 …………100
	8・7	構造部材等 ………………………100
	8・8	木造 ………………………………102
	8・9	組積造 ……………………………108
	8・10	補強コンクリートブロック造 ……………………………110
	8・11	鉄骨造 ……………………………112
	8・12	鉄筋コンクリート造 …………114
	8・13	鉄骨・鉄筋コンクリート造 …116
		例　題 …………………………116
9	道　路 …………………………………118
		例　題 …………………………120
10	用途地域 ………………………………122
	10・1	用途地域 …………………………122
	10・2	住居系用途地域における自動車車庫の規制 …………………………126
		例　題 …………………………126
11	面積制限 ………………………………128
	11・1	容積率 ……………………………128
	11・2	建ぺい率 …………………………132
	11・3	第1種・第2種低層住居専用地域内の制限 …………………………134
		例　題 …………………………136
12	建築物の高さ ………………………138
	12・1	道路斜線 …………………………138
	12・2	隣地斜線 …………………………142
	12・3	北側斜線 …………………………142
	12・4	斜線制限の適用の除外（天空率） ……………………………146
	12・5	日影による中高層の建築物の高さの制限 …………………………148
		例　題 …………………………150
13	防火地域・準防火地域 ………………152
	13・1	防火地域・準防火地域 ………………152
	13・2	その他の地区・地域等 ………………154
		例　題 …………………………156

14 基準法のその他の規定 …………158
- 14・1 建築協定 …………158
- 14・2 地区計画等の区域 …………158
- 14・3 一定の複数建築物に対する制限の特例 …………160
- 14・4 簡易な構造の建築物に対する制限の緩和 …………162
- 14・5 仮設建築物・応急仮設建築物 …………164
- 14・6 既存不適格建築物 …………166
- 14・7 工事現場の危害の防止 …………168
- 例　題 …………168

15 建築士法・建設業法 …………170
- 15・1 建築士法 …………170
- 15・2 建設業法 …………176
- 例　題 …………177

16 その他の法律 …………178
- 16・1 消防法 …………178
- 16・2 都市計画法 …………182
- 16・3 住宅の品質確保の促進等に関する法律（品確法） …………186
- 16・4 高齢者・障害者等の移動等の円滑化の促進に関する法律（バリアフリー新法） …………188
- 16・5 建築物の耐震改修の促進に関する法律 …………190
- 16・6 その他の法規 …………190
- 例　題 …………195

　　複合問題 …………196
　　解答編 …………198

〈専門士課程〉建築法規

1　概　要

1・1　建築にかかわる関連法規

　　　　　　　　　　　　　　　　　　　　　　　　本書の章
- 建築基準法………建築に関する最低限の法律……………第1章から第14章
- 建築士法…………建築士に関する法律………………第15章
- 建設業法…………建設業に関する法律………………第15章
- 都市計画法………都市計画に関する法律……………第16章
- 消　防　法………消防及び危険物に関する法律………第16章
- 住宅の品質確保の促進等に関する法律………………第16章
- 高齢者・障害者等の移動等の円滑化の促進に関する法律
  （バリアフリー新法）……………………………第16章
- 建築物の耐震改修の促進に関する法律………………第16章

上記が主な内容であり，その他は，

　　宅地造成法，道路法，水道法，下水道法，駐車場法，文化財保護法，等．
　特定用途の建築物では，

　　学校教育法，児童福祉法，労働基準法，医療法，旅館業法，等．

1・2　建築基準法の構成

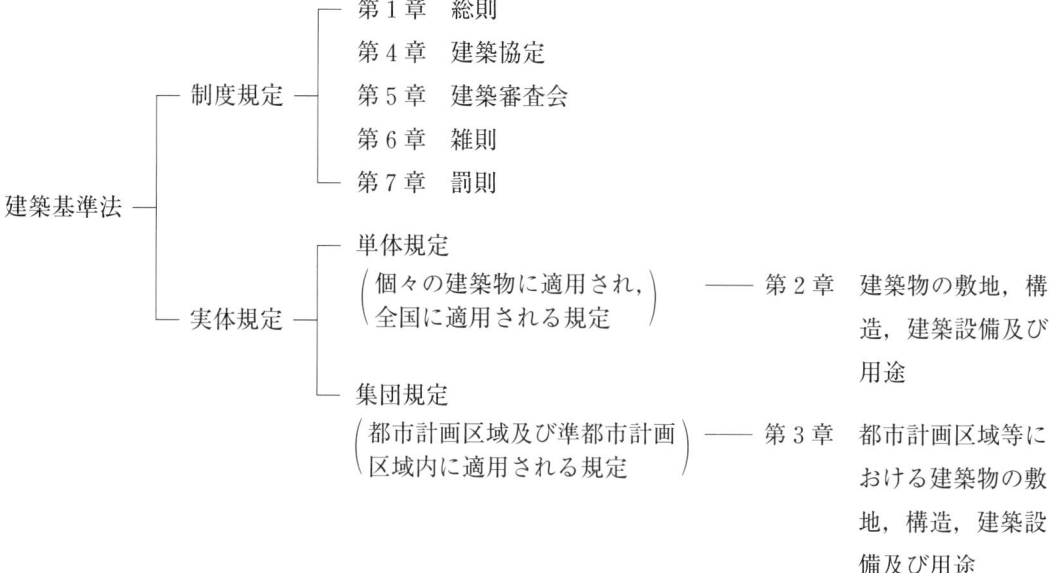

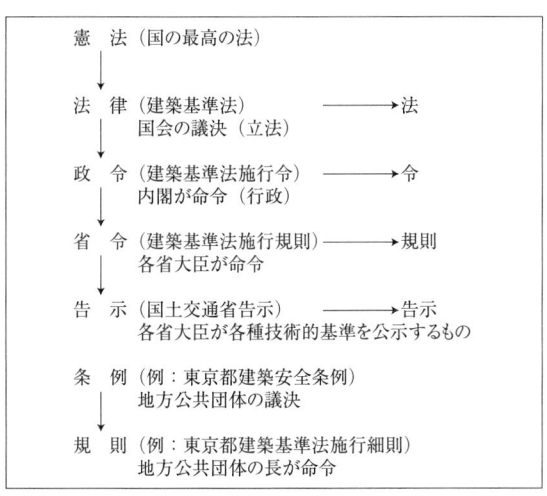

図1・1　法令の体系

表1・1　建築基準法の内容

章	内　　容	関 係 政 令
1章（1条～18条）総則	用語の定義や手続き，行政機関に関する規定	1章，4章
2章（19条～41条） 建築物の敷地，構造及び建築設備	（単体規定）　個々の建築物の衛生，安全，防災，避難等に関する規定で全国一律に適用される	2章，3章，4章，5章，5章の2，5章の3，5章の4
3章（41条の2～68条の8） 都市計画区域等における建築物の敷地，構造，建築設備及び用途	（集団規定）　都市を構成する要素として，建築物の守るべき，道路，用途，規模，形態，防火，美観等に関する規定で，都市計画区域及び準都市計画区域内に適用される（第8節を除く）	6章，7章，7章の2，7章の3
3章の2（68条の10～68条の26） 型式適合認定等	建築材料等の型式適合認定制度	7章の5
4章（69条～77条）建築協定	市民の合意による環境基準の協定	
4章の2（77条の2～77条の65） 指定資格検定機関等	建築基準法適合判定資格者検定の実施に関する事務	7章の6
5章（78条～83条） 建築審査会	建築主事，特定行政庁，建築監視員等の職務が公正に行われるための制度	
6章（84条～97条の6） 雑　　則	法の適用除外，工作物等に対する準用，現場の危害防止など	7章の4，8章，9章，10章
7章（98条～105条）罰則	違反者に対する罰則	

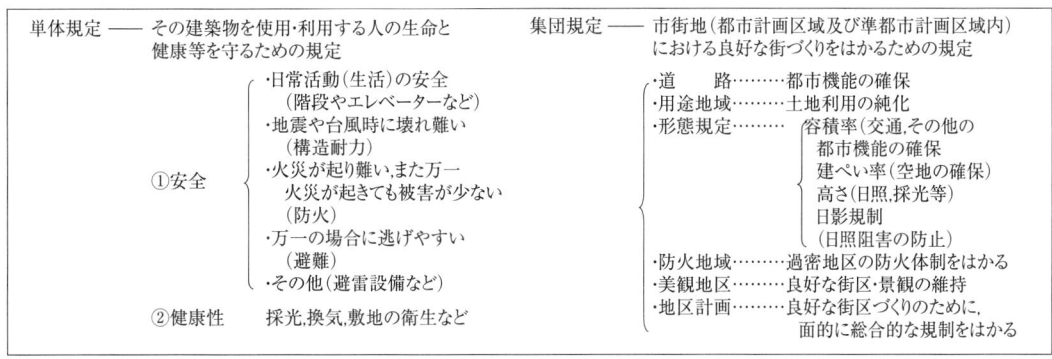

図1・2　単体規定と集団規定

1·3 条文の構成

- 条番号　　第1条，〜
- 項番号　　2，3，4，〜　算用数字で表記
  　　　　　（第1項は表記しない）
- 号番号　　一，二，三，〜　漢数字で表記
- さらに細目を示す場合
  　　　　　イ，ロ，ハ，〜
  　　　　　　　（1），（2），（3），〜
  　　　　　　　　　（ⅰ），（ⅱ），（ⅲ），〜

1·4 法令用語

(1)「以上，以下，以内」　起算点を含む　　　　　$A \geqq 100m^2$，$A \leqq 100m^2$
　　「超える，未満」　　　起算点を含まない　　　$A > 100m^2$，$A < 100m^2$

(2)「及び」と「並びに」　併合的接続詞
　　「及び」　　　　　　（小結合）　　　　　　A及びB
　　　　　　　　　　　　　　　　　　　　　　　A，B及びC
　　「並びに」　　　　　（大結合）　　　　　　（A及びB）並びにC
　　　　　　　　　　　⎛並列する語句どうしを⎞　（A及びB）並びに（C及びD）
　　　　　　　　　　　⎝接続する場合　　　　⎠　（A，B及びC）並びに（D及びE）

(3)「又は」と「若しくは」　選択的接続詞
　　「若しくは」　　　　（小結合）　　　　　　（A若しくはB）又はC
　　　　　　　　　　　⎛並列する語句どうしを⎞
　　　　　　　　　　　⎜接続する場合の小さな⎟
　　　　　　　　　　　⎝まとまり　　　　　　⎠
　　「又は」　　　　　　（大結合）　　　　　　A又はB
　　　　　　　　　　　　　　　　　　　　　　　A，B又はC
　　　　　　　　　　　　　　　　　　　　　　　（A若しくはB）又は（C若しくはD）

(4)「準用する」　　　　　類似する規定を対象の異なる同じ趣旨の規定に適用する場合

表1・2 法の適用が除外される建築物[*1]

根拠条項	概　要	対象，除外規定など
法第3条第1項	文化財建築物	次の(1)～(4)のいずれかの文化財建築物については，建築基準法令のすべての規定が適用されない．
		(1) 文化財保護法の規定により，国宝，重要文化財，重要有形民俗文化財，特別史跡名勝天然記念物または史跡名勝天然記念物に指定・仮指定された建築物
		(2) 旧重要美術品等の保存に関する法律の規定により，重要美術品等に認定された建築物
		(3) 文化財保護法第98条第2項または地方自治法による条例により，現状変更の規制と保存のための措置が講じられている建築物で，特定行政庁が建築審査会の同意を得て指定したもの
		(4) (1)～(3)の建築物であったものの原形を再現する建築物で，特定行政庁が建築審査会の同意を得てその再現がやむを得ないと認めたもの
法第3条第2項・第3項 (14章6項参照)	既存不適格建築物	建築基準法令の規定の施行または適用の際に，次の(1)～(3)においてこれに適合しなくなる部分については，原則として当該規定を適用しない．
		(1) 現に存在する建築物またはその敷地
		(2) 現に建築，修繕，模様替の工事中の建築物またはその敷地
		(3) (1)または(2)の建築物または敷地の部分
		ただし，当該規定に相当する従前の規定に違反していたもの，および工事着手が新規定の施行または適用の後であるものは，原則として対象とはならない．
法第84条の2 (14章4項参照)	簡易構造建築物	壁を有しない自動車車庫，屋根を帆布としたスポーツ練習場など令第136条の9で指定する簡易な構造の建築物またはその部分で，令第136条の10に定める基準に適合するものは，法第22条～第26条など，防火に関する一定の規定が適用されない．
法第85条 (14章5項参照)	仮設建築物	非常災害時の応急仮設建築物や工事現場の仮設事務所など，または特定行政庁が許可した仮設興行場・仮設店舗などは，それぞれ一定の規定が適用されない．
法第85条の3	伝統的建造物群保存地区内	文化財保護法第83条の3に規定する伝統的建造物群保存地区内では，市町村は，同条第1項後段の条例において定められた現状変更の規制，保存の措置が必要と認める場合には，国土交通大臣の承認を得て，条例で法21条～第25条など一定の規定の全部または一部を適用せず，またはこれらの規定による制限を緩和できる．

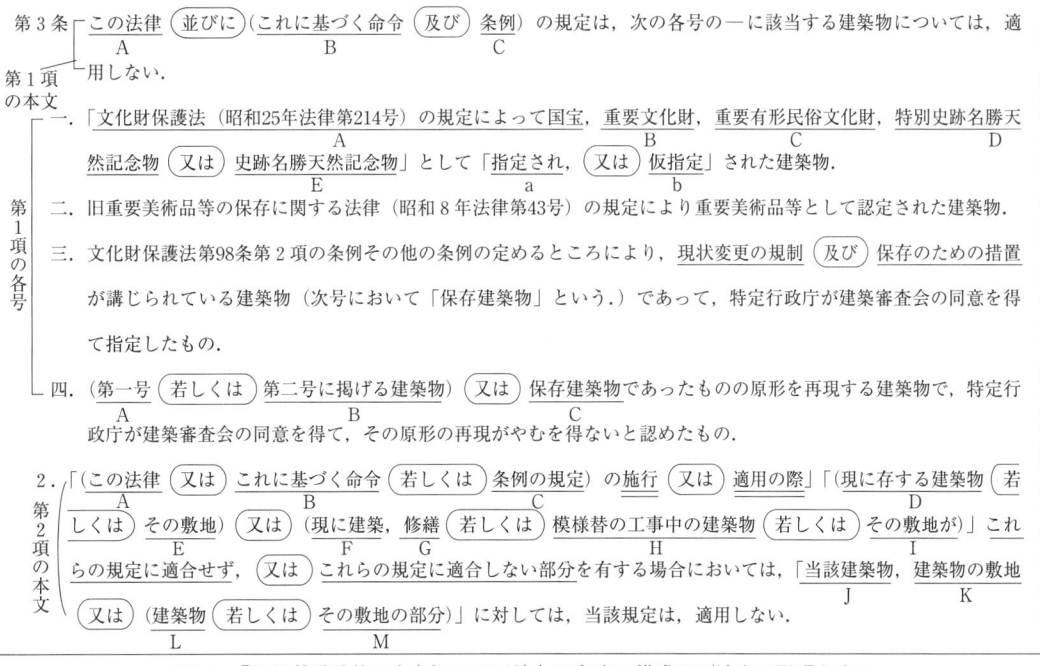

図1・3 「建築基準法第3条（適用の除外）」で条文の構成及び法令の説明をする

[*1] 片倉ほか『〈建築学テキスト〉建築行政』より

2 用語の定義

2・1 建築物に関する用語

(1) 建築物〔法第2条第一号〕

土地に定着する工作物のうち，次の内容のものをいう．
① 屋根及び柱若しくは壁を有するもの（これに類する構造のものを含む）
② ①に附属する門若しくは塀
③ 観覧のための工作物
④ 地下若しくは高架の工作物内に設ける事務所，店舗，興行場
⑤ ①～④に設けられる建築設備

次の建築物は，他法令によって規制され，安全性が確保されているため，除外されている．
- a．鉄道および軌道の線路敷内の運転保安に関する施設（てん鉄所，信号所等）
- b．跨線橋，プラットホームの上家
- c．貯蔵槽（ガスタンク，サイロなど）
    （注）駅舎は，建築物扱い

①の「これに類する構造のもの」には
（法第84条の2「簡易な構造の建築物に対する制限の緩和」…14章14・4で説明
- ●壁を有しない自動車車庫（図2・2）
- ●屋根を帆布としたスポーツの練習場
    その他の政令〔令第136条の9〕で指定する建築物

(2) 準用工作物〔法第88条，令第138条〕

工作物で建築物に該当しないが，ある一定の規模以上の構造物等は，構造等の安全性を確保しなければならないため，建築基準法の一部が適用される．このような工作物は準用工作物と呼ばれる（表2・1）．

(3) 特殊建築物〔法第2条第二号〕

不特定多数の者が利用，または危険物を扱うなどのため，安全性，防火性を必要とする建築物，あるいは周囲に衛生上の影響を及ぼすおそれのある建築物を，特殊建築物といい，一般の建築物よりも規制をきびしくしている（表2・2）．

(4) 建築設備〔法第2条第三号〕

建築物に設ける電気，ガス，給水，排水，換気，暖房，冷房，消火，排煙若しくは，汚物処理の設備又は煙突，昇降機，避雷針をいう．

消火設備には，スプリンクラー設備等がある．

汚物処理には，浄化槽がある．

(5) 居室〔法第2条第四号〕

居住，執務，作業，集会，娯楽等の目的のために継続的に使用する室（表2・3）．

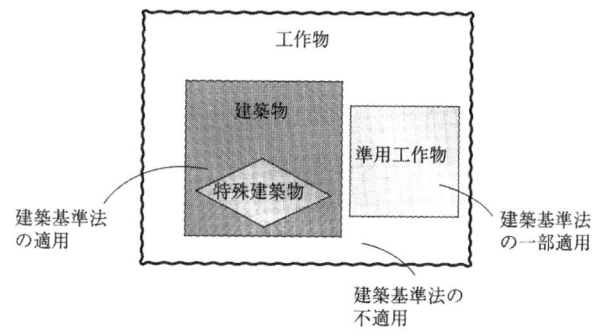

図2・1　工作物・建築物などの関係

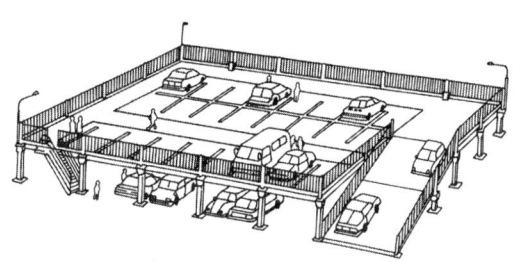

図2・2　壁を有しない自動車車庫

表2・1　準用工作物〔法第88条，令第138条〕*1

①煙突（高さ6m超える）
②鉄筋コンクリート造の柱，鉄柱，木柱（旗ざお，架空電線路用などを除く，高さ15m超える）
③広告塔，広告板，装飾塔，記念塔（高さ4m超える）
④高架水槽，サイロ，物見塔（高さ8m超える）
⑤擁壁（高さ2m超える）
⑥観光用の乗用エレベーター・エスカレーター
⑦高架の遊戯施設（ウォーターシュート，コースターなど）
⑧原動機を使用する回転遊戯施設（メリーゴーラウンド，観覧車など）
⑨クラッシャープラント，生コンプラントなどの製造施設
⑩機械式の自動車車庫（3層4段かつ高さ8m以下のもの）
⑪汚物処理場，ごみ焼却場などの処理施設（都市計画区域内にあるもの）

⑨は用途地域が，⑩は用途地域と規模（築造面積）などが限定される．

表2・2　特殊建築物の例*1

	分類	種類
(1)	不特定または多数の者が利用するもの	劇場，映画館，演芸場，観覧場，公会堂，集会場，病院，診療所，ホテル，旅館，下宿，共同住宅，寄宿舎，児童福祉施設，学校，体育館，博物館，美術館，図書館，ボーリング場，スポーツ練習場，百貨店，マーケット，展示場，バー，ダンスホール，遊技場，公衆浴場，料理店，飲食店，テレビスタジオなど
(2)	危険物などを扱うもの	工場，倉庫，自動車車庫，自動車修理工場，危険物の貯蔵場など
(3)	処理施設など	汚物処理場，ごみ焼却場など

（シェアハウスは寄宿舎）

表2・3　居室の例*1

居室	住宅	居間，食事室，台所（小規模除く），寝室，家事室など	居室以外	玄関，廊下，階段，洗面，便所，脱衣室，浴室，納戸，倉庫，押入，物入，機械室，車庫，収蔵室，リネン室など
	事務所	事務室，役員室，応接室，会議室，食堂，厨房など		
	店舗	売場，喫茶室，事務室，休養室など		
	学校	教室，図書室，体育館，職員室，準備室，保健室など		
	病院	病室，診察室，処置室，手術室，待合室，医務室など		
	劇場	観客室，ホワイエ，舞台，楽屋，控室など		
	ホテル	宿泊室，ロビー，レストラン，喫茶室，厨房など		
	工場	作業場，食堂，休養室，事務室，会議室など		

*1　片倉ほか『〈建築学テキスト〉建築行政』より

(6) 主要構造部〔法第2条第五号〕

防火上の面から定められている部分．

① 壁
② 柱
③ 床
④ 梁
⑤ 屋根
⑥ 階段

次の部位は，主要構造部ではない．

　a．構造上重要でない間仕切壁
　b．間柱，附け柱
　c．揚げ床，最下階の床，廻り舞台の床
　d．小ばり，基礎
　e．ひさし
　f．局部的な小階段，屋外階段

(7) 構造耐力上主要な部分〔令第1条第三号〕

構造耐力の面から定められている部分．

- 基礎，基礎ぐい
- 土台
- 壁
- 柱
- 斜材（筋かい，方づえ，火打材）
- 横架材（はり，けた）
- 床版
- 小屋組
- 屋根版

(8) 延焼のおそれのある部分〔法第2条第六号〕

　隣地境界線，道路境界線又は，同一敷地内の2以上の建築物相互の外壁間の中心線から，1階は3m以下，2階以上は5m以下の距離にある建築物の部分（図2・3～2・6）．

- 延べ面積の合計が500m²以内の建築物は一の建築物とみなして，その間の部分の延焼は考慮しなくてよい．

また，次の場合も延焼のおそれのある部分は，ないものとする．

- 防火上有効な公園，広場，川等の空地，若しくは，水面に面する部分
- 耐火構造の壁に面する部分

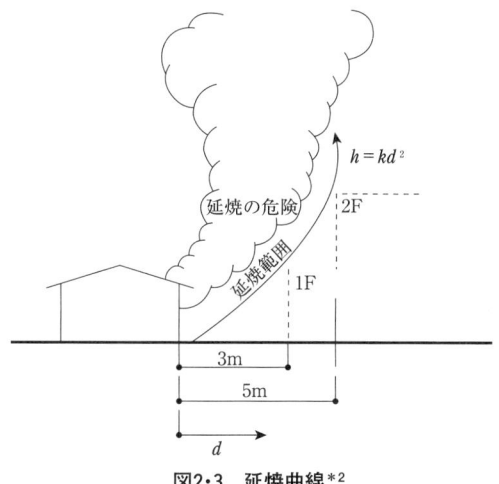

図2・3　延焼曲線[*2]

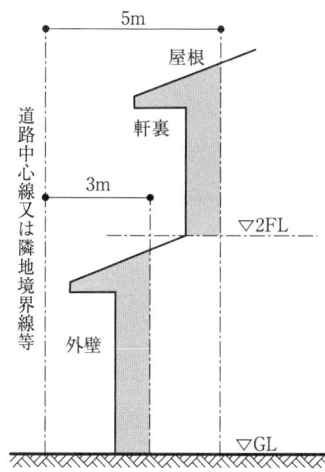

図2・4　延焼のおそれのある部分

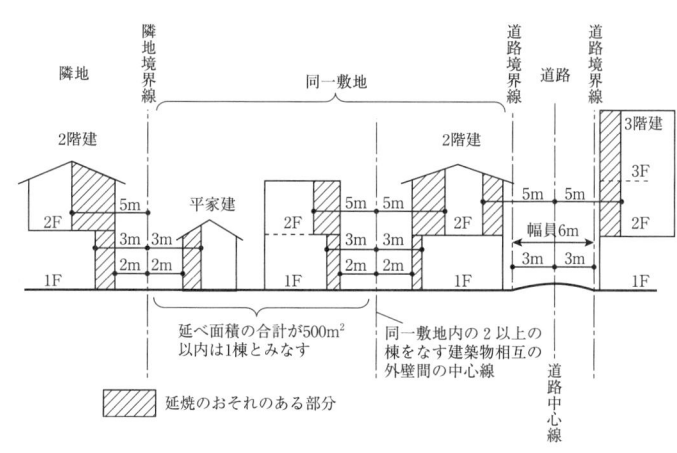

図2・5　延焼線[*2]

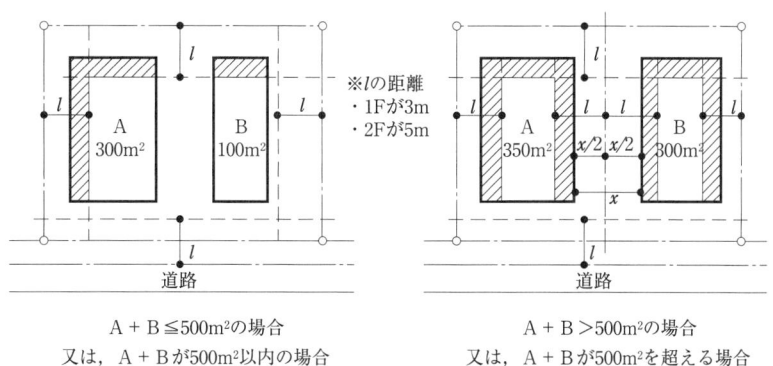

A＋B≦500m²の場合　　　　A＋B＞500m²の場合
又は，A＋Bが500m²以内の場合　又は，A＋Bが500m²を超える場合

図2・6　同一敷地内に2以上の建築物がある場合の延焼のおそれのある部分

*2　小嶋『〈図解テキスト〉建築法規』より

2・2 防火関係の用語

(1) 防火関係

表2・4 防火関係の構造一覧

構造の種類	法　令	部　　分	火災の種類	時　　間	要　件
耐火構造	法2条七号 令107条	耐力壁・柱・床・はり・屋根・階段	通常の火災	1時間を基本とし，建築物の階に応じて3時間まで割増（屋根及び階段については30分間）	非損傷性
		壁・床		1時間（外壁の延焼のおそれのない部分は30分間）	遮熱性
		外壁・屋根	屋内において発生する通常の火災	1時間（外壁の延焼のおそれのない部分は30分間）	遮炎性
準耐火構造	法2条七号の2 令107条の2	耐力壁・柱・床・はり・屋根・階段	通常の火災	45分間（屋根及び階段については30分間）	非損傷性
		壁・床・軒裏		45分間（外壁及び軒裏の延焼のおそれのない部分は30分間）	遮熱性
		外壁・屋根	屋内において発生する通常の火災	45分間（屋根及び外壁の延焼のおそれのない部分は30分間）	遮炎性
	法27条 令115条の2の2	耐力壁・柱・床・はり	通常の火災	1時間	非損傷性
		壁・床・軒裏（延焼のおそれのある部分）			遮熱性
		外壁	屋内において発生する通常の火災		遮炎性
防火構造	法2条八号 令108条	外壁（耐力壁）	周囲において発生する通常の火災	30分間	非損傷性
		外壁・軒裏			遮熱性
準防火構造	法23条 令109条の6	外壁（耐力壁）	周囲において発生する通常の火災	20分間	非損傷性
		外壁			遮熱性
屋根の構造	令109条の3 令113条	屋根	屋内において発生する通常の火災	20分間	遮炎性
床(天井)の構造	令109条の3 令115条の2	床・直下の天井	屋内において発生する通常の火災	30分間	非損傷性 遮熱性
ひさし等の構造	令115条の2の2 令129条の2の2	ひさし等	通常の火災	20分間	遮炎性

要件
　非損傷性……火災により，構造耐力上支障のある変形・溶融・破壊その他の損傷を生じないこと．
　遮 熱 性……加熱面以外の面の温度が，当該面に接する可燃物が燃焼するおそれのある温度（可燃物燃焼温度，平均温度160℃，
　　　　　　　最高温度200℃）以上に上昇しないものであること〔平成12年建設省告示1432号〕．
　遮 炎 性……屋外に火炎を出す原因となるき裂その他の損傷を生じないものであること．

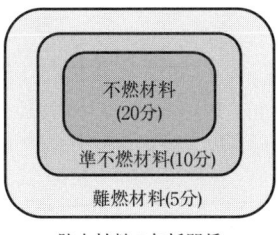
防火材料の包括関係

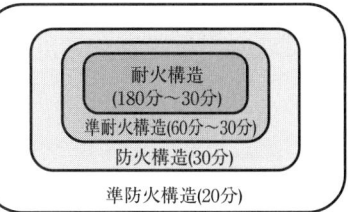
耐火・防火構造の包括関係

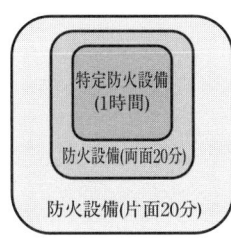
防火設備の包括関係

図2・7 防火関係の包括関係

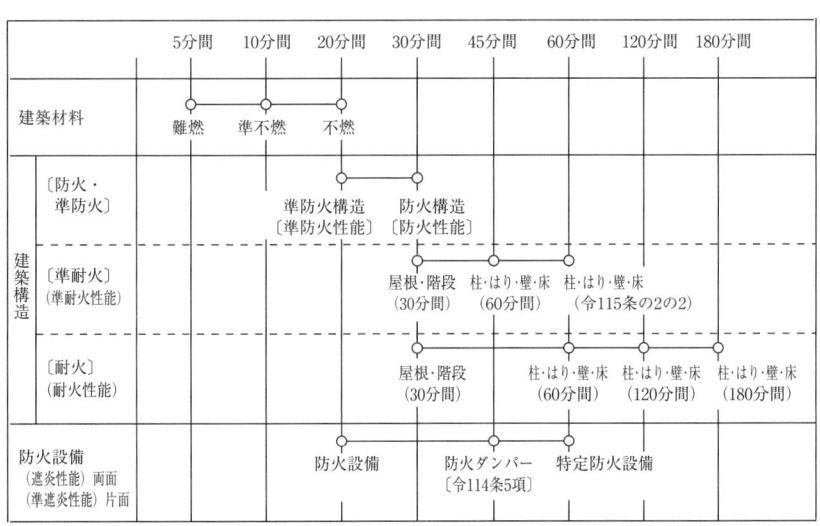

(注) 関連法規の条項
・不燃材料〔法第2条第九号〕,準不燃材料〔令第1条第五号〕,難燃材料〔第1条第六号〕
・防火性能〔法第2条第八号,令第108条〕準防火性能〔法第23条,令第109条の6〕
・準耐火性能〔法第2条第七号の2,令第107条の2,令第115条の2の2〕
・耐火性能〔法第2条第七号,令第107条〕
・遮炎性能〔法第2条第九号ロ,令第109条の2,準遮炎性能〔法第64条,令第136条の2の3〕

図2・8 防火上の各種性能の関連

(2) 耐火構造〔法第2条第七号，令第107条〕

壁，柱，床，はり，屋根，階段の建築物の部分の構造のうち，耐火性能に関して政令（耐火性能に関する技術的基準，令第107条）で定める技術的基準に適合する構造で，国土交通大臣が定めた構造方法を用いるもの又は国土交通大臣の認定を受けたもの．

- 耐火性能…通常の火災が終了するまでの間，当該火災による建築物の倒壊及び延焼を防止するために，当該建築物の部分に必要とされる性能

表2・5 耐火構造に必要な性能

想定する火災	性能の目的	必要となる性能	建築物の部分
屋内において発生する火災	倒壊防止	構造耐力上支障のある変形，溶融，破壊その他の損傷を生じないこと	荷重支持部材（壁（耐力壁），柱，床，はり，屋根，階段
	延焼防止（内→内）	構造耐力上支障のある変形，溶融，破壊その他の損傷を生じないこと	荷重支持部材（壁（耐力壁），柱，床，はり，屋根，階段
		加熱面以外の面（屋内に面するものに限る）の温度が可燃物が燃焼するおそれのある温度に上昇しないこと	区画部材（間仕切壁，床）
	延焼防止（内→外）	構造耐力上支障のある変形，溶融，破壊その他の損傷を生じないこと	外壁（耐力壁），屋根
		屋外側に火炎が噴出するき裂等の損傷を生じないこと	外壁，屋根
周囲において発生する火災	倒壊防止	構造耐力上支障のある変形，溶融，破壊その他の損傷を生じないこと	外壁（耐力壁）
	延焼防止（外→内）	構造耐力上支障のある変形，溶融，破壊その他の損傷を生じないこと	外壁（耐力壁）
		加熱面以外の面（屋内に面するものに限る）の温度が可燃物が燃焼するおそれのある温度に上昇しないこと	外壁

表2・6 耐火構造の耐火時間*2

性能（火災の種類）	建築物の部分		最上階及び最上階から数えた階数が2以上で4以内の階	最上階から数えた階数が5以上で14以内の階	最上階から数えた階数が15以上の階
令107条一号，非損傷性，（通常の火災）	壁	間仕切壁（耐力壁に限る）	1時間	2時間	2時間
		外壁（耐力壁に限る）	1時間	2時間	2時間
	柱		1時間	2時間	3時間
	床		1時間	2時間	2時間
	はり		1時間	2時間	3時間
	屋根		30分間		
	階段		30分間		
令107条二号，遮熱性，（通常の火災）	壁	一般	1時間		
		延焼のおそれのある部分以外の非耐力壁	30分間		
	床		1時間		
令107条三号，遮炎性，（屋内側からの通常の火災）	外壁	一般	1時間		
		延焼のおそれのある部分以外の非耐力壁	30分間		
	屋根		30分間		

非損傷性……火災により，構造耐力上支障のある損傷（変形・溶融・破壊等）を生じないこと．
遮熱性……加熱面以外の面の温度が，その面に接する可燃物の燃焼のおそれのある温度※以上に上昇しないこと．
遮炎性……屋外に火炎を出すおそれのある損傷（き裂等）を生じないこと．
通常の火災……一般的に建築物において発生することが想定される火災を表す用語として用いており，屋内で発生する火災，建築物の周囲で発生する火災の両方を含むものである．特に火災を限定する場合には「屋内において発生する通常の火災」又は「建築物の周囲において発生する通常の火災」という用語を用いている．
※可燃物燃焼温度……当該面に接する可燃物が燃焼するおそれのある温度として国土交通大臣が定める温度（平均温度160℃，最高温度200℃）．〔平成12年建設省告示1432号〕

注 この表の階数の算定については，令第2条1項八号の規定にかかわらず地階の部分の階数はすべて算入するものとする．

表2・7 構造種別による耐火構造一覧〔平成12年建設省告示1399号〕(単位:cm)

構造部分	構造	被覆材料または材料	耐火 30分 B	耐火 30分 t	耐火 1時間 B	耐火 1時間 t	耐火 2時間 B	耐火 2時間 t	耐火 3時間 B	耐火 3時間 t	備考
1 壁	鉄骨コンクリート造 鉄骨鉄筋コンクリート造	コンクリート			7		10				t:非耐力壁では2cm以上
	鉄骨コンクリート造	コンクリート			7		10	3			
	鉄骨造	鉄網モルタル			3		4				塗下地は不燃材料とする
		鉄網パーライトモルタル					3.5				
		コンクリートブロック れんが 石			4		5				
		石綿パーライト板			1.2						外壁非耐力壁のみ
	コンクリートブロック造 無筋コンクリート造 れんが造 石造	コンクリートブロック等			7						
	鉄材補強のコンクリートブロック造 れんが造 石造	コンクリートブロック等			5	4	8	5			
	木片セメント板 モルタル造	木片セメント板の両面にモルタル塗			8	1					t:モルタル塗厚
	軽量気泡コンクリート製パネル	軽量気泡コンクリート					7.5				
	パーライト気泡コンクリート充填の中空鉄筋コンクリート製パネル	コンクリートパネル 気泡コンクリートパーライト					12	5			
外壁の非耐力壁	不燃性岩綿保温板……(A) 鉱滓綿保温板……(B) 木片セメント板……(C)	の両面に石綿スレート板、石綿パーライト板を張ったもの		4							かさ比重 (A)…0.3以上 (B)…0.15以上 (C)…0.7以上
	気泡コンクリート 石綿パーライト 珪藻土 石綿硅酸カルシューム板を主材料とした断熱材	の両面に石綿スレート、石綿パーライト板、石綿硅酸カルシューム板を張ったもの		3.5							かさ比重 0.3以上〜1.2以下
	軸組を鉄骨造とし、その両面に石綿パーライト板を張ったもの				1.2						
2 柱	鉄骨コンクリート造 鉄骨鉄筋コンクリート造	コンクリート			3	25	3	40	3		
	鉄骨コンクリート造	コンクリート			3	25	5	40	5		
	鉄骨造	鉄網モルタル			4		6		8		
		鉄網パーライトモルタル			3		5		7		
		コンクリートブロック れんが 石			5	25	5	40	7		
		軽量コンクリートブロック			4		6		9		
	鉄骨造	鉄網パーライトモルタル					25	4			
	鉄材補強のコンクリート造 れんが造 石造	コンクリートブロック等			5						
3 床	鉄骨コンクリート造 鉄骨鉄筋コンクリート造	コンクリート			7		10				
	鉄骨造	鉄網モルタル			4		5				塗下地は不燃材料
		コンクリート			4		5				
	鉄材補強のコンクリートブロック造 れんが造 石造	コンクリートブロック等			5	4	8	5			
4 はり	鉄骨コンクリート造 鉄骨鉄筋コンクリート造	コンクリート			3		3		3		
	鉄骨コンクリート造	コンクリート			3		5		6		
	鉄骨造	鉄網モルタル			4		6		8		
		鉄網軽量モルタル			3		5		7		
		コンクリートブロック れんが 石			5		7		9		
		軽量コンクリートブロック			4		6		9		
		鉄網パーライトモルタル					4		5		

床面からはりの下端までの高さが4m以上の鉄骨造の小屋組(≧40m GL FL): 天井のないもの、または、不燃材料、準不燃材料で造られた天井(1時間耐火のみ)

5 屋根　30分耐火性能を有する屋根はつぎのいずれかに該当するものとする〔令107条一号、三号〕.
一、鉄筋コンクリート造、または、鉄骨鉄筋コンクリート造.
二、鉄材によって補強されたコンクリートブロック造、れんが造または石造.
三、鉄網コンクリートもしくは鉄網モルタルでふいたものまたは鉄骨コンクリート、鉄材で補強されたガラスブロックもしくは網入ガラスで造られたもの.
四、鉄筋コンクリート製パネルで厚さ4cm以上のもの.
五、高温高圧蒸気養生された軽量気泡コンクリート製パネル.

6 階段　階段はつぎのいずれかに該当するものとする〔令107条一号〕.
一、鉄筋コンクリート造または鉄骨鉄筋コンクリート造.
二、無筋コンクリート造、れんが造、石造またはコンクリートブロック造.
三、鉄材によって補強されたれんが造、石造またはコンクリートブロック造.
四、鉄造.

(B:モルタル、プラスターその他これらに類する仕上げ材料の厚さを含む)
(t:かぶり厚さ、塗り厚さ、おおった厚さ)

*2 小嶋『〈図解テキスト〉建築法規』より

(3) 準耐火構造〔法第2条第七号の2，令第107条の2〕

壁，柱，床，その他の建築物の部分の構造のうち，準耐火性能に関して政令で定める技術的基準に適合するもので，国土交通大臣が定めた構造方法を用いるもの又は国土交通大臣の認定を受けたもの．

● 準耐火性能…通常の火災による延焼を抑制するために当該建築物の部分に必要とされる性能．

表2・8 準耐火構造に必要な性能

想定する火災	性能の目的	必要となる性能	建築物の部分
屋内において発生する火災	延焼抑制（内→内）	構造耐力上支障のある変形，溶融，破壊その他の損傷を生じないこと	荷重支持部材（壁（耐力壁），柱，床，はり，屋根，階段）
		加熱面以外の面（屋内に面するものに限る）で可燃物が燃焼するおそれのある温度に上昇しないこと	区画部材（間仕切壁，床）
	延焼抑制（内→外）	構造耐力上支障のある変形，溶融，破壊その他の損傷を生じないこと	外壁（耐力壁）
		屋外に火炎が噴出するき裂その他の損傷を生じないこと	外壁，屋根
周囲において発生する火災	延焼抑制（外→内）	構造耐力上支障のある変形，溶融，破壊その他の損傷を生じないこと	外壁（耐力壁）
		加熱面以外の面（屋内に面するものに限る）で可燃物が燃焼するおそれのある温度に上昇しないこと	外壁，軒裏

表2・9 準耐火構造（45分耐火構造）の耐火時間

性能（火災の種類）	建築物の部分		耐火時間
令107条の2，一号，非損傷性（通常の火災）	壁	間仕切壁（耐力壁に限る）	45分間
		外壁（耐力壁に限る）	45分間
	柱		45分間
	床		45分間
	はり		45分間
	屋根（軒裏を除く）		30分間
	階段		30分間
令107条の2，二号，遮熱性（通常の火災）	壁	一般	45分間
		延焼のおそれのある部分以外の非耐力壁	30分間
	軒裏	延焼のおそれのある部分	45分間
		上記以外の部分	30分間
	床		45分間
令107条の2，三号，遮炎性（屋内からの通常の火災）	外壁	一般	45分間
		延焼のおそれのある部分以外の非耐力壁	30分間
	屋根		30分間

（平成12年建設省告示1358号，図2・9参照）

表2・10 準耐火構造（60分耐火構造）の耐火時間

建築物の部分		特別
壁	間仕切壁（耐力壁）	60分間
	外壁（耐力壁に限る）	60分間
柱		60分間
床		60分間
はり		60分間
屋根（軒裏を除く）		30分間
階段		30分間

（平成12年建設省告示1380号，図2・10参照）

※3階建共同住宅の特例（法第27条第1項ただし書）の建築物は，1時間耐火の準耐火建築物とすることができる（令第115条の2の2）

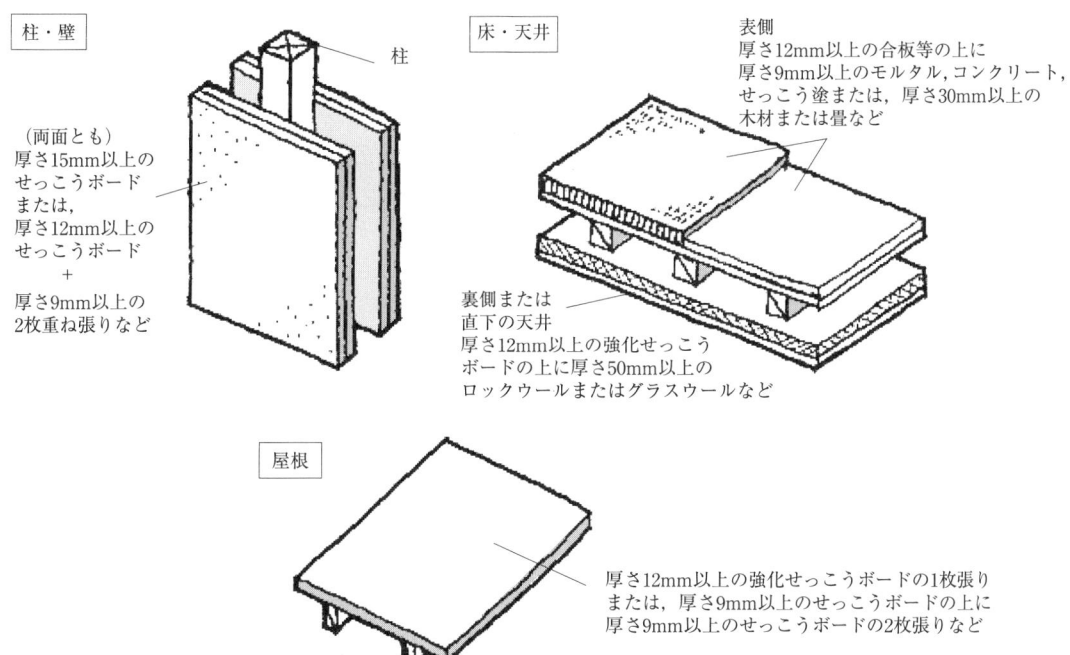

図2・9　45分間耐火の準耐火構造の適合仕様の例〔平成12年建設省告示1358号〕

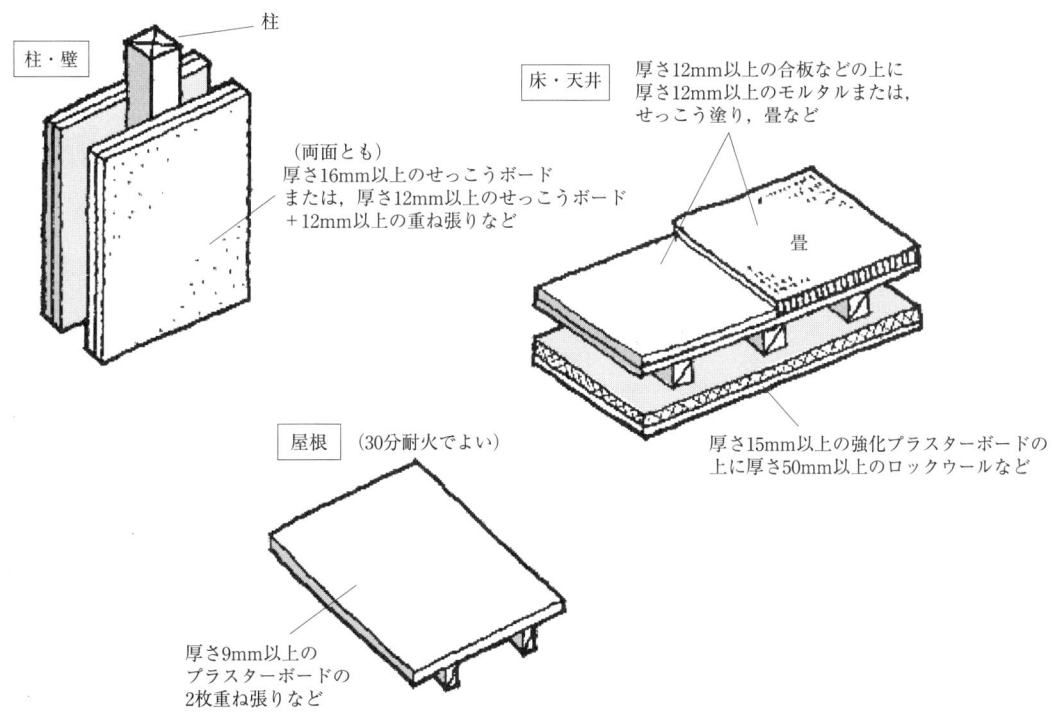

図2・10　60分間耐火の準耐火構造の適合仕様の例〔平成12年建設省告示1380号〕

(4) 防火構造〔法第2条第八号，令第108条〕

建築物の外壁又は軒裏の構造のうち，防火性能に関して政令で定める技術的基準に適合するもので，国土交通大臣が定めた構造方法を用いるもの又は，国土交通大臣の認定を受けたもの．

- 防火性能…建築物の周囲において発生する通常の火災による延焼を抑制するために，当該外壁又は軒裏に必要とされる性能．

表2・11　防火構造に必要な性能

想定する火災	性能の目的	必要となる性能	建築物の部分
周囲において発生する火災	抑制（外→内）	構造耐力上支障のある変形，溶融，破壊その他の損傷を生じないこと	外壁（耐力壁）
		加熱面以外の面（屋内に面するものに限る．）で可燃物が燃焼するおそれのある温度に上昇しないこと	外壁，軒裏

表2・12　防火構造

性能（火災の種類）	建築物の部分	防火時間
令108条一号，非損傷性（周囲の通常の火災）	外壁（耐力壁）	30分間
令108条二号，遮熱性（周囲の通常の火災）	外壁	30分間
	軒裏	30分間

表2・13　防火構造の構造方法を定める件〔平成12年建設省告示1359号〕

1	外壁の構造方法は次に定めるものとする	(1)	令108条一号に掲げる技術的基準に適合する耐力壁である外壁の構造方法にあっては，次に定めるものとする	イ	準耐火構造（耐力壁である外壁に係わるものに限る）とすること		
				ロ	間柱及び下地を不燃材料でつくり，かつ，次に定める構造とすること	①	屋内側にあっては，厚9.5mm以上のせっこうボードを張るか，又は厚75mm以上のグラスウール若しくはロックウールを充填した上に厚4mm以上の合板を張ったもの	
						②	屋外側にあっては，次のaからcまでのいずれかに該当するもの	a	鉄網モルタル塗で塗厚1.5cm以上のもの
								b	木毛セメント板張又はせっこうボード張の上に厚1cm以上のモルタル又はしっくいを塗ったもの
								c	木毛セメント板の上にモルタル又はしっくいを塗り，その上に金属板を張ったもの
				ハ	間柱若しくは下地を不燃材料以外の材料でつくり，かつ次に定める構造とすること	①	屋内側にあってはロ①に定める構造	
						②	屋外側にあっては，次のaからjまでのいずれかに該当する構造	a	鉄網モルタル塗又は木ずりしっくい塗で塗厚2cm以上のもの
								b	木毛セメント板張又はせっこうボード張の上に厚1.5cm以上モルタル又はしっくいを塗ったもの
								c	モルタル塗の上にタイルを張ったもので，その厚合計2.5cm以上のもの
								d	セメント板張又は瓦張の上にモルタルを塗ったもので，その厚合計2.5cm以上のもの
								e	土蔵造
								f	土塗真壁造で裏返塗りをしたもの
								g	厚1.2cm以上のせっこうボード張の上に亜鉛鉄板又は石綿スレートを張ったもの
								h	厚2.5cm以上の岩綿保温板張の上に亜鉛鉄板又は石綿スレートを張ったもの
								i	厚2.5cm以上の木毛セメント板張の上に厚0.6cm以上の石綿スレートを張ったもの
								j	石綿スレートは石綿パーライト板を2枚以上張ったもので，その厚合計1.5cm以上のもの
		(2)	令108条一号に掲げる技術的基準に適合する非耐力壁の外壁の構造方法にあっては，次に定めるもの	イ	準耐火構造とすること		
				ロ	(1)ロ及びハに定める構造とすること		
2	令108条二号に掲げる技術的基準に適合する軒裏の構造方法にあっては，次に定めるものとする	(1)	準耐火構造とすること				
		(2)	1(1)ハに定める構造とすること				

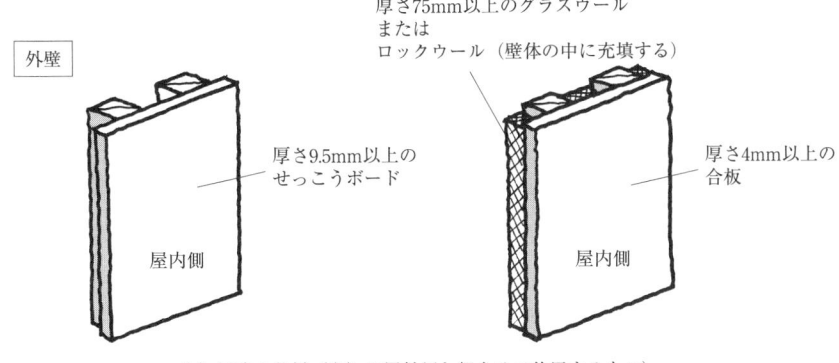

(a) 屋内の仕様（(b) の屋外側と組合せて使用するもの）

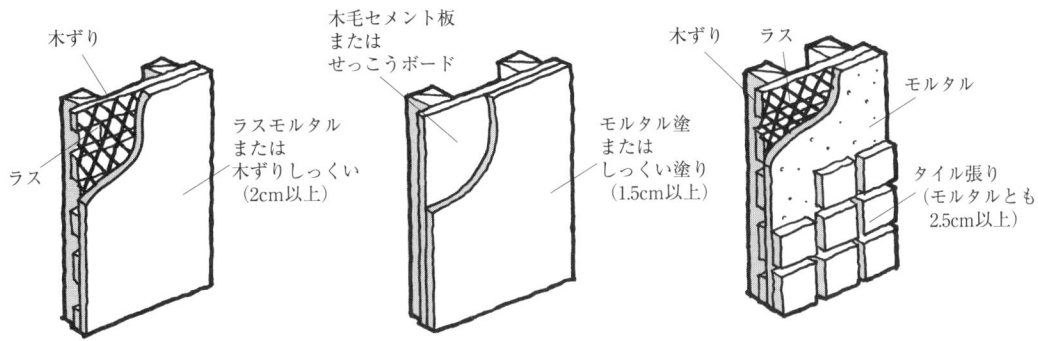

(b) 屋外側の仕様（間柱・下地を不燃材料以外の材料でしたもの）

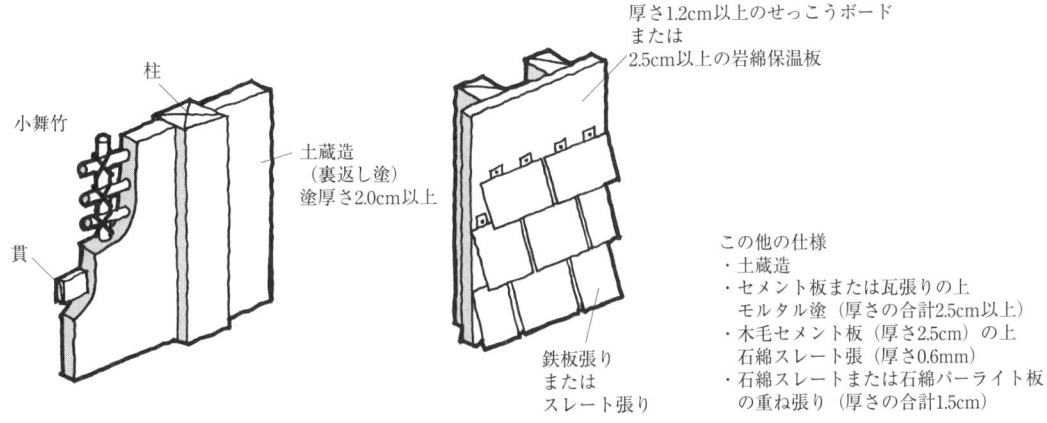

(c) 屋外側の仕様（間柱・下地を不燃材料でしたもの）
・鉄網モルタル塗で厚さ1.5cm以上のもの
・木毛セメント板張または，せっこうボード張りの上にモルタルまたはしっくい塗り厚さ1.0cm以上のもの
・木毛セメント板の上にモルタルまたは，しっくい塗り，その上に金属板張り
※軒裏は (b) を使用

図2・11　防火構造の適合仕様の例〔平成12年建設省告示1359号〕

(5) 準防火性能〔法第23条，令第109条の6〕

法第22条の区域内にある建築物で延焼のおそれのある部分の外壁は，準防火性能に関する政令で定める技術的基準に適合する構造で，国土交通大臣が定めた構造方法を用いるもの又は，国土交通大臣の認定を受けたもの．

- 準防火性能…建築物の周囲において発生する通常の火災による延焼の抑制に一定の効果を発揮するために外壁に必要とされる性能

表2・14　準防火性能を有する外壁に必要な性能

想定する火災	性能の目的	必要となる性能	建築物の部分
周囲において発生する火災	延焼抑制に一定の効果（外→内）	構造耐力上支障のある変形，溶融，破壊その他の損傷を生じないこと	耐力壁
		加熱面以外の面（屋内に面するものに限る．）で可燃物が燃えるおそれのある温度に上昇しないこと	外壁

表2・15

性能（火災の種類）	建築物の部分	防火時間
令109条の6一号，非損傷性（周囲の通常の火災）	外壁（耐力壁）	20分間
令109条の6二号，遮熱性（周囲の通常の火災）	外壁	20分間

(6) 防火材料

- 不 燃 材 料〔法第2条第九号〕
- 準不燃材料〔令第1号第五号〕
- 難 燃 材 料〔令第1号第六号〕

表2・16　不燃材料等の要件

材料の種類	時間	要　件
不燃材料（法2条九号，令108条の2）	20分間	①燃焼しないこと（非燃焼性）②防火上有害な損傷（変形・溶融・き裂等）を生じないこと（非損傷性）③避難上有害な煙又はガスを発生しないこと（非発煙性）
準不燃材料（令1条五号）	10分間	
難燃材料（令1条六号）	5分間	

表2・17　不燃材料を定める件〔平成12年告示1400号〕

令108条の2各号（建築物の外部の仕上げに用いるものにあっては，同条一号及び二号）に掲げる要件を満たしている建築材料は，次に定めるものとする	(1)	コンクリート
	(2)	れんが
	(3)	瓦
	(4)	陶磁器質タイル
	(5)	石綿スレート
	(6)	繊維強化セメント板
	(7)	厚3mm以上のガラス繊維，混入セメント板
	(8)	厚5mm以上の繊維，混入ケイ酸カルシウム板
	(9)	鉄鋼
	(10)	アルミニウム
	(11)	金属板
	(12)	ガラス
	(13)	モルタル
	(14)	しっくい
	(15)	石
	(16)	厚12mm以上のせっこうボード（ボード用原紙の厚0.6mm以下のものに限る）
	(17)	ロックウール
	(18)	グラスウール

表2・18　準不燃材料を定める件〔平成12年告示1401号〕

1	通常の火災による火熱が加えられた場合に，加熱開始後10分間令108条の2各号に掲げる要件を満たしている建築材料は，次に定めるものとする	(1)	不燃材料のうち通常の火災による火熱が加えられた場合に，加熱開始後20分間令108条の2各号に掲げる要件を満たしているもの
		(2)	厚9mm以上のせっこうボード（ボード用厚紙の厚0.6mm以下のものに限る）
		(3)	厚15mm以上の木毛セメント板
		(4)	厚9mm以上の硬質木片セメント板（かさ比重が0.9以上のものに限る）
		(5)	厚30mm以上の木片セメント板（かさ比重が0.5以上のものに限る）
		(6)	厚6mm以上のパルプセメント板
2	通常の火災による火熱が加えられた場合に，加熱開始後10分間令108条の2，一号及び二号に掲げる要件を満たしている建築材料は，次に定めるものとする	(1)	不燃材料
		(2)	1(2)から(6)までに定めるもの

表2・19　難燃材料を定める件〔平成12年告示1402号〕

1	通常の火災による火熱が加えられた場合に，加熱開始後5分間令108条の2各号に掲げる要件を満たしている建築材料は，次に定めるものとする	(1)	準不燃材料のうち通常の火災による火熱が加えられた場合に，加熱開始後10分間令108条の2各号に掲げる要件を満たしているもの
		(2)	難燃合板で厚5.5mm以上のもの
		(3)	厚7mm以上のせっこうボード（ボード用厚紙の厚0.5mm以下のものに限る）
2	通常の火災による火熱が加えられた場合に，加熱開始後5分間令108条の2，一号及び二号に掲げる要件を満たしている建築材料は，次に定めるものとする	(1)	準不燃材料
		(2)	1(2)及び(3)に定めるもの

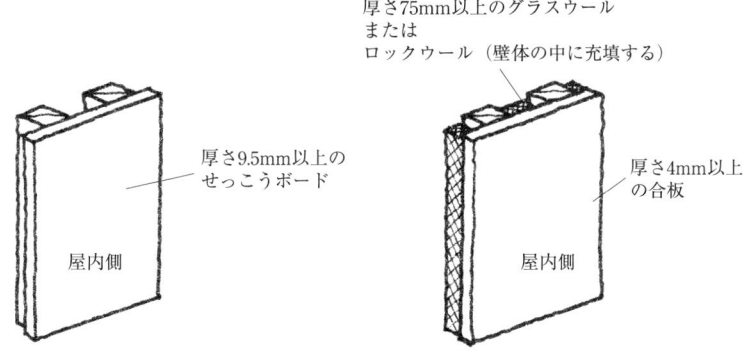

(a) 屋内側の仕様（(b) の屋外側と組合せて使用するもの）

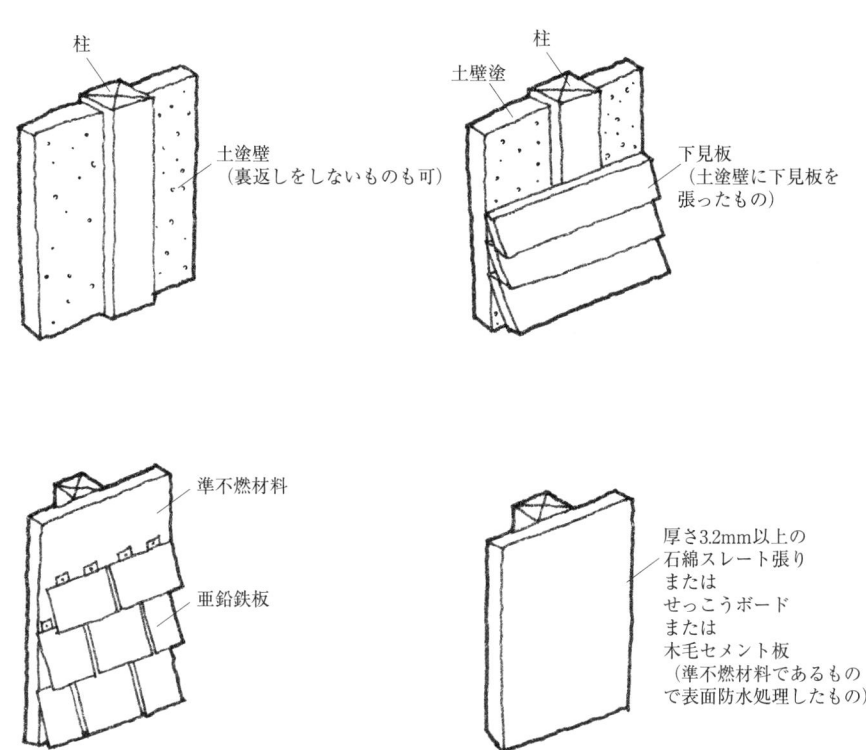

(b) 屋外側の仕様（間柱・下地を不燃材料でしたもの）

図2・12　準防火構造の適合仕様の例〔平成12年建設省告示1362号〕

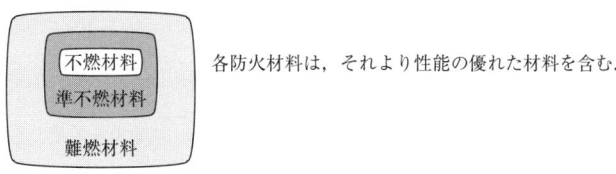

各防火材料は，それより性能の優れた材料を含む．

図2・13　不燃材料・準不燃材料・難燃材料の包括関係

(7) 耐火建築物〔法第2条第九号の2〕
- 主要構造部を耐火構造とした建築物〔法第2条第九号の2 イ(1)，ロ〕
  - 耐火構造〔イ(1)〕
  - 外壁の開口部で延焼のおそれのある部分に防火設備を有するもの〔ロ〕
- 「耐火性能検証法」による耐火建築物〔法第2条第九号の2 イ(2)，ロ，令第108条の3，平成12年建設省告示1433号〕
  - 主要構造部を耐火構造でなく，耐火性能検証法により技術的基準に適合するもの〔イ(2)〕．性能（外壁以外の主要構造部にあっては(1)に掲げる性能に限る）
    - ⅰ）当該建築物の構造，建築設備及び用途に応じて屋内において発生が予測される火災による火熱に当該火災が終了するまで耐えること．〔令第108条の3第1項第一号〕
    - ⅱ）当該建築物の周囲において発生する通常の火災による火熱に当該火災が終了するまで耐えること．〔令第108条の3第1項第一号ロ〕

「耐火性能検証法」…当該建築物の主要構造部の耐火に関する性能を検証する方法〔令第108条の3第2項〕

「防火区画検証法」…耐火性能検証法による耐火建築物の防火区画に関し，防火区画の開口部に設けられる開口部の防火設備の遮炎性能を検証する方法〔令第108条の3第5項〕

(8) 準耐火建築物〔法第2条第九号の3，令第109条の2の2，令第109条の3〕

耐火建築物以外の建築物で(イ)又は(ロ)のいずれかに該当し，外壁の開口部で延焼のおそれのある部分に防火設備を有するもの．

(イ) 主要構造部を準耐火構造としたもの（図2・18イ準耐，表2・20）

(ロ) 1．外壁耐火構造の準耐火建築物〔令第109条の3第一号〕
　　1．外壁を耐火構造とする．
　　2．屋根を不燃構造とする．
　　　　延焼のおそれのある部分は20分間の非損傷性を有するものとする．
　　　　　イ．準耐火構造の屋根とする．
　　　　　ロ．瓦，石綿スレートでふく又は，木毛セメント板の上に金属板をふいたもの．
　　　　　　　（野地板及びたるきを準不燃材料又は軒裏を防火構造とする）
　　　　　ハ．金属板をふく（たるきを不燃材料とする）

　2．不燃構造の準耐火建築物〔令第109条の3第二号〕
　　1．柱，はりが不燃材料，その他の主要構造部は準不燃材料とする．
　　2．外壁で延焼のおそれのある部分は，防火構造とする．
　　3．屋根は，不燃構造
　　4．床は準不燃材料で造る．
　　　　3階以上の階の床又は，直下の天井の構造は，30分間の非損傷性を有するもので，かつ遮熱性のあるもの．

(a) 屋内火災に耐える　　(b) 屋外火災に耐える

図2・14　耐火建築物の要件

| [屋内火災保有耐火時間]
主要構造部が予測される屋内火災に耐えられる加熱時間 | ≧ | [屋内火災の継続時間]
屋内において予測される火災の継続時間 |

| [屋外火災保有耐火時間]
延焼の周囲で発生する屋外火災に耐えられる加熱時間 | ≧ | [屋外火災の継続時間]
延焼のおそれのある部………1時間
延焼のおそれのある部………30分間 |

図2・15　耐火性能検証法〔令第108条の3・平成12年建設省告示1433号〕

| [開口部設備の保有遮炎時間]
開口部設備が加熱に耐えられる時間 | ≧ | [火災の継続時間]
開口部が面する室の火災の継続時間 |

| [居室からの避難終了時間]
居室ごとに避難時間を計算する. | ≧ | [煙・ガスの危険域までの下降時間]
居室ごとに下降時間を計算する. |

| [階からの避難終了時間]
階ごとに避難時間を計算する. | ≧ | [煙・ガスの危険域までの下降時間]
階ごとに下降時間を計算する. |

| [建築物からの避難終了時間]
どの室から火災が発生しても全員が避難を完了する時間を計算する. | ≧ | [階段又は直上階以上への煙・ガスの流入時間]
どの室から火災が発生しても、その煙・ガスが階段又は直上階以上の階へ流入する時間を計算する. |

図2・16　関連する検証法（防火区画検証法・避難安全検証法）

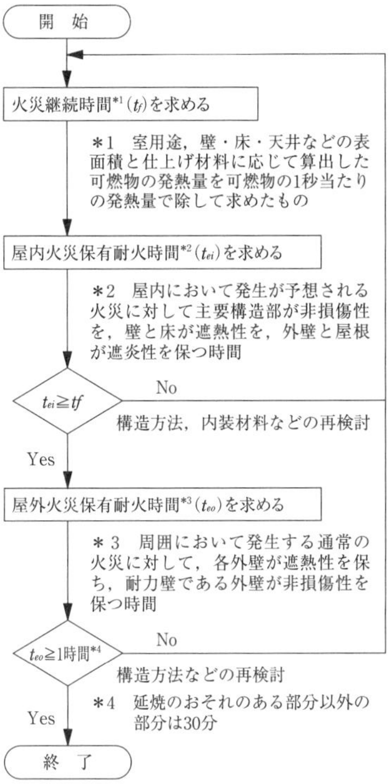

図2・17　耐火性能検証法[*1]

*1　室用途、壁・床・天井などの表面積と仕上げ材料に応じて算出した可燃物の発熱量を可燃物の1秒当たりの発熱量で除して求めたもの

*2　屋内において発生が予想される火災に対して主要構造部が非損傷性を、壁と床が遮熱性を、外壁と屋根が遮炎性を保つ時間

*3　周囲において発生する通常の火災に対して、各外壁が遮熱性を保ち、耐力壁である外壁が非損傷性を保つ時間

*4　延焼のおそれのある部分以外の部分は30分

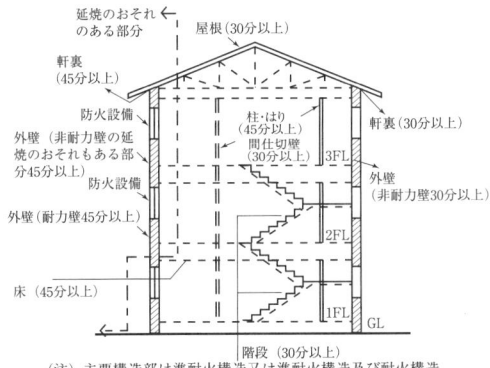

■イ準耐の例

（注）主要構造部は準耐火構造又は準耐火構造及び耐火構造

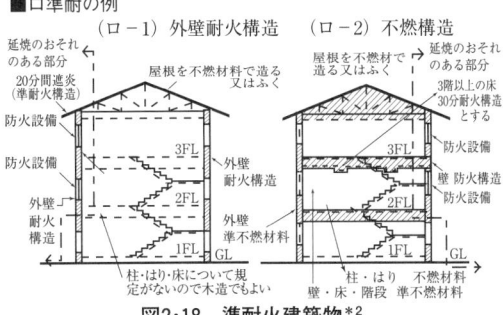

■ロ準耐の例
(ロ−1) 外壁耐火構造　　(ロ−2) 不燃構造

図2・18　準耐火建築物[*2]

表2・20　イ準耐

主要構造部	準耐火構造としたもの
外壁の開口部（延焼のおそれのある部分）	遮炎性能を有する防火設備を設ける

注　建築物の地上部分の層間変形角は、1/150以内でなければならない。ただし、主要構造部が防火上有害な変形等の損傷を生じないことが計算又は実験によって確認されている場合は、この限りでない.

表2・21　ロ−1準耐（外壁耐火構造）

外　壁		耐火構造
屋根	一般	法22条1項に規定する構造・不燃材料で造る又は葺いたもの
	延焼のおそれのある部分	準耐火構造（一般）又は準耐火構造（20分間遮炎）〔平成12年建設省告示1367号〕としたもの
外壁の開口部（延焼のおそれのある部分）		遮炎性能を有する防火設備を設ける

表2・22　ロ−2準耐（不燃構造）

柱及びはり		不燃材料としたもの
壁		準不燃材料としたもの
外壁	一般	準不燃材料としたもの
	延焼のおそれのある部分	防火構造としたもの
床	2階以上	準不燃材料としたもの
	3階以上（直下の天井を含む）	準耐火構造（一般）又は準耐火構造〔平成12年建設省告示1368号〕としたもの
屋根		法22条1項に規定する構造・不燃材料で造る又は葺いたもの
外壁の開口部（延焼のおそれのある部分）		遮炎性能を有する防火設備を設ける
階段		準不燃材料としたもの

*1　片倉ほか『〈建築学テキスト〉建築行政』より
*2　小嶋『〈図解テキスト〉建築法規』より

(9) 防火設備

防火戸その他の政令で定める防火設備〔法第2条第九号の2(ロ)，法第64条，令第109条，令第109条の2，令第136条の2の3，平成12年建設省告示1360号〕

遮炎性能に関して政令で定める技術的基準に適合するもので，国土交通大臣が定めた構造方法を用いるもの又は国土交通大臣の認定を受けたもの．〔法第2条第九号の2(ロ)〕

- 防火戸・ドレンチャーその他火災を遮る設備．〔令第109条〕
- 遮炎性能…通常の火災時における火災を有効に遮るために防火設備に必要とされる性能をいう．〔令第109条の2〕
- 準遮炎性能…建築物の周囲において発生する通常の火災時における火災を有効に遮るために防火設備に必要とされる性能をいう．〔令第136条の2の3〕

表2・23 防火設備の種類と性能

設備の種類	防火設備の設置場所	防火性能（火災の種類）	遮炎性時間	要件
防火設備	耐火建築物の外壁の開口部に設ける防火設備（法2条九号の2ロ，令109条の2），準耐火建築物の外壁の開口部に設ける防火設備（法2条九号の3）	遮炎性（通常の火災）	20分間	加熱面以外の面に火炎を出さない
	防火地域又は準防火地域内建築物の外壁の開口部に設ける防火設備（法64条，令136条の2の3）	準遮炎性（周囲において発生する通常の火災）	20分間（屋内面）	
	界壁の風道貫通等に用いる防火設備（令114条5項）	遮炎性（通常の火災）	45分間	
特定防火設備	防火区画に用いる防火設備（112条1項）	遮炎性（通常の火災）	1時間	

表2・24 防火設備の構造方法を定める件〔平成12年建設省告示1360号〕

1	令109条の2に定める技術的基準に適合する防火設備の構造方法は，次に定めるものとする	(1)	令114条5項において準用する令112条16項に規定する構造とすること	
		(2)	次のイからチまでのいずれかに該当する構造とすること	イ 鉄製で鉄板厚0.8mm以上1.5mm未満のもの
				ロ 鉄骨コンクリート製又は鉄筋コンクリート製で厚3.5mm未満のもの
				ハ 土蔵造の戸で厚15cm未満のもの
				ニ 鉄及び網入ガラスでつくられたもの
				ホ 骨組を防火塗料を塗布した木材製とし，屋内面に厚1.2cm以上の木毛セメント板又は厚0.9cm以上のせっこうボードを張り，屋外面に亜鉛鉄板を張ったもの
		(3)	(2) イ又はニに該当するものは，周囲の部分（防火戸から内側に15cm以内の間に設けられた建具がある場合においては，その建具を含む）が不燃材料で造られた開口部に取付けなければならない	
		(4)	開口面積が0.5m²以内の開口部に設ける戸で，防火塗料を塗布した木材及び網入りガラスで造られたもの	
2	1に定めるもののほか，防火戸が枠または他の防火設備と接する部分は，相じゃくりとし，又は定規縁もしくは戸当りを設ける等閉鎖した際に隙間が生じない構造とし，かつ，防火設備の取付金物は，取付部分が閉鎖した際に露出しないように取付けなければならない			

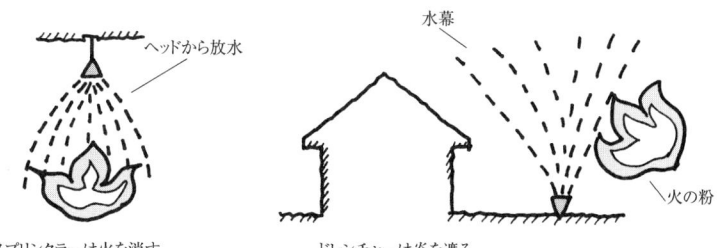

(a) スプリンクラー設備(消火設備)とドレンチャー設備(防火設備)

(b) 防火設備とみなす塀・そで壁

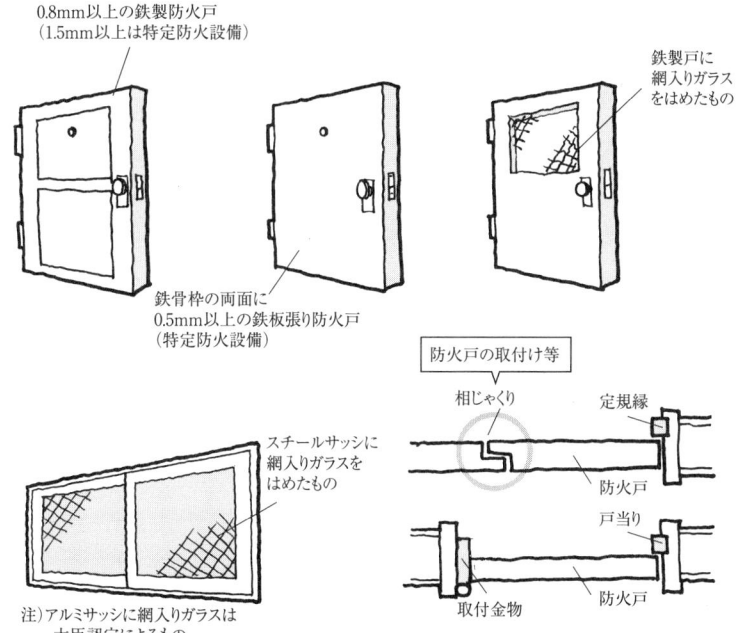

(c) 防火設備の適合仕様の例(通常は20分遮炎,特定防火設備は60分間遮炎)

図2・19　各種の防火設備

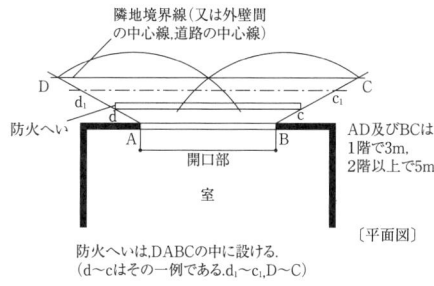

防火へいは,DABCの中に設ける.
(d～cはその一例である.d_1～c_1,D～C)

図2・20　防火へい等による防火設備

29

(10) **特定防火設備**〔令第112条第1項，平成12年建設省告示1369号〕

防火区画に設けられる防火設備で通常の火災による火熱が加えられた場合に，加熱開始後1時間当該加熱面以外の面に火災を出さないものとして，国土交通大臣が定めた構造方法を用いるもの又は，認定を受けたもの．

特定防火設備の構造方法を定める件〔平成12年建設省告示1369号〕
(1) 骨組を鉄製とし，両面にそれぞれ厚さが0.5mm以上の鉄板を張った防火戸．
(2) 鉄製で鉄板の厚さが1.5mm以上の防火戸又は，防火ダンパー
　　上記のほか，平成12年建設省告示1369号による．

【問題1】 用語に関する次の記述のうち，建築基準法上，間違っているのはどれか．
1．地震の振動をささえる火打材は，構造耐力上主要な部分である．
2．木造2階建住宅において，土台の過半について行う修繕は，大規模な修繕である．
3．建築物に設ける消火用のスプリンクラー設備は，建築設備である．
4．主要構造部を準耐火構造とした建築物で外壁の開口部のすべてに，防火設備を有するものは，準耐火建築物である．
5．地下の工作物内に設ける店舗は，建築物である．

【問題2】 用語に関する記述のうち，建築基準法上，誤っているのはどれか．
1．直接地上へ通ずる出入口のある階は，避難階である．
2．集会のために継続的に使用する室は，居室である．
3．間柱及び下地を木材で造った壁で，屋内側に石膏ボード厚さ12.5mmを張り，屋外側に石膏ボード張の上に厚さ1.5cmのしっくいを塗ったものは，防火構造である．
4．基礎は構造上重要であっても，主要構造部ではない．
5．通常の火災時の加熱に30分耐える性能を有する床は，準耐火構造である．

【問題3】 用語に関する次の記述のうち，建築基準法上，誤っているのはどれか．
1．建築物に関する工事を請負契約によらないで自らする者は，「建築主」である．
2．コンクリートは，「耐水材料」である．
3．建築物に関する工事用の図面（原寸図その他これに類するものを除く.）及び仕様書は，「設計図書」である．
4．建築物を移転する事は，「建築」である．
5．避難上有効なバルコニーがある階は，「避難階」である．

【問題4】 建築基準法上，建築物として取扱われるものは，次のうちどれか．
1．ガスタンク
2．横断用地下通路
3．駅舎に附属する高さ2mの塀
4．高さ8mのサイロ
5．高さ8mのアンテナ用鉄柱

【問題5】 用語に関する次の記述のうち，建築基準法上，誤っているのはどれか．
1．執務のために継続的に使用する室は「居室」である．
2．解体した民家の柱及びはりを再使用して住宅を改築することは「大規模の模様替」である．
3．住宅に附属する門及び塀で幅員4mの道路に接して設けられるものは「延焼のおそれのある部分」に該当する．
4．建築物に設ける屎尿浄化槽は「建築設備」である．
5．建築物に関する工事用の図面（原寸図その他これに類するものを除く）及び仕様書は，「設計図書」である．

【問題6】 用語に関する次の記述のうち，建築基準法上，誤っているのはどれか．
1．ガラスは不燃材料である．
2．間柱及び下地を不燃材で造った壁で，屋内側に石膏ボード厚さ12.5mmを張り，屋外側に塗厚さが1.5cmの鉄網モルタル塗りのものは，防火構造である．
3．主要構造部の一部を耐火構造とした建築物は，準耐火建築物ではない．
4．鉄筋コンクリート造の事務所の窓のスチールサッシを，すべてアルミサッシに取り替える模様替は，大規模の模様替である．
5．地質その他の振動若しくは衝撃をささえる筋かいは，構造耐力上主要な部分である．

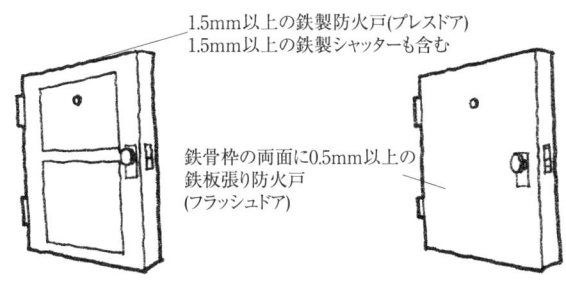

1.5mm以上の鉄製防火戸(プレスドア)
1.5mm以上の鉄製シャッターも含む

鉄骨枠の両面に0.5mm以上の
鉄板張り防火戸
(フラッシュドア)

特定防火設備に用いられる適合仕様で，
主なものはこの2種類となる．
(遮煙性能を有する防火戸)
また法令上，遮煙性能を有するものは次による．
(避難用に用いるもの)
①常時閉鎖式または煙感知自動閉鎖式防火戸とする
②防火戸の周囲が閉鎖した時，すき間のない構造とする
③防火シャッターは，内のり幅が5m以下であること

図2・21　特定防火設備（遮炎性能は60分間）

表2・25　防火設備の記載表示読み替え（平成12年6月1日第3次法改正による）

改正前（旧防火設備）の表示	法改正による防火設備の内容		
	防火設備	内　　　容	法条項
乙種防火戸，乙防 [建築基準法施行令第110条第2項の乙種防火戸]	準遮炎性能を有する防火設置	防火地域又は準防火地域内の建築物で外壁の開口部で延焼のおそれのある部分に設ける開口部（防火設備）	法第64条 令第109条 令第136条の2の3
乙種防火戸，乙防 [建築基準法施行令第110条第2項の乙種防火戸]	遮炎性能を有する防火設置	耐火建築物又は準耐火建築物の開口部延焼のおそれのある部分に設ける開口部（防火設備）	法第2条9号の2 令第109条 令第109条の二
乙種防火戸，乙防 [建築基準法施行令第110条第2項の乙種防火戸]		建築基準法施行令第112条関係で設けられた防火設備	
甲種防火戸，甲防 [建築基準法施行令第110条第1項の甲種防火戸]	特定防火設備	建築基準法施行令第112条関係で設けられた防火設備	令第112条1項

[法令抜粋]
準遮炎性能：建築物の周囲において発生する通常の火災時における火災を有効に遮るために防火設備に必要とされる性能をいう．
遮炎性能：通常の火災時における火災を有効に遮るために防火設備に必要とされる性能をいう．
特定防火設備：令109条に規定する防火設備であって，これに通常の火災による火熱が加えられた場合に，加熱開始後1時間当該加熱面以外の面に火炎を出さないものとして，国土交通大臣が定めた構造方法を用いるもの又は国土交通大臣の認定を受けたもの．

【問題7】 防火構造又は耐火構造に関する記述で，建築基準法上，誤っているものは，次のうちどれか．
1．間柱及び下地を木造とした壁で，木ずりしっくい塗りの塗厚さが2cmのものは，防火構造である．
2．通常の火災時の加熱に30分以上耐える性能を有すると認めて国土交通大臣が指定した屋根は，耐火構造である．
3．間柱及び下地を不燃材で造った壁で，鉄網モルタルの塗厚さが2cmのものは，防火構造である．
4．コンクリートブロック造の階段は耐火構造である．
5．軒裏および野地板を難燃材料で造り，かわらをふいた屋根は，防火構造である．

【問題8】 次の記述のうち，建築基準法上，誤っているものはどれか．
1．鉄道の駅舎は，建築物である．
2．各種学校の用途に供する建築物は，特殊建築物である．
3．最下階の構造上重要でない床は，主要構造部ではない．
4．主要構造部を耐火構造とした建築物は，耐火建築物である．
5．娯楽のために継続的に使用する室は，居室である．

【問題9】 下図のような敷地内に，平屋建と総2階建の建築物が2棟ある場合，建築基準法上，外壁のうち延焼のおそれのある部分の長さの合計の組合せで，正しいものは，次のうちどれか．

	1階部分	2階部分
1．	28m	30m
2．	30m	40m
3．	30m	45m
4．	32m	45m
5．	32m	60m

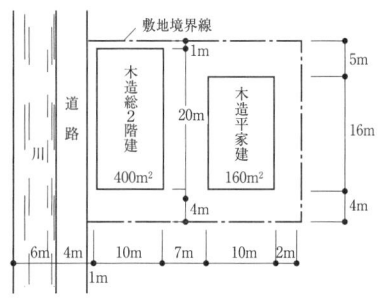

3　面積・高さ等の算定

3・1　一般用語

(1) **建築**〔法第2条第十三号〕
  a) 新築：更地の土地に，建築物を新たに建てること（図3・1 (a)）．
  b) 増築：既存建築物の床面積を増加させること（図3・1 (b)）．
    （別棟で建築する場合は，棟としては新築扱いだが，敷地全体では増築となる.）
  c) 改築：建築物の全部又は，一部を除去したあと，構造・規模・用途が著しく異ならないものを建築又は，建て直すこと（図3・1 (c)）．
  d) 移転：同一敷地内における建築物の移動をいい，ほかの敷地への移動は，移動先の敷地における新築又は，増築となる（図3・1 (d)）．

(2) **大規模の修繕**〔法第2条第十四号〕
建築物の主要構造部（壁・柱・床・梁・屋根・階段）の一種以上について行う過半の修繕．

(3) **大規模の模様替**〔法第2条第十五号〕
建築物の主要構造部（壁・柱・床・梁・屋根・階段）の一種以上について行う過半の模様替．

(4) **敷地**〔令第1条第一号〕
原則として，一つの敷地に対し，一つの建築物のある一団の土地をいう（図3・2）．また，2以上の建築物が用途上不可分の関係にある一団の土地もいう．
たとえば，工場（図3・3），学校など．

(5) **地盤面**〔令第2条第2項〕
建築物が周囲の地面と接する位置の，平均の高さにおける水平面をいう．その接する位置の高低差が3mを超える場合においては，その高低差3m以内ごとの平均の高さにおける水平面をいう（図3・4）．
  ●建築面積の地階不算入〔令第2条第二号〕
  ●建築物の高さ　　　　〔令第2条第六号〕
  ●軒　の　高　さ　　　〔令第2条第七号〕
  ●住宅地階の容積算定床面積不算入〔法第52条第3項，第4項，第5項〕

地方公共団体は，住宅の地階の容積算定不算入に関する地盤面を土地の状況等により，条例で別に定めることができる．

(6) **地階**〔令第1条第二号〕
床が地盤面下にある階で，床面から地盤面までの高さが，その階の天井の高さの1/3以上のもの（図3・5）．

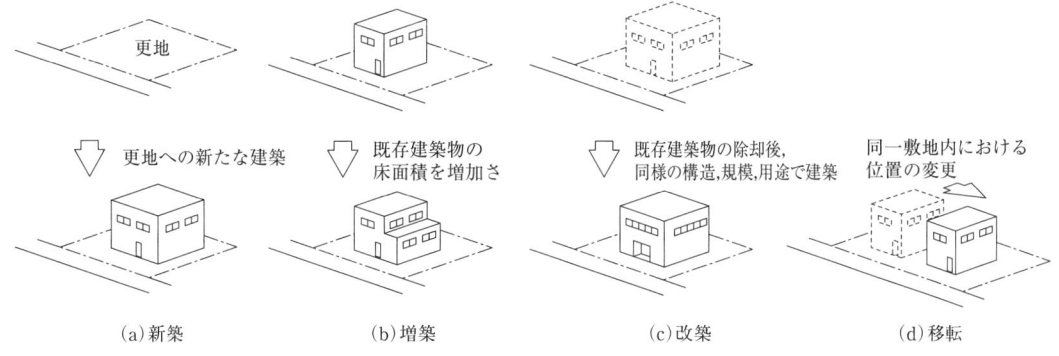

図3・1 「建築」の種類[*1]

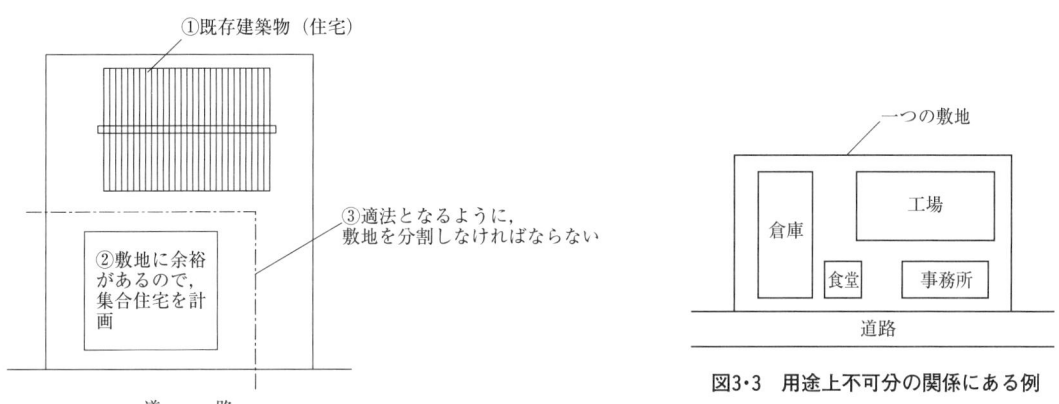

図3・2 1敷地1建築物の原則の例[*1]

図3・3 用途上不可分の関係にある例

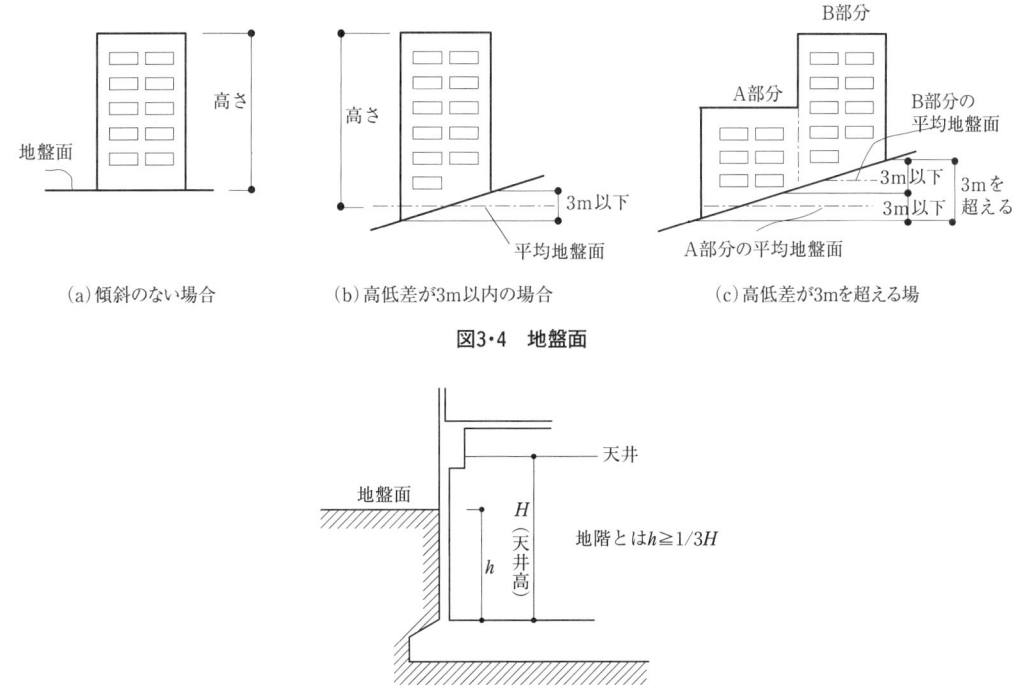

図3・4 地盤面

図3・5 地階[*2]

*1 片倉ほか『〈建築学テキスト〉建築行政』より
*2 小嶋『〈図解テキスト〉建築法規』より

3・2 面積算定

(1) 敷地面積〔令第2条第1項第一号〕

敷地の水平投影面積による（図3・6）.

（法第42条第2項等の規定によって，道路境界線とみなされる線と道の間の部分の敷地は算入しない（図3・7）.）

(2) 建築面積〔令第2条第1項第二号〕

建築物（地階で地盤面上1m以下にある部分を除く）の外壁又は，これらに代わる柱の中心線（軒，ひさし，はね出し縁その他これらに類するもので当該中心線から，水平距離1m以上突き出たものがある場合においては，その端から水平距離1m後退した線）で囲まれた部分の水平投影面積による（図3・8，図3・9）.

ただし，国土交通大臣が高い開放性を有すると認めて指定する構造の建築物又は，その部分については，その端から水平距離1m以内の部分の水平投影面積は，当該建築物の建築面積に算入しない（図3・10）.〔平成5年建設省告示1437号〕

(3) 床面積〔令第2条第1項第三号〕

建築物の各階又は，その一部で壁その他の区画の中心線で囲まれた部分の水平投影面積による（図3・11）.

(4) 延べ面積〔令第2条第1項第四号〕

- 建築物の各階の床面積の合計による.

階に算入しない塔屋，高さに算入しない塔屋，地階すべて算入する.

ただし，容積率の算定の基準となる延べ面積には，次の各項による緩和がある.

① 自動車車庫等の緩和〔令第2条第1項第四号，第3項〕

当該建築物の延べ面積にそれぞれの割合を乗じた面積を限度として算入しない.

1. 自動車車庫等部分　　$\dfrac{1}{5}$
2. 備蓄倉庫部分　　　　$\dfrac{1}{50}$
3. 蓄電池設備部分　　　$\dfrac{1}{50}$
4. 自家発電設備設置部分　$\dfrac{1}{100}$
5. 貯水槽設置部分　　　$\dfrac{1}{100}$
6. 宅配ボックス設置部分　$\dfrac{1}{100}$

（車庫全体が1/5を超えていてもかまわないが，その場合，1/5は算入しないが，1/5を超える部分は延べ面積に算入される.）

② 住宅の地階の緩和〔法第52条第3項〕

建築物の地階で，その天井が地盤面からの高さ1m以下にあるものの住宅の用途に供する部分の床面積は，当該建築物の住宅の用途に供する部分の床面積の合計の1/3を限度として，算入しない.（共同住宅の住戸部分．老人ホーム等も含む）

図3・6 敷地面積*1

図3・7 敷地面積への不算入の例（道路が4mまたは6m未満の場合）*1
*特定行政庁が指定する区域内の数値

(a) 道路の反対側が他の敷地の場合
(b) 道路の反対側ががけ地などの場合

図3・8 建築面積*1

図3・9 建築面積への不算入*1

図3・10 高い開放性を有するものの建築面積の緩和*1

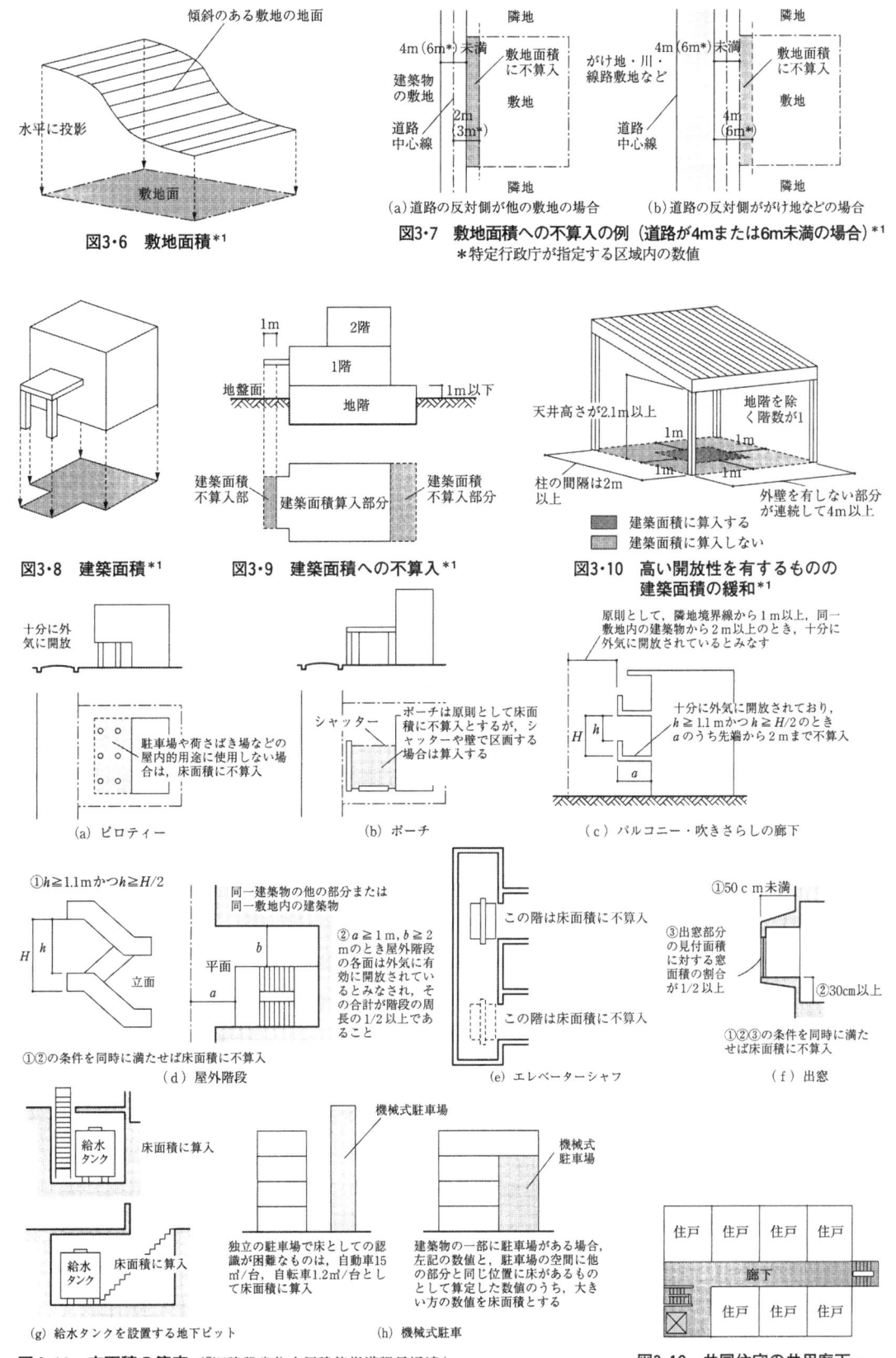

(a) ピロティー
(b) ポーチ
(c) バルコニー・吹きさらしの廊下

(d) 屋外階段
(e) エレベーターシャフ
(f) 出窓

(g) 給水タンクを設置する地下ピット
(h) 機械式駐車

図3・11 床面積の算定（「旧建設省住宅局建築指導課長通達」（昭和61住指発第115号）による床面積の算定）*1

図3・12 共同住宅の共用廊下・階段は延べ面積に不算入

*1 片倉ほか『〈建築学テキスト〉建築行政』より

③ 共同住宅の共用廊下，階段，エレベーター昇降路の緩和〔法第52条第6項〕
　共同住宅の共用廊下，階段，エレベーター昇降路部分の床面積は算入しない（図3・12）

(5) 築造面積〔令第2条第1項第五号〕

工作物の水平投影面積による．

機械式駐車装置は1台につき15m^{2}として面積換算する．〔昭50年建設省告示644号〕

3・3　高さ等の算定

(1) 建築物の高さ〔令第2条第1項第六号〕

建築物の高さは，地盤面〔令第2条第2項〕からとする（表3・1）．

ただし次の場合は，それぞれによる．

　イ．道路斜線は，前面道路の路面の中心からの高さによる．
　ロ．避雷針設備，北側斜線及び高度地区（北側の前面道路又は，隣地との関係についての建築物の各部分の高さの最高限度が定められている場合において，その高さを算定するときに限る）の場合を除き，階段室・昇降機塔，装飾塔，物見塔，屋窓などの建築物の屋上部分の水平投影面積の合計が当該建築物の建築面積の1/8以内の場合においては，その部分の高さは，12m，（第1種，第2種低層住居専用地域及び日影規制地域にあっては5m）までは，当該建築物に算入しない（図3・13）．
　ハ．棟飾，防火壁の屋上突出部は，建築物の高さに算入しない．

(2) 軒の高さ〔令第2条第1項第七号〕

地盤面から小屋組又は，これらに代わる横架材を支持する壁，敷げた又は，柱の上端までの高さによる（図3・14）．

(3) 階数〔令第2条第1項第八号〕

当該建築物の階数のうち最大なものによる．

昇降機塔，装飾塔，物見塔その他これらに類する建築物の屋上部分又は，地階の倉庫，機械室その他これらに類する部分で，水平投影面積の合計がそれぞれ当該建築物の建築面積の1/8以下のものは，階数に算入しない（図3・15）．

(4) 避難階〔令第13条第一号〕

直接地上へ通ずる出入口のある階をいう（図3・16）．

表3・1 建築物の高さの制限

条文	内容	基準面	屋上突出部で高さに算入されない限度
法55条1項及び2項	第1種及び第2種低層住居専用地域内の高さの制限	地盤面	5mまで
法56条の2・1項, 4項法別表4	日影による中高層の建築物の制限	地盤面	
法59条の2, 法55条1項に係る部分に限る	敷地内に広い空地を有する場合の高さの特例		
法56条1項一号	道路幅員による斜線制限	前面道路の路面の中心	12mまで
法56条1項二号	隣地境界線からの斜線制限	地盤面	12mまで
法56条1項三号	第1・2種低層及び第1・2種中高層住居専用地域内の北側斜線制限		0
法33条	避雷針の設置		
法58条	高度地区 北側斜線の場合		
	その他の場合		12mまで
その他の場合			12mまで

注1 地盤面が傾斜している場合はその平均の高さによる
注2 傾斜の高低差が3mを超える場合の高低差3m以内ごとにその平均の高さをとる

図3・13 建築物の高さの算定[*1]

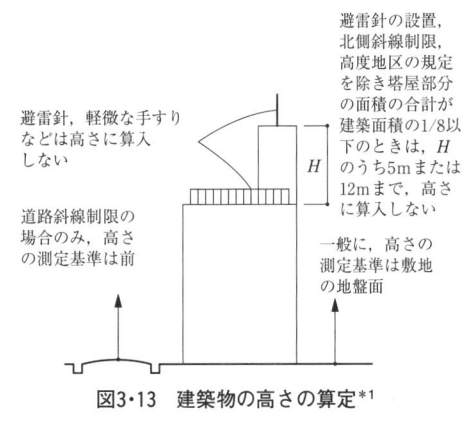

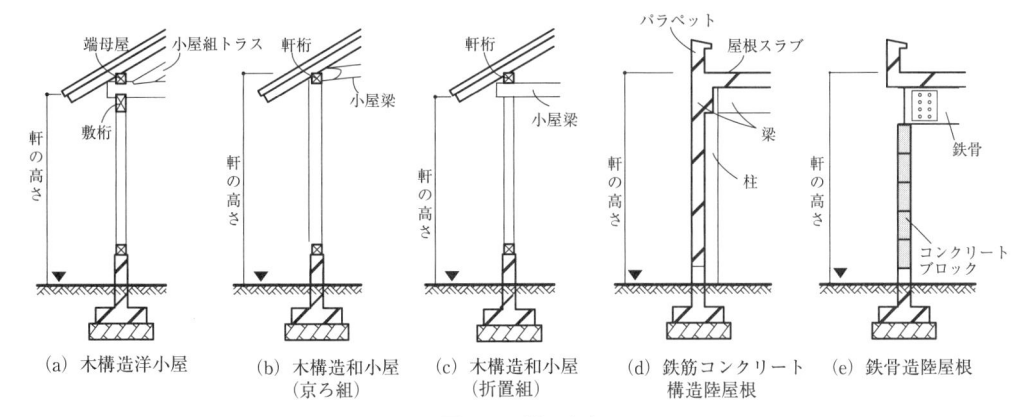

避雷針, 軽微な手すりなどは高さに算入しない

道路斜線制限の場合のみ, 高さの測定基準は前

避雷針の設置, 北側斜線制限, 高度地区の規定を除き塔屋部分の面積の合計が建築面積の1/8以下のときは, H のうち5mまたは12mまで, 高さに算入しない

一般に, 高さの測定基準は敷地の地盤面

(a) 木構造洋小屋
(b) 木構造和小屋（京ろ組）
(c) 木構造和小屋（折置組）
(d) 鉄筋コンクリート構造陸屋根
(e) 鉄骨造陸屋根

図3・14 軒の高さ

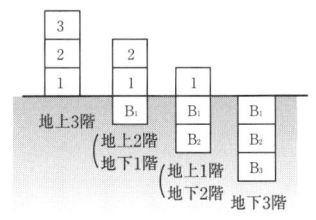

図3・15 建築物の階の数え方

階段室, 昇降機塔など≦1/8×建築面積の場合は, 不算入

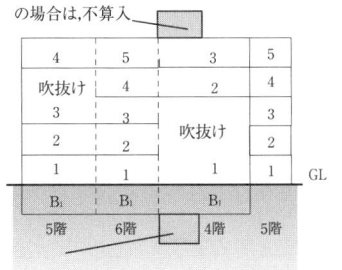

地下室（機械室, 倉庫）など≦1/8×建築面積の場合は, 不算入

「避難階」とは, 直接地上へ通ずる出入口のある階のこと.
地形により, 2以上の避難階が存在することもある.

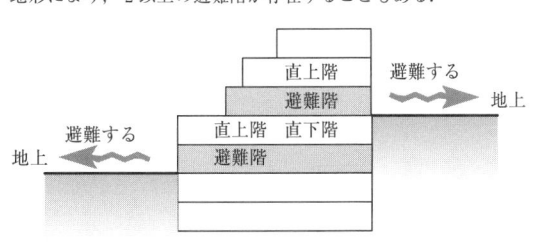

図3・16 避難階

[*1] 片倉ほか『〈建築学テキスト〉建築行政』より

【問題1】 図のような建築物の建築面積として，建築基準法上，正しいものは，次のうちどれか．
1. 70m²
2. 118m²
3. 124m²
4. 130m²
5. 136m²

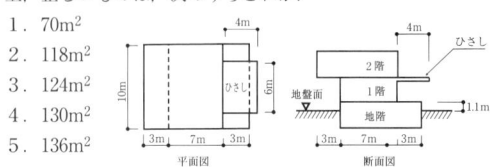

【問題2】 図のような2階建の建築物の建築面積と延べ面積の組合せで，建築基準準法上，正しいものは，次のうちどれか．

	建築面積	延べ面積
1.	150m²	330m²
2.	169m²	334m²
3.	184m²	330m²
4.	184m²	334m²
5.	188m²	338m²

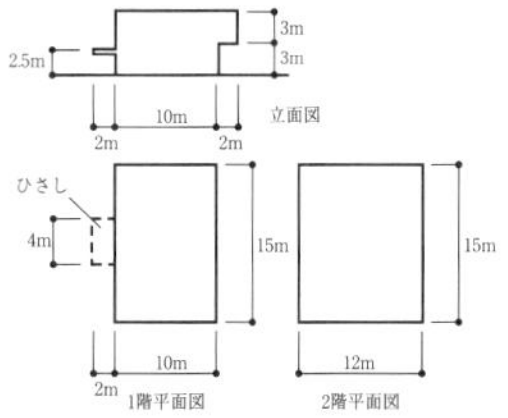

【問題3】 図のような建築物の敷地面積，建築面積及び延べ面積の組合せとして，建築基準法上，正しいものは，次のうちどれか．ただし，国土交通大臣が高い開放性を有すると認めて指定する構造の建築物の部分はないものとし，建築基準法42条1項の規定による区域の指定はないものとする．

	敷地面積	建築面積	延べ面積
1.	456m²	100m²	240m²
2.	456m²	105m²	180m²
3.	456m²	140m²	240m²
4.	480m²	100m²	180m²
5.	480m²	105m²	180m²

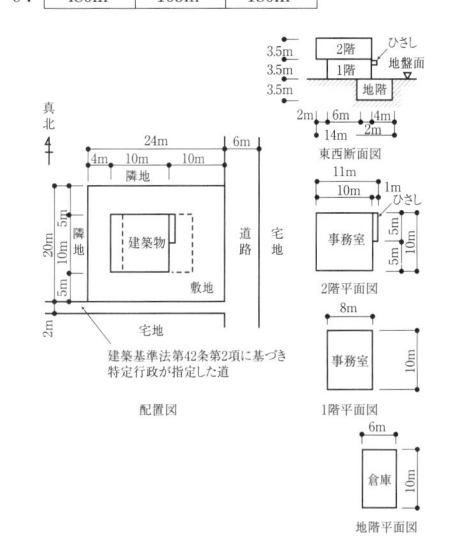

【問題4】 建築物の高さの算定に関する記述で，建築基準法上，正しいものは，次のうちどれか．
1. 建築物の高さの算定は，すべて地盤面から測る．
2. 建築物の高さの算定は，道路面から測ることはない．
3. 防火壁の屋上突出部分は，高さに算入しない．
4. 木造建築物の高さは，基礎の上端から測る．
5. 地盤面に高低差3m以上ある場合は，一番低いところからの高さを測る．

【問題5】 建築物の高さの算定に関する記述で，建築基準法上，誤っているものは，次のうちどれか．
1. 木造洋小屋の軒の高さは，土台の下端から軒げたの上端までの高さをいう．
2. 建築物の高さは，前面道路による制限の場合を除き，地盤面から測る．
3. 天井の高さは，室の床面から測り，一室で天井の高さの異なる部分がある場合においては，その平均の高さによる．
4. 床の高さは，直下の地面から床の上面までの高さをいう．
5. 階の高さは，床面からその直上階の床面までの高さをいう．

【問題6】 図において，建築基準法上，階数の算定で正しいものは，次のうちどれか．ただし，Aは昇降機塔，Bは地階の機械室で，それぞれの水平投影面積は建築面積の1/8以下である．
1. 階数　3
2. 階数　4
3. 階数　5
4. 階数　6
5. 階数　7

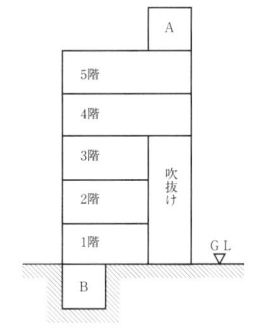

【問題7】 図のような建築物に関する次の記述のうち，建築基準法上，誤っているものはどれか．ただし，国土交通大臣が高い開放性を有すると認めて指定する構造の建築物又はその部分はないものとする．

1. 敷地面積は，500m² である．
2. 建築面積は，96m² である．
3. 延べ面積は，200m² である．
4. 高さは，7m である．
5. 階数は，3である．

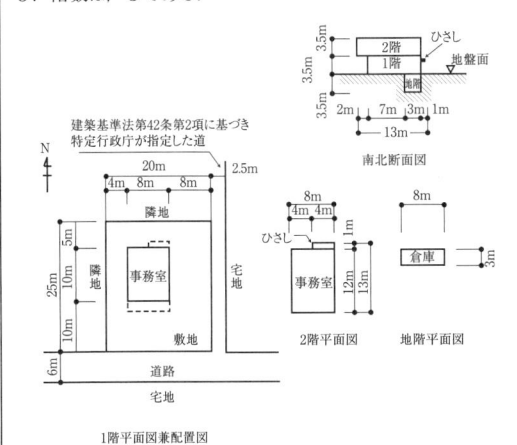

【問題8】 建築基準法上，誤っているのは，次のうちどれか．

1. 建築物の塔屋の一部をレストランにするときは，そのレストランの部分は，建築物の高さに算入される．
2. 機械室のみからなる地階で，水平投影面積の合計が建築面積の1/8以下のものは，階数に算入しない．
3. むね飾り，防火壁の屋上突出部は，その規模にかかわらず，高さに算入しない．
4. 都市計画区域外では，当該部分から前面道路の反対側の境界線までの水平距離による高さの制限を受けない．
5. 容積率の算定に用いる延べ面積には，地階の機械室の床面積は，算入されない．

【問題9】 建築物の高さを算定するとき，階段室，昇降機塔，装飾塔，物見塔，屋窓その他これらに類する建築物の屋上部分の水平投影面積の合計が当該建築物の建築面積の1/8以内の場合において，次の建築基準法の規定とそれに応じた当該屋上部分の高さの算入方法との組合せのうち，正しいものはどれか．

1. 21条1項――――高さ12mまでは算入しない．
2. 33条――――――高さ5mまでは算入しない．
3. 34条2項―――――すべて算入する．
4. 55条1項――――高さ12mまでは算入しない．
5. 56条1項三号――高さ5mまでは算入しない．

4 建築手続

4・1 用語の定義

(1) 建築主〔法第2条第一六号〕

建築物に関する工事の請負契約の注文者，又は，請負契約によらないで自らその工事をする者．

(2) 設計者〔法第2条第一七号〕

その者の責任において，設計図書を作成した者．

(3) 工事施工者〔法第2条第一八号〕

工事の請負人，又は，請負契約によらないで自らこれらの工事をする者．

(4) 建築主事〔法第4条〕

建築確認に関する事務をつかさどる者を建築主事という．

　　第1項：人口25万以上の市は，その長の指揮監督の下に建築主事を置かなければならない．

　　第2項：市町村(第1項の市を除く)は，その長の指揮監督の下に建築主事を置くことができる．

　　第5項：都道府県は，都道府県の指揮監督の下に，第1項，第2項の市町村の区域外に，建築主事を置かなければならない．

(5) 特定行政庁〔法第2条第三二号〕

- 建築主事を置く市町村の区域（上記第1項，第2項）については当該市町村の長．
- その他の市町村の区域（上記第5項）については都道府県知事．

(6) 指定確認検査機関〔法第4章の2，第2節（法第77条の18～35），法第6の2第2項〕

建築確認および検査を行うことができる民間機関で国土交通大臣，又は，都道府県知事の指定した機関．

(7) 指定構造計算適合性判定機関〔法第4章の2，第3節（法第77条の35の2～15）〕

構造計算適合性判定の業務を行おうとする民間機関で，都道府県知事の指定した機関．

(8) 建築審査会〔法第78条〕

建築基準法に規定する同意，不服申立の審査請求に対する裁決についての議決，特定行政庁の諮問に応じて，重要事項を調査審議させるために，建築主事を置く市町村及び都道府県に建築審査会を置く．

(9) 建築確認

公的機関が，ある事物について，法律の適法の有無を判断する行為．

(10) 許可

- 原則的に禁止されている法令，又は，行政行為について，個別に判断して適法とする行為．
- 建築基準法の場合，許可は，特定行政庁が行う．

(11) 認可

- 公的機関の同意を得なければ成立できない場合のこの同意の行為．
- 建築協定が認可になり，特定行政庁が行う．

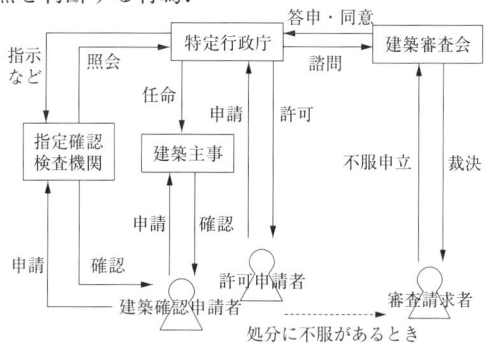

図4・1　建築手続きに関する行政機関[*1]

図4・2 建築確認・検査フロー*2

※指定確認検査機関は，確認・検査の実施後特定行政庁に報告を行う．

表4・1 建築主事

条　項	区　域	確認事務
①法第4条第1項	政令（昭和45年政令第271号）で指定する人口25万以上の市	法第6条
②法第4条第2項	①以外の市町村	
③法第4条第5項	都道府県	
④法第97条の2	①以外の市町村	令第148条第1項
⑤法第97条の3	特別区	令第149条第1項

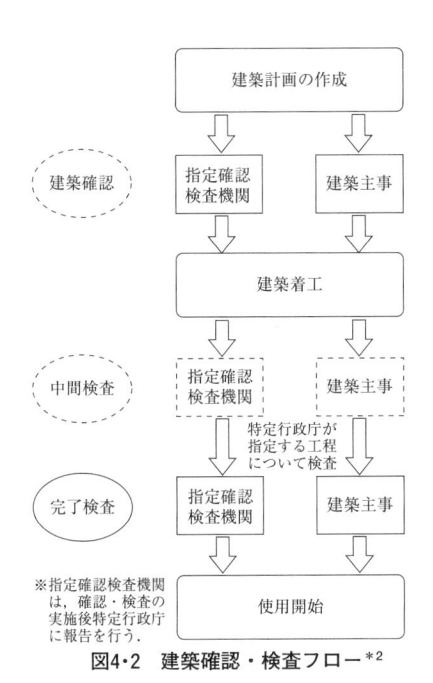

表4・2 建築基準法の執行機関とその主な役割

執行機関	主な役割の内容	条文
国土交通大臣	特定行政庁に対する勧告，助言又は援助	法14条2項
	特定行政庁等に対する監督	法17条
	建築基準適合判定資格者検定	法5条
	その他	
知　事	特定行政庁に対する指導・監督	法14条1項，法17条2項，5項
	都道府県の建築主事の任命	法4条6項
	都道府県の建築主事に対する指揮監督	法4条5項
	その他	
市町村長	市町村の建築主事の任命	法4条6項
	市町村の建築主事に対する指揮監督	法4条1項，2項
	建築協定書の公告等	法71条，法72条
	その他	
特定行政庁	違反建築物に対する措置	法9条等
	ただし書きに基づく許可	法48条等
	建築協定の認可	法73条
	総合的設計による一団地の建築物の取扱いの承認	法86条
	その他	
建築審査会	特定行政庁が行う許可に対する事前の同意	法48条等，法78条1項
	審査請求に対する裁決	法78条1項，法94条2項
	重要事項の調査・審議	法78条1項
	関係行政庁への建議	法78条2項
	その他	
建築主事 指定確認検査機関	建築確認申請書の受理，審査及び確認	法6条（法6条の2）
	工事完了検査，中間検査	法7条（法7条の2），法7条の3（法7条の4）
	その他	
消防(署)長	許可又は確認に関する同意	法93条

表4・3 許可制度が規定されている条項*1

法の条項	許可内容	建築審査会同意
第43条第1項	敷地の接道義務	要
第44条第1項第二号・第四号	道路内建築物	
第47条	壁面線を越える歩廊，柱等	
第48条第1項～第12項	用途地域制限	要*1
第51条	卸売市場，汚物処理場，ごみ焼却場等の位置	不要*2
第52条第10項・第11項	計画道路，壁面線がある場合の容積率の特例	要
第52条第14項	容積率制限（大規模機械室等）	
第53条第4項	壁面線指定，地区計画条例による壁面の位置の制限がある場合の建ぺい率制限	
第53条第5項第三号	建ぺい率制限（公園等）	
第53条の2第1項第三号・第四号	敷地面積の最低限度	
第55条第3項	第1種・第2種低層住居専用地域内の絶対高さ制限	
第56条の2第1項	日影規制	
第57条の4	特例容積率適用地区内の高さの最高限度	
第59条第1項第三号	高度利用地区内の容積率等の制限（公益上必要な建築物）	
第59条第4項	高度利用地区内の道路斜線制限	
第59条の2第1項	総合設計制度	
第60条の2第1項第三号	都市再生特別地区内の制限（公益上必要な建築物）	
第68条第1項第二号	景観地区内の高さの最高・最低限度	
第68条第2項第二号	景観地区内の壁面の位置の制限	
第68条第3項第二号	景観地区内の敷地面積の最低限度	
第68条の3第4項	再開発等促進地区等の地区計画区域内の斜線制限	
第68条の5の2第2項	高度利用地区型地区計画区域内の道路斜線制限	
第68条の7第5項	予定道路を法第52条の前面道路とみなす扱い	
第85条第3項～第4項	仮設建築物	不要
第86条第3項～第5項	一定の複数建築物に対する特例と総合設計制度の併用等	要
第86条の2第2項・第3項		

*1 許可に利害関係を有する者の出頭を求めて公開による意見の聴取を行うことが必要．
*2 都市計画審議会の議を経ることが必要．

*1 片倉ほか『〈建築学テキスト〉建築行政』より
*2 小嶋『〈図解テキスト〉建築法規』より

4・2 建築の手続き

(1) 建築物の建築等に関する申請及び確認〔法第6条〕

建築主は，建築物を建築しようとする場合，当該工事に着手する前に，その計画が建築基準関係規定（表4・6〔令第9条〕）に適合するものであることについて確認の申請書を提出して，建築主事の確認を受け，確認済証の交付を受けなければならない．

また確認を受けた建築物の計画の変更（軽微な変更〔規則第3条の2〕を除く）する場合も同様に再度確認を受け，確認済証の交付を受けなければならない．

表4・4 確認を要する建築行為等[*1]

適用区域	対象建築物等		工事種別	根拠条文
	用途・構造	規模		
全 国	(1)特殊建築物[*1]	その用途部分の床面積>100m^2	建築[*2]，大規模の修繕・模様替，用途変更[*3]	法第6条第1項第一号
	(2)木 造	次の①〜④のいずれかの場合 ①階数≧3, ②延べ面積>500m^2, ③高さ>13m, ④軒高>9m		法第6条第1項第二号
	(3)木造以外	階数≧2または延べ面積>200m^2		法第6条第1項第三号
都市計画区域，準都市計画区域，準景観地区または知事指定区域内	(1)〜(3)以外のすべての建築物		建 築	法第6条第1項第四号
全 国	(1)〜(3)に設ける建築設備 エスカレーター／エレベーター／特定行政庁が定期報告を必要として指定する建築設備[*4]		設 置	法第87条の2，令第146条
	工作物 煙突（高さ>6m）／柱（高さ>15m）／広告塔等（高さ>4m）／高架水槽，サイロ等（高さ>8m）／擁壁（高さ>2m）／観光用エレベーター等／高架の遊戯施設／回転する遊戯施設／製造・貯蔵施設等		築 造	法第88条，令第138条
上記の場合であっても，確認を要しない場合 ①防火・準防火地域外における増築，改築，移転で，その部分の床面積が10m^{2}以内の場合〔法第6条第2項〕 ②災害時の応急仮設建築物，工事現場に設置する仮設事務所等〔法第85条第2項，5項〕 ③国，都道府県，建築主事を置く市や特別区等が建築する場合〔計画通知が必要．法第18条〕 ④宅地造成等規制法の許可を要する擁壁〔法第88条第4項〕 ⑤類似用途相互間の用途変更〔令第137条の17〕 ⑥確認を受けた建築物の計画について，規則第3条の2に定める軽微な変更をして(1)〜(3)に掲げる建築物を建築する場合〔法第6条第1項〕				

[*1] 劇場・病院・共同住宅・学校など法別表第1(い)欄(1)〜(6)項に掲げる用途（令第115条の3に定める類似用途を含む）．
[*2] 増築後にこれらの規模になる場合を含む．また，原則として，確認を受けた建築物の計画を変更して(1)〜(3)に掲げる建築物を建築する場合を含む．
[*3] 用途変更して，特殊建築物の用途で100m^{2}を超えるものになる場合に限る〔法第87条第1項〕．
[*4] 屎尿浄化槽および合併処理浄化槽を除く〔令第146条第1項第二号〕．

建築主事は，第1項の申請書が提出された場合において，その計画が次の各号のいずれかに該当するときは，当該申請書を受理することができない．（法第6条第3項）

一 建築士法第3条第1項，第3条の2第1項，第3条の3第1項，第20条の2第1項若しくは第20条の3第1項の規定又は同法第3条の2第3項の規定に基づく条例の規定に違反するとき．

二 構造設計一級建築士以外の一級建築士が建築士法第20条の2第1項の建築物の構造設計を行った場合において，当該建築物が構造関係規定に適合することを構造設計一級建築士が確認した構造設計によるものでないとき．

三 設備設計一級建築士以外の一級建築士が建築士法第20条の3第1項の建築物の設備設計を行った場合において，当該建築物が設備関係規定に適合することを設備設計一級建築士が確認した設備設計によるものでないとき．

構造計算適合性判定（法第6条第5項〜第12条）
- 建築主事は，申請建築物の計画が法第20条第二号又は第三号に定める基準に適合するかどうか

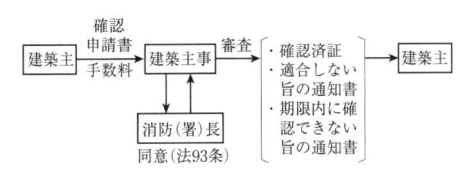

図4・3 確認の過程

```
建築主 →確認申請書・手数料→ 建築主事 →審査→ ・確認済証
                              ・適合しない旨の通知書
                              ・期限内に確認できない旨の通知書 → 建築主
                    ↕
              消防(署)長同意(法93条)
```

表4・5 確認の期限（法第6条第4項・消防同意の期限，法第93条）

建築物等	確認期限日数	消防関係同意期限の内日数
法第6条第1項第一号・第二号・第三号の建築物	35日	7日
昇降機等の工作物，製造施設等の工作物		（消防関係同意不要）
法第6条第1項第四号，建築設備	7日	3日
一般の工作物		（消防関係同意不要）

表4・7 建築申請にともなう手続き

条文	種類	申請者	申請先
法6条，法6条の2（法18条），法87条，法87条の2，法88条	確認申請（計画通知）	建築主（国，都道府県等）	建築主事，指定確認検査機関
法15条	建築工事届	建築主	都道府県知事
	建築物除却届	工事施工者	
法43条，法44条，法48条，法51条，法52条，法53条，法55条，法59条の2，法82条等	許可申請	建築主，築造主	特定行政庁
法90条の3	工事中における安全上の措置に関する計画届	建築主	特定行政庁
法7条の6	仮使用の承認申請	建築主	特定行政庁，建築主事
法7条，法7条の2	完了検査の申請	建築主	建築主事，指定確認検査機関
法7条の3，法7条の4	中間検査の申請	建築主	建築主事，指定確認検査機関
法42条1項5号	道路の位置の指定申請	築造しようとする者	特定行政庁

表4・6 建築基準関係規定*1

建築基準関係規定	建築基準法令の規定	建築基準法	すべての条項	これらに基づく命令および条例の規定
	その他の規定（令第9条）右の各規定のうち建築物（準用工作物を含む）の敷地・構造・建築設備に係るもの	①消防法	第15条，第17条	
		②屋外広告物法	第6条	
		③港湾法	第40条第1項	
		④高圧ガス保安法	第24条	
		⑤ガス事業法	第40条の4	
		⑥駐車場法	第20条	
		⑦水道法	第16条	
		⑧下水道法	第10条第1項・第3項，第30条第1項	
		⑨宅地造成等規制法	第8条第1項	
		⑩流通業務市街地の整備に関する法律	第5条第1項	
		⑪液化石油ガスの保安の確保及び取引の適正化に関する法律	第38条の2	
		⑫都市計画法	第29条，第35条の2第1項*1，第41条第2項*2，第42条*3，第43条第1項，第53条第1項，附則第4項	
		⑬特定空港周辺航空機騒音対策特別措置法	第5条第1項〜第3項*4	
		⑭自転車の安全利用の促進及び自転車等の駐車対策の総合的推進に関する法律	第5条第4項	
		⑮浄化槽法	第3条の2第1項	

*1 同法附則第5項において準用する場合を含む．
*2 同法第35条の2第4項および附則第5項において準用する場合を含む．
*3 同法第53条第2項および附則第5項において準用する場合を含む．
*4 同条第5項において準用する場合を含む．

表4・8 確認の特例〔法第6条の3，令第13条の2，令第136条の2の9〕

法第6条の3	令第13条の2	令第136条の2の9		
第二号（規格化された住宅）プレハブ住宅	第一号	第一号（イ）	建築物の部分	法20条第二号，法21条から法22条，法28条（第1項を除く），法29条，法30条，法31条第1項，法33条，法34条，法35条の2，法35条の3，法37条，法3章第5節（61条，62条第2項中，門及び塀に係る部分並びに法66条を除く），法84条の2
		第一号（ロ）	建築物の部分	令第19条，第20条，第31条から第35条まで除く）令第3章（第52条第1項，第61条，第62条の8，第74条第2項，第75条，第76条を除き，第80条の2にあっては国土交通大臣が定めた基準に係る部分に限る）令第4章，令第5章（第6節を除く），令第5章の2から令第5章の3 令第5章の4（第129条の2の5第三号を除き，第129条の2の4第1項及び第129条の2の5第2項第六号にあっては国土交通大臣が定めた構造方法に係る部分に限る）令第7章の2，令第7章の9
	第二号	第二号	表の部分	表の規定
第三号	令第13条の2			
		第三号	防火地域及び準防火地域外の一戸建の住宅 （イ）	法20条から法25条，法27条から法29条，法31条第1項，法32条，法33条，法35条から法35条の3，法37条
			（ロ）	令第2章（第32条，第35条を除く，第80条の2にあっては国土交通大臣が定めた基準に係る部分に限る），令第4章から令第5章の2，令第5章の4（第2節を除く），令第144条の3
			（ハ）	法第39条から法第41条で特定行政庁が規則で定めた規定
		第四号	上記の一戸建以外の住宅 （イ）	法第20条，法21条，法28条第1項，法第2項，法29条，法30条，法31条第1項，法32条，法33条，法37条
			（ロ）	令第2章（第20条の3，第32条，第35条を除く），令第3章（第8節を除き，第80条の2にあっては国土交通大臣が定めた基準に係る部分に限る），令第119条，令第5章の4（第129条の2の5第1項第6号，第7号，第2項を除く），令第144条の3
			（ハ）	法第39条から法第41条で特定行政庁が規則で定めた規定

*1 片倉ほか『〈建築学テキスト〉建築行政』より

を審査するときは，都道府県知事の構造計算適合性判定を求めなければならない．（第5項）
- 都道府県知事は，当該都道府県に置かれた建築主事から前項の構造計算適合性判定を求められた場合においては，当該建築主事を当該構造計算適合性判定に関する事務に従事させてはならない．（第6項）
- 都道府県知事は，特別な構造方法の建築物の計画についての構造計算適合性判定を行うに当たって必要があると認めるときは，構造計算に関して専門的な識見を有する者の意見を聴くものとする．（第7項）
- 都道府県知事は，当該構造計算適合性判定を求められた日から14日以内にその結果を記載した通知書を建築主事に交付しなければならない．（第8項）
- 都道府県知事は，同項の期間内に建築主事に同項の通知書を交付することができない合理的な理由があるときは，35日の範囲内において，同項の期間を延長することができる．この場合においては，その旨及びその延長する期間並びにその期間を延長する理由を記載した通知書を同項の期間内に建築主事に交付しなければならない．（第9項）
- 第5項の構造計算適合性判定に要する費用は，当該構造計算適合性判定を求めた建築主事が置かれた都道府県又は市町村の負担とする．（第10項）
- 建築主事は，第5項の構造計算適合性判定により適正に行われたものであると判定された場合に限り，第1項の規定による確認をすることができる．（第11項）
- 建築主事は，第4項の場合（申請に係る建築物の計画が第20条第二号に定める基準（同号イの政令で定める基準に従った構造計算で同号イに規定する方法によるものによって確かめられる安全性を有することに係る部分に限る.）に適合するかどうかを審査する場合その他国土交通省令で定める場合に限る.）において，同項の期間内に当該申請者に第1項の確認済証を交付することができない合理的な理由があるときは，35日の範囲内において，第4項の期間を延長することができる．この場合においては，その旨及びその延長する期間並びにその期間を延長する理由を記載した通知書を同項の期間内に当該申請者に交付しなければならない．（第12項）

（2）指定確認検査機関による確認〔法第6条の2〕
- 法第6条と同様に，指定確認検査機関の確認を受け，確認済証の交付を受けたときは，法第6条の確認済証とみなす．〔第1項〕
- 2以上の都道府県の区域において確認業務を行う場合は国土交通大臣が，1の都道府県の区域の場合は都道府県知事が，指定する．〔第2項〕
- 構造計算適合性判定に関する内容〔第3項～第9項〕
- 確認済証を交付をしたときは，確認審査報告書を作成し，計画に関する書類を添えて特定行政庁に提出しなければならない．〔第10項〕
- 特定行政庁は，報告を受けた場合において，確認済証の交付を受けた建築物の計画が建築基準関係規定に適合しないと認めるときは，建築主及び指定確認検査機関にその旨を通知しなければならない．この場合，当該確認済証は，その効力を失う．〔第11項〕
- 第11項の場合において，特定行政庁は，必要に応じ違反を是正するための命令，その他の措置を講ずるものとする．〔第12項〕

（3）建築物の建築に関する確認の特例〔法第6条の3〕
次の各号に該当するものは，確認事務の簡素合理化を図るために，単体規定の一部が建築確認の審査の対象から除外される．

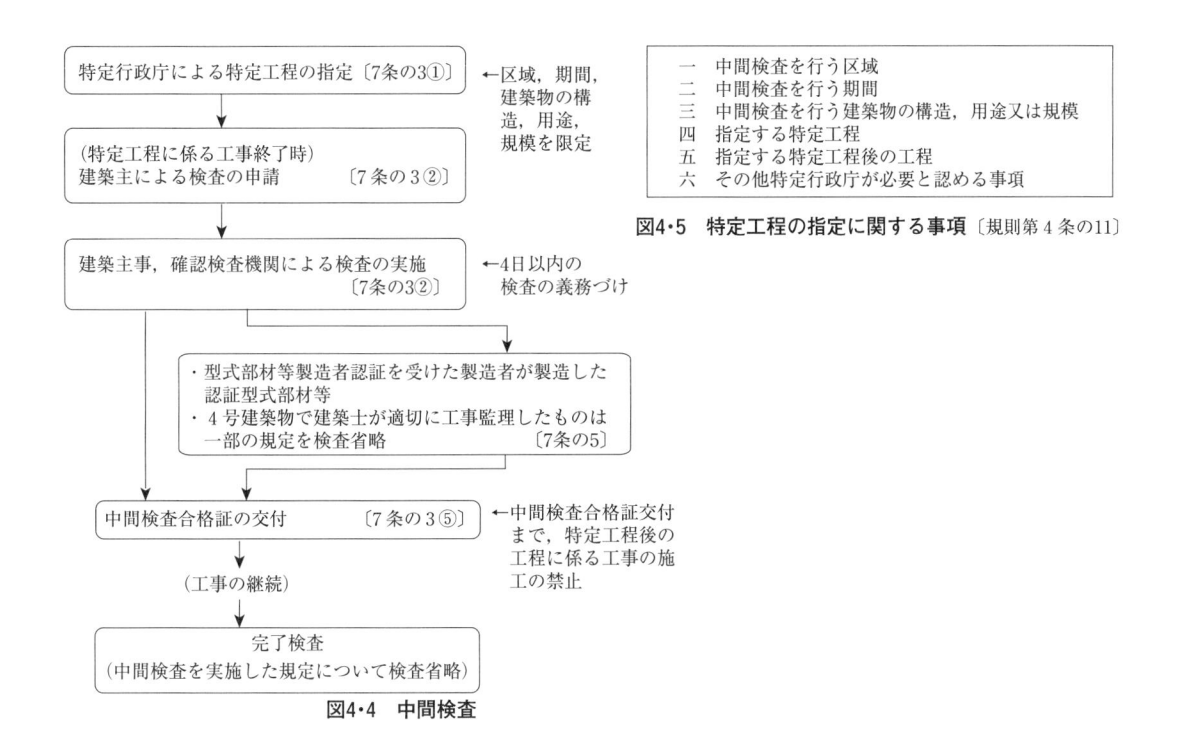

```
┌─────────────────────────────────┐
│ 特定行政庁による特定工程の指定〔7条の3①〕│←─区域,期間,
└─────────────────────────────────┘   建築物の構
              ↓                       造,用途,
┌─────────────────────────────────┐   規模を限定
│(特定工程に係る工事終了時)        │
│建築主による検査の申請    〔7条の3②〕│
└─────────────────────────────────┘
              ↓
┌─────────────────────────────────┐
│建築主事,確認検査機関による検査の実施│←─4日以内の
│                        〔7条の3②〕│   検査の義務づけ
└─────────────────────────────────┘
        ↓         ↓
                  ┌──────────────────────────────┐
                  │・型式部材等製造者認証を受けた製造者が製造した│
                  │  認証型式部材等             │
                  │・4号建築物で建築士が適切に工事監理したものは│
                  │  一部の規定を検査省略   〔7条の5〕│
                  └──────────────────────────────┘
        ↓         ↓
┌─────────────────────────────────┐
│中間検査合格証の交付     〔7条の3⑤〕│←─中間検査合格証交付
└─────────────────────────────────┘   まで,特定工程後の
              ↓                       工程に係る工事の施
         (工事の継続)                  工の禁止
              ↓
┌─────────────────────────────────┐
│     完了検査                     │
│(中間検査を実施した規定について検査省略)│
└─────────────────────────────────┘
```

┌───────────────────────────┐
│ 一 中間検査を行う区域   │
│ 二 中間検査を行う期間   │
│ 三 中間検査を行う建築物の構造,用途又は規模│
│ 四 指定する特定工程   │
│ 五 指定する特定工程後の工程   │
│ 六 その他特定行政庁が必要と認める事項 │
└───────────────────────────┘

図4·5 特定工程の指定に関する事項〔規則第4条の11〕

図4·4 中間検査

表4·9 「特定工程」の手続きの例(横浜市の場合)

建物の規模・構造		中間検査回数	特定工程	
			1回目	2回目
木造階数2以下 かつ500m²以下	軸組	1	全軸組緊結完了時	
	2×4		小屋組完了時	
工業化住宅			基礎と躯体緊結完了時	
38条認定品(構造)			基礎配筋完了時	
木造階数3以上 又は500m²超	軸組	2	基礎配筋完了時	全軸組緊結完了時
	2×4		基礎配筋完了時	小屋組完了時
非木造階数1 かつ200m²以下 (混構造含む)	主要軸組	1	木造部分の軸組緊結完了時	
	主要2×4		木造部分の小屋組完了時	
	主要非木		基礎配筋完了時	
非木造階数4以下かつ3000m²未満 (混構造含む)				
	RC・SRC・PC造	2	基礎配筋完了時	最下階から2つ目の床版配筋完了時
	S造		基礎配筋完了時	軸組の接合完了時
主要な構造が木造	軸組		基礎配筋完了時	軸組緊結完了時
	2×4		基礎配筋完了時	小屋組完了時
非木造階数5以上または3000m²以上				
	RC・SRC・PC造	2	基礎配筋完了時	最下階から2つ目の床版配筋完了時
	S造		基礎配筋完了時	軸組の接合完了時
主要な構造が工業化住宅		1	基礎と躯体緊結完了時	
上記以外		1	基礎配筋完了時	

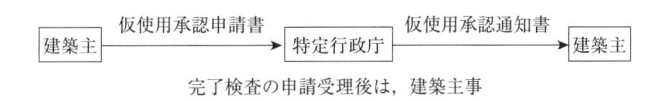

```
              仮使用承認申請書          仮使用承認通知書
    建築主  ──────────→  特定行政庁  ──────────→  建築主
              完了検査の申請受理後は,建築主事
```

図4·6 仮使用の承認

第一号－型式適合認定を受けた型式（認定型式）に適合する建築材料を用いる建築物．
第二号－認定形式に適合する建築物の部分を有する建築物（プレハブ住宅）．
第三号－法第6条第1項，第四号に掲げる建築物で建築士が設計に係るもの．

(4) 完了検査〔法第7条〕
- 建築主は，工事完了したときは，建築主事の検査を申請しなければならない．〔第1項〕
- 工事が完了した日から4日以内に建築主事に到達するようにしなければならない．〔第2項〕
- 建築主事等は，その申請を受理した日から7日以内に，建築基準関係規定に適合しているかどうかを検査しなければならない．〔第4項〕
- 適合すると認めたときは，建築主に対して検査済証を，交付しなければならない．〔第5項〕

(5) 指定確認監査機関による完了検査〔法第7条の2〕
- 指定確認検査機関は，完了検査の引受けを行ったときは，その旨を証する書面を建築主に交付するとともに，その旨を建築主事に通知しなければならない．〔第3項〕
- 工事が完了した日又は，検査の引受けを行った日のいずれか遅い日から7日以内に検査をしなければならない．〔第4項〕
- 適合すると認めたときは，建築主に対して，検査済証を交付しなければならない．この場合において，当該検査済証は，法第7条，第5項の検査済証とみなす．〔第5項〕
- 指定確認検査機関は，検査の結果を特定行政庁に報告しなければならない．〔第6項〕

(6) 中間検査〔法第7条の3，法第7条の4（指定確認機関による中間検査）〕
- 特定行政庁は，その地方の建築物の建築の動向，又は，工事に関する状況その他の事情を考慮して，区域，期間及建築物の構造，用途又は規模に限り，工事の施工中に建築主事が，建築基準関係規定に適合しているかどうかを検査（中間検査）することが必要なものを，特定工程として指定するものとする．〔第1項〕
- 特定工程に係る工事を終えたときは，その日から4日以内に，建築主事に到達するように検査を申請しなければならない．〔第2項〕
- 建築主事等は，その申請を受理した日から4日以内に検査しなければならない．〔第4項〕
- 適合すると認めたときは，当該建築物の建築主に対して中間検査合格証を交付しなければならない．〔第5項〕
- 特定工程後の工程に係る工事は，中間検査合格証の交付後でなければ施工してはならない．〔第6項〕

(7) 検査の特例〔法第7条の5〕
確認の特例〔法第6条の3〕を受けた建築物で，建築士である工事管理者によって，設計図書のとおりに実施されたことが確認されたものは，除外された規定に限り，完了検査の対象から除外される．

(8) 検査済証の交付を受けるまでの建築物の使用制限〔法第7条の6〕
- 法第6条の第一号から第三号までの建築物を新築する場合．
- 上記の建築物（共同住宅以外の住宅及び居室を有しない建築物を除く）の増築，改築，移転，大規模の修繕，大規模の模様替えの工事で避難施設等に関する工事を含むものをする場合．

上記のちらかに該当する場合は，建築主は，検査済証の交付を受けた後でなければ使用することができない．

ただし，次の各号の一に該当する場合は，検査済証の交付前に使用することができる．

表4・11 工事中の安全上の措置等に関する計画の届出の対象[*1]

条　項		用　途　等	規　模
令第147条の2	第一号	百貨店，マーケット，床面積＞10m^{2}の物品販売店舗，展示場	3階以上の階または地階におけるその用途に供する部分の床面積合計＞1,500m^{2}のもの
	第二号	病院，患者収容施設のある診療所，児童福祉施設等	5階以上の階におけるその用途に供する部分の床面積合計＞1,500m^{2}のもの
	第三号	劇場，映画館，演芸場，観覧場，公会堂，集会場，ホテル，旅館，キャバレー，カフェー，ナイトクラブ，バー，ダンスホール，遊技場，公衆浴場，待合，料理店，飲食店，または前記第一号，第二号の用途	5階以上の階または地階におけるその用途に供する部分の床面積合計＞2,000m^{2}のもの
	第四号	地下工作物内の建築物	居室床面積合計＞1,500m^{2}のもの

表4・12　定期報告の例[*2]

①特殊建築物の定期調査の対象建築物及び定期調査の時期（国土交通省の指定方針）：用途毎の規模及び時期は，原則として，下表によるものとし，すべてを指定する．
②建築設備の定期検査の対象及び時期：原則として，エレベーター，エスカレーター，小荷物専用昇降機及び遊戯施設のすべてを指定するものとし，期間は1年間とする．

	用　途	建築物の種別	報告時期
(1)	劇場，映画館又は演芸場	地階，$F\geqq3$又は$A\geqq200$m^{2}又は主階が1階にないもの	1年間隔
(2)	観覧場（屋外観覧場は除く），公会堂又は集会場	地階，$F\geqq3$又は$A\geqq200$m^2	1年間隔
(3)	病院，診療所（患者の収容施設があるものに限る），養老院又は児童福祉施設など	地階，$F\geqq3$又は$A\geqq300$m^2	2年間隔
(4)	旅館又はホテル	地階，$F\geqq3$又は$A\geqq300$m^2	1年間隔
(5)	下宿，共同住宅又は寄宿舎	地階，$F\geqq3$又は$A\geqq300$m^2	3年間隔
(6)	学校又は体育館	地階，$F\geqq3$又は$A\geqq2000$m^2	2年間隔
(7)	博物館，美術館，図書館，ボーリング場，スキー場，スケート場，水泳場又はスポーツの練習場	地階，$F\geqq3$又は$A\geqq2000$m^2	3年間隔
(8)	百貨店，マーケット，展示場，キャバレー，カフェー，ナイトクラブ，バー，ダンスホール，遊技場，公衆浴場，待合，料理店，飲食店又は物品販売業を営む店舗（床面積が10m^{2}以内のものを除く）	地階，$F\geqq3$又は$A\geqq500$m^2	1年間隔
(9)	事務所その他これに類するもの（階数が5以上で延べ面積が1000m^{2}を超えるものに限る）	地階，$F\geqq3$	3年間隔

注1　地階，$F\geqq3$は地階又は3階以上の階でその用途に供する部分（100m^{2}以下のものは除く）を有するものを，Aはその用途に供する部分の床面積の合計をそれぞれ示す．
注2　(1)項から(8)項までの複数の用途に供する建築物にあっては，それぞれの用途の供する部分の床面積の合計をもってその主要な用途に供する部分の床面積の合計とするものとする．
注3　地下街，高さ31mを超える建築物その他防火避難上の安全性の確保が極めて重要なものについては，上表にかかわらず，「期間」を0.5年間隔までとするよう配慮するものとする．また，精神病院その他用途上特殊なものについて同様とする．

表4・13　違反建築物に対する措置[*2]

措置の種別	条　文	権限を有する物				義務者（相手方）								
		国土交通大臣	特定行政庁	建築主事	建築監視員	工事関係者						権利者等		
						建築主	設計者	工事監理者	請負人	下請人	現場管理者	工事従事者	所有者	管理者	占有者
本命令（1項命令）	法9条1項		○			○		○	○	○			○	○	○
措置通知	法9条2項	○				○		○	○	○			○	○	○
仮命令（7項命令）	法9条7項		○					○	○	○					
緊急工事停止命令（10項命令）	法9条10項		○					○	○	○					
緊急作業停止命令（10項命令）	法9条10項		○									○ 1)			
行政代執行	法9条11項12項		○										○		
違反の公示	法9条13項		○												
設計者等の監督官庁に対する措置命令をした旨の通知	法9条の3，1項		○				○	○	○						
単体規定不適格既存建築物に係る措置命令	法10条1項		○										○		
集団規定不適格既存建築物に係る措置命令	法11条1項		○										○		
工事完了検査	法7条		○	○		○									
定期報告	法12条1項		○										○ 2)	○	
定期検査	法12条3項		○										○ 2)	○	
工事計画・施工状況の報告	法12条5項		○	○	○	○	○	○	○	○					
立入り検査・試験・質問	法12条6項		○	○	○	○		○	○						
国等の違反建築物等に対する措置申請	法18条9項		○										○		

注1　緊急工事施工停止命令の義務者が現場にいない場合にかぎる．
注2　所有者と管理者が異なる場合においては，管理者が義務者となる．

[*1]　片倉ほか『〈建築学テキスト〉建築行政』より
[*2]　小嶋『〈図解テキスト〉建築法規』より

一．特定行政庁（完了検査の申請が受理された後は建築主事）が仮使用を認めたもの．
　　二．完了検査の申請が受理された日から7日を経過したとき．

(9) 各種届出〔法第15条〕

　　建築工事届－建築主が建築主事を経由して，都道府県知事に届出．
　　建築除却届－工事施工者が建築主事を経由して，都道府県知事に届出．
　　　（ただし，その部分の床面積が10m²以内である場合は除く）

(10) 工事中における安全上の措置等に関する計画の届出〔法第90条の3，令147条の2〕

　表4・11にあるような用途，規模の新築の工事，又は，これらの建築物に係る避難施設等に関する工事の施工中に当該建築物を使用する場合は，建築主は，「工事における安全上の措置等に関する計画」を作成し，特定行政庁に届け出なければならない．

(11) 定期報告〔法第12条，令第16条〕

　　｛特殊建築物
　　　事務所その他これらに類すもので，階数が5以上で延べ面積が1000m²を超える建築物
　　　昇降機，建築設備等

　所有者又は，管理者は，定期的にその状況を1級建築士，2級建築士又は，国土交通大臣が定める資格者に調査させ，その結果を特定行政庁に報告しなければならない．

　国，都道府県又は，建築主事を置く市町村が管理する建築物については，定期に，一級建築士等に損傷，腐食，その他の劣化の状況の点検をさせなければならない．〔法第12状第2項〕

表4・10　定期報告の概要[*1]

条　項	法第12条第1項	法第12条第3項，法第88条第3項
報告対象	次のうち特定行政庁が指定するもの ・法第6条第1項第一号の特殊建築物 ・事務所等で階数≦5かつ延べ面積＞1,000m²の建築物	次のうち特定行政庁が指定するもの ・昇降機 ・左記の建築物に設ける建築設備 ・法第66条に定める防火地域内の屋上広告塔等
報告者	所有者（所有者と管理者が異なるときは管理者）	
報告方法	1・2級建築士または特殊建築物等調査資格者（規則第4条の20第1項）に調査させる．	1・2級建築士または昇降機検査資格者（昇降機の場合（規則第4条の20第4項）），建築設備検査資格者（昇降機以外の場合（規則第4条の20第7項））に調査させる．
報告先	特定行政庁	
報告時期	おおむね6ヶ月～3年の間で特定行政庁が定める時期	おおむね6ヶ月～1年の間で特定行政庁が定める時期

(12) 違反建築物に対する措置〔法第9条〕

- 是正命令〔第1項〕
　　特定行政庁は，違反した建築物，敷地について，建築主，工事請負人，現場管理者，敷地の所有者，管理者，占有者に対して，工事の施工停止，除却，移転，使用禁止等を違反の是正するために必要な措置をとることを命ずることができる．

- 行政代執行〔第12項〕
　　特定行政庁は，是正命令に従わないとき，行政代執行法により，みずから義務者にかわって，これらを行うことができる．

- 罰則〔法第98条～法第102条〕による．

注）平成17年11月に発覚した耐震計算偽造問題により，今後，指定確認検査機関，建築確認申請（中間検査・完了検査含む）のあり方や，罰則規定，定期報告，建築士法，建設業法等，あらゆる法規の内容が見直され改正された．

【問題1】 建築基準法上, 全国どの場所においても, 確認済証の交付を受ける必要があるものは, 次のうちどれか.
1. 鉄骨平屋建, 延べ面積90m²の自動車工場の新築.
2. 木造2階建, 延べ面積300m², 高さ8mの一戸建住宅の新築.
3. 高さ7mの鉄骨造の高架水槽の築造.
4. 鉄筋コンクリート造2階建, 延べ面積140m²の一戸建住宅の大規模の修繕.
5. 鉄筋コンクリート造平屋建, 延べ面積100m²の事務所から集会所への用途変更.

【問題2】 次の手続き, 提出者及び提出先の組合せのうち, 建築基準法上, 誤っているのはどれか.

	手続	提出者	提出先
1.	道路位置指定申請	道を築造しようとする者	特定行政庁
2.	定期報告	所有者又は管理者	特定行政庁
3.	確認申請	建築主	建築主事 指定確認検査機関
4.	建築物除去届	工事施工者	都道府県知事
5.	工事完了届 工事完了検査申請	建築主	都道府県知事

【問題3】 都市計画区域外に新築する場合, 確認申請を必要としない建築物は, 次のうちどれか. ただし, 知事の指定区域外とする.
1. 延べ面積150m²の木造平屋建で患者の収容施設がある診療所.
2. 延べ面積150m²の補強コンクリートブロック造2階建住宅.
3. 延べ面積180m²の軽量鉄骨平屋建共同住宅.
4. 延べ面積250m²の木造2階建旅館.
5. 延べ面積350m²の木造2階建事務所.

【問題4】 都市計画区域外で, かつ, 建築基準法6条1項四号の指定区域外において, 確認申請が不要なものは, 次のうちどれか.
1. 延べ面積200m²の鉄骨造平屋建児童福祉施設の新築.
2. 延べ面積600m²の木造平屋建事務所の新築.
3. 延べ面積300m²の鉄筋コンクリート造平屋建美術館から図書館への用途変更.
4. 延べ面積180m²の鉄骨平屋建住宅への鉄骨造床面積30m²の増築.
5. 延べ面積300m²の鉄筋コンクリート造2階建共同住宅の大規模の修繕.

【問題5】 建築基準法上, 都市計画区域内で, 建築主事の確認がいらないものは, 次のうちどれか.
1. 海水浴場に, 仮設休憩所を建築する場合.
2. 工事を施工するために, 現場に設ける事務所を建築する場合.
3. 準工業地域内で, 住宅を延べ面積100m²を超える旅館に用途変更する場合
4. 高さ3mの擁壁を築造する場合.
5. 仮設興行場を建築する場合.

【問題6】 次の記述のうち建築基準法上, 誤っているものはどれか.

1. 特定行政庁, 建築主事又は建築監視員は, 建築物の設計者に対して, 建築物の敷地, 構造, 建築設備又は用途に関する報告を求めることができる.
2. 特定行政庁は, 建築基準法令の規定に違反した建築物については, 当該建築物の建築主に対して, 当該工事の施工の停止を命ずることができる.
3. 建築物を除却しようとする場合, その工事を施工する者は, その旨を特定行政庁に届け出なければならない.
4. 特定行政庁は, 建築に関する工事の工程のうち当該工事の施工中に建築主が建築基準関係規定に適合しているかどうかを検査する事が必要なものを特定工程として指定するものとする.
5. 建築主は, 床面積の合計が10m²を超える建築物を建築しようとする場合においては, その旨を都道府県知事に届け出なければならない.

【問題7】 次の記述のうち, 建築基準法上, 誤っているものはどれか.
1. 特定行政庁が指定した区域内においては, 確認申請の書類又は図書の一部に代えて, 必要な内容を記録した磁気ディスクにより, 申請することができる.
2. 特定行政庁が指定する建築物の所有者は, 当該建築物について定期的に, 一級建築士に調査させて, その結果を特定行政庁に報告しなければならない.
3. 確認申請書に添付する配置図には, 建築物の各部分の高さを明示しなければならない.
4. 建築物の所有者は, その建築物の敷地, 構造及び建築設備を常時適法な状態に維持するように努めなければならない.
5. 建築主は, 建築物を建築しようとする場合は, 原則として, その旨を都道府県知事に届け出なければならない.

【問題8】 次の手続とそれに添えるべき図書との組合せのうち, 建築基準法上, 誤っているものはどれか.
1. 工事中の建築物の仮使用の承認の申請――安全計画書
2. 道路の位置の指定の申請――地積図
3. 建築物の大規模の模様替の確認申請――各階平面図
4. 建築物の用途変更の確認申請――配置図
5. 建築の工事完了検査の申請――付近見取図

【問題9】 準工業地域内にある延べ面積180m²の既存住宅を, 旅館に用途変更するとき, 建築基準法上の手続きで, 正しいものは, 次のうちどれか.
1. 確認申請をする
2. 許可申請をする
3. 届出をする.
4. 手続きは不要である.
5. 許可を受けた後に確認申請をする.

【問題10】 建築基準法上, 不服申立てについての審査請求をすることができるのは, 次のうちどれか.
1. 市町村長
2. 都道府県知事
3. 国土交通大臣
4. 建築審査会
5. 裁判所

5 一般構造・設備規定

5・1 敷地の衛生及び安全〔法第19条〕

建築物の敷地は，これに接する道の境より高くなければならず，建築物の地盤面はこれに接する周囲の土地より高くなければならない．

ただし，敷地内の排水に支障がない場合はこの限りではない．

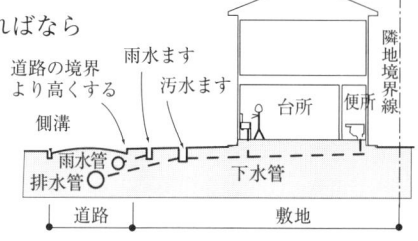

図5・1 敷地と衛生

5・2 居室

(1) 居室の採光〔法第28条第1項，令第19条，令第20条〕

住宅，学校，病院，診療所，寄宿舎，下宿その他これらに類する建築物の居室には，採光のための窓その他の開口部を設け，その採光に有効な面積は，図5・3のそれぞれ定める割合以上としなければならない．

ただし地階若しくは地下工作物内に設ける居室又は，温湿度調整を必要とする作業を行う作業室その他用途上やむを得ない居室についてはこの限りでない．

表5・1 採光が必要な建築物の居室の種類[*1]

	居室の種類	割合
(1)	幼稚園・小学校・中学校・高等学校・中等教育学校の教室	1/5
(2)	保育所の保育室	
(3)	病院・診療所の病室	
(4)	寄宿舎の寝室・下宿の宿泊室	
(5)	児童福祉施設等[*1]の寝室（入所者が使用するものに限る）児童福祉施設等（保育所を除く）の居室のうち入所者または，通所者に対する保育，訓練，日常生活に必要な便宜の供与などの目的のために使用されるもの	1/7
(6)	住宅（共同住宅の住戸を含む）	
(7)	(1)に掲げる学校以外の学校の教室（大学，専修学校など）	
(8)	病院，診療所，児童福祉施設等の居室のうち，入院患者または，入所者の談話，娯楽などの目的のために使用されるもの	1/10

[*1] 児童福祉施設等：児童福祉施設，助産所，身体障害者更正援護施設，老人福祉施設などで令第19条第1項に規定する施設をいう．

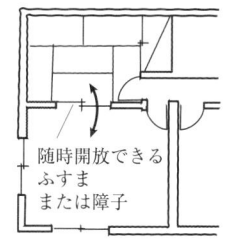

(2) 有効面積の算定方法〔令第20条〕

$W \geq 1/7A$（住宅の場合，表5・1）

$W =$（開口部の面積）×（採光補正係数）

A：居室の床面積（m²）

W：有効面積（m²）

用途地域により採光補正係数の算定式が異なり，表5・2による．

- 天窓の場合…天窓の開口の面積×3
- 外側に幅90cm以上の縁側（ぬれ縁を除く）等がある場合の開口部…開口部×7/10
- 採光補正係数が3.0を超えるときは3.0を限度とする
- ふすま・障子その他随時開放することができるもので仕切られた2室は1室とみなす〔法第28条第4項〕（図5・2）

図5・2 2室を1室とみなす場合

(注) 左図の*の居室に一定の照明設備を設置した場合には、割合を低減することができる。〔昭和55年建設省告示1800号〕

居室の種類		照明設備の基準	割合
幼稚園 小学校 中学校 高等学校	教室	1) 床面から50cmの水平面で200lxの照度が確保できる照明設備の設置 2) 採光有効面積（床面からの高さが50cm以上のものに限る）が床面積の1/7以上	1/7
保育所	保育室		
小学校 中学校 高等学校	音楽教室 視聴覚教室	1) 令20条の2に規定する換気設備の設置 2) 上欄の1)に掲げる照明設備の設置	1/10

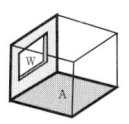

W = 有効採光面積 (m²)
A = 居室の床面積 (m²)

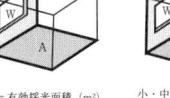

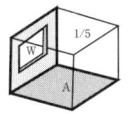

一定割合≦W/A　　W/A≧1/5　　W/A≧1/7　　W/A≧1/10

小・中学校等の教室や保育室　注）照明設備の設置による緩和措置がある。表参照。

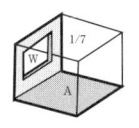

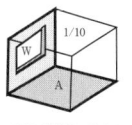

住宅の居室、病院等の病室、寄宿舎等の寝室、児童福祉施設等の主用途居室等

右記の建築物におけるその他の居室

図5・3　居室の床面積に対する採光上有効な開口部面積の割合〔法第28条、令第19条〕

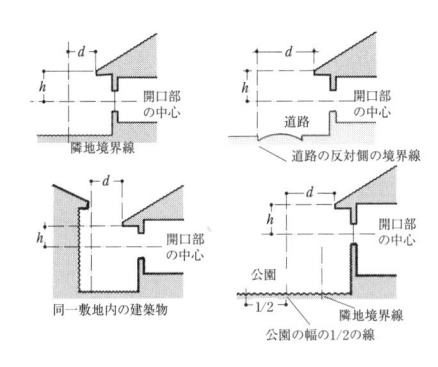

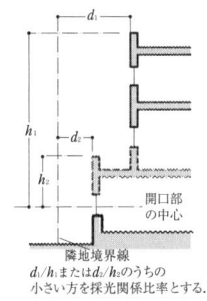

水平距離（図のd）とは…
開口部（窓）の直上にある建築物の部分から隣地境界線までの水平距離。または同一敷地内にある他の建築物または道路の反対側の境界線（公園等に面する場合はその幅の1/2だけ外側の線）までの水平距離

垂直距離（図のh）とは…
開口部（窓）の中心から、直上にある建築物の部分までの垂直距離

※2つ以上ある場合は、最小の比率とする

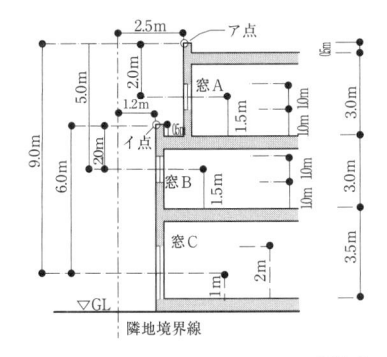

d_1/h_1 または d_2/h_2 のうちの小さい方を採光関係比率とする。

住居系地域における採光に有効な開口部面積を計算する。窓はすべて幅2m、高さは図による。

(1) 採光関係比率 (D/H) の計算（最小値の検討）
　窓A : 2.5/2.0 = 1.25
　窓B : ア点の場合　2.5/5.0 = 0.5　→　0.5を採用
　　　　イ点の場合　1.2/2.0 = 0.6
　窓C : ア点の場合　2.5/9.0 = 0.28
　　　　イ点の場合　1.2/6.0 = 0.20　→　0.20を採用

(2) 採光補正係数の算定　(D/H) ×6−1.4
　窓A : (2.5/2.0) ×6−1.4 = 6.1　→　3（3を超える場合は3とする）
　窓B : (2.5/5.0) ×6−1.4 = 1.6
　窓C : (1.2/6.0) ×6−1.4 = −0.2　→　0（数値が負となる場合は0とする）

(3) 採光に有効な開口部面積の計算
　窓A : (2.0×1.0) ×3 = 6.0 m²
　窓B : (2.0×1.0) ×1.6 = 3.2 m²
　窓C : (2.0×2.0) ×0 = 0　→　採光上有効な開口部として扱えない

図5・5　採光に有効な開口部面積の計算例

表5・2　有効採光面積の算定方法

用途地域地区	計算式	採光補正係数 (X)				
		開口部が道に面する場合	開口部が道に面しない場合			
			水平距離	X	水平距離	X
第1種低層住居専用地域 第2種低層住居専用地域 第1種中高層住居専用地域 第2種中高層住居専用地域 第1種住居地域 第2種住居地域 準住居地域	D/H×6−1.4 X＞3の場合は3 X＜1の場合は1		7m以上の場合	Xが1未満の場合は X=1.0	7m未満の場合	Xが負の場合は X=0
準工業地域 工業地域 工業専用地域	D/H×8−1 X＞3の場合は3		5m以上の場合	Xが1未満の場合は X=1.0	5m未満の場合	Xが負の場合は X=0
近隣商業地域 商業地域 用途指定のない区域	D/H×10−1 X＞3の場合は3		4m以上の場合	Xが1未満の場合は X=1.0	4m未満の場合	Xが負の場合は X=0

D：境界線までの水平距離　　D/H：採光関係比率（最小値）
H：窓の中心からの垂直距離　　X：採光補正係数　　有効採光面積＝開口面積×採光補正係数

*1　片倉ほか『〈建築学テキスト〉建築行政』より

(3) 居室の換気〔法第28条第2項，第3項，令第20条の2〕

居室には，換気のための窓その他の開口部を設け，その換気に有効な部分の面積は，その居室の床面積に対して1/20以上としなければならない．

ただし，下記の換気設備を設けた場合においてはこの限りでない．〔令第20条の2〕
  ①自然換気設備（図5・7）
  ②機械換気設備（図5・8）
  ③中央管理方式の空気調和設備（表5・4）

ふすま・障子等随時開放することができるもので仕切られた2室は1室とみなす．

(4) 劇場・映画館・演芸場・観覧場・公会堂・集会場等に供する特殊建築物の居室〔第28条第3項，令第20条の2〕

機械換気設備又は，中央管理方式の空気調和設備を設けなければならない．

(5) 建築物の調理室，浴室等の火を使用する室の換気〔法第28条第3項，令第20条の3〕

下記の各号以外の火を使用する室は，令20条の3に規定する換気設備を設けなければならない．
1. 密閉式燃焼器具以外の器具を設けていないもの〔第1項第一号〕
2. 床面積の合計が100m²以内の住宅又は住戸に設けられた調理室（発熱量が12kW以下の火を使用する設備又は器具に限る）で，当調理室の床面積の1/10（0.8m²未満のときは0.8m²とする）以上の有効開口面積を有する窓，その他の開口部を換気上有効に設けたもの〔第1項第二号〕
3. 発熱量の合計が6kW以下の火を使用する設備又は，器具を設けた室（調理室を除く）で換気上有効な開口部を設けたもの

(6)「換気設備を設けるべき調理室等」に設ける換気設備〔令第20条の3第2項〕（図5・9）
1. 給気口は天井の高さの1/2以下の位置
2. 排気口は天井又は天井から下方80cm以内に設け，かつ換気扇等を設けて直接外気に開放し，若しくは排気筒に直結し，又は排気上有効な立上り部分を有する排気筒に直結すること
3. 給気口の有効開口面積又は，給気筒の有効断面積は，国土交通大臣が定める数値以上とすること
4. 排気口の有効開口面積又は，排気筒・煙突の有効断面積は国土交通大臣の定める数値以上とすること
5. ふろがま，又は発熱量が12kWを超える火を使用する設備・器具に接続して煙突を設ける排気フードを有する排気筒を設けた場合はこの限りでない
6. 給気口は火を使用する設備又は，器具の燃焼を妨げないように設けること
7. 排気口，排気筒，煙突の構造は，廃ガスを逆流させず，かつ漏らさないものとして国土交通大臣が定めた構造方法を用いるものとする
8. 排気フードは不燃材料で造る

(7) 換気設備〔令第129条の2の6〕

建築物（換気設備を設けるべき調理室等を除く）に設ける
- 自然換気設備
- 機械換気設備
- 中央管理方式の空気調和設備

表5・3

① 自然換気設備　　$A_v = \dfrac{A_f}{250\sqrt{h}}$

A_v：排気筒の有効断面積（m²）
A_f：居室の床面積（居室の床面積－20×換気に有効な窓面積等）（m²）
h：給気口の中心から排気筒の頂部の外気に開放された部分の中心までの高さ（m）
　　ただし，A_vは，0.00785m²以上とする．
　　なお給気口及び排気口の有効開口面積は，排気筒の有効断面積以上とする．

② 機械換気設備　　$V = \dfrac{20A_f}{N}$

V：有効換気量（m³／h）
A_f：居室の床面積（特殊建築物以外の居室の床面積－20×換気に有効な窓面積等）（m²）
N：1人当りの占有面積（m²）（特殊建築物の場合，3を超えるときは3，その他の居室の場合，10を超えるときは10とする）

③ 中央管理方式の空気調和設備　　$V = \dfrac{20A_f}{N}$

V：有効換気量（m³／h）
A_f：居室の床面積（m²）
N：1人当りの占有面積（m²），$N \leq 10$（m²）
〔平成12年建設省告示1391号〕

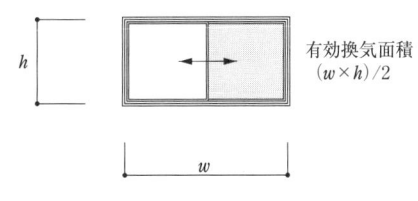

図5・6　有効換気面積（引き違い窓の場合）
有効換気面積　$(w \times h)/2$

表5・4　換気設備の種類

	設置が必要な室	換気設備の種類
(1)	換気に有効な窓その他の開口部の面積が，その居室の床面積の1/20未満の居室	・自然換気設備， ・機械換気設備， ・中央管理方式の空気調和設備
(2)	劇場，映画館，演芸場，観覧場，公会堂，集会場等の居室	・機械換気設備， ・中央管理方式の空気調和設備
(3)	調理室，浴室等の火気使用室	・自然換気設備， ・機械換気設備

注　(1)の算定にあたっては，ふすま，障子等随時開放しうる建具で仕切られた2室は1室とみなす．また，換気に有効な面積とは，実際に開放しうる面積をいい，引違い窓では窓面積の約1/2が有効とみなされる．

表5・5　空気の浄化レベル

(1)	浮遊粉じんの量	0.15mg／空気1m³以下
(2)	一酸化炭素の含有率	10/100万（10ppm）以下
(3)	炭酸ガスの含有率	1,000/100万（1,000ppm）以下
(4)	温　度	1）17℃以上28℃以下， 2）居室における温度を外気の温度より低くする場合は，その差を著しくしないこと
(5)	相対湿度	40%以上70%以下
(6)	気　流	0.5m/sec以下

この表の各項の右欄に掲げる基準を適用する場合における当該各項の左欄に掲げる事項についての測定方法は，国土交通省令で定める．

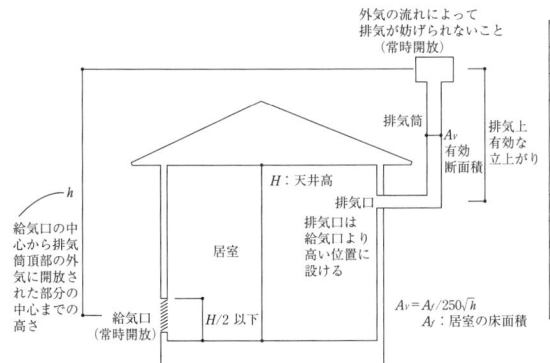

図5・7　自然換気設備[*1]

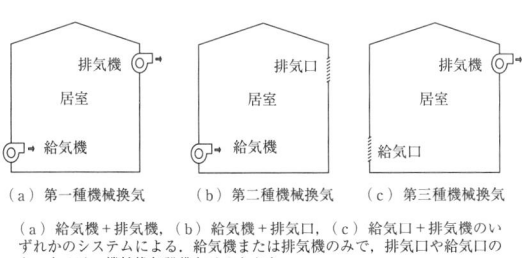

図5・8　機械換気設備の方式[*1]

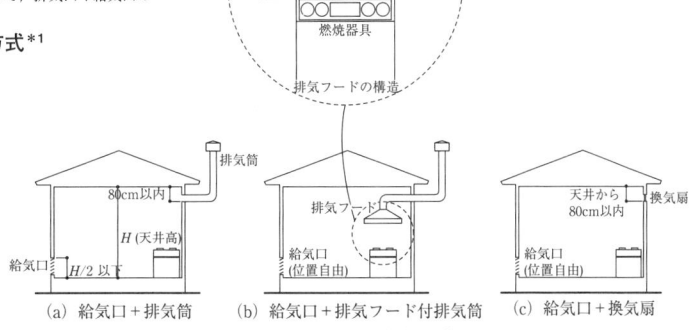

（a）第一種機械換気　（b）第二種機械換気　（c）第三種機械換気

（a）給気機＋排気機，（b）給気機＋排気口，（c）給気口＋排気機のいずれかのシステムによる．給気機または排気機のみで，排気口や給気口のないものは，機械換気設備とはみなさない

図5・9　火気使用室の換気設備の例[*1]

（a）給気口＋排気筒　（b）給気口＋排気フード付排気筒　（c）給気口＋換気扇

*1　片倉ほか『〈建築学テキスト〉建築行政』より

(8) 居室の天井の高さ〔令第21条〕
- 居室の天井の高さは，2.1m以上でなければならない．
- 天井の高さが異なる場合においては，その平均の高さによるものとする．（図5・10）

(9) 居室の床の高さ及び防湿方法〔令第22条〕
最下階の居室の床が木造である場合における，床の高さ及び防湿方法
1. 床の高さは，45cm以上（図5・11(a)）
   （土間のコンクリート等，防湿上有効な措置をした場合はこの限りでない）（図5・11(b)）
2. 外壁の床下部分には，壁の長さ5m以下ごとに，面積300cm²以上の換気孔を設け，これにねずみの侵入を防ぐための設備をすること．（図5・11(c)）

(10) 地階における住宅等の居室〔法第29条，令第22条の2，平成12年建設省告示1430号〕
住宅の居室，学校の教室，病院の病室，寄宿舎の寝室で地階に設けるものは次に掲げるものとする．
1. 居室が次のいずれかに該当すること〔令第22条の2〕
   - イ．からぼり，その他の空地に面する開口部が設けられていること．
     開口部は，次に定めるところに設けられていること（図5・12）．
     1. - 上部が外気に開放されていること．
        - 周壁までの水平距離が1m以上でかつ開口部からの高さの4/10以上   〔平成12年建設省告示1430号〕
        - 水平方向の長さ2m以上かつ開口部からの高さ以上
     2. 有効換気面積は，居室の床面積の1/20以上
   - ロ．自然換気設備・機械換気設備・中央管理方式の空気調和設備のいずれかの換気設備が設けられていること．
   - ハ．屋室内の湿度を調節する設備が設けられていること．
2. 外壁等の構造〔令第22条の2第二号，平成12年建設省告示1430号〕
   - 外壁等は耐水材料で造り，かつ，材料の接合部及びコンクリートの打継ぎをする部分に防水の措置を講ずる．（常水面以上の場合に限る）
   - 国土交通大臣の定めるところにより，水の浸透を防止する防水層又は，空隙を設けること．

5・3 長屋又は共同住宅の各戸の界壁〔法第30条，令第22条の3，令第114条，昭和45年建設省告示1827号〕

長屋又は共同住宅の各戸の界壁は，小屋裏又は天井裏に達するものとし，その構造を遮音性能及び準耐火構造としなければならない．

表5・6 無窓居室

無窓居室	条件	適用	内容
令111条	● 有効採光面積<1/20 ● 避難上有効な開口部がないもの （直径1m以上の円が内接 $W \geq 75$　$H \geq 1200$）以外	法35条の3	居室の区画する主要構造部を耐火構造又は不燃材料
令116条の2	● 有効採光面積<1/20 ● 有効排煙面積<1/50	法35条 令127条	特殊建築物の避難・消火 　令117条～令126条 敷地内の避難・消火 　令127条～令128条の3
令128条の3の2	● 50m²を超える居室で，有効排煙面積<1/50 ● 温湿度調整の必要な居室で，規定に適合しないもの	法35条の2	特殊建築物等の内装

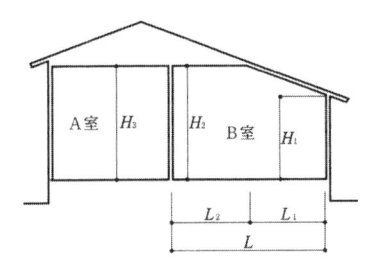

① A室：H_3 が天井高さ
② B室：平均天井高さをもとめる
$$\left\{\frac{(H_1+H_3)L_1}{2}+H_2\times L_2\right\}/L$$

図5・10 居室の天井の高さ

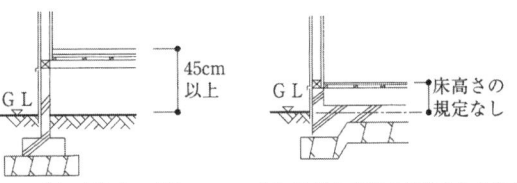

(a) 木造床の高さ　(b) 防湿上有効な措置をした場合

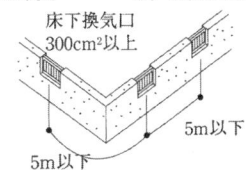

(c) 床下換気孔

図5・11 床の高さ・床下換気口

表5・7 居室の天井高

居室の種類	天井高さ	備考
一般の居室	2.1m以上	

表5・8 遮音性能に関する技術的基準

振動数（単位ヘルツ）	125	500	2000
透過損失（単位デシベル）	25	40	50

※遮音性能………隣接する住戸からの日常生活に伴い生ずる音を衛生上支障がないよう低減するために界壁に必要とされる性能.

$W\geq 1m$ かつ $W\geq \frac{4}{10}D$
$L\geq 2m$ かつ $L\geq D$
D：開口部下端からからぼりの上までの垂直距離

図5・12 からぼりの構造　図5・13 地下室の壁の仕様

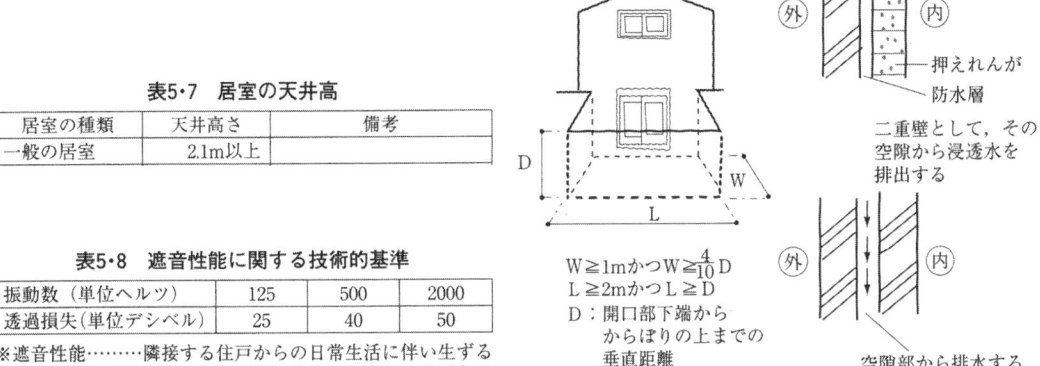

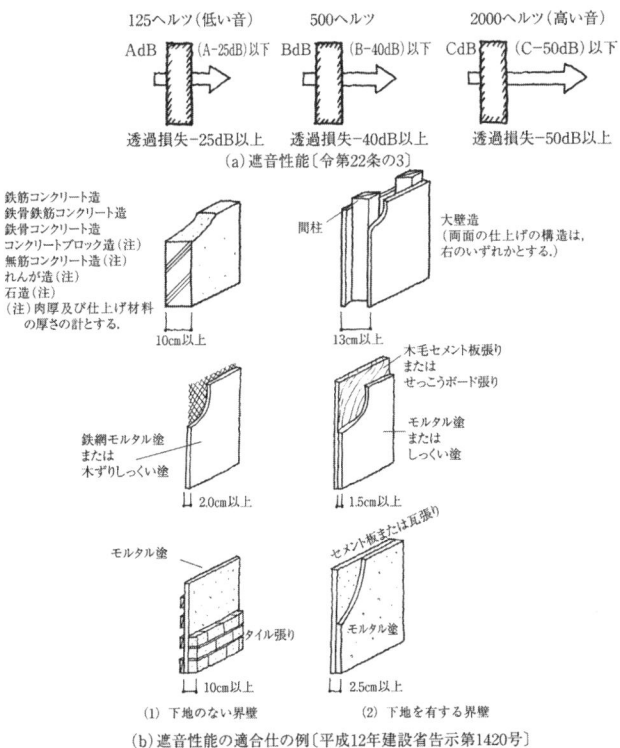

(a) 遮音性能〔令第22条の3〕

(b) 遮音性能の適合仕の例〔平成12年建設省告示第1420号〕

図5・14 界壁（共同住宅等の各戸の境界壁）の遮音

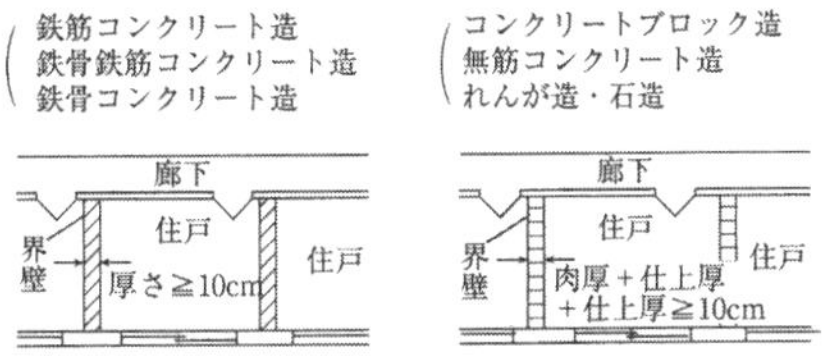

図5・15 下地等を有しない界壁[*2]

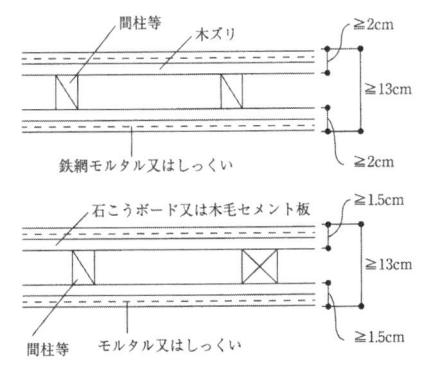

図5・16 下地等を有する界壁[*2]

*2 小嶋『〈図解テキスト〉建築法規』より

5・4 石綿その他の物質の対策（シックハウス対策含）

（1）石綿その他の物質の飛散又は発散に対する衛生上の措置〔法第28条の2〕

- 建築物は，石綿その他の物質の建築材料からの飛散又は発散による衛生上の支障がないよう，次に掲げる基準に適合するものとしなければならない．
  ① 建築材料に石綿等（石綿　令第20条の4）の物質を添加しないこと．
  ② 石綿等をあらかじめ添加した建築材料を使用しないこと．
  ③ 居室を有する建築物にあっては，石綿等以外の物質でその居室内において衛生上の支障を生ずるおそれのあるものとして政令で定める物質の区分に応じ，建築材料及び換気設備について政令で定める技術的基準に適合すること．
- 石綿等以外の物質〔令第20条の5〕…クロルピリホス，ホルムアルデヒド

（2）建築材料〔令第20条の6，7，平成14年国土交通省告示1112号〕

① 建築材料にクロルピリホスを添加しないこと．
② クロルピリホスをあらかじめ添加した建築材料を用いないこと（ただし添加から5年以上経過したものはこの限りでない）．
③ 居室の内装の仕上げに「第1種ホルムアルデヒド発散建築材料」を使用してはいけない．
④ 「第2種ホルムアルデヒド発散建築材料」及び「第3種ホルムアルデヒド発散建築材料」のホルムアルデヒドの発散量は，表5・9にそれぞれ定められているように，換気回数により表5・10の係数に，内装の仕上げの使用面積を乗じた数値の合計が当該居室の床面積を超えないこと．

$$N_2 S_2 + N_3 S_3 \leqq A$$

表5・9　ホルムアルデヒド発散建築材料の区分

ホルムアルデヒドに関する規制の対象となる建築材料はホルムアルデヒドの発散速度に応じて，次のとおり4つの区分に分類される．

ホルムアルデヒドの発散速度（※1）	告示で定める建築材料　名称	対応する規格	大臣認定を受けた建築材料	内装の仕上げの制限
120μg/m²h超（0.12mg/m²h）	第1種ホルムアルデヒド発散建築材料	JIS, JASの旧E_2, Fc_2, 無等級		使用禁止
20μg/m²h超（0.02mg/m²h），120μg/m²h以下（0.12mg/m²h）	第2種ホルムアルデヒド発散建築材料	JIS, JASのF☆☆	第20条の5第2項の認定（第2種ホルムアルデヒド発散建築材料とみなす）	使用面積を制限
5μg/m²h超（0.005mg/m²h），20μg/m²h以下（0.02mg/m²h）	第3種ホルムアルデヒド発散建築材料	JIS, JASのF☆☆☆	第20条の5第3項の認定（第3種ホルムアルデヒド発散建築材料とみなす）	
5μg/m²h以下（0.005mg/m²h）		JIS, JASのF☆☆☆☆	第20条の5第4項の認定	制限なし

※1　測定条件：温度28℃，相対湿度50％，ホルムアルデヒド濃度100μg/m³（0.1mg/m³）（＝指針値）
※2　建築物の部分に使用して5年経過したものについては，制限なし．

表5・10　建築材料の使用面積制限

居室の種類	換気回数（回/h）*1	ホルムアルデヒドの発散量により仕上げ部分の面積に乗ずる数値	
		第2種ホルムアルデヒド発散建築材料*2（N_2）	第3種ホルムアルデヒド発散建築材料*3（N_3）
住宅等の居室*4	0.7回/h以上*5	1.2	0.2
	その他の居室（0.5回/h以上0.7回/h未満）	2.8	0.50
住宅等の居室以外の居室	0.7回/h以上*5	0.88	0.15
	0.5回/h以上0.7回/h未満*5	1.4	0.25
	その他の居室（0.3回/h以上0.5回/h未満）	3.0	0.50

*1　換気回数　$n = \dfrac{V}{Ah}$
　　V：機械換気設備の有効換気量（m³）
　　A：居室の床面積（m²）
　　h：居室の天井の高さ（m）
*2　夏季において0.02mg/m²hを超え0.12mg/m²h以下の量のホルムアルデヒドを発散するものとして国土交通大臣が定める建築材料．
*3　夏季において0.005mg/m²hを超え0.02mg/m²h以下の量のホルムアルデヒドを発散するものとして国土交通大臣が定める建築材料．
*4　住宅の居室，下宿の宿泊室，寄宿舎の寝室，家具などの物品の販売業を営む店舗の売場．
*5　これと同等以上の換気回数が確保されるものとして，国土交通大臣が定めた構造方法を用いるものまたは国土交通大臣の認定を受けたものも含む．

図5・18　居室と一体とみなされる屋内空間

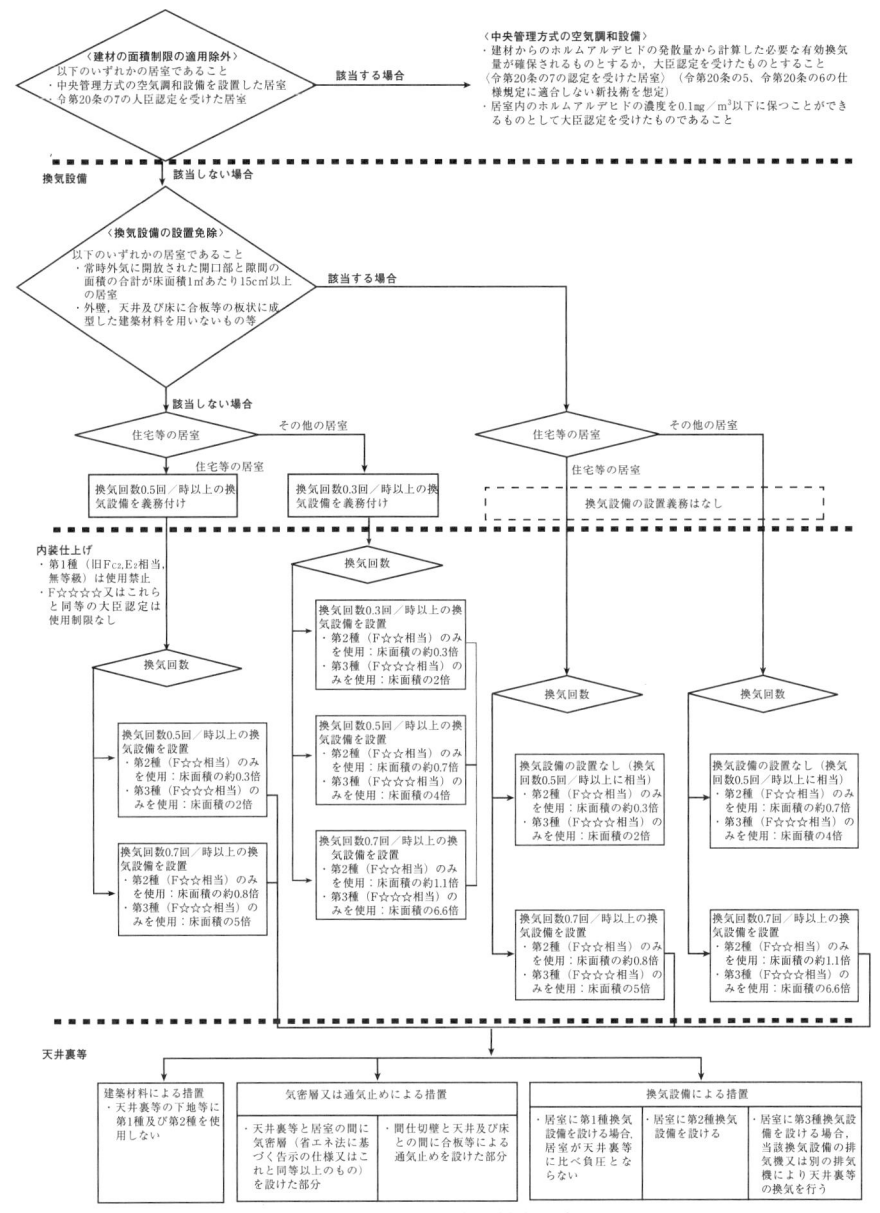

図5·17 シックハウス対策の流れ

〈建材の面積制限の適用除外〉
以下のいずれかの居室であること
・中央管理方式の空気調和設備を設置した居室
・令第20条の7の大臣認定を受けた居室

→ 該当する場合

〈中央管理方式の空気調和設備〉
・建材からのホルムアルデヒドの発散量から計算した必要な有効換気量が確保されるものとするか、大臣認定を受けたものとすること（令第20条の7の認定を受けた居室）（令第20条の5・令第20条の6の仕様規定に適合しない新技術を想定）
・居室内のホルムアルデヒドの濃度を0.1mg/m³以下に保つことができるものとして大臣認定を受けたものであること

換気設備　該当しない場合 ↓

〈換気設備の設置免除〉
以下のいずれかの居室であること
・常時外気に開放された開口部と隙間の面積の合計が床面積1㎡あたり15c㎡以上の居室
・外壁、天井及び床に合板等の板状に成型した建築材料を用いないもの等

→ 該当する場合

該当しない場合 ↓

住宅等の居室 / その他の居室 ／ 住宅等の居室 / その他の居室

- 住宅等の居室：換気回数0.5回／時以上の換気設備を義務付け
- その他の居室：換気回数0.3回／時以上の換気設備を義務付け
- 住宅等の居室：換気回数0.5回／時以上の換気設備を義務付け
- その他の居室：換気設備の設置義務はなし

内装仕上げ
・第1種（旧Fc₂, E₂相当, 無等級）は使用禁止
・F☆☆☆☆又はこれらと同等の大臣認定は使用制限なし

換気回数
- 換気回数0.5回／時以上の換気設備を設置
  ・第2種（F☆☆☆相当）のみを使用：床面積の約0.3倍
  ・第3種（F☆☆相当）のみを使用：床面積の2倍
- 換気回数0.7回／時以上の換気設備を設置
  ・第2種（F☆☆☆相当）のみを使用：床面積の約0.8倍
  ・第3種（F☆☆相当）のみを使用：床面積の5倍

換気回数
- 換気回数0.3回／時以上の換気設備を設置
  ・第2種（F☆☆☆相当）のみを使用：床面積の約0.3倍
  ・第3種（F☆☆相当）のみを使用：床面積の2倍
- 換気回数0.5回／時以上の換気設備を設置
  ・第2種（F☆☆☆相当）のみを使用：床面積の約0.7倍
  ・第3種（F☆☆相当）のみを使用：床面積の4倍
- 換気回数0.7回／時以上の換気設備を設置
  ・第2種（F☆☆☆相当）のみを使用：床面積の約1.1倍
  ・第3種（F☆☆相当）のみを使用：床面積の6.6倍

換気回数
- 換気設備の設置なし（換気回数0.5回／時以上に相当）
  ・第2種（F☆☆☆相当）のみを使用：床面積の約0.3倍
  ・第3種（F☆☆相当）のみを使用：床面積の2倍
- 換気回数0.5回／時以上の換気設備を設置
  ・第2種（F☆☆☆相当）のみを使用：床面積の約0.8倍
  ・第3種（F☆☆相当）のみを使用：床面積の5倍

換気回数
- 換気設備の設置なし（換気回数0.5回／時以上に相当）
  ・第2種（F☆☆☆相当）のみを使用：床面積の約0.7倍
  ・第3種（F☆☆相当）のみを使用：床面積の4倍
- 換気回数0.7回／時以上の換気設備を設置
  ・第2種（F☆☆☆相当）のみを使用：床面積の約1.1倍
  ・第3種（F☆☆相当）のみを使用：床面積の6.6倍

天井裏等

建築材料による措置	気密層又は通気止めによる措置	換気設備による措置
・天井裏等の下地材に第1種及び第2種を使用しない	・天井裏と居室に気密層（省エネ法に基づく告示の仕様又はこれと同等以上のもの）を設けた部分 ・間仕切壁と天井及び床との間に合板等による通気止めを設けた部分	・居室に第1種換気設備を設ける場合、居室が天井裏等に比べ負圧とならない ・居室に第2種換気設備を設ける ・居室に第3種換気設備を設ける場合、当該換気設備の排気又は別の排気機により天井裏等の換気を行う

表5·11 化学物質の室内濃度の指針値（厚生労働省）

	化学物質	指針値※	主な用途
厚生労働省が濃度指針値を定めた13物質	①ホルムアルデヒド	0.08ppm	・合板、パーティクルボード、壁紙用接着剤等に用いられるユリア系、メラミン系、フェノール系等の合成樹脂、接着剤・一部ののり等の防腐剤
	②アセトアルデヒド	0.03ppm	ホルムアルデヒド同様一部の接着剤、防腐剤等
	③トルエン	0.07ppm	内装材等の施工用接着剤、塗料等
	④キシレン	0.20ppm	内装材等の施工用接着剤、塗料等
	⑤エチルベンゼン	0.88ppm	内装材等の施工用接着剤、塗料等
	⑥スチレン	0.05ppm	ポリスチレン樹脂等を使用した断熱材等
	⑦パラジクロロベンゼン	0.04ppm	衣類の防虫剤、トイレの芳香剤等
	⑧テトラデカン	0.04ppm	灯油、塗料等の溶剤
	⑨クロルピリホス	0.07ppb (小児の場合0.007ppb)	しろあり駆除剤
	⑩フェノブカルブ	3.8ppb	しろあり駆除剤
	⑪ダイアジノン	0.02ppb	殺虫剤
	⑫フタル酸ジ-n-ブチル	0.02ppm	塗料、接着剤の可塑剤
	⑬フタル酸ジ-2-エチルヘキシル	7.6ppb	壁紙、床材等の可塑剤

①⑨は建築基準法の規制対象物質　※25℃の場合　ppm：100万分の1の濃度，ppb：10億分の1の濃度
①〜⑥は住宅性能表示で濃度を測定できる6物質

居室の内装

居室（常時開放された開口部を通じて、これと相互に通気が確保されている廊下その他の建築の部分を含む。図5·18）
- 壁
- 床
- 天井（天井のない場合は屋根）
- 開口部に設ける戸、その他の建具の室内に面する部分
- 家具の materials

柱等の軸材や回り縁、窓台巾木、手すり、鴨居、敷居、長押等の造作部分、建具枠、部分的に用いる塗装、接着剤等は、対象外となる．
ただし柱等の軸材の露出する部分の面積が室内の面する面積の1/10を超える場合は対象外とする．

廊下と居室の間に
- ドアのアンダーカット
- 通気口
- 通気用欄間
等を設けて、一体的に換気を行う．

S_2：第2種ホルムアルデヒド発散建築材料の使用面積

S_3：第3種ホルムアルデヒド発散建築材料の使用面積

A：居室の床面積

中央管理方式の空気調和設備を設ける建築物の居室については，上記③，④の規定は適用しない．〔令20条の7第5項〕

(3) 換気設備の義務付け〔令第20条の8〕

〔第1項〕1）居室には次のいずれかに適合する構造の換気設備を設けること．

イ．機械換気設備…有効換気量が次の式によって計算した必要換気量以上であること．

$V_r = nAh$

V_r：必要有効換気量（m³/h）

n：換気回数　居室　　　　0.5回/h 以上
　　　　　　　その他居室 0.3回/h 以上

A：居室の床面積（m²）

h：居室の天井高さ（m）

ロ．居室内の空気を浄化して供給する方式を用いる機械換気設備

$$V_q = Q\frac{(C-C_p)}{C} + V \geq V_r$$

V_q：有効換気換算量（m³/h）

Q：浄化して供給する空気の量（m³/h）

C：浄化前の空気に含まれるホルムアルデヒドの量（mg/m³）

C_p：浄化して供給する空気に含まれるホルムアルデヒドの量（mg/m³）

V：有効換気量

ハ．中央管理方式の空気調和設備は，国土交通大臣が定めた構造方式を用いる構造又は認定を受けた構造．

2）高さ31mを超える建築物又は，各構えの床面積の合計が1000m²を超える地下街に設ける機械換気設備又は，中央管理方式の空気調和設備にあって，これらの制御及び作動状態の監視を中央管理室において行うことができるものとする．

〔第2項〕前項の規定は，国土交通大臣が定めた構造方法を用いる住宅等の居室若しくは，その他の居室又は，国土交通大臣の認定を受けた住宅等の居室若しくは，その他の居室については，適用しない．

①必要な換気を確保することができる居室の構造方法〔平成15年国土交通省告示273号〕

1）換気回数が0.7以上の機械換気設備を設けるものに相当する換気が確保される居室

● 天井高さ2.7m以上かつ下記に適合する機械換気設備を設けるもの．

$V_r = nAh$　　n：換気回数（表5・12による）

2）換気回数が0.5以上0.7未満の機械換気設備を設けるものに相当する換気が確保される住宅等の居室以外の居室

次のいずれかに適合するもの．

● 天井高さ2.9m以上かつ下記に適合する機械換気設備を設けるもの．

$V_r = nAh$　　n：換気回数（表5・13による）

● 外気に常時開放された開口部等の換気上有効な面積の合計

換気上有効な面積の合計 $\geq 15A/10000$

● ホテル又は旅館の宿泊室その他これらに類する居室以外の居室で，

表5・12

$h < 3.3$m	0.6
$3.3\text{m} \leq h < 4.1$m	0.5
$4.1\text{m} \leq h < 5.4$m	0.4
$5.4\text{m} \leq h < 8.1$m	0.3
$8.1\text{m} \leq h < 16.1$m	0.2
$16.1\text{m} \leq h$	0.1

表5・13

$h < 3.9$m	0.4
$3.9\text{m} \leq h < 5.8$m	0.3
$5.8\text{m} \leq h < 11.5$m	0.2
$11.5\text{m} \leq h$	0.1

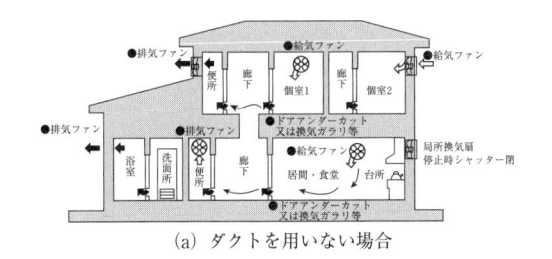

(a) ダクトを用いない場合

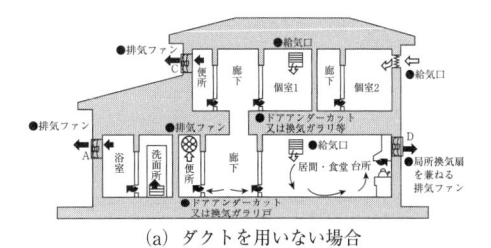

(a) ダクトを用いない場合

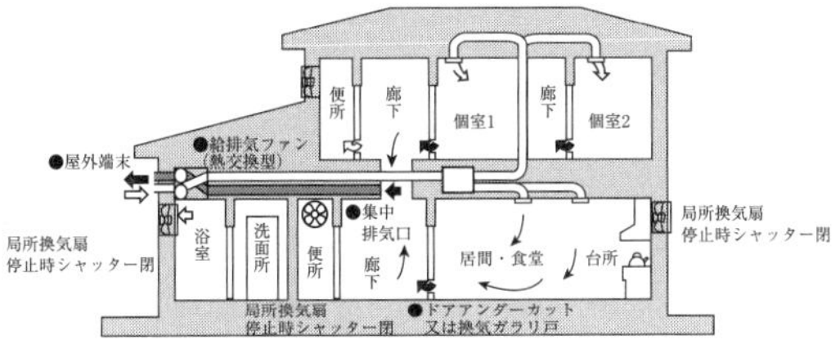

(b) ダクトを用いる場合(1)

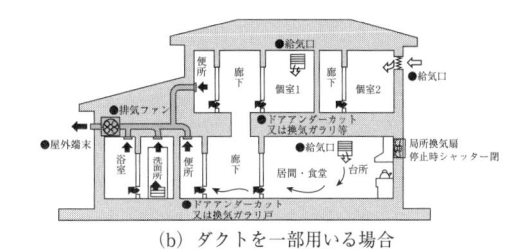

(b) ダクトを一部用いる場合

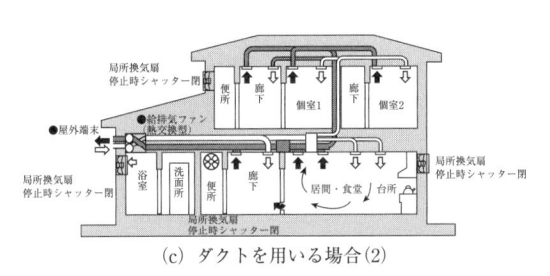

(c) ダクトを用いる場合(2)

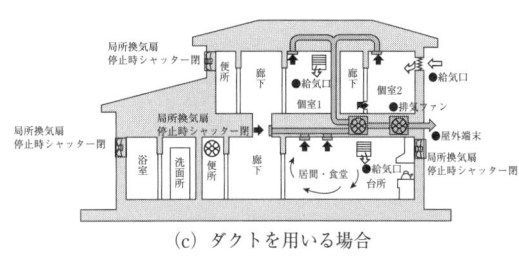

(c) ダクトを用いる場合

図5・19　第1種換気設備（戸建て）

図5・20　第3種換気設備（戸建て）

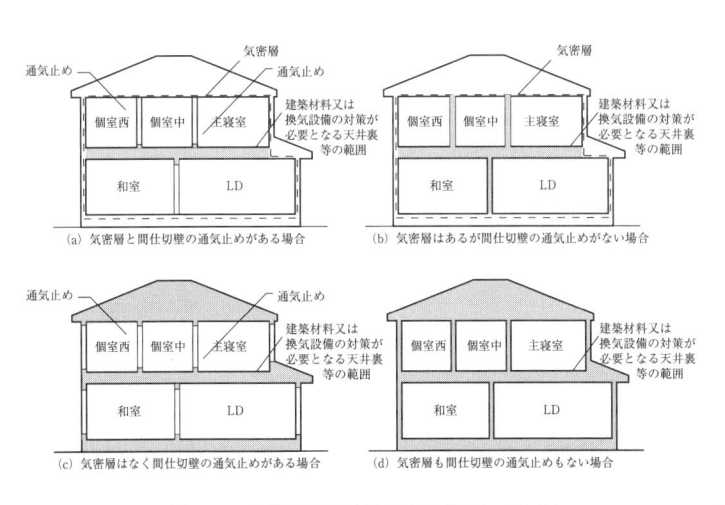

(a) 気密層と間仕切壁の通気止めがある場合

(b) 気密層はあるが間仕切壁の通気止めがない場合

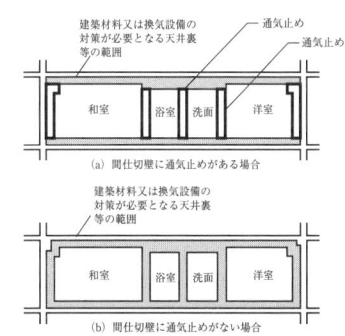

(a) 間仕切壁に通気止めがある場合

(c) 気密層はなく間仕切壁の通気止めがある場合

(d) 気密層も間仕切壁の通気止めもない場合

(b) 間仕切壁に通気止めがない場合

図5・21　天井裏等の対策の例（戸建て住宅）

図5・22　天井裏等の対策例（共同住宅）

　　　　使用時に開放される開口部の換気上有効な面積の合計≧15A/10000
- 真壁造の建築物の居室で，天井・床に合板その他これらに類する板状に成型した建築材料を用いないもの（外壁も含む）．又は，外壁の開口部に設ける建具（通気が確保できる空隙のあるものに限る）に木製枠を用いるもの．

3）国土交通大臣が定めた構造方法を用いる住宅等の居室

　　次のいずれかに適合するもの．

- 上記1）に適合するもの
- 上記2）の各号に適合するもの

4）国土交通大臣が定めた構造方法を用いる住宅等の居室以外の居室

　　次のいずれかに適合するもの．

- 上記1）に適合するもの
- 上記2）の各号に適合するもの
- 天井高さ3.5m以上かつ下記に適合する機械換気設備を設けるもの
　　$V_r = nAh$　　n：換気回数（表5・14による）

表5・14

$h <$ 6.9m	0.2
6.9m$\leq h <$13.8m	0.1
13.8m$\leq h <$	0.05

(4) 天井裏等の制限〔平成15年国土交通省告示274号第1第三号〕

- 居室の空気圧＞（当該居室に係る天井裏，小屋裏，床裏，壁，物置その他これらに類する建築物の部分（次のイ・ロに該当するものを除く）の空気圧）

天井裏等からのホルムアルデヒドの流入を防ぐ．

① 建築材料の措置〔第三号(ロ)〕

　　天井裏等の下地材，断熱材その他これらに類する面材に，
　　┌ 第1種ホルムアルデヒド発散建築材料
　　└ 第2種ホルムアルデヒド発散建築材料
　　を使用してはいけない．

② 気密層，通気止めによる措置〔第三号(イ)〕

　　気密層又は空気止めを設けることにより，天井裏等と当該居室とを区画すること．

③ 換気設備による措置

　　天井裏等も居室と同様に換気すること．

- 「その他これらに類する建築物の部分」とは
　　押入・造り付収納・小屋裏収納・床下収納・ウォークインクローゼット等
　　（ただし，ドアのアンダーカット等を設け，換気計画上居室と一体的に換気を行う部分は，居室扱いとなる．）

(5) 令第20条の9に基づく居室の認定

　　前2条の規定は，1年を通じて，当該居室内でホルムアルデヒドの量がおおむね0.1mg/m³以下に保つものとして，国土交通大臣の認定を受けた居室については適用しない．〔令第20条の5第1項第一号・第二号のクロルピリホス関連は除く〕

表5·15 ホルムアルデヒド発散建築材料一覧〔平成15年国土交通省告示第1113〜1115号〕

区　分	各種のホルムアルデヒド発散建材（みなし認定を含む）			
	第1種	第2種	第3種	規制対象外
①合板	合板，右欄に掲げるものを除く	・F☆☆ (JAS) ・大臣認定	・F☆☆☆ (JAS) ・大臣認定	・F☆☆☆☆ (JAS) ・非ホルムアルデヒド系接着剤使用 (JAS) 等 ・大臣認定
②木質系フローリング	木質系フローリング（全ムクおよび縦継ぎ等をした単層フローリングを除く），右欄に掲げるものを除く	・F☆☆ (JAS) ・大臣認定	・F☆☆☆ (JAS) ・大臣認定	・F☆☆☆☆ (JAS) ・接着剤等不使用 (JAS) ・大臣認定
③構造用パネル	構造用パネル，右欄に掲げるものを除く	・F☆☆ (JAS) ・大臣認定	・F☆☆☆ (JAS) ・大臣認定	・F☆☆☆☆ (JAS) ・非ホルムアルデヒド系接着剤使用 (JAS) ・大臣認定
④集成材	集成材，右欄に掲げるものを除く	・F☆☆ (JAS) ・大臣認定	・F☆☆☆ (JAS) ・大臣認定	・F☆☆☆☆ (JAS) ・非ホルムアルデヒド系接着剤使用 (JAS) ・大臣認定
⑤単板積層材（LVL）	単板積層材，右欄に掲げるものを除く	・F☆☆ (JAS) ・大臣認定	・F☆☆☆ (JAS) ・大臣認定	・F☆☆☆☆ (JAS) ・非ホルムアルデヒド系接着剤及びホルムアルデヒドを放散しない塗料使用 (JAS) ・大臣認定
⑥MDF	MDF，右欄に掲げるものを除く	・F☆☆ (JIS) ・大臣認定	・F☆☆☆ (JIS) ・大臣認定	・F☆☆☆☆ (JIS) ・大臣認定
⑦パーティクルボード	パーティクルボード（無等級），右欄に掲げるものを除く	・F☆☆ (JIS) ・大臣認定	・F☆☆☆ (JIS) ・大臣認定	・F☆☆☆☆ (JIS) ・大臣認定
⑧その他の木質建材	木材のひき板，単板または小片その他これらに類するものをユリア，ユリア・メラミン共縮合，フェノール，レゾルシノール樹脂系の接着剤で面的に接着し，板状に成型したもの，右欄に掲げるものを除く	・大臣認定	・大臣認定	・大臣認定
⑨ユリア樹脂板	ユリア樹脂板，右欄に掲げるものを除く	・大臣認定	・大臣認定	・大臣認定
⑩壁紙	壁紙（無等級），右欄に掲げるものを除く	・大臣認定	・大臣認定	・F☆☆☆☆ (JIS) ・大臣認定
⑪接着剤（現場施工・工場での二次加工）	壁紙施工用でん粉系接着剤，右欄に掲げるものを除く	・大臣認定	・大臣認定	・F☆☆☆☆ (JIS) ・大臣認定
	ホルムアルデヒド水溶液を用いた建具用でんぷん系接着剤（無等級），右欄に掲げるものを除く	・大臣認定	・大臣認定	・大臣認定
	ユリア樹脂等（ユリア樹脂・メラミン樹脂・フェノール樹脂・レゾルシノール樹脂又はホルムアルデヒド系防腐剤）を用いた接着剤，右欄に掲げるものを除く	・大臣認定	・大臣認定	・大臣認定
⑫保温材	ロックウール保温板，ロックウールフェルト，ロックウール保温帯，ロックウール保温筒，グラスウール保温板，グラスウール波型保温板，グラスウール保温帯，グラスウール保温筒，右欄に掲げるものを除く	・F☆☆ (JIS) ・大臣認定	・F☆☆☆ (JIS) ・大臣認定	・F☆☆☆☆ (JIS) ・大臣認定
	フェノール樹脂系保温材，右欄に掲げるものを除く	・大臣認定	・大臣認定	・大臣認定
⑬緩衝材	浮き床用グラスウール，浮き床用ロックウール緩衝材，右欄に掲げるものを除く	・大臣認定	・大臣認定	・大臣認定
⑭断熱材	ロックウール断熱材，グラスウール断熱材，吹き込み用グラスウール断熱材，右欄に掲げるものを除く	・F☆☆ (JIS) ・大臣認定書	・F☆☆☆ (JIS) ・大臣認定	・F☆☆☆☆ (JIS) ・大臣認定
	ユリア樹脂又はメラミン樹脂を使用した断熱材，右欄に掲げるものを除く	・大臣認定	・大臣認定	・大臣認定
⑮塗料（現場施工）	アルミニウムペイント，油性調合ペイント，合成樹脂調合ペイント，フタル酸樹脂ワニス，フタル酸樹脂エナメル，油性系下地塗料，一般用さび止めペイント，多彩模様塗料，家庭用屋内木床塗料，家庭用木部金属部塗料，建物用床塗料，右欄に掲げるものを除く	・F☆☆ (JIS) ・大臣認定	・F☆☆☆ (JIS) ・大臣認定	・F☆☆☆☆ (JIS) ・大臣認定
⑯仕上塗材（現場施工）	内装合成樹脂エマルション系薄付け，内装合成樹脂エマルション系厚付け仕上塗材，軽量骨材仕上塗材，合成樹脂エマルション系複層仕上塗材，防水形合成樹脂エマルション系複層仕上塗材（いずれも，ユリア樹脂等を用いたものに限る），右欄に掲げるものを除く	・F☆☆ (JIS) ・大臣認定	・F☆☆☆ (JIS) ・大臣認定	・F☆☆☆☆ (JIS) ・大臣認定
⑰接着剤（現場施工）	酢酸ビニル樹脂系溶剤型接着剤，ゴム系溶剤型接着剤，ビニル共重合樹脂系溶剤型接着剤，再生ゴム系溶剤型接着剤（いずれも，ユリア系樹脂等を用いたものに限る），右欄に掲げるものを除く	・F☆☆ (JIS) ・大臣認定	・F☆☆☆ (JIS) ・大臣認定	・F☆☆☆☆ (JIS) ・大臣認定

5・5 階段

(1) 階段・踊場の幅，けあげ・踏面の寸法〔令第23条〕

1) 階段・踊場の幅，けあげ踏面は図5・23, 5・25のそれぞれによる．
   - 屋外階段
     - 直通階段〔令120条，令121条〕
       避難階段は幅員90cm以上
     - その他のものは幅員60cm以上

2) 回り階段の部分における踏面の寸法〔令第23条第2項〕
   踏面の狭い方の端から30cmの位置（図5・24）

3) 階段の幅の算定〔令第23条第3項〕
   手すり及び昇降設備で，その高さが50cm以下のものが設けられている場合
   手すり等の幅が10cmを限度としてないものとみなす（図5・27）．

4) 小学校の児童用階段〔令第23条第4項〕
   階段の両側に手すりを設け，踏面の表面を粗面とし，滑りにくい材料で仕上げた場合，けあげを18cm以下とすることができる．

(2) 踊場の位置及び踏幅〔令第24条〕

1) $\begin{pmatrix} 表5\cdot16の(1)(2)\cdots H>3\,m, & 3\,m以内ごと \\ 表5\cdot16の(3)\sim(5)\cdots H>4\,m, & 4\,m以内ごと \end{pmatrix}$
   に踊場を設けなければならない．

2) 踊場の踏幅は1.2m以上（図5・28, 5・29）

(3) 階段の手すり等〔令第25条〕

1) 階段には，手すりを設けなければならない．〔第1項〕
   ただし，高さが1m以下の階段の部分には適用しない．〔第4項〕

2) 階段・踊場の両側には両壁又は，これにかわるものを設けなければならない．
   ただし，手すりが設けられた側は除く．

3) 階段の幅が3mをこえる場合においては，中間に手すりを設けなければならない．
   ただし，けあげ15cm以下でかつ踏面が30cm以上のものはこの限りでない．〔第3項〕

(4) 階段に代わる傾斜路〔令第26条〕

1) 階段に代わる傾斜路の勾配は1/8を超えないこと．
2) 表面は粗面として又は，すべりにくい材料で仕上げること．
3) 踊場の幅，位置，踏幅，手すり等〔令第23条～令第25条〕の規定
   （けあげ・踏面の関する部分を除く）は傾斜路に準用する．

(5) 特殊の用途に専用する階段〔令第27条，令第129条の9第五号〕

昇降機械室用階段・物見塔用階段その他，特殊の用途に専用する階段は，令第23条から令第25条の階段の規定は適用しない．

昇降機械室用階段〔令第129条の9第五号〕
   階段幅…任意，けあげ…23cm以下，踏　面…15cm以上．

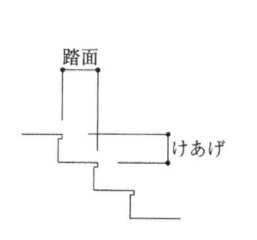

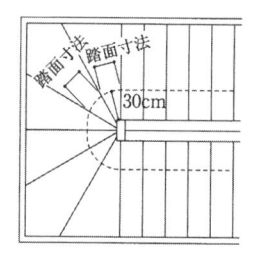

図5・23 けあげと踏面　図5・24 回り階段の踏面寸法　図5・25 階段と踊場の幅

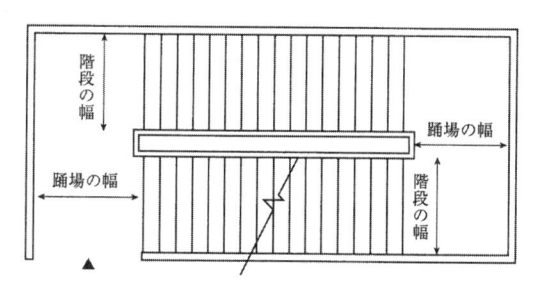

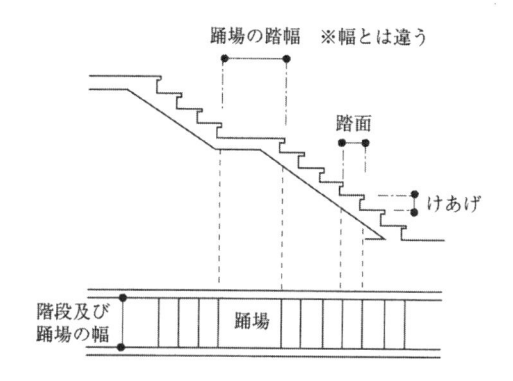

図5・26 階段の幅・勾配〔令第23条〕

表5・16 階段の寸法

	階段の種別	階段及びその踊場の幅	けあげ寸法	踏面の寸法
(1)	小学校の児童用	140cm以上	※16cm以下	26cm以上
(2)	中学校，高等学校の生徒用，物品販売業を営む店舗（＞1500m²），劇場，映画館，演芸場，観覧場，公会堂，集会場	140cm以上	18cm以下	26cm以上
(3)	直上階の居室（地上階）＞200m²，居室（地下階）＞100m²	120cm以上	20cm以下	24cm以上
(4)	(1)から(3)までに掲げる階段及び住宅以外	75cm以上	22cm以下	21cm以上
(5)	住宅	75cm以上	23cm以下	15cm以上

注1　回り階段の部分における踏面の寸法は，踏面の狭い方の端から30cmの位置において測る〔令23条2項〕
注2　手すり及び階段の昇降を安全に行うための設備でその高さが50cm以下のものについては，幅10cmを限度として，それを除外して，幅を算定する〔令23条3項〕
注3　屋外階段で令120条，令121条の規定によるものは幅員90cm以上，その他のものは60cm以上とすることができる
※　階段の両側に手すりを設け，踏面を滑りにくい材料で仕上げた場合，18cm以下

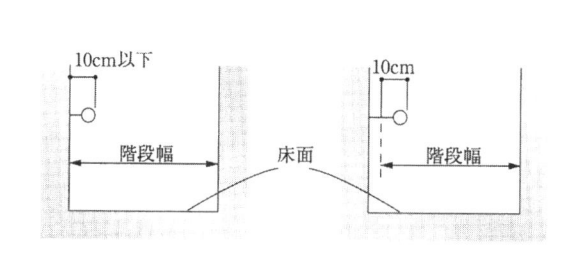

(a) 突出部が10cm以下の場合　(b) 突出部が10cmを超える場合　(c) 椅子式階段昇降機を設置した場合

図5・27 階段幅の算定*1

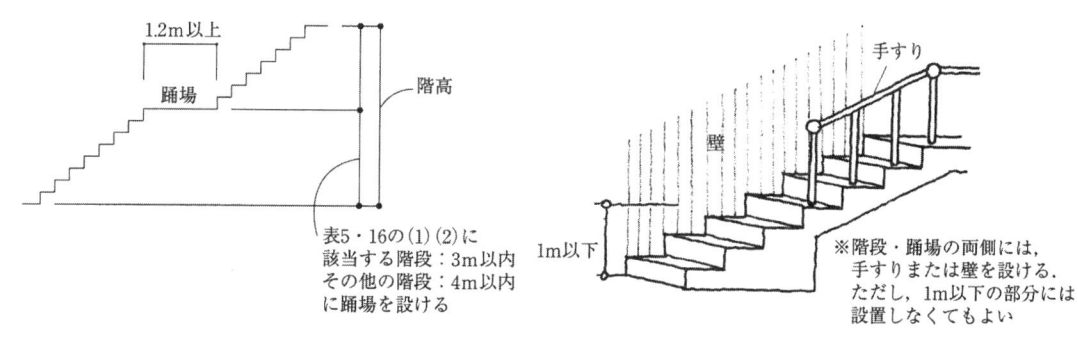

図5・28 踊場の位置*1

表5・16の(1)(2)に該当する階段：3m以内
その他の階段：4m以内に踊場を設ける

図5・29 階段の手すり

※階段・踊場の両側には，手すりまたは壁を設ける．ただし，1m以下の部分には設置しなくてもよい

*1　片倉ほか『〈建築学テキスト〉建築行政』より

5・6　便所

(1) 便所〔法第31条・令第28条～令第35条〕

　1）下水道法による処理区域内においては，便所は，水洗便所としなければならない．

　2）その他の区域で公共下水道以外に放流しようとする場合は，屎尿浄化槽を設けなければならない．〔法第31条第2項〕

(2) 便所の採光及び換気〔令第28条〕

　採光及び換気のため直接外気に接する窓を設けなければならない．

　ただし，水洗便所で，換気設備を設けた場合はこの限りでない．

(3) くみ取り便所の構造〔令第29条〕**及び井戸との距離**〔令第34条〕

- 構造〔平成12年建設省告示1386号〕

　① 屎尿に接する部分から漏水しないものとする．

　② 屎尿の臭気が，建築物の他の部分又は，屋外に漏れないものであること．

　③ 便槽に雨水，土砂等が流入しないものであること．

- 井戸との距離

　くみ取り便所の便槽は，井戸から5m以上離なさなければならない（図5・38）．

　ただし，下記の場合は，1.8m以上とすることができる．

- 地盤下3m以上埋設した閉鎖式井戸で，その導水管が外管を有せずかつ，不浸透質で造られている場合．
- その導水管が内径25cm以下の外管を有し，導水管及び外管が共に不浸透質で造られている場合．

(4) 特殊建築物及び特定区域の便所の構造〔令第30条〕

　1）都市計画区域又は準都市計画区域内

　　学校・病院・劇場・映画館・演芸場・観覧場・公会堂・集会場・百貨店・ホテル・旅館・寄宿舎・停車場その他，地方公共団体が条例で指定する用途に供する建築物の便所及び公衆便所．

- 構造〔平成12年建設省告示1386号〕
  - くみ取り便所の構造に適合しているもの．
  - 便器及び小便器から便槽までの汚水管が汚水を浸透させないもの．
  - 水洗便所以外の大便所にあっては，窓その他換気のための開口部から，はえが入らないもの．

　2）地方公共団体は，くみ取り便所の便槽を改良便槽とする旨を，条例で規定することができる．

(5) 改良便槽〔令第31条〕（図5・39）

- 構造〔平成12年建設省告示1386号〕

　① 便槽は，貯溜槽及びくみ取り槽を組み合わせた構造とする．

　② 便槽は，耐水材料で造り，防水の措置を講じて漏水しないものとする．

　③ 貯溜槽は，2槽以上に区分し，貯溜する部分の深さは80cm以上とし，その容積は0.75m^{3}以上でかつ100日以上貯溜できるようにすること．

　④ 貯溜槽には，掃除するために必要な大きさの穴を設け，かつ，これに密閉することができるふたを設ける．

　⑤ 小便器からの汚水管は，その先端を貯溜槽の汚水面下40cm以上の深さに差し入れること．

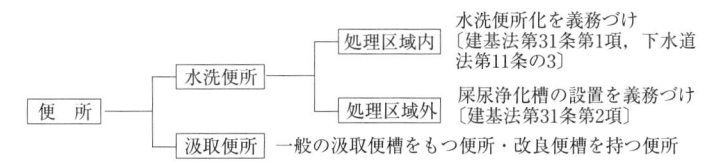

```
                              ┌─────────┬──── 処理区域内 ── 水洗便所化を義務づけ
                              │ 水洗便所 │                〔建基法第31条第1項，下水道
                              │         │                 法第11条の3〕
便　所 ──┤         └──── 処理区域外 ── 屎尿浄化槽の設置を義務づけ
                              │                          〔建基法第31条第2項〕
                              └ 汲取便所 ──── 一般の汲取便槽をもつ便所・改良便槽を持つ便所
```

(注) 処理区域…下水道法で定める排水区域のうち，公共下水道（市町村が管理する下水道）によって，下水（雨水以外の生活廃水等）を終末処理場へ流し，汚水処理をする区域のこと．処理区域内では，水洗便所からの汚水や，その他の生活雑排水を直接，処理しないで公共下水道の汚水管へ放流することができる．

図5・30　便所

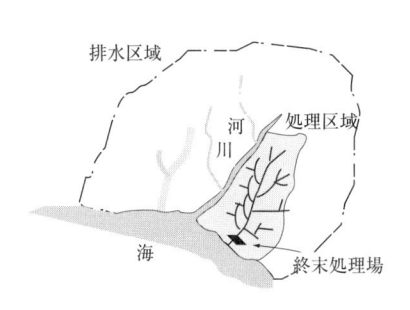

図5・31　排水区域と処理区域

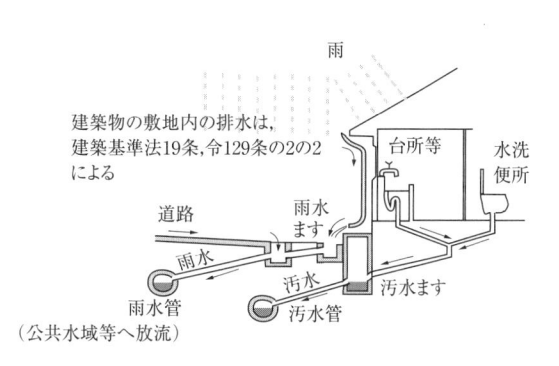

図5・32　公共下水道の構造

表5・17　便所の形式*²

地　域	建物の用途	便所の型式
処理区域〔下水道法2条〕	すべて	水洗便所
地方公共団体の指定する区域〔令30条2項〕	すべて	水洗便所（＋屎尿浄化槽），改良便槽付便所
	地方公共団体の指定する特殊建築物	水洗便所（＋屎尿浄化槽），改良便槽付便所
その他の区域	すべて	水洗便所（＋屎尿浄化槽），改良便槽付便所，くみ取便所

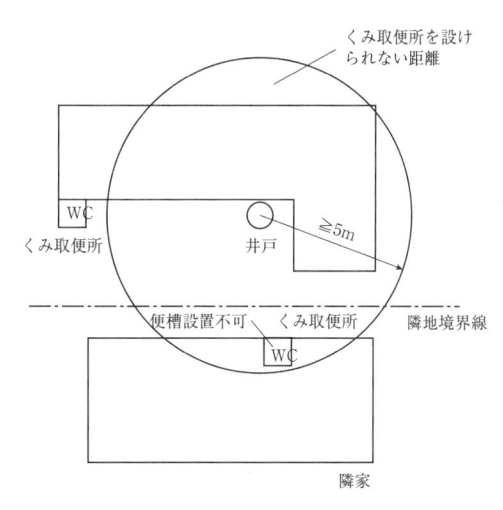

図5・33　くみ取便所と井戸の距離*²

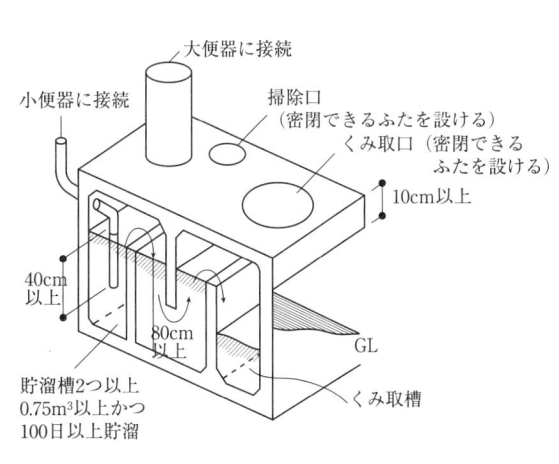

図5・34　改良便槽の構造*²

*² 小嶋『〈図解テキスト〉建築法規』より

(6) 屎尿浄化槽の汚水処理性能に関する技術的基準〔令第32条〕

性能は表5・18による．
- 放流水に含まれる大腸菌群数が3000個／3 cm³以下の性能を有すること．

(7) 漏水検査〔令第33条〕

改良便槽，屎尿浄化槽，合併処理浄化槽は，満水して，24時間以上漏水しないことを確めなければならない．

(8) 合併処理浄化槽の構造〔令第35条，昭和55年建設省告示1292号〕

汚水処理性能に関する技術的基準に適合するもので，国土交通大臣が定めた構造を用いるもの又は認定を受けたもの．

5・7 その他の設備

(1) 避雷設備〔法第33条，令第2条第1項第六号，令第129条の14, 15, 平成12年建設省告示1425号〕

高さ20mを超える建築物には，有効な避雷設備を設けなければならない（図5・35）．

(2) 給排水設備〔令第129条の2の5〕

1）給水・排水その他の配管設備の設置及び構造
　① コンクリートへの埋設による腐食するおそれのある部分には，有効な腐食防止のための措置を講ずること．
　② エレベーターの昇降路内に設けないこと．
　③ 圧力タンク，給湯設備には安全装置を設けること．
　④ 防火区画などを貫通する場合，貫通する部分から両側に1m以内の距離にある部分を不燃材料で造ること（図5・36）．〔平成12年建設省告示1422号〕

2）飲料水の配管設備
　① 飲料水の配管設備とその他の配管設備とは直接連結させないこと．
　② 配管設備は，漏水しないものとし，溶出する物質によって汚染されないものであること．
　③ 連結による破壊のおそれのある部分には，凍結を防止するための措置を講ずること．
　④ 安全上及び衛生上支障のないものとして国土交通大臣の定めた構造方法を用いるものであること（図5・37）．〔昭和50年建設省告示1597号〕

3）排水の配管設備
　① 排出すべき雨水又は，汚水の量及び水質に応じ有効な容量，傾斜及び材質を有すること．
　② 排水トラップ，通気管等を設置する等衛生上必要な措置を講ずること．
　③ 末端は，公共下水道，都市下水路その他の排水施設に排水上有効に連結すること．
　④ 汚水に接する部分は，不浸透質の耐水材料で造ること．
　⑤ 安全上及び衛生上支障のないものとして国土交通大臣の定めた構造方法を用いるものであること．〔昭和50年建設省告示1597号〕

表5・18　屎尿浄化槽の性能[1]

屎尿浄化槽または合併処理浄化槽を設ける区域	処理対象人員[1]	性能	
		生物化学的酸素要求量(BOD)の除去率(%)[2]	屎尿浄化槽からの放流水の生物化学的酸素要求量(BOD)[3] (mg/ℓ)
特定行政庁が衛生上特に支障があると認めて規則で指定する区域	50人以下	65以上	90以下
	51人以上500人以下	70以上	60以下
	501人以上	85以上	30以下
特定行政庁が衛生上特に支障がないと認めて規則で指定する区域		55以上	120以下
その他の区域	500人以下	65以上	90以下
	501人以上2,000人以下	70以上	60以下
	2,001人以上	85以上	30以下

*1　昭和44年建設省告示第3184号において処理対象人員の算定方式はJIS A 3302に定められている.
*2　|(流入水のBOD) − (放流水BOD)| / (流入水のBOD)
*3　BODは汚物の分解に必要な酸素の量なので，数値が大きいほど汚染度が高いことを意味する.

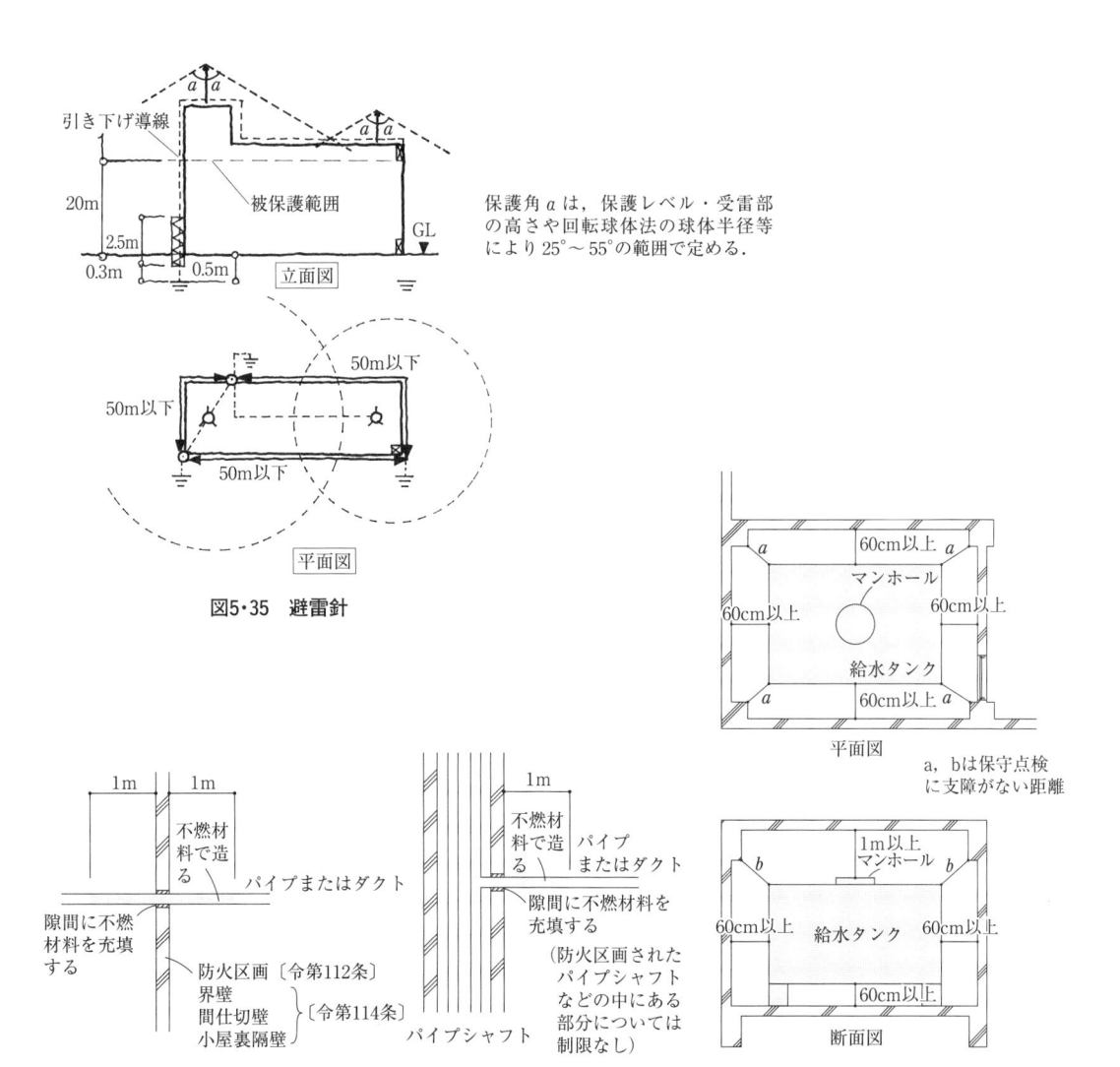

保護角 a は，保護レベル・受雷部の高さや回転球体法の球体半径等により 25°〜55°の範囲で定める．

図5・35　避雷針

図5・36　防火区画を貫通する場合の処理[1]

図5・37　給水タンクの保守点検スペース[1]

*1　片倉ほか『〈建築学テキスト〉建築行政』より

5・8 昇降機設備

(1) 昇降機〔法第34条，令第129条の3～令第129条の13の3〕
① 安全な構造で，かつその昇降路の周壁及び開口部は，防火上支障のない構造とする．
② 高さ31mを超える建築物には，非常用の昇降機を設けなければならない．〔令第129条の13の3〕

(2) 適用の範囲〔令第129条の3〕
① エレベーター：かごの水平投影面積＞1m^2，天井高＞1.2m
② エスカレーター：〔令第129条の12〕
③ 小荷物専用昇降機：かごの水平投影面積≦1m^2，天井高≦1.2〔令第129条の13〕

(3) エレベーターの構造等　表5・19による〔令第129条の4～10〕

(4) エスカレーターの構造〔令第129条の12〕
① 通常の使用状態において人，又は物が挟まれ，又は障害物に衝突することがないようにすること．〔平成12年建設省告示1417号〕
② 勾配は30°以下とすること．
③ 踏段の両側に手すりを設け，手すり上端部が踏段と同一方向に同一速度で連動すること．
④ 踏段の幅は1.1m以下とし，踏段の端から当該踏段の端の側にある手すりの上端部の中心までの水平距離は，25cm以下とする．
⑤ 踏段の定格速度は，50m/minの範囲内において，エスカレーターの勾配に応じ国土交通大臣の定める毎分の速度以下とすること．
⑥ 地震その他の震動によって脱落するおそれがないものとし，国土交通大臣が定めた構造又は認定を受けたものとする．

(5) 非常用の昇降機の構造〔令第129条の13の3〕

表5・19　エレベーターの構造[*1]

各　部	構造・装置	条　文
構造上主要な部分	かごおよびかごの支え，または吊る部分の構造は通常の使用状態における摩損や疲労破壊を考慮したエレベーター強度検証法により安全を確かめる．	令第129条の4
荷重	エレベーターの固定荷重は実況に応じて計算する．	令第129条の5
かごの構造	①原則として，構造上軽微な部分以外は，難燃材料で造り，または覆う． ②非常の場合に救出することができる開口部を天井部に設ける． ③用途および積載量を明示した標識をかご内の見やすい場所に掲示する．	令第129条の6
昇降路の構造	①原則として，構造上軽微な部分以外は，難燃材料で造り，または覆う． ②出入口の床先とかごの床先との水平距離は，4cm以下とする． ③常用エレベーター・寝台用エレベーターのかごの床先と昇降路壁との水平距離は，12.5cm以下とする．	令第129条の7
駆動装置・制御器	駆動装置および制御器は，地震などの振動によって転倒または移動しないようにする．	令第129条の8
機械室	①原則として，床面積は昇降路の水平投影面積の2倍以上とする． ②床面から天井または梁の下端までの垂直距離は下表による． | 定格速度V (m/min)	垂直距離 (m)
---	---
$V \leq 60$	2.0
$60 < V \leq 150$	2.2
$150 < V \leq 210$	2.5
$210 < V$	2.8 | ③換気上有効な開口部または換気設備を設ける． ④出入口の幅は70cm以上，高さは1.8m以上とする． ⑤機械室に通ずる階段のけ上げは23cm以下，踏面は15cm以上とし，階段の両側に側壁または手すりを設ける．	令第129条の9
安全装置	①かごが昇降路の頂部または底部に衝突するおそれがある場合に，自動的かつ段階的に作動し安全にかごを制止させることができる装置を設ける． ②かごおよび昇降路のすべての出入口の戸が閉じていなければ，かごを昇降させることができない装置を設ける． ③昇降路の出入口の戸は，かごがその戸の位置に停止していない場合は，かぎを用いなければ外から開くことができない装置を設ける． ④非常時にかご内から外に連絡することができる装置を設ける． ⑤停電時に床面で1ルクス以上の照度を確保することができる照明装置を設ける．	令第129条の10

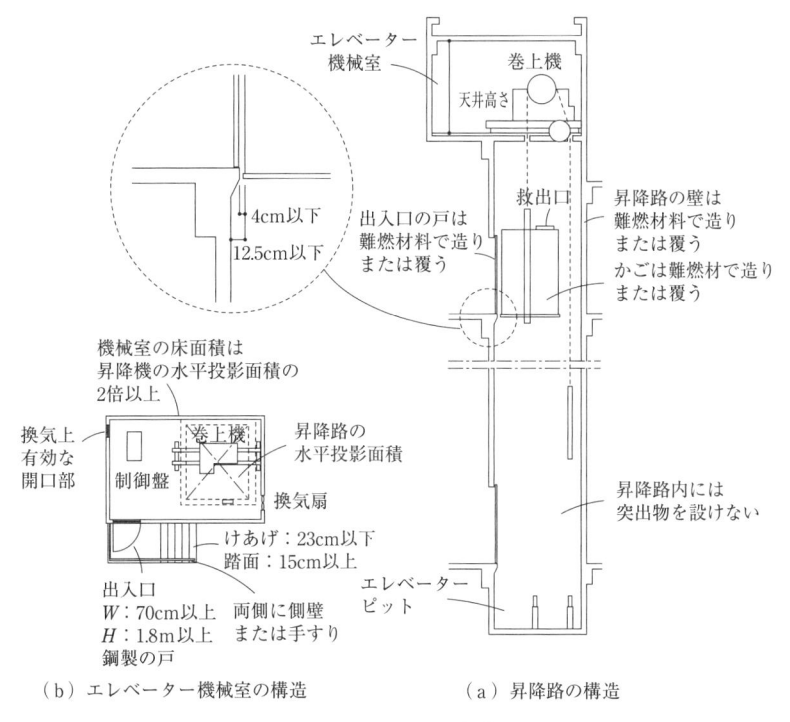

図5・38　エレベーターの規定[*1]

（b）エレベーター機械室の構造　　（a）昇降路の構造

[*1] 片倉ほか『〈建築学テキスト〉建築行政』より

【問題1】 図のようなA～Cの各室の天井の高さについて，建築基準法の規定への適合・不適合の組合せとして，正しいものは，次のうちどれか．

	A	B	C
1．	適合	適合	適合
2．	不適合	適合	適合
3．	不適合	不適合	適合
4．	適合	不適合	不適合
5．	不適合	不適合	不適合

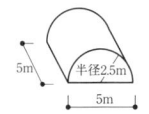

A 喫茶店の喫茶室（床面積25m²）
B 小学校の教室（床面積58m²） 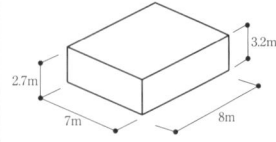
C 無人の保管用倉庫（床面積25m²） 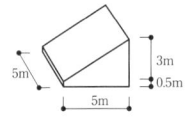

【問題2】 地上2階建の延べ面積150m²の木造1戸建住宅に関する次の記述のうち，建築基準法上，誤っているのはどれか．
1．階段のけあげの寸法は23cm以下，踏面の寸法は15cm以上としなければならない．
2．居室の天井の高さは，2.1m以上としなければならない．
3．1階の居室の床の高さは，直下の地面から床の上面まで，原則として，45cm以上としなければならない．
4．1階の居室の外壁の床下部分には，壁の長さ6m以下ごとに，面積300cm²以上の換気孔を設けなければならない．
5．屋内階段の幅は，75cm以上としなければならない．

【問題3】 居室の床面積とその床面積に対して必要な採光に有効な開口部の最小限度との組合せで，建築基準法上，誤っているのは，次のうちどれか．

	用途	床面積	採光に有効な開口部の面積
1．	住宅の寝室	7m²	1m²
2．	病院の病室	14m²	2m²
3．	寄宿舎の寝室	14m²	2m²
4．	中学校の職員室	50m²	10m²
5．	幼稚園の教室	60m²	12m²

【問題4】 建築物の換気又は換気設備に関する次の記述のうち，建築基準法上，誤っているのはどれか．
1．劇場に設ける機械換気設備の有効換気量の算定においては，居室の床面積から，窓その他の開口部の換気上有効な面積に20を乗じて得た面積を減ずることができる．
2．機械換気設備は，換気上有効な給気機及び排気機，換気上有効な給気機及び排気口又は換気上有効な給気口及び排気機を有する構造としなければならない．
3．自然換気設備の排気筒には，その頂部及び排気口を除き，開口部を設けてはならない．
4．水洗便所には，換気のための開口部又はこれに代わる換気設備を設けなければならない．
5．居室には，原則として，換気のための窓その他の開口部を設け，その換気に有効な部分の面積は，その居室の床面積に対して1/20以上としなければならない．

【問題5】 共同住宅の各戸の界壁で，建築基準法上，遮音構造に該当しないものは，次のうちどれか．
1．鉄筋コンクリート造で，厚さ10cmのもの．
2．透過損失が所定の数値以上であると国土交通大臣が認めて指定したもの．
3．堅固な構造の木造の下地の，厚さ15cmの大壁造で，その両面が木ずりしっくい壁で塗厚さが1.5cmのもの．
4．コンクリートブロック造の上にモルタルを塗ったもので，肉厚及び塗厚さの合計が12cmのもの．
5．堅固な構造の軽量鉄骨の下地の，厚さ13cmの大壁造で，その両面が鉄網モルタル塗で塗厚さが2cmのもの．

【問題6】 第1種住居地域内において，隣地境界線に面する図のような住宅の居室で，建築基準法上，窓全面を採光上有効にするために必要となる隣地境界線と窓面との距離Xの最小限度は，次のうちどれか．
1．1.00m
2．1.15m
3．1.20m
4．1.60m
5．1.80m

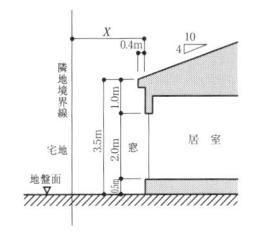

【問題7】 第1種住居地域内において，隣地境界線に面する図のような住宅の居室の窓で，採光上有効な面積を最も大きくするために，建築基準法上，隣地境界線から後退しなければならない最小限度の距離Xは，次のうちどれか．
1．1.02m
2．1.20m
3．1.45m
4．1.90m
5．2.09m

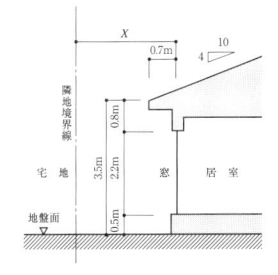

【問題8】 居室内における化学物質の対策（シックハウス対策）に関する，次の記述のうち，誤っているものはどれか．
1．換気系路を一体化とした廊下は，居室とみなす．
2．天井裏等に換気設備，気密性・通気性の措置を行わず「第二種ホルムアルデヒド発散建築材料」を使用した．
3．居室に，換気回数0.5回/h以上の機械換気設備を設けた．
4．ホルムアルデヒド発散速度が0.005mg/m²h以下の材料を，制限なく内装の仕上に使用した．
5．「第二種及び第三種ホルムアルデヒド発散建築材料」は，換気回数等により，使用面積の制限がある．

6 防火

6・1 大規模の建築物の主要構造部〔法第21条〕

1）高さ13m超え又は軒の高さが9mを超える建築物
　　次のいずれかとする．
- 耐火性能検証法による耐火建築物
- 1時間準耐火構造で図6・1の仕様（倉庫・自動車車庫は除く）
- 集成材構造とする．
　使用する集成材は，構造用集成材（JAS）等であること．
　柱脚は鉄筋コンクリート造の基礎等に緊結されていること．
　共同住宅等の用途に供するものは，避難上，防火上の付加基準がある．〔令第129条の2の3第二号〕

2）延べ面積が3000m^{2}を超える建築物
- 耐火性能検証法による耐火建築物
- 政令で定める技術基準に適合する壁などによって区画し各区画の床面積の合計がそれぞれ3000m^{2}以内としたものは，準耐火建築物とすることができる（平成26年6月4日公布，1年以内に施行予定）

6・2 法22条指定区域内の建築制限〔法第22条〜24条〕

特定行政庁が防火地域及び準防火地域以外の市街地について指定する区域内
屋根〔法22条〕
外壁〔法23条〕
特殊建築物の外壁等〔法24条〕
は，表6・1による．

6・3 大規模の木造建築物等の外壁等〔法第25条〕

延べ面積が1000m^{2}を超える木造建築物
　外壁及び軒裏で延焼のおそれのある部分は防火構造とする．
　屋根の構造は，表6・2による．

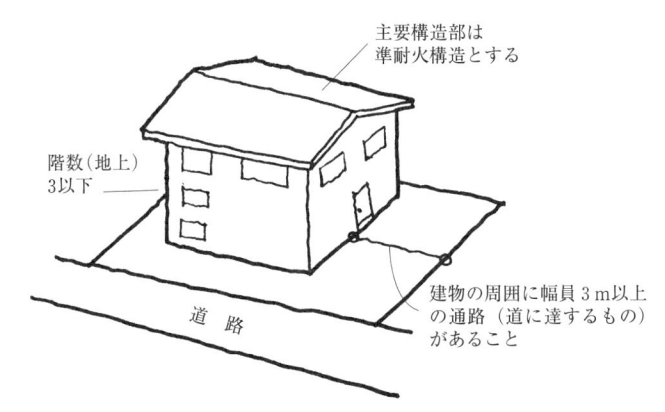

図6・1　大規模木造建築物等の構造制限〔令第129条の2の3第1号〕

表6・1　法22条指定区域内の建築制限

建築物	部位	制限の内容	条文
すべての建築物	屋根	①通常の火災による火の粉により，防火上有害な発炎をしないものであること． ②通常の火災による火の粉により，屋内に達する防火上有害な溶融，き裂その他の損傷を生じないものであること．	法第22条 令第109条の5
	外壁（延焼のおそれのある部分）	①耐力壁である外壁にあっては，加熱開始後20分間，構造耐力上支障のある変形，溶融，破壊その他の損傷を生じないもの（非損傷性）． ②外壁にあっては，加熱開始後，20分間当該加熱面以外の面（屋内に面するものに限る）の温度が可燃物燃焼温度以上に上昇しないもの（遮熱性）	法第23条 令第109条の6
次に示す特殊建築物， ①学校・劇場・映画館・演芸場・観覧場・公会堂・集会場・マーケット・公衆浴場． ②床面積が50m²を超える自動車車庫． ③階数が2，かつ，床面積が200m²を超える百貨店・共同住宅・寄宿舎・病院・倉庫	外壁・軒裏（延焼のおそれのある部分）	防火構造とする．	法第24条

表6・2　法22条指定区域内の屋根の構造方法〔平成12年建設省告示1365号〕

(1)	不燃材料で造るか，またはふいたもの．
(2)	準耐火構造（屋外に面する部分を準不燃材料で造ったものに限る）とするもの．
(3)	耐火構造（屋外に面する部分を準不燃材料で造ったもので，かつ，その勾配が水平面から30度以内のものに限る．）の屋外面に断熱材（ポリエチレンフォーム，ポリスチレンフォーム，硬質ポリウレタンフォームなどの材料を用いたもので，その厚さの合計が50mm以下のものに限る．）および防水材（アスファルト防水工法，改質アスファルトシート防水工法，塩化ビニル樹脂系シート防水工法，ゴム系シート防水工法または塗膜防水工法を用いたものに限る．）を張ったもの．

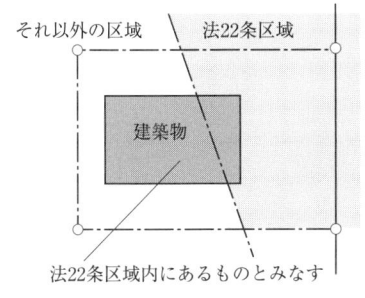

(a) 建築物が区域の内外にわたる場合　　(b) 敷地が区域の内外にわたる場合

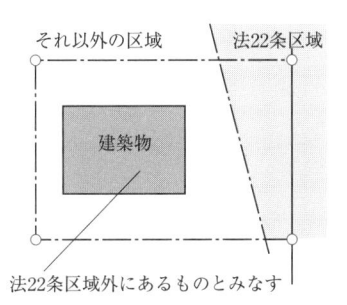

図6・2　敷地や建築物が法22条区域の内外にかかる場合の考え方

6・4　木造建築物等の防火壁・界壁等

(1) 防火壁〔法第26条，令第113条〕

耐火建築物，準耐火建築物以外の建築物（木造建築物等）で延べ面積が1000m²を超えるものは，防火壁によって1000m²以内ごとに区画する（図6・3, 6・4）.

- 卸売市場の上家，機械製作工場等の火災の発生のおそれの少ない用途に供する建築物で主要構造部が不燃材料で造られたもの.
- 畜舎，堆肥舎，水産物の増殖場・養殖場はこの限りでない.

(2) 建築物の界壁・間仕切壁及び隔壁〔令第114条〕（図6・5）

1) 長屋・共同住宅の界壁は準耐火構造とし，小屋裏又は天井裏に達せしめなければならない.

2) 学校・病院・診療所（患者の収容施設を有するもの）・児童福祉施設等・ホテル・旅館・下宿・寄宿舎又はマーケットは，防火上主要な間仕切壁を準耐火構造とし，小屋裏又は天井裏に達せしめなければならない.

3) 建築面積が300m²を超える建築物の小屋組が木造である場合は，けた行間隔12m以内ごとに，小屋裏に準耐火構造の隔壁を設けなければならない.

　　ただし次のいずれかはこの限りでない.
- 耐火性能検証法による耐火建築物
- 建築物の各室・各通路の壁・天井の仕上げが難燃材料でされ，又は，スプリンクラー設備等及び排煙設備が設けられていること.
- 畜舎・堆肥舎・水産物の増殖場及び養殖場の上家

4) 延べ面積がそれぞれ200m²を超える建築物で耐火建築物以外のもの相互を連絡する渡り廊下で，木造小屋組でけた行が4mを超えるものは小屋裏に準耐火構造の隔壁を設けなければならない.

5) 貫通する管風導管の周囲はモルタル等で固め，防火ダンパーを設ける.

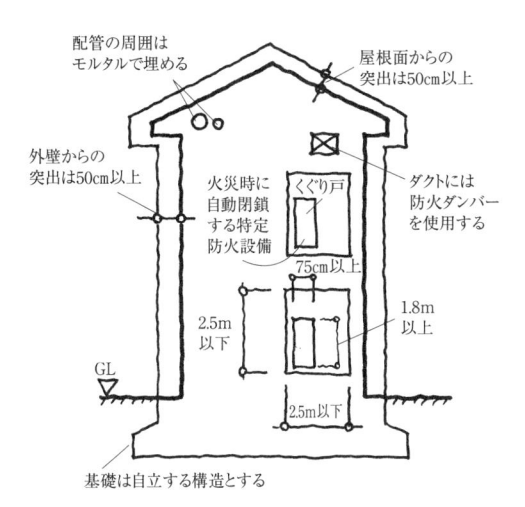

図6・3 木造建築物等の防火壁〔法第26条，令第113条〕

防火壁の構造〔令第113条〕

1. 耐火構造でかつ自立する構造．
2. 木造の建築物においては，無筋コンクリート造又は組積造としない．
3. 防火壁の両端及び上端は，建築物の外壁面及び屋根面から50cm以上突出させる．
   ただし，
   - 防火壁の中心線からの距離1.8m以内の外壁が防火構造，屋根を準耐火構造でこれらの部分に開口部がない場合は10cm以上突出させる．〔平12 建告1367号〕
   - 防火壁を設けた部分の外壁・屋根が防火壁を含みけた行方向に幅3.6m以上にわたって耐火構造で，これらの部分に開口部がない場合又は，開口部が防火設備が設けられている場合はこの限りでない．（図6・4）
4. 防火壁に設ける開口部の幅及び高さは，それぞれ2.5m以下とし，かつ，これに特定防火設備で
   - イ．常時閉鎖若しくは作動をした状態にあるか，又は随時閉鎖若しくは作動できるもの
   - ロ．煙感知又は熱感知閉鎖式のものを設けること．
5. 防火壁を貫通する給水管，風道等は第112条第15項の規定に適合させる．

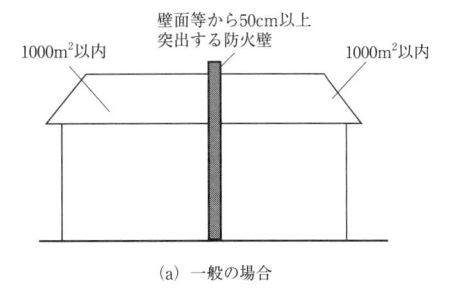

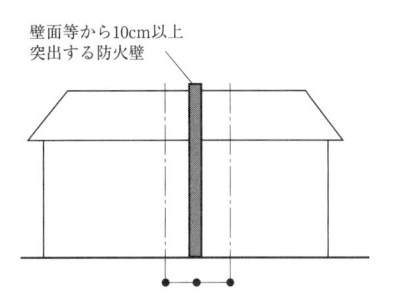

(a) 一般の場合

(b) 防火壁の周囲を防火構造等とする場合

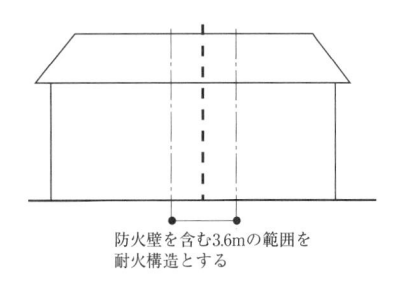

(c) 防火壁の周囲を耐火構造とする場合

図6・4 防火壁の構造

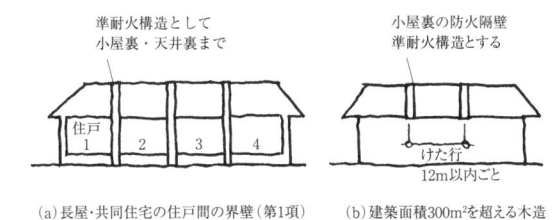

(a) 長屋・共同住宅の住戸間の界壁（第1項）

(b) 建築面積300m²を超える木造建築物の小屋裏隔壁（第3項）

(c) 学校・病院・旅館等の主要間仕切壁（第2項）

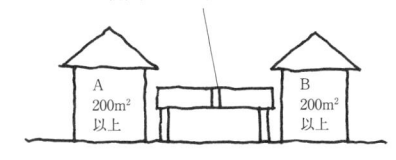

(d) これらの界壁等を貫通する風道のダンパー（45分間遮炎）

図6・5 木造建築物等の界壁・間仕切壁・隔壁〔令第114条〕

6・5　耐火建築物又は準耐火建築物

(1) 耐火建築物又は準耐火建築物としなければならない特殊建築物〔法第27条・法別表第1，令第115条の3〕

耐火建築物・準耐火建築物としなければならない特殊建築物は，表6・3による．

(2) 3階建共同住宅等の特例〔法第27条第1項ただし書〕

- 地階を除く階が3階で，下宿，共同住宅，寄宿舎の用途に供するもの．
  （3階の一部を別の特殊建築物の用途に供するもので，耐火建築物にしなければならないもの又は法第27条第1項第二号，第三号に該当し，耐火建築物としなければならないものを除く）
- 防火地域以外の区域内にあるもの．

耐火建築物とすることを要しない特殊建築物の技術基準等

〔令第115条の2の2，平成12年建設省告示1380号〕

① 主要構造部が準耐火構造（1時間の準耐火性能）であること．
② 各宿泊室等に避難上有効なバルコニーその他これらに類するものがあること．
（ただし，地上に通ずる主たる通路が直接外気に開放されたものであり，かつ，通路に面する開口部に防火設備が設けられている場合はこの限りでない．）
③ 3階の各宿泊室等の外壁面に窓その他の開口部（直径1m以上の円が内接するもの又は，幅75cm，高さ1.2m以上のもの）が道又は，道に通ずる幅員4m以上の通路その他の空地に面して設けられていること．
④ 建築物の周囲（道に接する部分を除く）に幅員が3m以上の通路が設けられていること．
ただし，次の基準に適合しているものについてはこの限りでない．
　　イ．各宿泊室等に避難上有効なバルコニーが設けられていること．
　　ロ．開放廊下で各宿泊室等の通路に面する開口部に防火設備が設けられていること．
　　ハ．上階への延焼防止のための措置（ひさし等）が設けられていること．〔平成12年建設省告示1381号〕
⑤ 3階の各宿泊室等の外壁の開口部〔令第112条第10項，第11項（防火上有効なひさし等で遮られいるものを除く）〕に防火設備が設けられていること．

　　準防火地域内では上記，①〜⑤まで適合．

　　防火・準防火地域以外では，①〜④まで適合．

　　1時間準耐火構造とした場合，避難施設等〔令126条の6〜令126条の7〕の規定は適合しない．

表6・4　1時間の準耐火性能

建築物の部分				通常の火災		屋内側からの通常の火災
				非損傷性	遮熱性	遮炎性
壁	間仕切壁	耐力壁		1時間	1時間	—
		非耐力壁		—		—
	外壁	耐力壁		1時間		1時間
		非耐力壁	延焼のおそれのある部分	—	30分	1時間
			上記以外の部分	—	30分	30分
床				1時間	1時間	—
柱・梁				1時間	—	—
屋根	下記以外			30分	—	30分
	軒裏	延焼のおそれのある部分		—	1時間	
		上記以外の部分		—	30分	
階段				30分	—	—

表6・3 耐火建築物または準耐火建築物としなければならない特殊建築物[1]

建築物の用途		耐火建築物		耐火建築物または準耐火建築物
		当該用途に供する階	当該用途に供する部分の床面積の合計	当該用途に供する部分の床面積の合計
(1)	劇場・映画館・演芸場	客席が1階にないもの	200m²以上（客席），1,000m²以上（屋外観覧席の場合）	
		3階以上の階		
	観覧場・集会場・公会堂	3階以上の階	200m²以上（客席），1,000m²以上（屋外観覧席の場合）	
(2)	病院・診療所[1]（患者の収容施設があるもの）・ホテル・旅館・下宿・共同住宅・寄宿舎・児童福祉施設等[2]	3階以上の階		2階部分の床面積が300m²以上（病院・診療所は2階以上に患者の収容施設があるもの）
(3)	学校[3]・体育館・博物館・美術館・図書館・ボーリング場・スキー場・スケート場・水泳場・スポーツの練習場	3階以上の階		2,000m²以上
(4)	百貨店・マーケット[4]・展示場・キャバレー・カフェー・ナイトクラブ・バー・ダンスホール・遊技場[5]・公衆浴場・待合・料理店・飲食店・物品販売店舗（床面積>10m²）	3階以上の階	3,000m²以上	2階部分の床面積が500m²以上
(5)	倉庫		3階以上の床面積が200m²以上	1,500m²以上
(6)	自動車車庫・自動車修理工場・映画スタジオ・テレビスタジオ	3階以上の階		150m²以上（令第109条の3一号の準耐火建築物を除く）
(7)	令第116条の表の数量以上の危険物貯蔵場または処理場			全部

[1] 病院：病床数20以上　診療所：病床数19以下（医療法）
[2] 令第19条第1項に定められたもので，児童福祉施設のほか，助産所・身体障害者更生援護施設・精神障害者社会復帰施設・保護施設・婦人保護施設・知的障害者援護施設・老人福祉施設・有料老人ホーム・母子保健施設
[3] 幼稚園・専修学校・各種学校も含む
[4] マーケットとは共用通路に面して専門店が並ぶ形式でスーパーマーケットは物品販売店舗に該当する
[5] ぱちんこ屋・マージャン屋

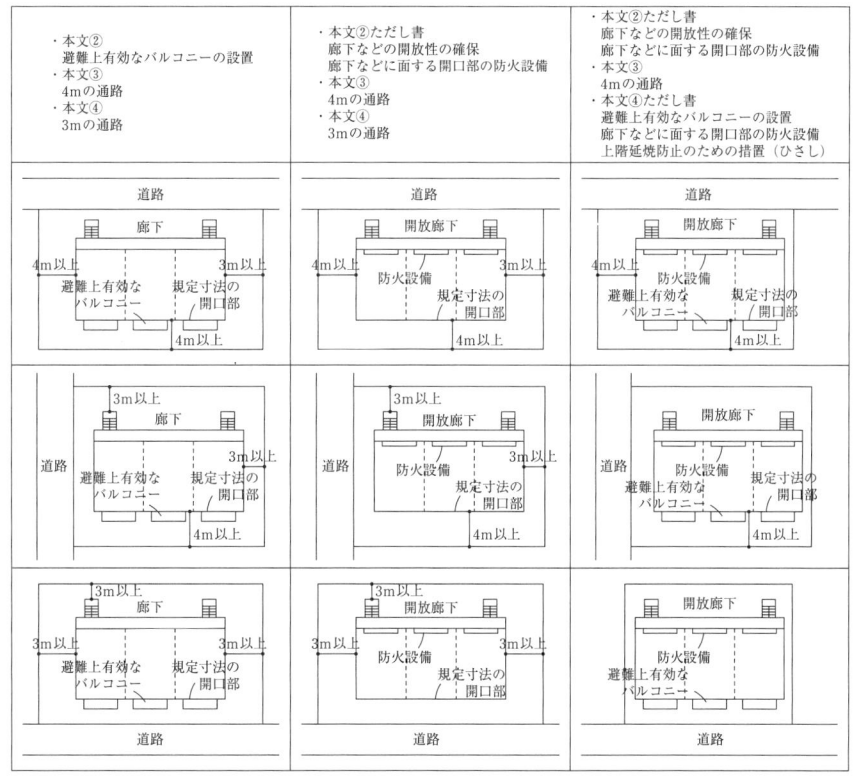

図6・6 耐火建築物としなくてもよい共同住宅[1]

[1] 片倉ほか『〈建築学テキスト〉建築行政』より

6・6 防火区画等

(1) 防火区画〔令第112条〕

防火区画〔令第112条第1項～第9項，第12項，第13項〕の規定は，表6・5による．

表6・5　防火区画〔令第112条〕[*1]

区画の種類	対象建築物	区画の基準	区画の構造基準	制限を除外するもの	緩和措置
面積区画	①主要構造部が耐火構造 ②イ準耐火建築物 ③ロ準耐火建築物	床面積1,500m²以内に区画	1時間準耐火構造の床・壁（表6・4の性能）・特定防火設備	①劇場，映画館，演芸場，観覧場，公会堂または集会場の客席，体育館，工場などで，用途上やむを得ないもの ②1時間準耐火構造の床，壁，特定防火設備で区画された階段室，昇降機の昇降路（乗降ロビーを含む）の部分	自動式スプリンクラーなどの自動式消火設備を設けた部分の床面積の1/2に相当する部分を，防火区画面積より控除できる． ※移動式スプリンクラーなどが設置された部分で床面積が200m²以下の階又は準耐火構造の壁で区画したものは防火上主要な間仕切壁を除外
	法第27条第2項，法第62条第1項によりイ準耐火建築物，ロ準耐火建築物1号としたもの（1時間イ準耐火建築物を除く） ※	①床面積500m²以内ごとに区画 ②防火上主要な間仕切りは準耐火構造とし小屋裏または天井裏まで達せしめる		①体育館，工場などで，天井（天井のない場合は屋根），壁の内装を準不燃材料とした部分 ②階段室，昇降機の昇降路（乗降ロビーを含む）の部分で天井（天井のない場合は屋根），壁の内装を準不燃材料とした部分	
	①法第21条ただし書の1時間イ準耐火建築物 ②法第27条ただし書の1時間イ準耐火建築物 ③法第27条第2項，法第62条第1項により1時間イ準耐火建築物，ロ準耐火建築物2号としたもの	床面積1,000m²以内ごとに区画			
高層区画	11階以上の部分	内装制限をしない場合	床面積100m²以内ごとに区画	耐火構造の床・壁，防火設備	階段室，昇降機の昇降路（乗降ロビーも含む），廊下，その他避難のための部分，または床面積の合計200m²以内の共同住宅の住戸で耐火構造の床・壁・特定防火設備で区画した部分	
		壁（床から1.2m以下の部分を除く）・天井の仕上げ，下地とも準不燃材料	床面積200m²以内ごとに区画	耐火構造の床・壁・特定防火設備		
		壁（床から1.2m以下の部分を除く）・天井の仕上げ，下地とも不燃材料	床面積500m²以内ごとに区画			
竪穴区画	主要構造部を準耐火構造とし，かつ，地階または3階以上に居室のある建築物	階数が2以上ある住戸（メゾネット），吹抜き，階段，昇降機の昇降路，ダクトスペースなどの竪穴を形成する部分と他の部分を区画	準耐火構造の床・壁，防火設備	①劇場，映画館，演芸場，観覧場，公会堂または集会場の客席，体育館，工場などで用途上やむを得ないもので，壁（床から1.2m以下の部分を除く）・天井の仕上げ・下地とも準不燃材料としたもの ②避難階の直上階，直下階のみに通ずる吹抜き，階段の部分で壁・天井の仕上げ・下地とも不燃材料でしたもの ③階数が3以下で，かつ，延べ面積が200m²以下の一戸建て住宅，長屋，共同住宅の住戸	
異種用途区画	複合用途の建築物で，その一部が法第24条各号のいずれかに該当する建築物	該当する部分とその他の部分を区画	準耐火構造の壁・防火設備	耐火建築物とする必要のない特殊建築物	
	複合用途の建築物で，その一部が法第27条第1項および第2項に該当する建築物		1時間準耐火構造の床・壁・特定防火設備		

(2) 防火区画に接する外壁の構造（令第112条第10項，第11項）（図6・8～6・10）

当該外壁のうち，これらに接する部分を含み，幅90cm以上の部分を準耐火構造としなければならない（ただし外壁面から50cm以上突出した準耐火構造のひさし，床，そで壁で遮られている場合はこの限りでない）．

(3) 防火区画に用いる防火設備〔令第112条第14項〕

防火設備の構造

① 常時閉鎖または，作動状態のもの，随時閉鎖または作動できるもの．
② 避難経路に設けられるものは閉鎖又は作動をした状態で避難上支障がないもの．
③ 常時閉鎖または作動状態以外のものにあっては，煙・熱感知自動閉鎖防火戸であること．
④ 遮煙性能を有し，かつ，常時閉鎖または，作動状態以外のものにあっては，煙感知自動閉鎖防火戸であること．

　　　特定防火設備…煙・熱感知（①・②・③）…〔令112条1項，2項，3項〕
　　　　　　　　…遮煙性能を有し，煙感知（①・②・④）…〔令112条5項〕
　　　防　火　設　備…煙・熱感知（①・②・③）…〔令112条1項第二号，4項，8項，13項〕
　　　　　　　　…遮煙性能を有し，煙感知（①・②・④）…〔令112条8項，9項，12項〕

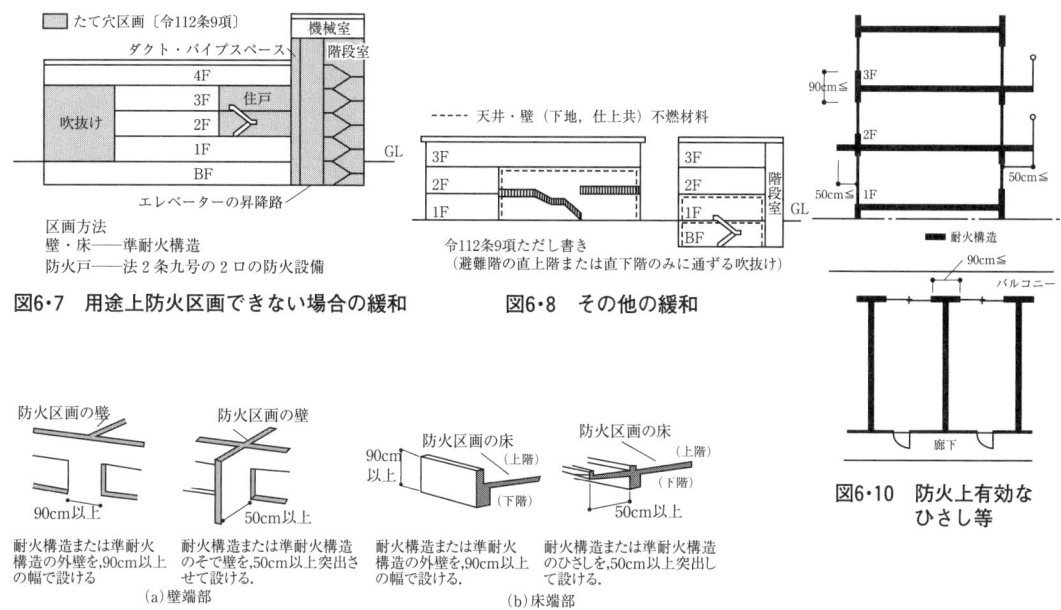

図6・7　用途上防火区画できない場合の緩和

区画方法
壁・床——準耐火構造
防火戸——法2条九号の2ロの防火設備

図6・8　その他の緩和

図6・9　火の回り込みを防止する区画の例

(a) 壁端部
耐火構造または準耐火構造の外壁を，90cm以上の幅で設ける
耐火構造または準耐火構造のそで壁を，50cm以上突出させて設ける

(b) 床端部
耐火構造または準耐火構造の外壁を，90cm以上の幅で設ける．
耐火構造または準耐火構造のひさしを，50cm以上突出して設ける．

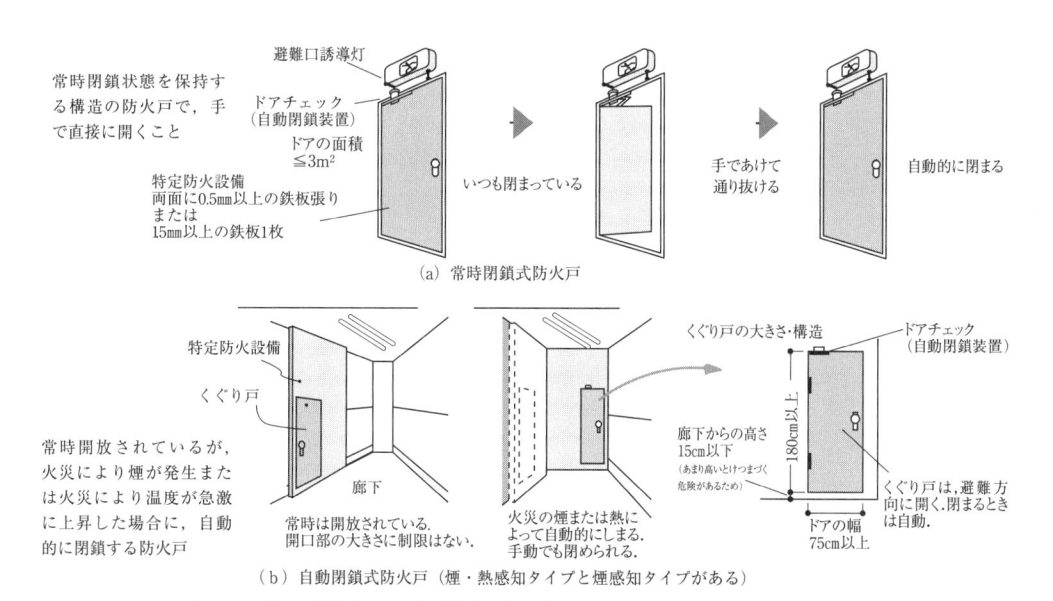

図6・10　防火上有効なひさし等

(a) 常時閉鎖式防火戸
常時閉鎖状態を保持する構造の防火戸で，手で直接に開くこと
避難口誘導灯
ドアチェック（自動閉鎖装置）
ドアの面積 ≤3m²
特定防火設備
両面に0.5mm以上の鉄板張りまたは1.5mm以上の鉄板1枚
いつも閉まっている → 手であけて通り抜ける → 自動的に閉まる

(b) 自動閉鎖式防火戸（煙・熱感知タイプと煙感知タイプがある）
常時開放されているが，火災により煙が発生または火災により温度が急激に上昇した場合に，自動的に閉鎖する防火戸
特定防火設備
くぐり戸
常時は開放されている．開口部の大きさに制限はない．
火災の煙または熱によって自動的にしまる．手動でも閉められる．
くぐり戸の大きさ・構造
ドアチェック（自動閉鎖装置）
廊下からの高さ15cm以下（あまり高いとけつまづく危険があるため）
180cm以上
ドアの幅75cm以上
くぐり戸は，避難方向に開く．閉まるときは自動．

図6・11　常時閉鎖式・自動閉鎖式の防火戸〔昭和48年建設省告示2563号〕

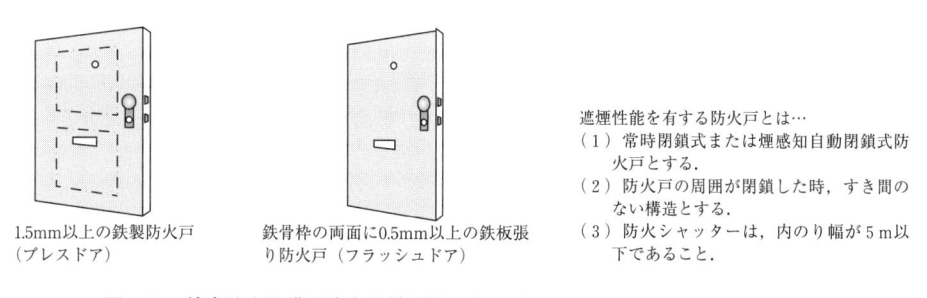

1.5mm以上の鉄製防火戸（プレスドア）

鉄骨枠の両面に0.5mm以上の鉄板張り防火戸（フラッシュドア）

遮煙性能を有する防火戸とは…
(1) 常時閉鎖式または煙感知自動閉鎖式防火戸とする．
(2) 防火戸の周囲が閉鎖した時，すき間のない構造とする．
(3) 防火シャッターは，内のり幅が5m以下であること．

図6・12　特定防火設備の適合仕様の例（遮炎性能は60分間）

*1　片倉ほか『〈建築学テキスト〉建築行政』より

(4) 防火区画を貫通する配管等の措置〔令第112条第15項，令第129条の2の5，第1項第七号〕

給水管・配電管・その他の管が防火区画を貫通する場合においては，当該管と防火区画とすき間をモルタルその他の不燃材料で埋めなければならない．

(5) 防火区画を貫通する換気設備などの風道の措置〔令第112条第16項，昭和49年建設省告示1579号，昭和48年建設省告示2565号，平成12年建設省告示平成1376号〕

風道等が防火区画を貫通する場合，貫通部分又はこれに近接する部分に特定防火設備（防火設備）であって，次の要件を満たすものとして，国土交通大臣が定めた構造方法を用いるもの又は認定を受けたものを設けなければならない（図6・13）．

1. 火災により煙が発生した場合又は火災により温度が急激に上昇した場合に自動的に閉鎖するものであること．
2. 閉鎖した場合に防火上支障のない遮煙性能を有するものであること．

6・7 建築物に設ける煙突

● 建築物に設ける煙突〔令第115条〕（図6・14）
1. 煙突の屋上突出部は，屋根面からの垂直距離60cm以上とする．
2. 煙突の高さは，その先端からの水平距離1m以内に建築物がある場合で，その建築物に軒がある場合においては，その建築物の軒から60cm以上高くすること．

【問題1】 建築基準法第22条の指定区域内に延べ面積が150m², 高さが8mの木造2階建専用住宅（準耐火建築物ではないものとする．）を建築する場合，当該建築物の延焼のおそれのある部分の構造仕様として，建築基準法上，適合しないものは，次のうちどれか．
1. 屋根を瓦葺とする．
2. 軒裏を木造下地に難燃合板張りとする．
3. 外壁を木造下地に鉄板張りとする．
4. 床を木造とする．
5. 外壁の開口部に木製の戸を設ける．

【問題2】 次の2階建の建築物のうち，建築基準法上，耐火建築物及び準耐火建築物のいずれともしなくてよいものはどれか．ただし，防火地域及び準防火地域外にあるものとする．

	1階部分	2階部分
1．	飲食店（床面積150m²）	映画館（客席の床面積100m²）
2．	自動車修理工場（床面積150m²）	事務所（床面積150m²）
3．	図書館（床面積500m²）	老人福祉施設（床面積300m²）
4．	倉庫（床面積200m²）	事務所（床面積150m²）
5．	演芸場（客席の床面積200m²）	飲食店（床面積150m²）

【問題3】 準耐火建築物である木造3階建共同住宅に関する次の記述のうち，建築基準法上，誤っているものはどれか．ただし，防火壁及び地階はないものとする．
1. 建築物の周囲（道に接する部分を除く）には，原則として，幅員が1.5m以上の通路を設けなければならない．
2. 主要構造部であるはりは，耐火構造又は通常の火災時の加熱に1時間以上耐える性能を有する準耐火構造としなければならない．
3. 設計図書の作成に当たっては，構造計算によって，その構造が安全であることを確かめなければならない．
4. 防火地域の区域内には，建築してはならない．
5. 延べ面積が3,000m²を超えるものは，建築してはならない．

【問題4】 建築基準法上，建築物の開口部で，必ず特定防火設備の開口部を設けなければならないものは，次のうちどれか．
1. 防火壁に設ける出入口の戸
2. 耐火建築物の延焼のおそれのある外壁にある窓
3. エレベーターの昇降路の出入口の戸
4. 屋内から屋外避難階段に通ずる出入口の戸
5. 特別避難階段の付室から，階段室に通ずる出入口の戸

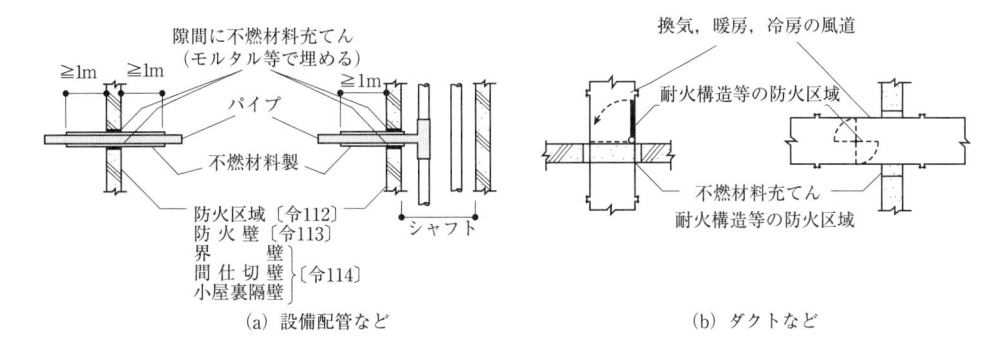

図6・13 防火区画を貫通する設備などの処理

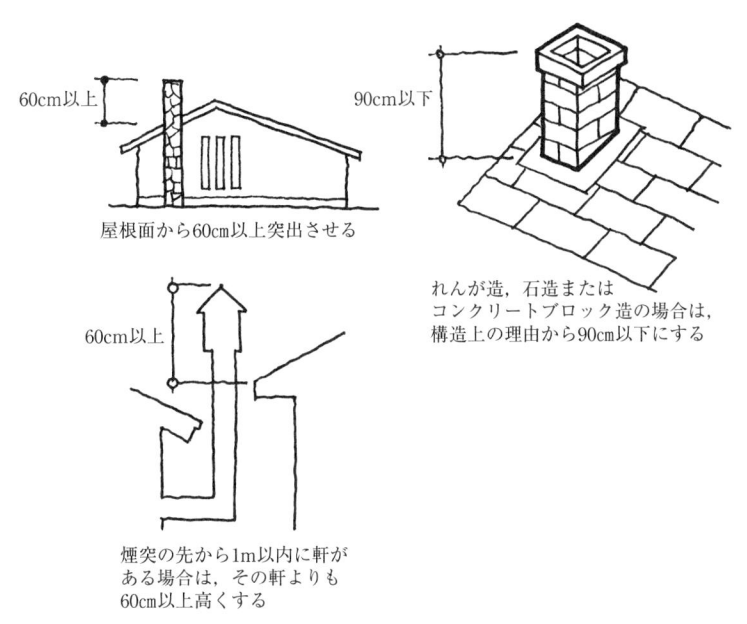

(a) 設備配管など
(b) ダクトなど

図6・14 煙突の例

屋根面から60cm以上突出させる

れんが造, 石造またはコンクリートブロック造の場合は, 構造上の理由から90cm以下にする

煙突の先から1m以内に軒がある場合は, その軒よりも60cm以上高くする

【問題5】 建築物の防火区画に関する次の記述のうち, 建築基準法上, 誤っているものはどれか. ただし, 自動式の消火設備は設けないものとする.
1. 給水管が防火区画の床を貫通する場合においては, 当該管と防火区画とのすき間をモルタルその他の不燃材料で埋めなければならない.
2. 換気設備の風道が防火区画の壁を貫通する場合においては, 原則として, 当該風道の防火区画を貫通する部分又はこれに近接する部分に一定の機能を有するダンパーを設けなければならない.
3. 防火区画に用いる防火設備は, 常時閉鎖式防火戸としなければならない.
4. 耐火建築物である3階建事務所は, 原則として, 階段の部分とその他の部分とを防火区画しなければならない.
5. 延べ面積が1,500m²の準耐火建築物である木造3階建共同住宅は, 床面積の合計1,000m²以内ごとに防火区画しなければならない.

【問題6】 建築物の部分で, 建築基準法上, 原則として, 当該部分とその他の部分とを防火区画により区画すべき部分に該当しないものは, 次のうちどれか.
1. 主要構造部を耐火構造とし, 3階に居室を有する建築物の廊下の部分
2. 主要構造部を準耐火構造とし, 地階に居室を有する建築物のダクトスペース
3. 主要構造部を耐火構造とし, 地階に居室を有する建築物の昇降機の昇降路の部分
4. 主要構造部を準耐火構造とし, 3階に居室を有する建築物の階段の部分
5. 主要構造部を準耐火構造とし, 4階に居室を有する建築物の吹抜きとなっている部分

7 避難施設等

7・1 無窓居室

表7・1 無窓居室

無窓居室	条 件	適 用	
令111条	● 有効採光面積 ＜1/20 ● 避難上有効な開口部がないもの （直径1m以上の円が内接 　W≧75，H≧1200）以外のもの	法35条の3	居室の区画する主要構造部を耐火構造又は不燃材料
令116条の2	● 有効採光面積 ＜1/20 ● 有効排煙面積 ＜1/50	法35条 令127条	特殊建築物の避難・防火 　令117条～令126条 敷地内の避難・消火 　令127条～令128条の3
令128条の3の2	● 50m²を超える居室で 　有効排煙面積 ＜1/50 ● 温湿度調整の必要な居室で規定に適合しないもの	法35条の2	特殊建築物の内装

7・2 適用の範囲

適用の範囲は
1．特殊建築物
2．階数が3以上の建築物
3．無窓居室〔令116条の2〕
   - 有効採光面積　＜1/20
   - 有効排煙面積　＜1/50
4．延べ面積が1000m²を超える建築物
   - 建築物が開口部のない耐火構造の床又は，壁で区画されている場合においては，その区画された部分は，別の建築物とみなす．

7・3 廊下・直通階段

(1) 廊下の幅〔令第119条〕

廊下の幅は，表7・2に掲げる数値以上としなければならない．
幅とは，内法の有効幅とする（図7・1）．

(2) 直通階段の設置〔令第120条〕

直通階段とは，避難階以外の階から，迷うことなく避難階に避難できる階段をいう（図7・2）．
避難階又は，地上に通ずる直通階段を居室の各部分からその一に至る歩行距離が表7・3の数値以下となるように設けなければならない．

(3) 2以上の直通階段を設ける場合〔令第121条〕

建築物の避難階以外の階が表7・4に該当する場合，その階から避難階又は，地上に通ずる2以上の直通階段を設けなければならない．

(4) 屋外階段の構造〔令第121条の2〕

屋外に設ける直通階段は，木造としてはならない．
（ただし，準耐火構造のうち有効な防腐措置を講じたものを除く）

表7・2　廊下の幅[*1]

建築物の用途・規模 \ 廊下の配置	両側に居室がある廊下の幅（中廊下形式）	その他の廊下の幅（片廊下形式）
(1) 小学校・中学校・高等学校・中等教育学校の児童用または生徒用	2.3m以上	1.8m以上
(2) 病院の患者用 (3) 共同住宅の共用の廊下（住戸，住室の床面積が100m²を超える階） (4) 地上階の居室の床面積が200m²を超える階　地階階の居室の床面積が100m²を超える階（ただし3室以下の専用のものは除く）	1.6m以上	1.2m以上

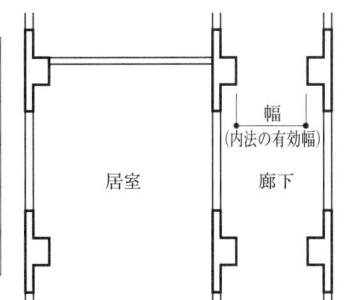

図7・1　廊下の幅

図7・2　直通階段

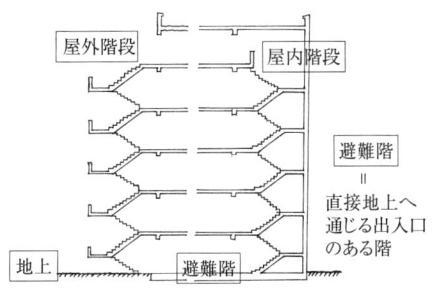

直通階段とは…
屋外階段ではまっすぐに地上に通じるもの
屋内階段ではまっすぐに避難階へ通じるもの
（直階段と混同しないこと）

図7・3　歩行距離と重複距離[*1]

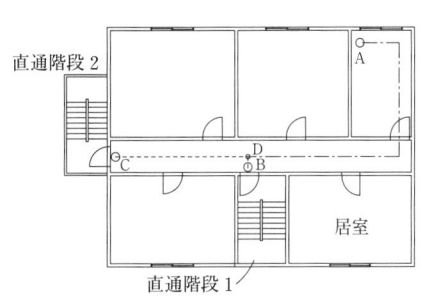

AB間が直通階段1に至る歩行距離である
AC間が直通階段2に至る歩行距離である
AD間が重複距離である

表7・3　歩行距離[*1]

居室の種類 \ 建築物の構造	主要構造部が準耐火構造または不燃材料		その他
	内装を不燃化しないもの	居室及び避難経路を準不燃材料としたもの	
(1) 採光無窓の居室[*1] (2) 百貨店，マーケット，展示場，キャバレー，カフェー，ナイトクラブ，バー，ダンスホール，遊技場，物品販売店舗（床面積が10m²以内のものを除く）など	30m以下 (20m以下)[*3]	40m以下 (30m以下)[*3]	30m以下
(3) 病院，診療所（患者の収容施設があるものに限る），ホテル，旅館，下宿，共同住宅[*2]，寄宿舎，児童福祉施設等	50m以下 (40m以下)[*3]	60m以下 (50m以下)[*3]	
(4) (1)〜(3)以外の居室			40m以下

[*1] 有効採光面積が居室の床面積の1/20未満の居室．
[*2] 主要構造部を準耐火構造としたメゾネット型共同住宅の住戸で出入口のない階は，住戸内専用階段を通って出入口のある階の直通階段までの歩行距離を40m以下とする．
[*3] 15階以上の居室については（　）内の数値とする．

表7・4　2以上の直通階段を設けなければならない建築物[*1]

	建築物または階の用途	対象となる階	対象階の居室の床面積	
			主要構造部が準耐火構造または不燃材料	その他
(1)	劇場，映画館，演芸場，観覧場，公会堂，集会場，床面積の合計が1,500m²を超える物品販売業を営む店舗	客席，集会室，売場などのある階	すべて適用	
(2)	キャバレー，カフェー，ナイトクラブ，バー	客席のある階	原則としてすべて適用[*1]	
(3)	病院，診療所，児童福祉施設等	病室，主たる居室のある階	当該居室の床面積の合計が100m²を超えるもの	当該居室の床面積の合計が50m²を超えるもの
(4)	ホテル，旅館，下宿，共同住宅，寄宿舎	宿泊室，居室，寝室のある階	当該居室の床面積の合計が200m²を超えるもの	当該居室の床面積の合計が100m²を超えるもの
(5)	(1)〜(4)以外の居室	6階以上の階	原則としてすべて適用[*2]	
		5階以下の階　避難階の直上階	400m²を超えるもの	200m²を超えるもの
		その他の階	200m²を超えるもの	100m²を超えるもの

以下の（　）内は主要構造部が準耐火構造または不燃材料で造られている場合に適用する．
[*1] 原則としてすべて2以上の直通階段を設けなければならないが，次のものは，直通階段を一つとすることができる．
　①5階以下の階で，その階の居室の床面積の合計が100m²（200m²）以下で，その階に避難上有効なバルコニー，屋外通路などおよび屋外避難階段，特別避難階段を設けたもの．
　②避難階の直上階または直下階である5階以下の階で，その階の居室の床面積の合計が100m²（200m²）以内のもの．
[*2] 原則としてすべて2以上の直通階段を設けなければならないが，(1)〜(3)の用途以外に使用する階で，その室の床面積の合計が100m²（200m²）以下で，その階に避難上有効なバルコニー，屋外通路などおよび屋外避難階段，特別避難階段を設けたものは，直通階段を一つとすることができる．

[*1] 片倉ほか『〈建築学テキスト〉建築行政』より

7・4 避難階段

(1) 避難階段の設置〔令第122条〕
表7・5の建築物の直通階段は，避難階段又は，特別避難階段としなければならない．

(2) 避難階段及び特別避難階段の構造〔令第123条，昭和44年建設省告示1728号〕
- 避難階段
 屋内避難階段〔令第123条第1項〕図7・4(a)による．
 屋外避難階段〔令第123条第2項〕図7・4(b)による．
- 特別避難階段〔令第123条第3項〕図7・5(a)(b)による．
 各階のバルコニー又は，付室の床面積の合計は，当該階に設ける各居室の床面積に次のそれぞれを乗じたものの合計以上とする．

$$\left(\begin{array}{l}\text{劇場・映画館等〔法別表第1(い)欄(1)項〕}\\ \text{百貨店・マーケット等〔法別表第1(い)欄(4)項〕}\end{array}\right)\cdots\cdots 8/100$$

 その他の居室 ……………………………………3/100

7・5 各種出口・屋外広場等

(1) 客席からの出口の戸〔令第118条〕
劇場・映画館・演芸場・観覧場・公会堂又は集会場の客席からの出入口は内開きとしてはならない．

(2) 物品販売業を営む店舗における避難階段等の幅〔令第124条〕
- 物品販売業を営む店舗（1500m²を超えるものに限る）の用途の供する建築物の避難階段・特別避難階段及びこれらに通ずる出入口の幅は，次による．
 ① 階段の幅の合計 (W)
  $W \geqq$ 床面積が最大の階の床面積$\times 60\text{cm}/100\text{m}^2$
  （直上階以上の階又は，地階にあっては直下階以下の階）
 ② 階段に通ずる出入口の幅の合計
  地上階$\geqq$各階ごとのその階の床面積$\times 27\text{cm}/100\text{m}^2$
  地下階$\geqq$各階ごとのその階の床面積$\times 36\text{cm}/100\text{m}^2$
- 上記①，②の所要幅の計算に関して，1の階若しくは2の階からの専用の階段（地下階）の場合，階段の幅，階段に通ずる出入口の幅は，その幅が1.5倍あるものとみなすことができる（図7・6）．〔令第124条第2項〕
- 前各規定の適用に関して屋上広場は，階とみなす．

(3) 屋外への出口〔令第125条〕
① 避難階において，階段から屋外への出口の一に至る歩行距離は，表7・3の数値以下とする．
 居室の各部分から屋外への出口の一に至る歩行距離は，表7・3の数値の2倍以下としなければならない．
② 劇場・映画館等（令第118条の建築物）の客用に供する屋外への出口の戸は内開きとしてはならない．
③ 物品販売業を営む店舗（1500m²をこえるものに限る）避難階に設ける．
  屋外への出口の幅の合計$\geqq$床面積の最大の階の床面積$\times 60\text{cm}/100\text{m}^2$

表7・5 避難階段の設置[*1]

	直通階段の通ずる階		避難階段・特別避難階段の種類
(1)	5階以上14階まで		避難階段または特別避難階段とする[注1][注2]
(2)	15階以上の階		特別避難階段とする[注2]
(3)	地下2階		避難階段または特別避難階段とする[注1][注2]
(4)	地下3階以下		特別避難階段とする[注2]
(5)	床面積の合計が1,500m²を超える物品販売業を営む店舗	3階以上4階まで	各階の売場および屋上広場[注3]に通ずる2以上の直通階段を設けこれを避難階段または特別避難階段とする
		5階以上14階まで	各階の売場および屋上広場に通ずる2以上の直通階段を設けこれを避難階段または特別避難階段とし,1以上を特別避難階段とする
		15階以上	各階の売場および屋上広場に通ずる2以上の直通階段を設けすべてを特別避難階段とする

注1 主要構造部が準耐火構造であるか,または準不燃材料で造られている建築物で,5階以上の階または地下2階以下の階の床面積の合計が100m²以下の場合は除く.
注2 主要構造部が耐火構造の建築物(階段室,乗降ロビーを含む昇降機の昇降路の部分,廊下などで耐火構造の床,壁,特定防火設備で区画されたものを除く)で床面積の合計100m²(共同住宅の住戸では200m²)以内ごとに耐火構造の床,壁,特定防火設備で区画された場合は除く.
注3 屋上広場を義務づけたものではなく,屋上広場を設けた場合の規定である.

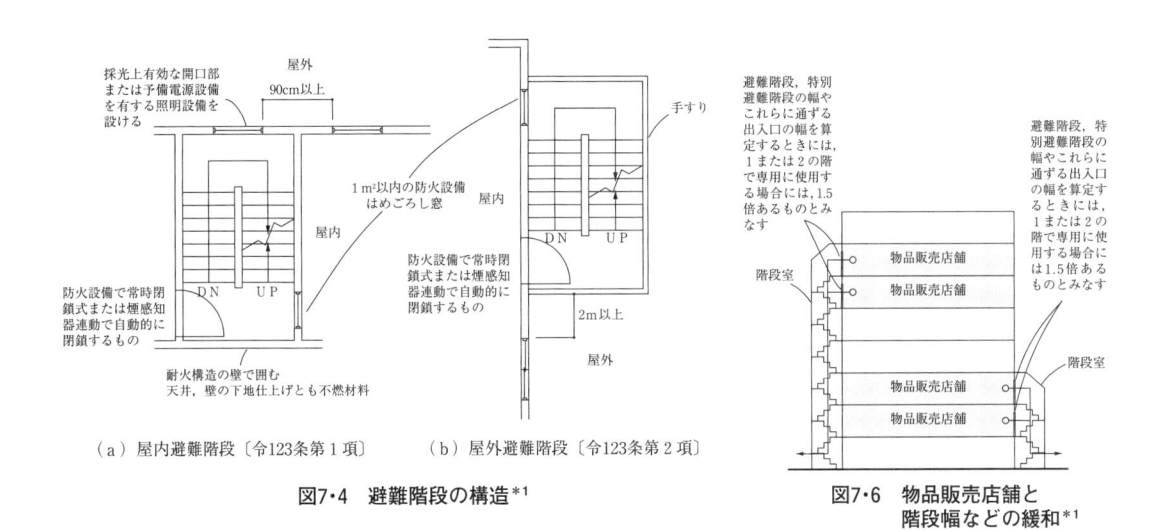

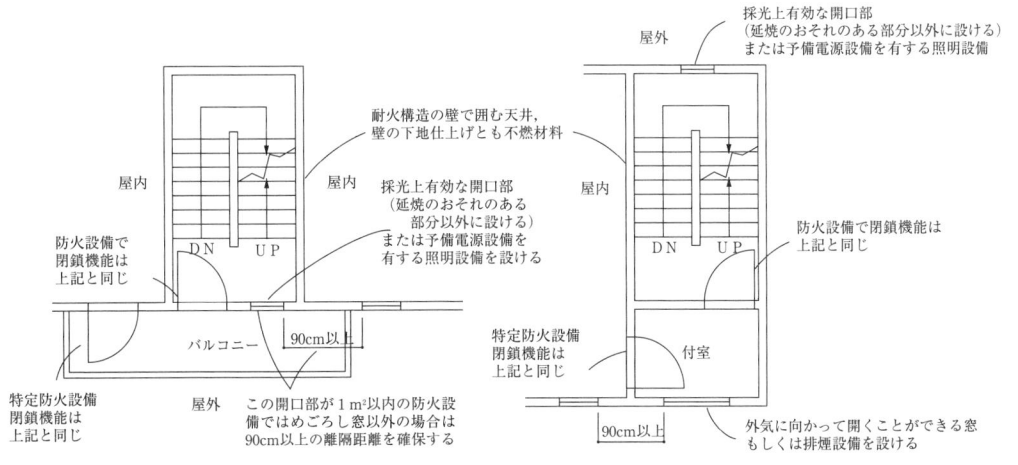

(a) 屋内避難階段〔令123条第1項〕　　(b) 屋外避難階段〔令123条第2項〕

図7・4　避難階段の構造[*1]

図7・6　物品販売店舗と階段幅などの緩和[*1]

(a) 特別避難階段（バルコニー付）〔令123条第3項〕　　(b) 特別避難階段（付室付）〔令123条第3項,昭44建告1728号〕

図7・5　特別避難階段の構造[*1]

[*1] 片倉ほか『〈建築学テキスト〉建築行政』より

（4）屋外への出口等の施錠装置の構造等〔令第125条の2〕

① 屋外に設ける避難階段に屋内から通ずる出口
② 避難階段から屋外に通ずる出口
③ 維持管理上，常時鎖錠状態にある出口で非常の場合，避難の用に供すべきもの
　上記の各扉の施錠装置は，屋内からかぎを用いることなく解錠でき，かつ戸の近くの見やすい場所にその解錠方法を表示しなければならない．

（5）屋上広場等〔令第126条〕

① 屋上広場又は，2階以上の階にあるバルコニーには，高さ1.1m以上の手すりを設けなければならない（図7・7）．
② 5階以上の階に百貨店の売場がある場合，避難の用に供することのできる屋上広場を設けなければならない．

7・6　排煙設備

（1）設備〔令第126条の2，平成12建設省告示1436号，昭和48年建設省告示2564号〕

排煙設備の設置を必要とする建築物又は，部分は表7・6による．

（2）構造〔令第126条の3〕（図7・9〜7・11）

① 防煙壁で区画された部分＜床面積500m²以内ごと→防煙区画部分
② 排煙設備の排煙口，風道は不燃材料
③ 排煙口は，それぞれについて当該防煙区画部分からの水平距離30m以下となるように天井又は，壁の上部に設け，直接外気に接する場合を除き，排煙風道に直結すること．
④ 排煙口には，手動開放装置を設けること．
⑤ 手動開放装置の操作部分は，床面から80cm以上1.5m以下の高さ．
　天井からつり下げて設ける場合，床面からおおむね1.8mの高さ．
　見やすい方法で使用方法を表示すること．
⑥ 排煙口は，開放された場合を除き，閉鎖状態を保持し，かつ開放時に排煙に伴い生ずる気流により閉鎖されるおそれのない構造とすること．
⑦ 排煙風道は，第115条第1項第三号（煙突）の構造とし，防煙壁を貫通する場合は，すき間をモルタルその他の不燃材料で埋めること．
⑧ 排煙口の開口面積は，防煙区画部分の床面積の1/50以上．
　直接外気に接する場合を除き排煙機を設けること．
⑨ 排煙機は，開放に伴い自動的に作業し，かつ
　　●120m³/min以上
　　●防煙区画部分の床面積1m²につき，1m³/min以上
　　●2以上の防煙区画部分に係る排煙機にあっては，
　　　最大区画部分の床面積1m²につき，2m³/min以上
⑩ 電源を必要とする排煙設備には，予備電源を設けること．
⑪ 高さ31mを超える建築物又は，各構えの床面積の合計が1000m²を超える地下街における排煙設備の制御及び作動状態の監視は，中央管理室において行うことができる．

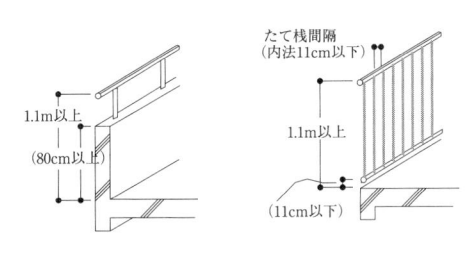

(a) 手すり壁がある場合　(b) 金属製の手すりの場合

図7・7　手すり

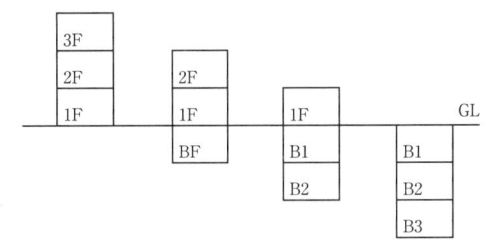

図7・8　「階数が3以上」

「階数が3以上」とは，3階建以上の意味ではなく，次の図の場合である

表7・6　排煙設備の設置を必要とする建築物*1

	設置が必要な建築物の用途と規模	適用が除外される部分
(1)	法別表第1(い)欄(1)項〜(4)項までの特殊建築物で延べ面積が500m²を超えるもの．	①法別表第1(い)欄(2)項（病院，ホテル，共同住宅など）の特殊建築物で100m²以内（共同住宅の住戸は200m²）ごとに準耐火構造の床，壁，防火設備で区画された部分． ②学校，体育館，ボーリング場，スキー場，スケート場，水泳場，スポーツの練習場（以下学校等という） ③階段の部分，乗降ロビーを含む昇降機の昇降路の部分． ④機械製作工場，不燃性物品を保管する倉庫などで主要構造部が不燃材料で造られたものその他これらと同等以上に火災の発生の少ない構造のもの． ⑤火災が発生した場合に避難上支障のある高さまで煙またはガスが降下しない部分として，天井の高さや壁，天井の仕上材料の種類を考慮して国土交通大臣が定めるもの〔平12建告第1436号〕．
(2)	階数が3以上で延べ面積が500m²を超える建築物．	①上記(1)の①〜⑤の部分． ②建築物の高さが31m以下の部分で床面積100m²以内ごとに防煙壁で区画された居室．*1
(3)	開放できる部分（天井または天井から下方80cm以内の部分）の面積が当該居室の床面積の1/50未満である排煙上の無窓の居室．	上記(1)の①〜⑤の部分．
(4)	延べ面積が1,000m²を超える建築物の居室で居室の床面積が200m²を超えるもの．	①上記(1)の①〜⑤の部分． ②上記(2)の②の部分．

*1　(2)，(4)の設置免除の規定であって，(1)，(3)の検討は行わなければならない．

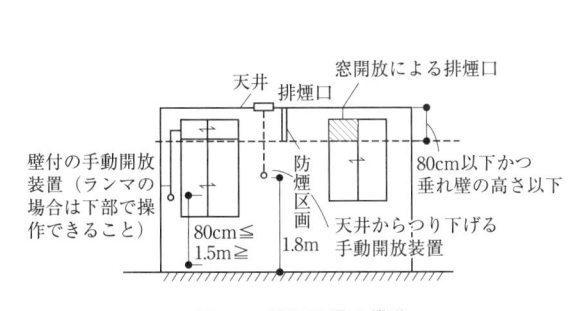

図7・9　排煙設備の構造

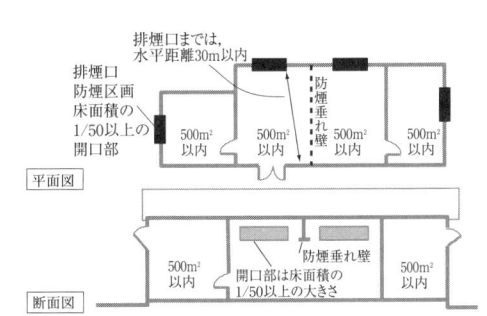

図7・10　防煙区画（500m²以内）ごとに排煙口

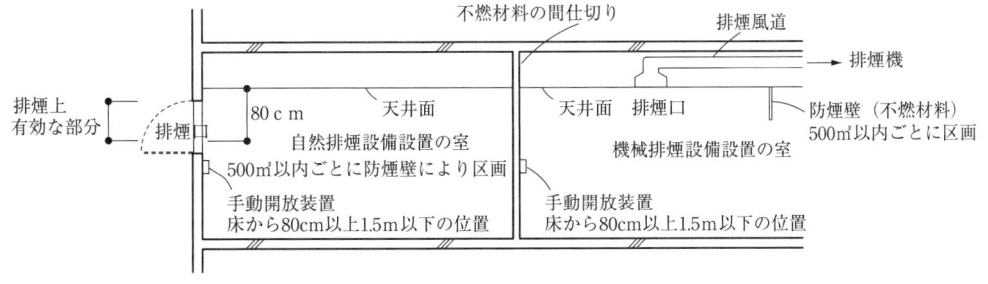

図7・11　排煙設備*1

*1　片倉ほか『〈建築学テキスト〉建築行政』より

7・7　非常用の照明装置

(1) 設置〔令第126条の4〕

非常用照明装置が必要な建築物又は居室は表7・7による．

(2) 構造〔令第126条の5〕

① 直接照明として，床面において1ルクス（蛍光灯は2ルクス）以上の照度を確保すること．

② 照明器具の構造は，火災時において温度が上昇した場合であっても，光度が低下しないものとして国土交通大臣が定めた構造方法を用いるもの．

③ 予備電源を設けること．

7・8　非常用の進入口

(1) 設置〔令第126条の6〕

建築物の高さ31m以下の部分にある3階以上の階（図7・13）．

ただし次の各号のいずれかに該当する場合は，この限りでない．

① 非常用エレベーターを設置している場合．

② 道又は道に通ずる幅員4m以上の通路その他の空地に面する各階の外壁面に，「非常用進入口に代わる開口部」を当該壁面の長さ10m以内ごとに，設けている場合．

　　非常用進入口に代わる開口部（図7・14）

　　● 直径1m以上の円が内接することができるもの．

　　● 幅75cm以上及び高さ1.2m以上のもの．

　　　上記のいずれかで格子その他屋外からの進入を妨げない構造のもの．

③ 不燃性の物品の保管その他これと同等以上の火災の発生のおそれの少ない用途に供する階．

④ 国土交通大臣が定める特別の理由により屋外からの進入を防止する必要のある階（その直上階又は直下階から進入することができるものを除く）．〔平成12年建設省告示1438号〕

(2) 構造〔令第126条の7〕

① 進入口は，道又は道に通ずる幅員4m以上の通路その他の空地に面する各階の外壁面に設けること（図7・12）．

② 進入口の間隔は，40m以下であること（図7・15(a)）．

③ 進入口…幅75cm以上（図7・15(b)）．

　　　　　高さ1.2m以上．

　　　　　下端の床面からの高さ80cm以下．

④ 進入口は，外部から開放し，又は破壊して室内に進入できる構造．

⑤ 進入口には，奥行1m以上，長さ4m以上のバルコニーを設けること（図7・15(b)）．

⑥ 進入口又は，その近くに外部から見やすい方法で赤色灯の標識を掲示し，及び非常用の進入口である旨を赤色で表示すること（図7・15(b)）．

⑦ 国土交通大臣が非常用の進入口としての機能を確保するために必要があると認めて定める基準に適合する構造．

表7・7 非常用の照明装置[*1]

	非常用の照明装置を設ける建築物の部分	設置を除外する建築物の部分
(1)	法別表第1（い）欄(1)項から(4)項までの特殊建築物の居室.	①一戸建ての住宅，長屋，共同住宅の住戸 ②病院の病室，下宿の宿泊室，寄宿舎の寝室などの居室 ③学校等 ④避難階，避難階の直上階，避難階の直下階で避難上支障がないものとして国土交通大臣が定めるもの．〔平12建告第1411号〕[*2]
(2)	階数が3以上で延べ面積が500m²を超える建築物の居室.	
(3)	採光上有効な窓その他の開口部の面積が当該居室の床面積の1/20未満である採光上の無窓の居室.	
(4)	延べ面積が1,000m²を超える建築物の居室.	
(5)	①上記(1)～(4)の居室から地上に通ずる廊下，階段その他の通路．[*1] ②その他通常照明装置の設置を必要とする部分.	

*1 採光上有効に直接外気に開放された通路を除く．
*2 有効採光面積が床面積の1/20以上を有する居室およびこれに類する部分（居室等）で，次のいずれかに該当するもの．
　①避難階にある居室で，居室等の各部分から屋外の出口の一に至る歩行距離が30m以下であり，避難上支障がないもの．
　②避難階の直上階または直下階にある居室等で，屋外への出口または屋外避難階段に通ずる出入口までの歩行距離が20m以下であり，避難上支障がないもの．

表7・8 非常用照明装置の設置

・非常用の照明装置の設置を要しないものとして国土交通大臣が定めるものは〔平成12年告示1411号〕，採光上有効な開口部の面積が一定以上確保されていて，居室等の各部分から避難のための出入口等に至る歩行距離が次に該当する場合に適用される．

避難階	屋外への出口	30m以下
避難階の直上階又は直下階	・避難階における屋外への出口 ・屋外避難階段に通ずる出入口	20m以下

「道又は道に通ずる幅員4m以上の通路，その他の空地に面する外壁面」とは，次のようなものである．
・道に面する外壁面のすべて
・幅員4m以上の通路その他の空地に面する外壁面のすべて

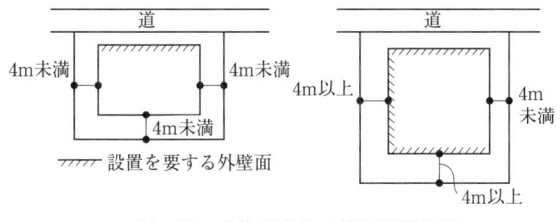

図7・12 非常用進入口等の設置位置

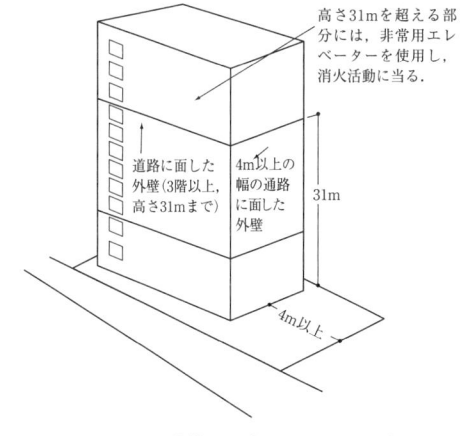

図7・13 非常用の進入口を設ける壁面

直径1m以上の円が内接する開口部

幅75cm以上高さ1.2m以上の開口部

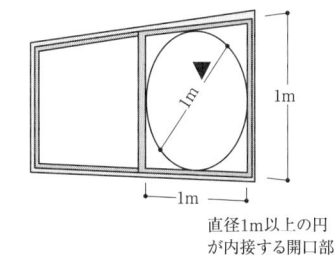

図7・14 非常用進入口に代わる開口部
（壁面10m以内ごとに上記の開口部を設ける）

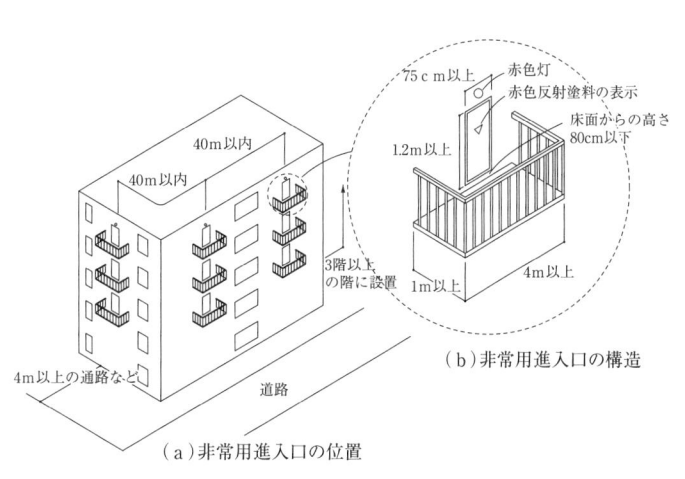

（a）非常用進入口の位置

（b）非常用進入口の構造

図7・15 非常用進入口[*1]

*1 片倉ほか『〈建築学テキスト〉建築行政』より

7・9　敷地内の避難上及び消火上必要な通路等

(1) 適用の範囲〔令第127条〕
- 特殊建築物〔別表第1（1）項〜（4）項〕
- 階数3以上の建築物
- 延べ面積の合計が1000m^{2}を超えるもの
- 無窓居室（有効採光面積　＜1/20）
　　　　　（有効排煙面積　＜1/50）

(2) 敷地内の通路〔令第128条〕
　屋外避難階段の降り口又は，屋外への出口から道又は公園・広場その他の空地に通ずる幅員1.5m以上の通路を設けなければならない（図7・16）．

(3) 大規模な木造等の建築物の敷地内における通路〔令第128条の2〕
① 主要構造部の全部が木造の建築物（耐火性能検証法による耐火建築物を除く）又は，主要構造部の一部が木造の建築物でその延べ面積（防火区画されているときは，その部分の床面積を除く）が1000m^{2}を超えている場合，幅員3m以上の通路を設けなければならない．ただし，延べ面積が3000m^{2}以下の場合，隣地境界線に接する部分の通路は，その幅員を1.5m以上とすることができる（図7・17(a)(b)）．

② 同一敷地内に2以上の建築物（耐火建築物，準耐火建築物，延べ面積1000m^{2}を超えるものを除く）がある場合でその延べ面積の合計が1000m^{2}を超えるときは，延べ面積の合計1000m^{2}以内ごとに建築物に区画し，その周囲（道又は隣地境界線に接する部分を除く）に幅員が3m以上の通路を設けなければならない（図7・17(c)）．

③ 耐火建築物又は準耐火建築物が延べ面積の合計1000m^{2}以内ごとに区画された建築物を相互に防火上有効に遮っている場合は，前項の規定は適用しない．
　ただし，これらの建築物の延べ面積の合計が3000m^{2}を超える場合
　その延べ面積の合計3000m^{2}以内ごとに，その周囲（道又は隣地境界線に接する部分を除く）に幅員が3m以上の通路を設けなければならない．

④ 通路を横切ることのできる渡り廊下（図7・18）．
- 渡り廊下の開口の幅　2.5m以上，高さ3m以上．
- 幅が3m以下であること．
- 通行又は運搬以外の用途に供しないこと．

⑤ 通路は，敷地の接する道まで達しなければならない．

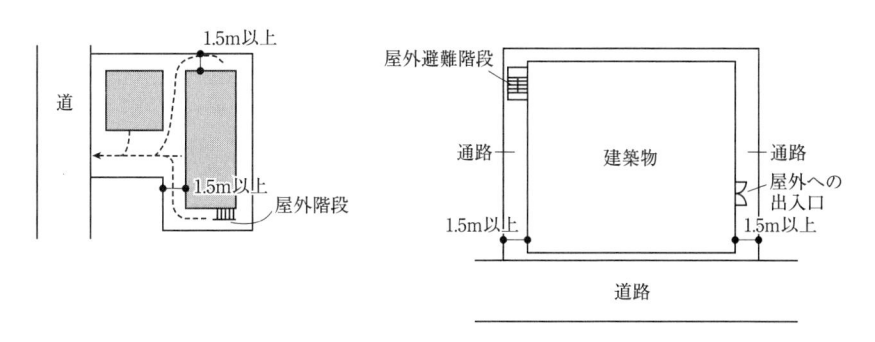

図7・16 屋外避難階段などから道路などへの通路の幅

(a) 延べ面積1000㎡以下は適用がない

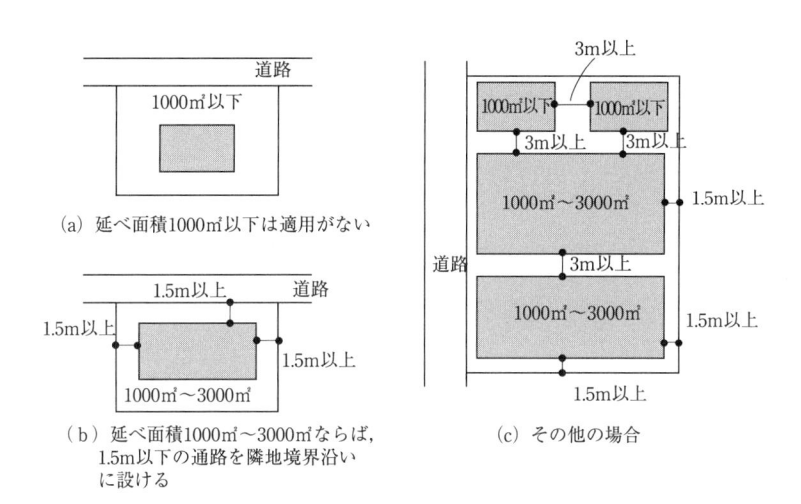

(b) 延べ面積1000㎡〜3000㎡ならば，1.5m以下の通路を隣地境界沿いに設ける

(c) その他の場合

図7・17 大規模木造建築物等の敷地内通路

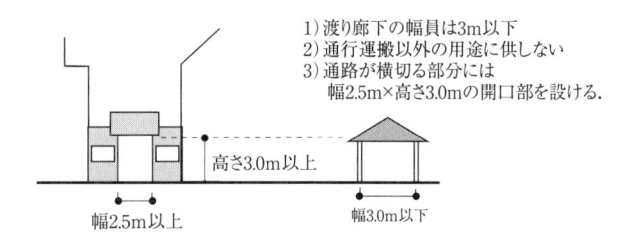

1) 渡り廊下の幅員は3m以下
2) 通行運搬以外の用途に供しない
3) 通路が横切る部分には幅2.5m×高さ3.0mの開口部を設ける．

図7・18 通路を横切ることができる渡り廊下〔令第128条の2第4項〕

7・10　避難上の安全の検証

- ●「階避難安全性能」　　当該階のいずれの室で火災が発生した場合に，当該階に存する者のすべてが当該階から直通階段の一までの避難を終了するまでの間，当該階の各居室，廊下その他の建築物の部分において，避難上支障がある高さまで煙又はガスが降下しないものであること．
- ●「階避難安全検証法」〔令第129条の2〕　火災時において当該建築物の階からの避難が安全に行われることを検証する方法．
- ●「全館避難安全性能」　　当該建築物のいずれの火災室で火災が発生した場合に，当該建築物に存する者のすべてが当該建築物から地上まで避難を終了するまでの間，各居室，廊下その他の建築物の部分において避難上支障がある高さまで煙又はガスが降下しないものであること．
- ●「全館避難安全検証法」〔令第129条の2の2〕　火災時において当該建築物から避難が安全に行われることを検証する方法．

7・11　内装制限〔法第35条の2，令第128条の3の2，令第128条の4，令第129条〕

内装制限を受ける建築物又はその部分は，表7・10による．

表7・10　内装制限[*1]

	建築物の用途など	対象建築物			内装制限	
		耐火建築物	準耐火建築物	その他の建築物	居室など	避難経路（廊下，階段）
(1)	劇場・映画館・演芸場・観覧場・公会堂・集会場など	客席の床面積の合計が400m²以上	客席の床面積の合計が100m²以上		①壁（床から1.2m以下の部分を除く）・天井を難燃材料 ②3階以上の部分の天井は準不燃材料 ③またはこれに準ずるもの[*2]	壁・天井を準不燃材料またはこれに準ずるもの[*3]
(2)	病院・診療所（患者の収容施設があるものに限る）・ホテル・旅館・下宿・共同住宅・寄宿舎など	3階以上の床面積の合計が300m²以上[*1]	2階の床面積の合計が300m²以上（病院・診療所は2階以上に患者の収容施設があるものに限る）	床面積の合計が200m²以上		
(3)	百貨店・マーケット・展示場・キャバレー・カフェー・ナイトクラブ・バー・ダンスホール・遊技場など	3階以上の床面積の合計が1,000m²以上	2階の床面積の合計が500m²以上	床面積の合計が200m²以上		
(4)	自動車車庫・自動車修理工場	すべて			壁・天井を準不燃材料またはこれに準ずるもの	
(5)	地階・地下工作物内に設ける居室で(1)(2)(3)の用途のもの	すべて				
(6)	すべての建築物（学校等[*4]または，(2)の用途で31m以下の部分は除く）	階数3以上で延べ面積500m²を超える			壁（床から1.2m以下の部分を除く）・天井を難燃材料[*5]またはこれに準ずるもの	
		階数2以上で延べ面積1,000m²を超える				
		階数1で延べ面積3,000m²を超える				
(7)	床面積50m²を超える排煙無窓の居室[*6]（天井の高さが6mを超えるものは除く）	すべて			壁・天井を準不燃材料またはこれに準ずるもの	
(8)	用途上やむを得ない居室[*7]（天井の高さが6mを超えるものは除く）					
(9)	調理室・浴室などの火気を使用する室（主要構造部を耐火構造としたものを除く）	①階数2以上の住宅（兼用住宅も含む）で最上階以外の階にある火気使用室 ②住宅以外のすべての火気使用室				

- [*1] 1時間イ準耐火建築物の下宿，共同住宅，寄宿舎は耐火建築物とみなす．
- [*2] (2)において耐火建築物または主要構造部が準耐火構造の準耐火建築物で，100m²以内（共同住宅の住戸は200m²以内）ごとに準耐火構造の床，壁，防火設備で区画された居室部分は除く．
- [*3] 準ずるものとして国土交通大臣が定める方法により国土交通大臣が定める材料の組合せによるものがある．
- [*4] 学校・体育館・ボーリング場・スキー場・スケート場・水泳場・スポーツの練習場
- [*5] 法別表第1の特殊建築物の居室以外で，100m²以内ごとに準耐火構造の床，壁，防火設備で区画された耐火建築物または準耐火建築物（主要構造部が準耐火構造のもの）で，高さ31m以下の部分にある居室を除く．
- [*6] 天井または天井から下方80cm以内にある開口部の開口できる部分の面積が当該居室の床面積の1/50未満のもの．
- [*7] 手術室，研究室などの温湿度調整を必要とする作業室．

表7・9　避難安全検証により除外される規定[*1]

項　目	施行令	規定の概要[*2]
防火区画	令第112条第5項	高層区画
	令第112条第9項	竪穴区画
	令第112条第12項	異種用途区画
	令第112条第13項	異種用途区画
避難施設	令第119条	廊下の幅[*1]
	令第120条	直通階段の設置[*1]
	令第123条第1項第一号，第六号	屋内避難階段の構造， 耐火構造の壁， 防火設備
	令第123条第2項第二号	屋外避難階段の構造， 防火設備
	令第123条第3項第一号，第九号，第十一号	特別避難階段の構造[*1]， 付室の設置[*1]， 防火設備[*1]， 付室などの面積[*1]
	令第123条第3項第二号	特別避難階段の構造， 耐火構造の壁
	令第124条第1項第一号	物品販売店舗の避難階段の幅など
	令第124条第1項第二号	物品販売店舗の避難階段に通ずる出入口の幅[*1]
屋外への出口	令第125条第1項	屋外への出口までの歩行距離
	令第125条第3項	物品販売店舗の屋外への出口の幅
排煙設備	令第126条の2	排煙設備の設置[*1]
	令第126条の3	排煙設備の構造[*1]
内装制限	令第129条（第2項，第6項，第7項を除く）	特殊建築物の内装（自動車車庫，自動車修理工場，調理室，階段を除く）[*1]

[*1] 階避難安全検証で安全を検証した建築物では適用されない．
[*2] 全館避難安全検証で安全を検証した建築物ではすべて適用されない．

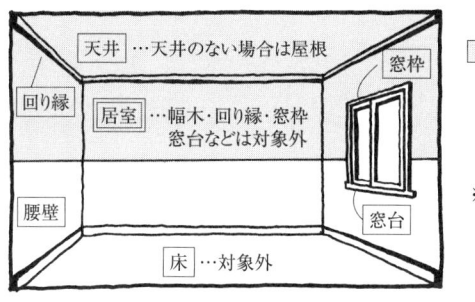

(a) 居室の内装不燃化
・居室の内装（天井1.2m以上の壁）には難燃材料を使用できる
・幅木・回り縁・窓枠・窓台などは対象外（廊下・階段とも）

(b) 廊下・階段その他の通路の内装不燃化

図7・19　建築物の内装の不燃化（内装制限）〔法第35条の2，令第128条の4・第129条〕

[*1] 片倉ほか『〈建築学テキスト〉建築行政』より

【問題1】 2階建の建築物で，延べ面積にかかわらず，建築基準法上，2以上の直通階段を設けなければならないものは，次のうちどれか．
1．医院（2階に病室のあるもの）
2．旅館（2階に宿泊室のあるもの）
3．下宿（2階に居室のあるもの）
4．公民館（2階に集会室のあるもの）
5．幼稚園（2階に居室のあるもの）

【問題2】 建築基準法施行令5章第3節に規定する排煙設備の構造に関する次の記述のうち，誤っているものはどれか．
1．建築物をその床面積500m²以内ごとに，防煙壁で区画しなければならい．
2．各構えの床面積の合計が500m²をこえる地下街における排煙設備の制御及び作動状態の監視は，中央管理室において行うことができるものとしなければならない．
3．排煙口は，防煙区画部分の各部分から排煙口の一に至る水平距離が30m以下となるように設けなければならない．
4．排煙口に設ける手動開放装置のうち手で操作する部分は，壁に設ける場合においては，床面から80cm以上1.5m以下の高さの位置に設けなければならない．
5．排煙口が防煙区画部分の床面積の1/50以上の開口面積を有し，かつ，直接外気に接する場合を除き，排煙機を設けなければならない．

【問題3】 建築基準法上，非常用の照明装置を設けなければならないものは，次のうちどれか．ただし，国土交通省告示の適用はないものとする．
1．寄宿舎の寝室
2．延べ面積が500m²の事務所の居室
3．共同住宅の住戸
4．病院の病室から地上に通ずる屋内階段
5．体育館体育室

【問題4】 2階建木造共同住宅の防火及び避難に関する記述で，建築基準法上，正しいものは，次のうちどれか．
1．2階の住戸の床面積が150m²であれば，共用廊下の幅は1.0m以上としなければならない．
2．2階の居室の床面積の合計が120m²であれば，2以上の階段を設けなければならない．
3．準防火地域内にあれば，その外壁及び軒裏はすべて防火構造としなければならない．
4．各戸の界壁は，防火構造とし天井まで達せしめなければならない．
5．屋外に設ける階段は，木造とすることができる．

【問題5】 木造2階建，延べ面積300m²の病院（2階部分の病室の床面積110m²）に，建築基準法上，必ず設けなければならない避難施設等は，次のうちどれか．
1．非常用の進入口
2．病室内の非常用の照明装置
3．避難階段
4．排煙設備
5．2以上の直通階段

【問題6】 避難施設等に関する次の記述のうち，建築基準法上，誤っているものはどれか．
1．共同住宅の2階のバルコニーに設ける手すりの安全上必要な高さは，1.1m以上としなければならない．
2．共同住宅の各住戸には，非常用の照明装置を設けなければならない．
3．屋外に設ける避難階段は，耐火構造とし，地上まで直通する構造としなければならない．
4．劇場における避難階以外の階で客席を有するものには，避難階又は地上に通ずる2以上の直通階段を設けなければならない．
5．集会場における客席からの出入り口の戸は，内開きとしてはならない．

【問題7】 次の建築物のうち、建築基準法上、その構造及び床面積に関係なく内装制限を受けるものはどれか。ただし、自動式の消火設備及び排煙設備は設けないものとする。
1. 集会場
2. 下宿
3. 展示場
4. 倉庫
5. 自動車修理工場

【問題8】 次の建築物又はその部分のうち、建築基準法上、内装制限を受けないものはどれか。
1. 木造平屋建の飲食店で、延べ面積が250m²のもの。
2. 木造2階建の事務所の2階部分のある調理室で、ガスこんろを設けたもの。
3. 準耐火建築物である2階建の寄宿舎で、2階部分の床面積の合計が350m²のもの。
4. 準耐火建築物である2階建の旅館で、2階部分の床面積の合計が330m²のもの。
5. 準耐火建築物である2階建の学校で、2階部分の床面積の合計が500m²のもの。

【問題9】 建築基準法35条の2の規定により、内装制限を受ける旅館において、宿泊室及びこれから地上に通ずる廊下の室内に面する部分とその仕上材料との組合せとして、同条に適合しないものは、次のうちどれか。ただし、窓その他の開口部を有しない居室、火気使用設備等及び排煙設備はないものとする。

	室内に面する部分	仕上材料
1.	宿泊室の天井	不燃材料
2.	宿泊室の壁	難燃材料
3.	宿泊室の床	準不燃材料
4.	廊下の天井	準不燃材料
5.	廊下の壁	難燃材料

【問題10】 内装制限に関する次の記述のうち、建築基準法上、誤っているものはどれか。
1. 地下街の各構えが接する地下道の天井及び壁の内面は、仕上げだけでなく、その下地も不燃材料で造らなければならない。
2. 非常用の昇降機の乗降ロビーの天井及び壁の室内に面する部分は、仕上げだけでなく、その下地も不燃材料で造らなければならない。
3. 屋内に設ける避難階段の階段室の天井及び壁の室内に面する部分は、仕上げだけでなく、その下地も不燃材料で造らなければならない。
4. 内装制限を受ける特殊建築物の居室から地上に通ずる主たる廊下の床面は、仕上でだけでなく、その下地も不燃材料又は準不燃材料で造らなければならない。
5. 内装制限を受ける調理室の壁及び天井の室内に面する部分は、原則として、その仕上を不燃材料又は準不燃材料でしなければならない。

8 構造強度

8・1 構造設計の原則

(1) 構造耐力〔第20条〕

建築物は，自重，積載荷重，積雪荷重，風圧，土圧及び水圧並びに地震その他の震動及び衝撃に対して安全な構造のものとして，図8・1に適合するものでなければならない．

(2) 構造方法に関する技術基準〔令第36条〕

図8・1を参照．

(3) 構造設計の原則〔令第36条の3〕

1. 建築物の用途，規模，構造の種別，土地の状況に応じて，柱，梁，床，壁等を有効に配置し，建築物全体が荷重や地震等の外力に対して一様に構造耐力上安全であること．
2. 構造耐力上主要な部分は，建築物に作用する水平力に耐えるように，つりあいよく配置する．
3. 構造耐力上主要な部分には，使用上の支障となる変形又は，振動が生じないような剛性及び瞬間的破壊が生じないよう靱性をもたすべきものとする．

表8・1 耐久性等関係規定（仕様規定）[*1]

分類	条文
構造設計に関する原則	令第36条　構造方法に関する技術的基準 令第36条の2　構造設計の原則 令第38条第1項　基礎 令第39条第1項　屋根ふき材等の緊結
品質確保に係る規定	令第41条　木材 令第72条　コンクリートの材料 令第74条　コンクリートの強度
耐久性に係る規定	令第37条　構造部材の耐久 令第38条第6項　基礎 令第49条　外壁内部等の防腐措置等 令第79条　鉄筋のかぶり厚さ 令第79条の3　鉄骨のかぶり厚さ
施工性に関する規定	令第38条第5項　基礎 令第75条　コンクリートの養生 令第76条　型枠及び支柱の除去
防火性に係る規定	令第70条　鉄骨造の柱の防火被覆
補則	令第80条の2　構造方法に関する補則

(4) 構造計算の方法〔令第81条〕（図8・1）

- 構造計算を必要とする建築物〔（法第20条第二号第三号〕，は次の各号のいずれかに定める構造計算によらなければならない．
  - 一．保有水平耐力計算
  - 二．限界耐力計算
  - 三．許容応力度等計算
- 2以上の部分がエキスパンションジョイント等で相互に応力を伝えない構造の場合，建築物の部分は，それぞれ別の建築物とみなす．

8・2 保有水平耐力計算

(1) 保有水平耐力計算〔令第82条〕

1. 定められた荷重及び外力によって建築物の構造耐力上主要な部分に生ずる力を計算すること．〔第一号〕
2. 構造耐力上主要な部分の断面に生ずる長期及び短期の各応力度を（表8・2）に掲げる式によって計算すること．〔第二号〕
3. 計算によってもとめられた各応力度は，定められた各許容応力度を超えないことを確かめること．〔第三号〕

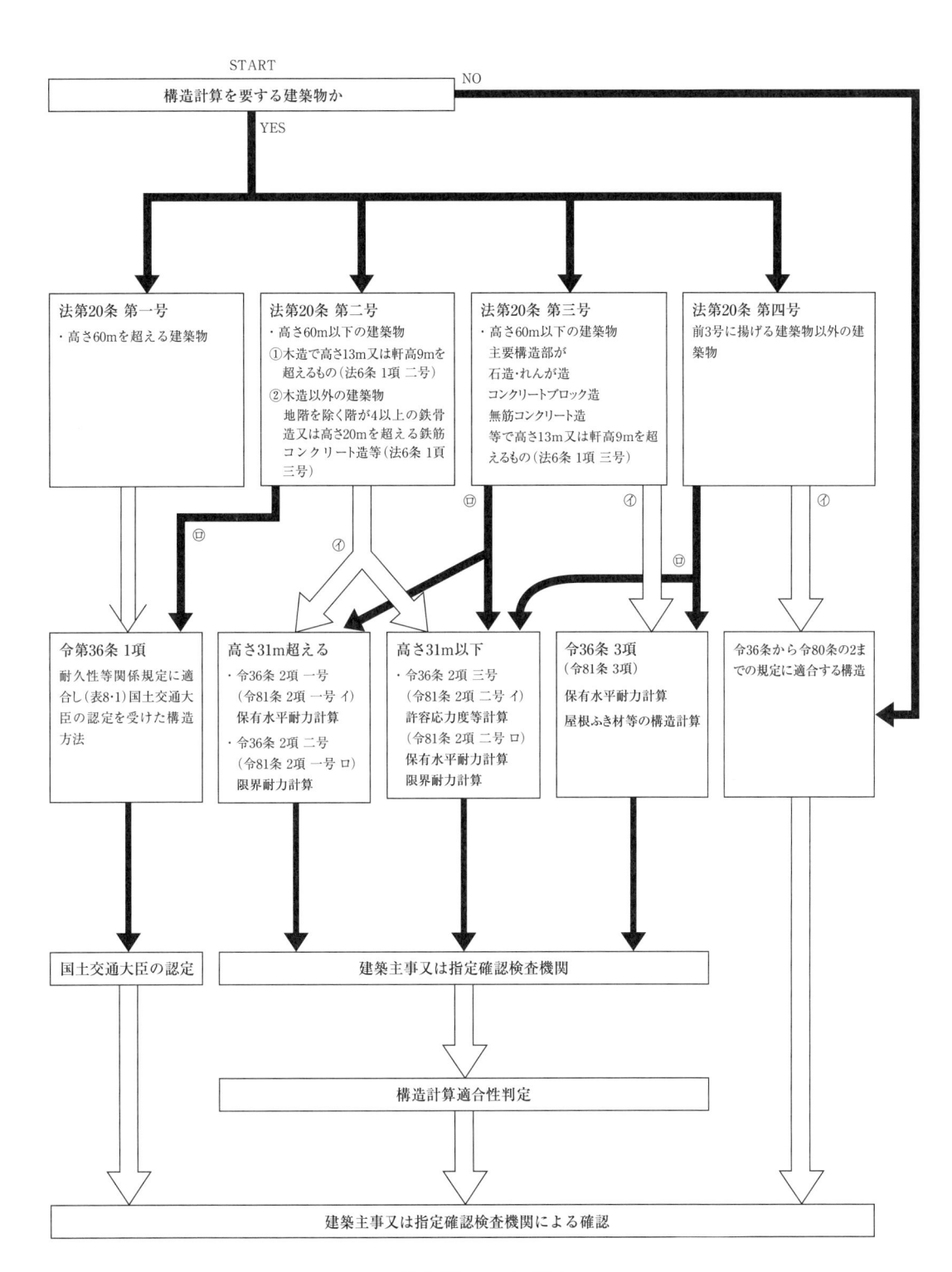

```
                        START
        ┌─────────────────────────────────┐  NO
        │  構造計算を要する建築物か         │───────────────────┐
        └─────────────────────────────────┘                    │
                        YES                                    │
```

法第20条 第一号	法第20条 第二号	法第20条 第三号	法第20条 第四号
・高さ60mを超える建築物	・高さ60m以下の建築物 ①木造で高さ13m又は軒高9mを超えるもの(法6条1項 二号) ②木造以外の建築物 地階を除く階が4以上の鉄骨造又は高さ20mを超える鉄筋コンクリート造等(法6条1項 三号)	・高さ60m以下の建築物 主要構造部が 石造・れんが造 コンクリートブロック造 無筋コンクリート造 等で高さ13m又は軒高9mを超えるもの(法6条1項 三号)	前3号に揚げる建築物以外の建築物

| 令第36条 1項
耐久性等関係規定に適合し(表8・1)国土交通大臣の認定を受けた構造方法 | 高さ31m超える
・令36条 2項 一号
(令81条 2項 一号 イ)
保有水平耐力計算
・令36条 2項 二号
(令81条 2項 一号 ロ)
限界耐力計算 | 高さ31m以下
・令36条 2項 三号
(令81条 2項 二号 イ)
許容応力度等計算
(令81条 2項 二号 ロ)
保有水平耐力計算
限界耐力計算 | 令36条 3項
(令81条 3項)
保有水平耐力計算
屋根ふき材等の構造計算 | 令36条から令80条の2までの規定に適合する構造 |

国土交通大臣の認定	建築主事又は指定確認検査機関

構造計算適合性判定

建築主事又は指定確認検査機関による確認

図8・1 構造計算の方法に関するフロー

*1 片倉ほか『〈建築学テキスト〉建築行政』より

4．国土交通大臣が定める場合においては，構造耐力上主要な部分である構造部材の変形又は振動によって建築物の使用上の支障が起こらないことを国土交通大臣が定める方法によって確かめること．〔第四号，平成12年建設省告示1459号〕

(2) **層間変形角**〔令第82条の2〕（図8・2）…地震力によって各階に生ずる水平方向の層間変位の当該各階の高さに対する割合（層間変形角）が1/200以内であること．

(3) **保有水平耐力**〔令第82条の3〕…地上部分の各階の水平力に対する耐力（保有水平耐力）で必要保有水平耐力以上でなければならない．

8・3 限界耐力計算〔令第82条の5〕

許容応力度等計算によらず，耐久性等関係規定以外の政令の規定に適合しなくても，荷重や外力が作用している建築物の変形や生ずる力を，計算することによって安全性を確かめる方法．

1．地震時を除く，許容応力度等計算の一次設計を満足させること．
2．積雪時又は，暴風時に建築物の構造耐力上主要な部分に生ずる力を表8・3によって計算し，材料強度によって計算した部材の耐力を超えないことを確かめること．
3．地震力及び各階に生ずる層間変位を計算し，当該地震力が損傷限界耐力を超えないこと．
4．地震力により建築物の地下部分の構造耐力上主要な部分の断面に生ずる応力度を計算し，短期に生ずる力に対する許容応力度を超えないこと．
5．地震によって建築物の各階に作用する地震力を計算し，保有水平耐力を超えないこと．
6．構造部材の変形又は，振動によって建築物の使用上の支障が起こらないこと．
7．外装材等が，構造耐力上安全であること．

8・4 許容応力度等計算〔令第82条の6〕

許容応力度等計算は，次に定めるところによる．

一号　第82条各号，第82条の2及び第82条の4に定めるところによること．
二号　建築物の地上部分について，次に適合すること．
　　イ　剛性率（図8・3参照）
　　ロ　偏心率（図8・4参照）

8・5 荷重及び外力

荷重及び外力の種類〔令第83条〕は，次の(1)から(5)の各項の内容となる．

(1) **固定荷重**〔令第84条〕

建築物の躯体や仕上げの荷重は，令第84条の表による．

(2) **積載荷重**〔令第85条〕（表8・4）

- 表8・4の(5)以外の積載荷重で柱または基礎の垂直加重による圧縮力を計算する場合，(ろ)欄の数値は表8・5に応じて低減することができる．
- 倉庫業を営む倉庫における床の積載荷重は，3900N/m²未満であっても3900N/m²としなければならない．

表8・2　許容応力度計算における断面に生ずる長期および短期の各応力度

力の種類	荷重・外力について想定する状態	一般の場合	多雪区域（特定行政庁が指定）	備　考
長期に生ずる力	常　時	$G+P$	$G+P$	
	積雪時		$G+P+0.7S$	
短期に生ずる力	積雪時	$G+P+S$	$G+P+S$	建築物の転倒，柱の引抜き等を検討する場合においては，Pについては，建築物の実況に応じて積載荷重を減らした数値によるものとする．
	暴風時	$G+P+W$	$G+P+W$	
			$G+P+0.35S+W$	
	地震時	$G+P+K$	$G+P+0.35S+K$	

この表において，G, P, S, W, Kは，それぞれ次の力（軸方向力，曲げモーメント，せん断力など）を表す．
G：固定荷重によって生ずる力　　P：積載荷重によって生ずる力
S：積雪荷重によって生ずる力　　W：風圧力によって生ずる力
K：地震力によって生ずる力

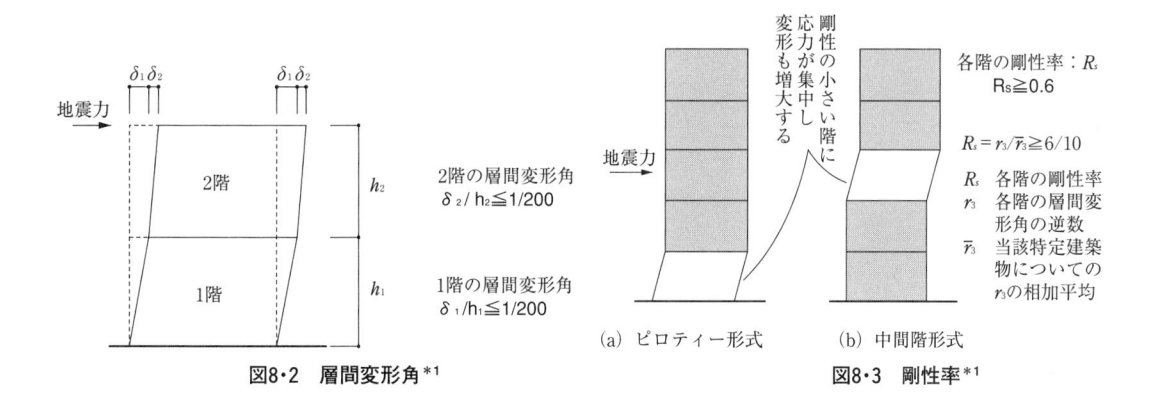

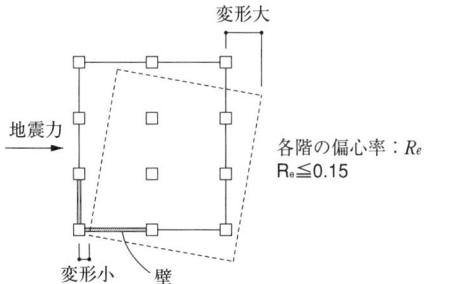

2階の層間変形角　$\delta_2/h_2 \leqq 1/200$
1階の層間変形角　$\delta_1/h_1 \leqq 1/200$

図8・2　層間変形角[*1]

(a) ピロティー形式　　(b) 中間階形式

剛性の小さい階に応力が集中し変形も増大する

各階の剛性率：R_s
$R_s \geqq 0.6$

$R_s = r_s/\bar{r}_s \geqq 6/10$

R_s　各階の剛性率
r_s　各階の層間変形角の逆数
$\bar{r}_s$　当該特定建築物についてのr_sの相加平均

図8・3　剛性率[*1]

$R_e = e/r_e \leqq 15/100$
R_e　各階の偏心率
e (cm)　各階の構造耐力上主要な部分が支える固定荷重及び積載荷重の重心と当該各階の剛心をそれぞれ同一水平面に投影させて結ぶ線を計算しようとする方向と直交する平面に投影させた線の長さ
r_e (cm)　各階の剛心周りのねじり剛性の数値を当該各階の計算しようとする方向の水平剛性の数値で除した数値の平方根

各階の偏心率：R_e
$R_e \leqq 0.15$

図8・4　偏心率[*1]

[*1] 片倉ほか『〈建築学テキスト〉建築行政』より

(3) 積雪荷重〔令第86条〕

- 積雪の単位重量に，屋根の水平投影面積及びその地方における垂直積雪量を乗じて計算した値とする．
- 積雪の単位重量は，積雪量1cmごとに20N/m²以上（多雪区域では，特定行政庁が別に数値を定める）．
- 屋根勾配に応じ軽減できる（雪止めがある場合を除く）．
  勾配60°以下の場合，屋根形状係数＝$\sqrt{\cos(1.5 \times 屋根勾配（単位°）)}$
  勾配60°以上の場合，0

(4) 風圧力〔令第87条，平成12年建設省告示1454号〕（図8・5）

- 風圧力＝速度圧×風力係数

$$q = 0.6EV_0^2 \;(N/m^2)$$

　　q：速度圧
　　E：市街地の状況及び建築物の高さの係数
　　V_0：その地方における過去の風害の程度に応じて30m/s〜46m/sの範囲で国土交通大臣が定める風速（m/sec）

(5) 地震力〔令第88条，昭和35年建設省告示1793号〕（図8・6）

$$C_i = ZR_tA_\lambda C_0$$

　　C_i：地震層せん断力係数
　　Z：地域係数
　　R_t：振動特性係数
　　A_λ：層せん断力分布係数
　　C_0：標準せん断係数（通常0.2以上）

8・6　許容応力度〔令第89条〜令第93条〕と材料強度〔令第95条〜令第98条〕

　木材，鋼材等，コンクリート，溶接，高力ボルト接合，地盤及び基礎ぐいについて，それぞれ長期，短期の許容応力度が定められている．

　木材，鋼材等，コンクリート，溶接の材料強度が定められている．

8・7　構造部材等

(1) 構造部材の耐久〔令第37条〕

　腐食・腐朽又は，摩損のおそれのある構造耐力上主要な部分には，錆止め，防腐，摩損防止の措置をした材料を使用しなければならない．

(2) 基礎〔令第38条〕

1．地盤の沈下又は，変形に対して構造上，安全なものとしなければならない．
2．異なる構造方法による基礎を併用してはならない（図8・7）．
3．基礎の構造は，建築物の構造，形態及び地盤の状況を考慮して，国土交通大臣が定めた構造方法を用いるものとしなければならない．
　　この場合，高さ13m又は延べ面積3000m²を超える建築物で荷重が最下階の床面積1m²につき100kNを超えるものは，基礎の底部（基礎杭）等が良好な地盤に達すること．

表8・3　限界耐力計算における積雪時または暴風時に生ずる力[*1]

荷重・外力について想定する状態	一般の場合	多雪区域（特定行政庁が指定）	備　　考
積雪時	$G+P+1.4S$	$G+P+1.4S$	
暴風時	$G+P+1.6W$	$G+P+1.6W$	建築物の転倒，柱の引抜き等を検討する場合においては，Pについては，建築物の実況に応じて積載荷重を減らした数値によるものとする．
		$G+P+0.35S+1.6W$	

この表において，G, P, S, Wは，それぞれ次の力（軸方向力，曲げモーメント，せん断力など）を表す．
　G：固定荷重によって生ずる力
　P：積載荷重によって生ずる力
　S：積雪荷重によって生ずる力
　W：風圧力によって生ずる力

表8・4　積載荷重[*1]

構造計算の対象 床の種類		（い） 床の構造計算をする場合 (N/m²)	（ろ） 大梁・柱・基礎の構造計算をする場合 (N/m²)	（は） 地震力を計算する場合 (N/m²)
（1）	住宅の居室・住宅以外の建築物における寝室・病室	1,800	1,300	600
（2）	事務室	2,900	1,800	800
（3）	教室	2,300	2,100	1,100
（4）	百貨店・店舗の売場	2,900	2,400	1,300
（5）	劇場・映画館・演芸場・観覧場・公会堂・集会場などの客席または集会室　固定席の場合	2,900	2,600	1,600
	その他の場合	3,500	3,200	2,100
（6）	自動車車庫・自動車通路	5,400	3,900	2,000
（7）	廊下・玄関・階段	（3）～（5）までに掲げる室に連絡するものは（5）の「その他の場合」の数値による．		
（8）	屋上広場・バルコニー	（1）の数値による．ただし，学校・百貨店の用途に供する建築物は，（4）の数値による．		

表8・5　積載荷重の低減[*1]

支える床の数	積載荷重を減らすために乗ずべき数値
2	0.95
3	0.9
4	0.85
5	0.8
6	0.75
7	0.7
8	0.65
9 以上	0.6

風力係数C_fの計算式
$C_f = C_{pe} - C_{pi}$
C_{pe}：外圧係数
C_{pi}：内圧係数（0及び−0.2）

HとZの条件		k_z
$H \leq Z_b$		1.0
$H > Z_b$	$Z \leq Z_b$	$(Z_b/H)^{2a}$
	$Z > Z_b$	$(Z/H)^{2a}$

Z_b：下表の数値
Z：当該部分の地盤面からの高さ
　　　（b）k_zの値

外圧係数図の値：
$C_{pe} = -0.5$
$C_{pe} = -1.0$
$C_{pe} = 0.8k_z$
$C_{pe} = -0.4$
$C_{pe} = -0.7$

H：建築物の高さと軒の高さの平均
B：風向きに対する見付幅
k_z：右の表によって計算した数値
a：BとHの2倍の数値のうち小さい方の数値

（a）外圧係数C_{pe}の分布

地表面粗度区分	Z_b	a
I	5	0.10
II	5	0.15
III	5	0.20
IV	10	0.27

I：都市計画区域外の極めて平坦な区域
II：都市計画区域外でIの区域以外の区域または都市計画区域内でIVの区域以外の区域で海岸線までの距離が500m以内の地域
III：I，II，IV以外の区域
IV：都市計画区域内で都市化が極めて著しい区域

（c）Z_bとaの値

図8・5　風力係数の例（閉鎖型建築物の桁行方向に風を受ける場合）[*1]

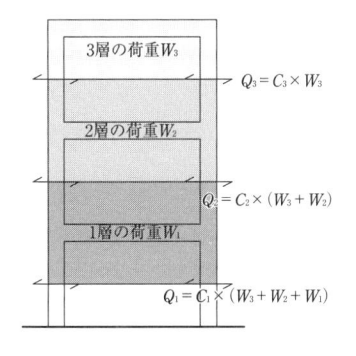

地震力の算定図：
$Q_3 = C_3 \times W_3$
$Q_2 = C_2 \times (W_3 + W_2)$
$Q_1 = C_1 \times (W_3 + W_2 + W_1)$

Q_i：i階に作用する地震力
C_i：地震層せん断力係数

図8・6　地震力の算定[*1]

*1　片倉ほか『〈建築学テキスト〉建築行政』より

4．2，3の規定について国土交通大臣の定める基準に従った構造計算によって，構造耐力上安全であることを確かめた場合においては適用しない．

5．基礎ぐいは，打撃等の施工時の外力に対して構造耐力上安全なものでなければならない．

6．木ぐいは，常水面下にあるようにしなければならない（木造平屋建を除く）．

(3) 屋根ふき材等の緊結〔令第39条〕

屋根ふき材，内装材，外装材，帳壁，広告塔，装飾塔，その他建築物の屋外に取り付けるものは，風圧，地震等によって脱落しないようにしなければならない．特定天井の構造は，国土交通大臣の定めた構造又は認定を受けたものとしなければならない．

8・8 木造

(1) 土台及び基礎〔令第42条〕（図8・8）

最下階の床の下部には土台を設けなければならない．ただし，柱を基礎にした場合又は，平屋建の建築物で足固めを使用した場合においては，この限りでない．

土台は基礎に緊結しなければならない．

ただし，平屋建ての建築物で面積が50m²以内のものはこの限りでない．

(2) 柱の小径〔令第43条〕

- $d \geq H \times$（表8・6の値，d：柱の小径　H：横架材間の距離）〔第1項〕（図8・9）
- 階数（地階を除く）が2を超える建築物の1階の柱の小径は13.5cm以上．〔第2項〕
- 柱の所要断面積の1/3以上を欠き取る場合は，その部分を補強しなければならない（図8・10）．〔第4項〕
- 階数が2以上の建築物のすみ柱又は，これに準ずる柱は通し柱としなければならない．ただし，同等以上の耐力を有するよう補強した場合はこの限りでない．〔第5項〕
- 柱の有効細長比（断面の最小二次率半径に対する座屈長さの比）は，150以下としなければならない．〔第6項〕

(3) はり等の横架材〔令第44条〕

はり，けた，その他の横架材には，その中央部附近の下側には，欠込みをしてはならない．

(4) 筋かい〔令第45条〕

1．引張り力を負担する筋かい：1.5cm×9.0cm以上の木材又は，径9m以上の鉄筋（図8・11(a)）．

2．圧縮力を負担する筋かい：3.0cm×9.0cm以上の木材（図8・11(b)）．

3．端部を，金物で緊結しなければならない．

4．筋かいは，欠込みをしてはならない．ただし，たすき掛けとするため補強を行ったときはこの限りでない（図8・11(c)）．

(5) 構造耐力上必要な軸組等〔令第46条〕

階数が2以上又は，延べ面積が50m²を超える木造の建築物は，各階のはり間方向及びけた行方向に配置する壁を設け又は，筋かいを入れた軸組をそれぞれの方向につき算定する．〔第4項〕

　　地震力に対する検討……その階の床面積×係数（表8・8）

　　風圧力に対する検討……それぞれの見付面積（図8・13）×係数（表8・9）

　　上記で検討した値の大きい値≦その階の軸組の長さ×係数（表8・7）

　　国土交通大臣が定める基準に従って設置しなければならない〔平成12年建設省告示1352号〕

特定天井（次のいずれにも該当するもの）
・居室・廊下その他，人が日常立ち入る場所
・高さ6mを超え水平投影面積が200m²を超えるもの
・天井面構成部材の単位面積質量が2kgを超えるもの（2kg/m²）

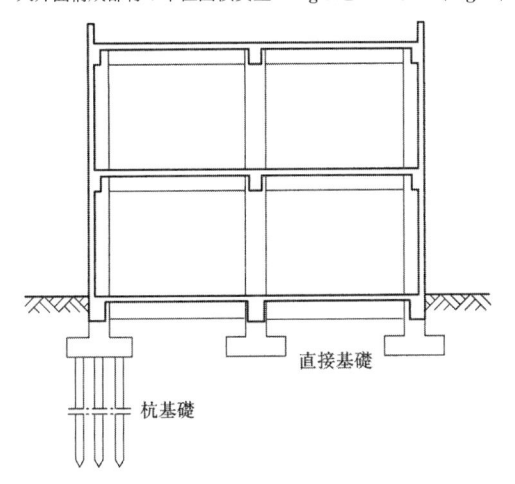

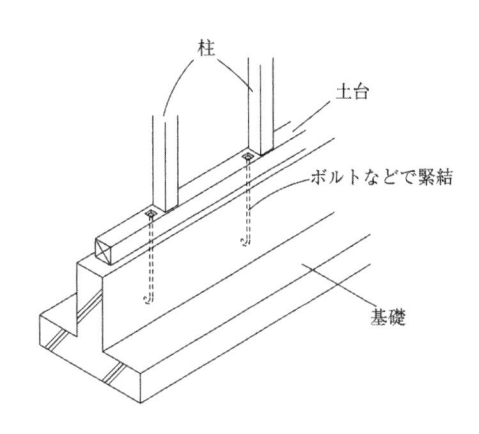

図8・7 異種基礎の例[*1]（直接基礎と杭基礎というような異なる構造方法の基礎（異種基礎）を併用してはならない）

図8・8 土台と基礎[*1]

表8・6 柱の小径

建築物		はり間方向またはけた行方向に相互の間隔が10m以上の柱または学校・保育所・劇場・映画館・演芸場・観覧場・公会堂・集会場・物品販売業を営む店舗（床面積の合計が10m²以内のものを除く）・公衆浴場の用途の柱		左欄以外の柱	
		最上階または階数が1の建築物の柱	その他の階の柱	最上階または階数が1の建築物の柱	その他の階の柱
(1)	土蔵造の建築物などの壁の重量が特に大きい建築物	1/22	1/20	1/25	1/22
(2)	(1)に掲げる建築物以外の建築物で屋根を金属板・石板・木板などの軽い材料でふいたもの	1/30	1/25	1/33	1/30
(3)	(1)および(2)に掲げる建築物以外の建築物	1/25	1/22	1/30	1/28

＊国土交通大臣が定める基準にしたがった構造計算によって安全であることが確認された場合を除く．

H：横架材間の垂直距離
d：柱の小径

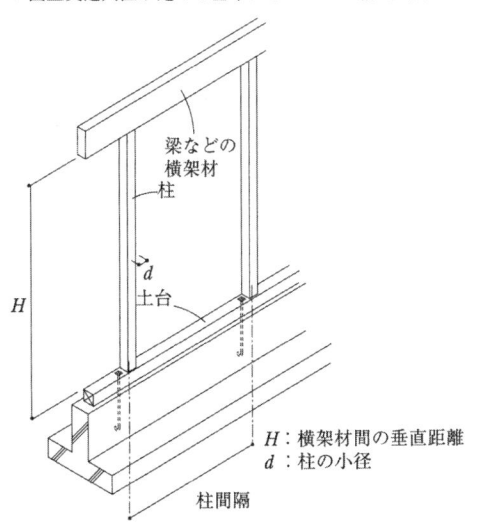

図8・9 横架材間の垂直距離[*1]

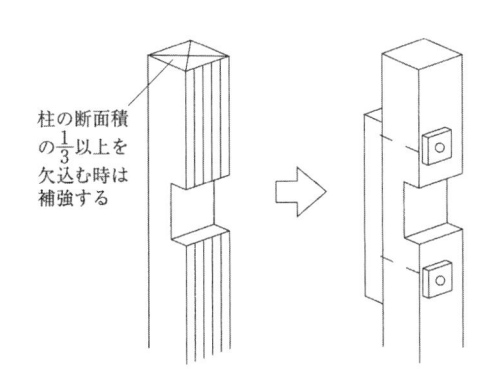

柱の断面積の$\frac{1}{3}$以上を欠込む時は補強する

図8・10 柱の欠込み補強[*2]

*1 片倉ほか『〈建築学テキスト〉建築行政』より
*2 小嶋『〈図解テキスト〉建築法規』より

(6) 主要な継手と仕口〔令第47条〕

　構造耐力上主要な部分である継手又は，仕口はボルト，かすがい等の金物を用いて，国土交通大臣が定める構造方法により，その部分の存在応力を伝えるように緊結しなければならない（図8・14）．

(7) 学校の木造の校舎〔令第48条〕

1．外壁の筋かいは，9 cm×9 cmを使用．
2．けた行12mを超える場合は，けた行方向の間隔12m以内ごとに9 cm×9 cmの筋かいを使用した間仕切壁を設けること．
3．けた行方向の間隔2 m以内（屋内運動場等の大きい室は，4 m以内）ごとに柱，はり及び小屋組を配置し，それぞれを緊結する．
4．柱は13.5cm角以上のものとする（2階建ての1階で，相互の間隔が4 m以上のものは，15cm角以上又は，13.5cm角以上の柱を2本合わせたもの）．

(8) 外壁内部等の防腐措置等〔令第49条〕

- 木造の外壁などで鉄網モルタル塗等，軸組が腐りやすい構造である部分の下地には，防水紙などを使用しなければならない．〔第1項〕
- 柱，筋かい及び土台で，地面から1 m以内の部分には，有効な防腐措置を講ずる．必要に応じて，防蟻措置を講じなければならない．

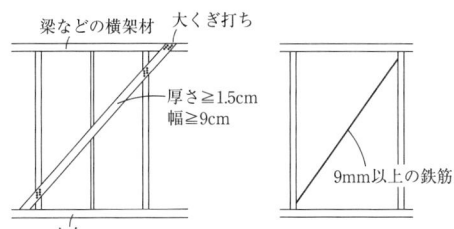

図8・11 筋かいの例[*1]
(a) 引張り力を負担する筋かい
(b) 圧縮力を負担する筋かい
(c) たすき掛けの筋かい

図8・12 木造軸組の種類と倍率（耐力）
〔建築基準法施行令第46条第4項表1によるもの〕

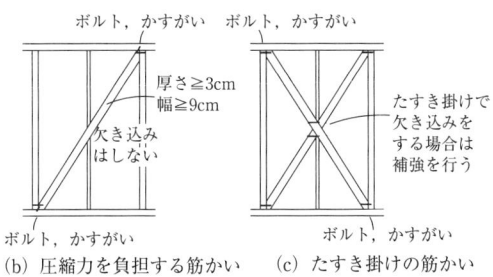

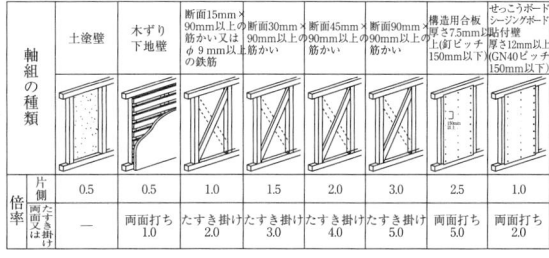

軸組の種類	土塗壁	木ずり下地壁	断面15mm×90mm以上の筋かい又はφ9mm以上の鉄筋	断面30mm×90mm以上の筋かい	断面45mm×90mm以上の筋かい	断面90mm×90mm以上の筋かい	構造用合板厚さ7.5mm以上釘打ち壁（釘ピッチ150mm以下）	せっこうボードシージングボード厚さ12mm以上釘打ち壁（GN40ピッチ150mm以下）
倍率 片側	0.5	0.5	1.0	1.5	2.0	3.0	2.5	1.0
倍率 両面（たすき掛け）	—	両面打ち 1.0	たすき掛け 2.0	たすき掛け 3.0	たすき掛け 4.0	たすき掛け 5.0	両面打ち 5.0	両面打ち 2.0

※異なる軸組を併用した場合，各軸組の数値の和とすることができる（ただし5.0を上限とする）．

表8・7 軸組の種類に応じた倍率[*1]

	軸組の種類	倍率
(1)	土塗壁または木ずりなどを柱および間柱の片面に打ち付けた壁を設けた軸組	0.5
(2)	木ずりなどを柱および間柱の両面に打ち付けた壁を設けた軸組 / 厚さ1.5cm以上で幅9cm以上の木材または径9mm以上の鉄筋の筋かいを入れた軸組	1
(3)	厚さ3cm以上で幅9cm以上の木材の筋かいを入れた軸組	1.5
(4)	厚さ4.5cm以上で幅9cm以上の木材の筋かいを入れた軸組	2
(5)	9cm角以上の木材の筋かいを入れた軸組	3
(6)	(2)～(4)までの筋かいをたすき掛けに入れた軸組	(2)～(4)までのそれぞれの数値の2倍
(7)	(5)の筋かいをたすき掛けに入れた軸組	5
(8)	その他(1)～(7)までの軸組と同等以上の耐力を有するものとして国土交通大臣が定めた構造方法を用いるものまたは国土交通大臣の認定を受けたもの	0.5から5までの範囲内において国土交通大臣が定める数値
(9)	(1)または(2)の壁と(2)～(6)までの筋かいとを併用した軸組	(1)または(2)のそれぞれの数値と(2)～(6)までのそれぞれの数値との和

表8・8 単位床面積あたりの必要軸組長さ[*1]

建築物	階の床面積に乗ずる数値（cm/m²）					
	階数が1の建築物	階数が2の建築物の1階	階数が2の建築物の2階	階数が3の建築物の1階	階数が3の建築物の2階	階数が3の建築物の3階
表8・6の(1)または(3)の建築物（重い屋根）	15	33	21	50	39	24
表8・6の(2)の建築物（軽い屋根）	11	29	15	46	34	18

表8・9 単位見付面積あたりの必要軸組長さ[*1]

	区域	見付面積に乗ずる数値（cm/m²）
(1)	特定行政庁がその地方における過去の風の記録を考慮してしばしば強い風が吹くと認めて規則で指定する区域	50を超え，75以下の範囲内において特定行政庁がその地方における風の状況に応じて規則で定める数値
(2)	(1)の区域以外の区域	50

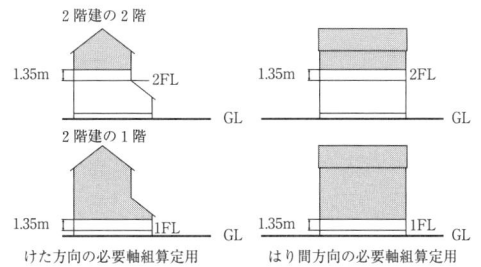

図8・13 見付面積の算定

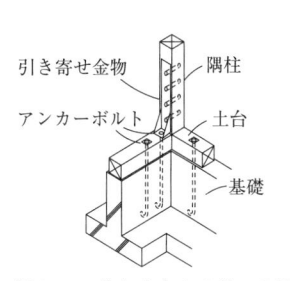

図8・14 柱と土台との仕口の例[*1]

*1 片倉ほか『〈建築学テキスト〉建築行政』より

(9) 木造建築物の軸組の設置の基準を定める件〔平成12年建設省告示1352号〕

次の基準に従って軸組を設置．

ただし，令第82条の3（剛性率・偏心率等）の構造計算で各方向の偏心率が0.3以下の場合はこの限りでない．

1．側端部分ごとに「存在壁量」と「必要壁量」を計算する．
　「側端部分」：はり間方向　けた行方向から両端1/4の部分．
　　　　　　　けた行方向　はり間方向から両端1/4の部分．
　「存在壁量」：令第46条第4項表1の数値に「側端部分」の軸組長さを乗じた数値の和．
　「必要壁量」：令第46条第4項第2の数値に「側端部分」の床面積を乗じた数値．

2．各階のはり間，けた行方向ごとに「壁率比」を求める．
　「壁量充足率」：各側端部分　存在壁量／必要壁量
　「壁　率　比」：壁量充足率の小／大

3．壁率比が0.5以上であることを確かめる．（壁量充足率が1を超える場合はこの限りでない）

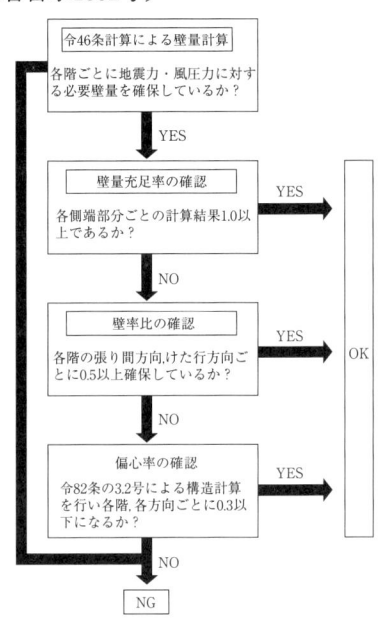

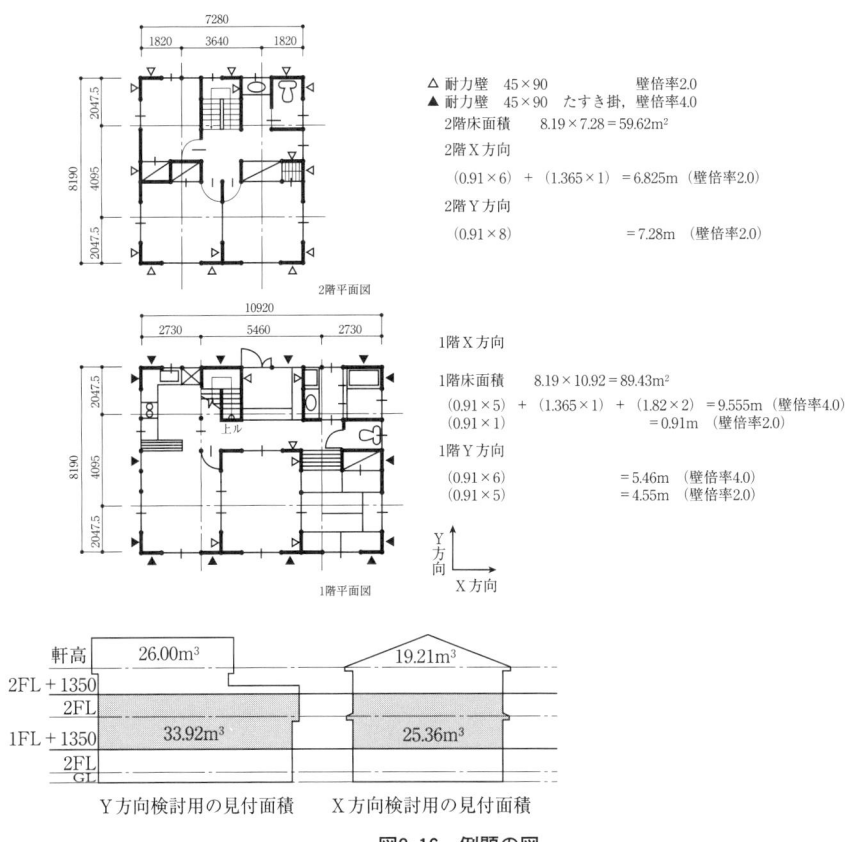

[フローチャート：軸組計算フローチャート]
令46条計算による壁量計算
　各階ごとに地震力・風圧力に対する必要壁量を確保しているか？ → YES
壁量充足率の確認
　各側端部分ごとの計算結果1.0以上であるか？ → YES → OK / NO
壁率比の確認
　各階の張り間方向，けた行方向ごとに0.5以上確保しているか？ → YES → OK / NO
偏心率の確認
　令82条の3.2号による構造計算を行い各階，各方向ごとに0.3以下になるか？ → YES → OK / NO → NG

図8・15　軸組計算フローチャート

△ 耐力壁　45×90　　　　　壁倍率2.0
▲ 耐力壁　45×90　たすき掛，壁倍率4.0

2階床面積　　8.19×7.28＝59.62m²
2階X方向
　　(0.91×6)＋(1.365×1)＝6.825m（壁倍率2.0）
2階Y方向
　　(0.91×8)　　　　　＝7.28m（壁倍率2.0）

1階X方向
1階床面積　　8.19×10.92＝89.43m²
　(0.91×5)＋(1.365×1)＋(1.82×2)＝9.555m（壁倍率4.0）
　(0.91×1)　　　　　　　　　＝0.91m（壁倍率2.0）
1階Y方向
　(0.91×6)　　　　＝5.46m（壁倍率4.0）
　(0.91×5)　　　　＝4.55m（壁倍率2.0）

軒高　26.00m³　　　　19.21m³
　　　33.92m³　　　　25.36m³

Y方向検討用の見付面積　　X方向検討用の見付面積

図8・16　例題の図

【例題】 図8・16に示した耐力壁図および立面図により，軸組長さの検討と軸組長さの検討と軸組のバランスの検討を行え．

設計条件　●屋根は石綿スレート葺とする（軽い屋根）

　　　　　●特定行政庁が定める強風区域以外とする

【解答】
1．軸組長さの検討
a）設計壁量の計算
表8・7より
　4.5cm×9cm筋かいたすき掛けの倍率は4.0
　4.5cm×9cm筋かいの倍率は2.0
　　　（軸組の長さ）×（表8・7の数値）
　2階X方向　6.825×2.0＝13.65
　1階X方向　(9.555×4.0)＋(0.91×2.0)＝40.04
　2階Y方向　7.28×2.0＝14.56
　1階Y方向　(5.46×4.0)＋(4.55×2.0)＝30.94
b）必要壁量の計算
ア）地震力について
　表8・8より2階は$0.15m/m^2$（$15cm/m^2$），1階は$0.29m/m^2$（$29cm/m^2$）の壁が必要である．
　　　　（その階の床面積）×（表8・8の数値）
　2階XY方向とも　$59.62m^2×0.15m/m^2＝8.94$
　1階XY方向とも　$89.43m^2×0.29m/m^2＝25.93$
イ）風圧力について
　表8・9より各階の床面からの高さ1.35m以上の部分の見付面積$0.5m/m^2$（$50cm/m^2$）の壁が必要である．
　　　（床面から1.35m以上の見付面積）×（表8・9の数値）
　2階X方向　$19.21m^2×0.5m/m^2＝9.61$
　1階X方向　$(19.21＋25.36)m^2×0.5m/m^2＝22.29$
　2階Y方向　$26.0m^2×0.5m/m^2＝13.0$
　1階Y方向　$(26.0＋33.92)m^2×0.5m/m^2＝29.96$
ウ）上記ア），イ）より必要壁量は以下のとおりである．
　2階X方向　8.94＜ 9.61
　1階X方向　 25.93 ＞22.29
　2階Y方向　8.94＜ 13.0
　1階Y方向　25.93＜ 29.96
c）上記a），b）より
　（その階の床面積）×（表8・8の数値）
　（床面から1.35m以上の見付面積）×（表8・9の数値）
　　　　　≦（軸組の長さ）×（表8・7の数値）
　2階X方向　9.61＜13.65　OK
　1階X方向　25.93＜40.04　OK
　2階Y方向　13.00＜14.56　OK
　1階Y方向　29.96＜30.94　OK

2．軸組のバランスの検討
a）2階X方向
ア）上側端部分の存在壁量　(0.91×2＋1.365)×2.0＝6.37
イ）下側端部分の存在壁量　(0.91×3)×2.0＝5.46
ウ）上側端部分の必要壁量　$(2.0475×7.28)×0.15m/m^2＝2.24$
エ）下側端部分の必要壁量　$(2.0475×7.28)×0.15m/m^2＝2.24$
オ）上側端部分の充足率（ア）÷ウ）　6.37÷2.24＝2.84
カ）下側端部分の充足率（イ）÷エ）　5.46÷2.24＝2.43
ともに1.0を超えているので壁はつりあいよく配置されている．
b）2階Y方向
ア）左側端部分の存在壁量　(0.91×3)×2.0＝5.46
イ）右側端部分の存在壁量　(0.91×3)×2.0＝5.46
ウ）左側端部分の必要壁量　(8.19×1.82)×0.15＝2.24
エ）右側端部分の必要壁量　(8.19×1.82)×0.15＝2.24
オ）左側端部分の充足率（ア）÷ウ）　5.46÷2.24＝2.43
カ）右側端部分の充足率（イ）÷エ）　5.46÷2.24＝2.43
ともに1.0を超えているので壁はつりあいよく配置されている．
c）1階X方向
ア）上側端部分の存在壁量　(0.91＋1.365＋(1.82×2))4.0＝23.66
イ）下側端部分の存在壁量　(0.91×4)×4.0＝14.56
ウ）上側端部分の必要壁量　$(2.0475×10.92)×0.29m/m^2＝6.48$
エ）下側端部分の必要壁量　$(2.0475×10.92)×0.29m/m^2＝6.48$
オ）上側端部分の充足率（ア）÷ウ））　23.66÷6.48＝3.65
カ）下側端部分の充足率（イ）÷エ）　14.56÷6.48＝2.25
ともに1.0を超えているので壁はつりあいよく配置されている．
d）1階Y方向
ア）左側端部分の存在壁量　(0.91×3)×4.0＝10.92
イ）右側端部分の存在壁量　(0.91×3)×4.0＝10.92
ウ）左側端部分の必要壁量　$(8.19×2.73)×0.29m/m^2＝6.48$
エ）右側端部分の必要壁量　$(8.19×2.73)×0.29m/m^2＝6.48$
オ）左側端部分の充足率（ア）÷ウ）　10.92÷6.48＝1.69
カ）右側端部分の充足率（イ）÷エ）　10.92÷6.48＝1.69
ともに1.0を超えているので壁はつりあいよく配置されている．
上記1．2．の結果より軸組長さ，軸組バランスともに満足しているので令第46条に適合している．

8・9 組積造〔令51条～令62条〕

(1) 施工〔令52条〕
- 材料は十分水洗いをし，目地全部にモルタルを行きわたらせる．
- セメントモルタルは，セメント1：砂3の容積比以上，石灰入りセメントモルタルは，セメント1：石灰2：砂5の容積比以上の強度をもつもの．
- 芋目地は禁止．

(2) 壁の長さ〔令54条〕
- 長さ（対隣壁相互の中心距離をいう）は10m以下，壁の厚さは表8・10に示す．

(3) 壁の厚さ〔令55条〕
- 壁の厚さは表8・10による．
- 各階の壁の厚さは，その上階にあるものより，薄くできない．

(4) がりょう（臥梁）〔令56条〕
- 各階の壁頂には，鉄骨造または鉄筋コンクリート造のがりょうを設ける（壁頂には鉄筋コンクリート造の屋根版・床版等がある場合，平屋建で壁の厚さ≧壁高/10の場合，壁長≦5mの場合は除く）．

(5) 開口部〔令57条〕
- 対隣壁内の開口部幅の総和≦その壁長×1/2
- 各階における開口部幅の総和≦その階の壁長×1/3
- 上下開口部の垂直距離≧60cm
- 開口部相互間・開口部と対隣壁の水平距離≧壁厚×2
- 開口部幅＞1mのときには，鉄筋コンクリート造のまぐさを設ける（図8・17）．
- はね出し窓・はね出し縁は，鉄骨または鉄筋コンクリートで補強する．

(6) へ　い〔令61条〕（図8・19）
- 高さ≦1.2m
- 壁厚≧壁の部分から壁頂までの垂直距離×1/10
- 長さ≦4mごとに，壁厚の1.5倍以上突き出した控壁を設ける（壁厚が前行の壁厚の1.5倍以上ある場合は除く）．
- 基礎根入れの深さ≧20cm

(7) その他
- 壁のみぞ〔令58条〕
- 鉄骨組積造〔令59条〕
- 補強を要する組積造〔令59条の2〕
- 手すり・手すり壁〔令60条〕
- 構造耐力上，主要な部分等のささえ〔令62条〕
    注…高さ4m以下で，かつ，延べ面積が20m²以内の建築物，又は，一部の間仕切壁では壁厚等の一部が緩和されている．

表8・10 組積造の壁の厚さ

種類＼壁の長さ	5m以下の場合	5mを越える場合
階数≧2の建築物	≧30cmかつ壁高/15（＞20cmかつ壁高/15）	≧40cmかつ壁高/15（＞30cmかつ壁高/15）
平家建の建築物	≧20cmかつ壁高/15（＞20cmかつ壁高/15）	≧30cmかつ壁高/15（＞20cmかつ壁高/15）

注 （ ）内は間仕切壁の場合を示す．

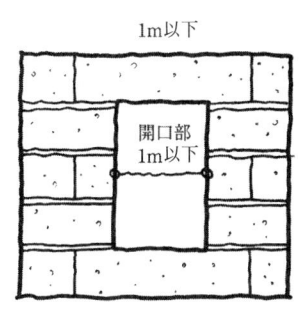

図8・17 組積造の開口部

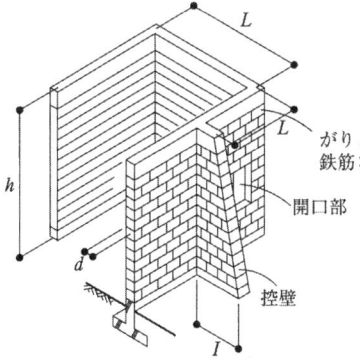

①壁の長さ$L≦10m$
②壁の厚さは表8・10による
③控壁 $l ≧ h/3$
④壁の頂部には鉄骨造または鉄筋コンクリート造の臥梁を設ける
⑤開口部の長さは $L/2$ 以下とする
⑥幅が1mを超える開口部の上部には鉄筋コンクリート造のまぐさを設ける

図8・18 組積造の規定[*1]

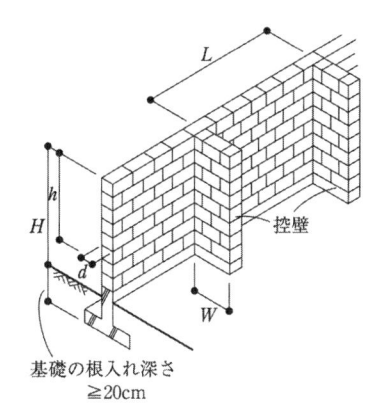

$H≦1.2m$
$L≦4m$
$W≧1.5d$
（ただし $d ≧1.5h/10$ のときは控壁は不要）
$d ≧ h/10$
（d は任意の高さにおける壁厚）
h は任意の高さ

図8・19 組積造の塀[*1]

[*1] 片倉ほか『〈建築学テキスト〉建築行政』より

8・10 補強コンクリートブロック造〔令62条の2～令62条の8〕

(1) 耐力壁〔令62条の4〕

図8・20より

- 面積 $A = XY \leqq 60 \text{m}^2$

$$\text{壁 量} \begin{cases} \Sigma X/A = \dfrac{x_1 + x_2 + x_3 + x_4}{A} \geqq 15\text{cm}/\text{m}^2 \\ \Sigma Y/A = \dfrac{y_1 + y_2 + y_3 + y_4}{A} \geqq 15\text{cm}/\text{m}^2 \end{cases}$$

$$\text{壁の厚さ} \begin{cases} t_1 \geqq X/50 \text{かつ} t_1 \geqq 15 \text{ (cm)} \\ t_2 \geqq Y/50 \text{かつ} t_2 \geqq 15 \text{ (cm)} \end{cases}$$

- 端部・隅角部は，12ϕ の鉄筋をタテに配置する．
- 一般部は，9ϕ 以上の鉄筋をタテ・ヨコ80cm以内の間隔に配置する．
- タテ筋は両端部をカギ状に折り曲げ，鉄筋径の40倍以上を，基礎ばり・がりょう等に定着する．
- ヨコ筋は末端部をカギ状に折り曲げ，その継手・定着長さは25倍以上とする（溶接する場合を除く）．

(2) がりょう（臥梁）〔令62条の5〕（図8・21）

- 耐力壁の各階の壁頂には，鉄筋コンクリート造のがりょうを設ける（平屋建で鉄筋コンクリート造屋根板がある場合を除く）．
- 有効幅20cm以上かつ対隣壁の中心間距離×1/20

(3) へ　い〔令62条の8〕（図8・22）

- 高さ $\leqq 2.2$m
- 厚さ $\geqq 15$cm（高さ2m以下のものは厚さ $\geqq 10$cm）
- 壁頂・基礎にはヨコに，壁の端部・隅角部にはタテに 9ϕ 以上の鉄筋を配置する．
- 壁内には 9ϕ 以上の鉄筋をタテ・ヨコ80cm以下の間隔に配置する（鉄筋の末端はカギ状に折り曲げ，カギかけして定着する）．
- 長さ $\leqq 3.4$mごとに，基礎の部分で高さの1/5以上突き出した控壁を設ける．この控壁には 9ϕ 以上の鉄筋を配置する．
- 基礎のたけ $\geqq 35$cm　　根入れの深さ $\geqq 30$cm

(4) その他

- コンクリートブロックは，その目地塗面全部にモルタルをつめ，鉄筋を入れた空洞部・タテ目地に接する空洞部は，モルタル等で埋める．〔令62条の6〕
- 耐力壁・門・へいのタテ筋は，コンクリートブロック空洞部内で継がない（溶接する場合を除く）．〔令62条の6〕
- 帳壁は鉄筋で，木造・組積造以外の主要構造物に緊結する（補強コンクリートブロックを除く）．〔令62条の7〕
- 高さ4m以下かつ延べ面積20m²以内の建造物・帳壁については一部緩和されている．〔令62条の2〕

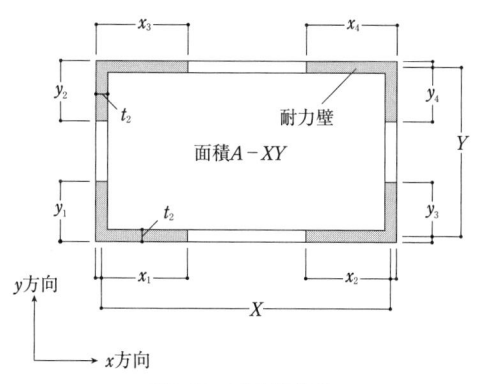

図8・20 耐力壁位置

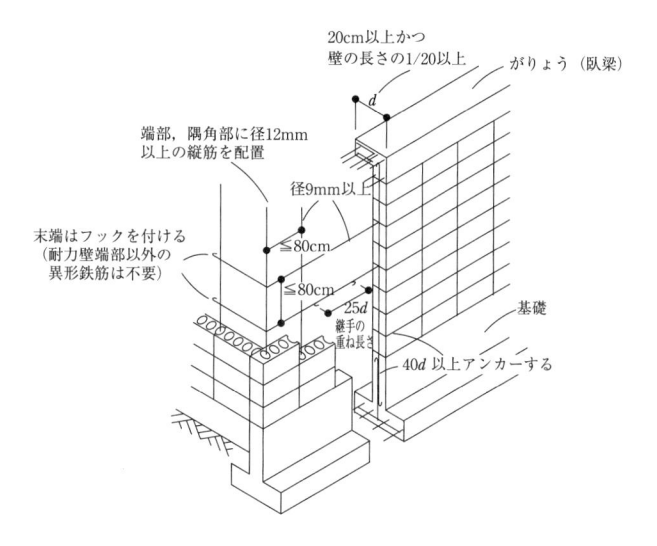

図8・21 配筋および，がりょう（臥梁）の幅[*1]

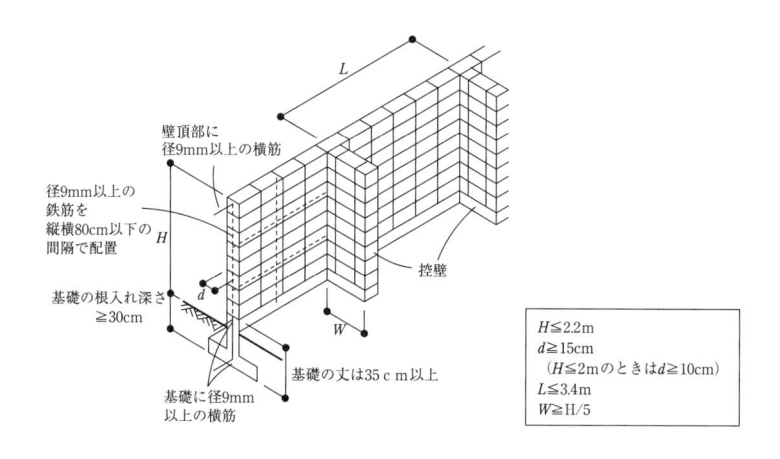

図8・22 補強コンクリート ブロック造の塀[*1]

*1 片倉ほか『〈建築学テキスト〉建築行政』より

8・11　鉄骨造〔令63条〜令70条〕

(1) 柱〔令65条，66条〕
- 有効細長比 $\lambda \leq 200$（柱以外の圧縮材は $\lambda \leq 250$）
- 柱の脚部は，原則として基礎にアンカーボルトで緊結．
- 階数≧3（地階を除く）の建築物の1の柱が火熱で耐力低下し倒壊のおそれがある場合として，通常の火熱が加えられた場合，加熱開始後30分間構造耐力上支障のある変形・溶融・破壊等の損傷を生じないものとする．〔令70条，平成12年建設省告示1356号〕

(2) 接合等〔令67条，68条〕
- 原則として，高力ボルト接合・リベットまたは溶接による．（接合される鋼材がステンレス鋼の場合は，高力ボルト接合又は溶接による．）
- ボルト接合を使用できる建物の規模
   軒高≦9m で，はり間≦13m，かつ延べ面積≦3000m^2
   なお，ボルトはコンクリートで埋め込む，ナット部分は接合する，二重ナットを使用する，のいずれかによること．
- 主要な継手・仕口は，その部分の存在応力を伝える構造（国土交通大臣が定めた構造方法による）とする．
- 高力ボルト・リベット・ボルトの中心距離≧その径の2.5倍．
- リベットはリベット孔に，十分埋まるように打つ．
- 高力ボルト孔径は，高力ボルト径より2mmを超えて大きくしない（高力ボルト径≧27mmかつ耐力上支障がない場合は，3mmまで大きくできる）．
- ボルトの孔径は，ボルトの径より1mm以上大きくしない（ボルト径≧20mmかつ耐力上支障がない場合は，1.5mmまで大きくできる）．

(3) 斜材・壁〔令69条〕
- 軸組・床板・小屋ばり組には，形鋼・棒鋼・ケーブル（構造用）の斜材又は鉄筋コンクリート造の壁・屋根版・床版をつりあいよく配置する（全ての方向の水平力に対して安全であるように，構造計算によって，その安全を確かめた場合を除く）．
   注…構造耐力上主要な部分の材料は，鋼材（炭素鋼若しくはステンレス鋼）又は鋳鉄としなければならない．〔令64条1項〕

表8・11 高力ボルトなどの孔径

ボルトの種類	ボルトの孔径	
高力ボルト	軸径＜27mm	軸径≧27mm
	孔径≦軸径＋2mm	孔径≦軸径＋3mm
ボルト	軸径＜20mm	軸径≧20mm
	孔径≦軸径＋1mm	孔径＋軸径1.5mm
リベット	リベット孔に充分埋まるように打つ	

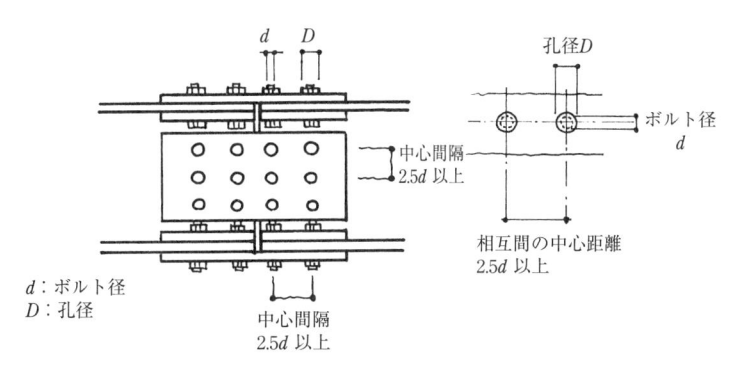

図8・23 高力ボルトの中心距離[*1]

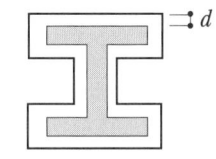

図8・24 鉄骨柱の防火被覆〔令第70条,平12建告第1356号〕

火熱により，1つの柱の耐力の低下によって，全体が容易に倒壊するおそれがある場合は，鉄骨柱に以下のような防火被覆を施す．
- 厚さ12mm以上のせっこうボードで覆う
- 厚さ12mm以上の窯業系サイディングで覆う
- 厚さ12mm以上の繊維強化セメント板で覆う
- 厚さ9mm以上のせっこうボードの上に，厚さ9mm以上のせっこうボードまたは難燃合板を重ねて覆う
- 厚さ15mm以上の鉄網モルタル塗で覆う

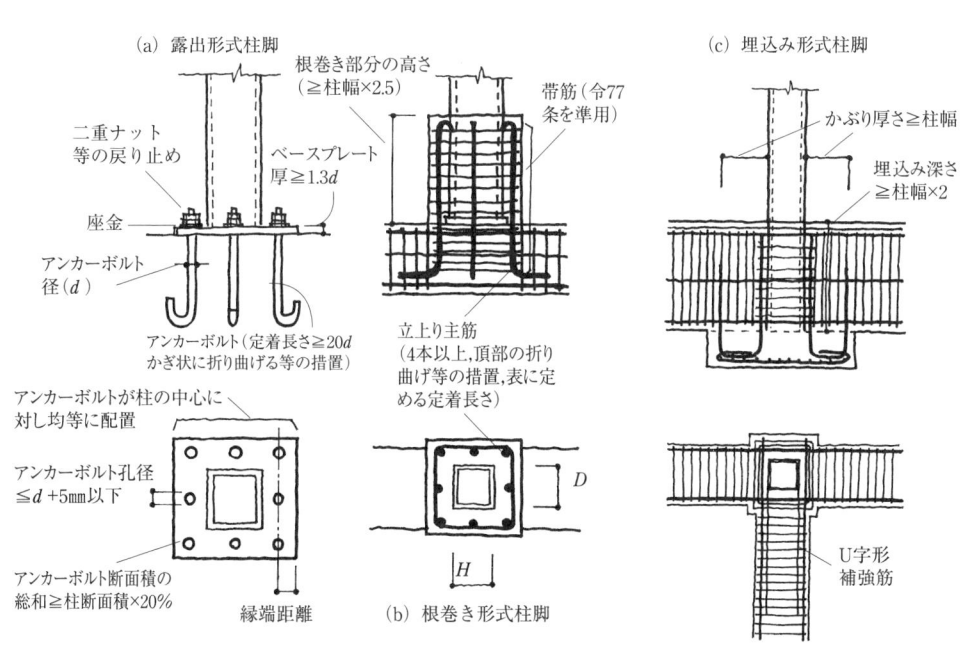

図8・25 鉄骨造柱の柱脚の構造方法〔令第66条,平成12年建設省告示1456号〕

8・12　鉄筋コンクリート造〔令71条～令79条〕

(1) 壁わく・支柱〔令76条〕
- コンクリートの型わく・支柱は，コンクリート自重，施工中の荷重によって著しい変形，ひび割れなどの損傷を受けない強度になるまで，取りはずさない．

(2) コンクリート〔令72条，74条，75条〕
- 骨材・水・混和材は，鉄筋を錆びさせたり，コンクリートの凝結・硬化を妨げるような酸・塩・有機物・泥土を含まない．
- 骨材は鉄筋相互間・鉄筋とせき板間を通る大きさとし，必要な強度・耐久性及び耐火性を有する．
- 4週圧縮強度は，$12 N/mm^2$（軽量骨材を使用するときは$9 N/mm^2$）以上とする（強度試験は日本工業規格による）．
- 打ち上がりが，均質・密実になり，かつ必要な強度が得られるように調合を定める．
- 養生は，打ち込み後5日間はコンクリート温度が2℃を下らないようにし，乾燥・震動等によってコンクリートの凝結・硬化を妨げないようにする．

(3) 鉄　筋〔令73条〕
- 末端はカギ状に折り曲げ，コンクリートに十分定着させる（異形鉄筋は柱・はりの出すみ部分・煙突の末端を除いて折り曲げなくてもよい）．
- 主筋又は耐力壁の鉄筋の継手は引張応力の小さい場所に設ける．
- 重ね長さは引張力の最も小さい部分に設ける場合は主筋などの径25倍以上，引張応力が最も小さい部分以外に設ける場合は40倍以上，柱の定着長さは主筋の40倍以上とする（軽量コンクリートの場合は25倍を30倍，40倍を50倍とする．図8・26を参照）．
- かぶり厚は，表8・12 による．

(4) は　り〔令78条〕
- 主要なはりは，複筋ばりとする．
- あばら筋は，はりたけの3/4以下（がりょうは30cm以下）の間隔に配置する．

(5) 柱〔令77条〕
- 帯筋の径≧6mm，間隔≦15cm
　　（柱に接着するはりなどの横架材の上方・下方に柱の小径の2倍の範囲は10cm以下）で，最も細い主筋径の15倍以下とする．
- 主筋≧4本，帯筋と緊結する．
- 柱の小径≧主要支点間距離×1/15（構造計算によって，安全が確かめられた場合を除く）．
- 主筋の断面積の和≧コンクリート断面積×0.8％．
- 帯筋比は0.2％以上．

(6) 床　版〔令77条の2〕
- 厚さ≧8cm，かつ有効短辺長さの1/40以上．
- 引張筋の間隔は，短辺方向≦20cm，長辺方向≦30cmで，かつ床板の厚さの3倍以下とする．
- プレキャスト床板は周囲のはりなどとの接合に注意する．

表8・12　コンクリートのかぶり厚〔令79条〕

部　分	床・壁	柱・はり・耐力壁	土に接する柱・はり・床・壁	基　礎
かぶり厚さ (cm)	≧2	≧3	≧4	≧6 (捨てコンを除く)

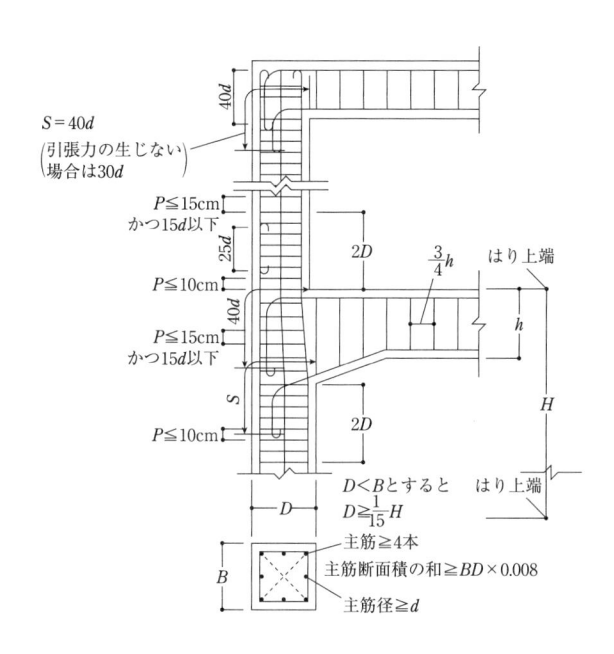

図8・26　柱の構造[*2]

- $S = 40d$（引張力の生じない場合は$30d$）
- $P \leq 15\text{cm}$ かつ$15d$以下
- $25d$
- $P \leq 10\text{cm}$
- $40d$
- $P \leq 15\text{cm}$ かつ$15d$以下
- $P \leq 10\text{cm}$
- $2D$
- $\frac{3}{4}h$
- はり上端
- $2D$
- $D < B$とすると $D \geq \frac{1}{15}H$
- 主筋≧4本
- 主筋断面積の和≧$BD \times 0.008$
- 主筋径≧d

図8・27　梁の構造[*1]

- 主筋（複筋とする）
- あばら筋　はりの丈をDとした場合$\frac{3}{4}D$以下の間隔で配筋する

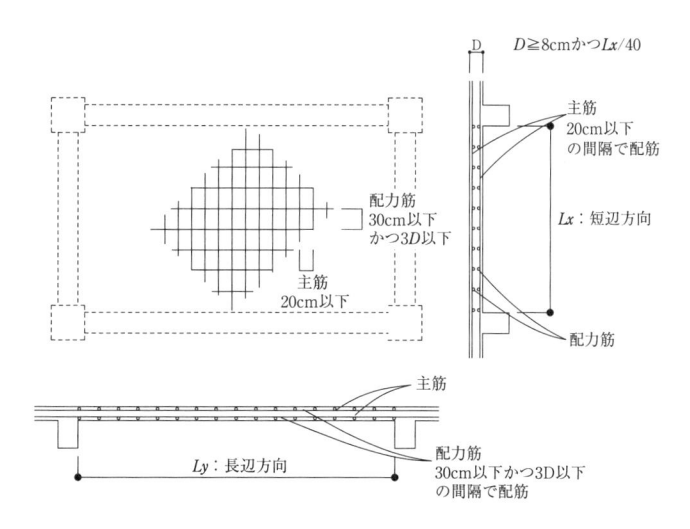

図8・28　床版の構造[*1]

- $D \geq 8\text{cm}$かつ$Lx/40$
- 主筋　20cm以下の間隔で配筋
- Lx：短辺方向
- 配力筋
- 配力筋　30cm以下かつ$3D$以下
- 主筋　20cm以下
- Ly：長辺方向
- 配力筋　30cm以下かつ$3D$以下の間隔で配筋

[*1] 片倉ほか『〈建築学テキスト〉建築行政』より
[*2] 小嶋『〈図解テキスト〉建築法規』より

(7) 耐力壁〔令78条の2〕

① 耐力壁

　厚さ≧12cm，開口補強筋≧12mmφ．壁筋≧9mmφをタテ・ヨコ≦30cm（複筋の場合≦45cm）．

② 壁式構造の耐力壁

　①によるほか，長さ≧45cm．端部，隅角部に12mmφ以上のタテ筋を配置する．頂部および脚部は壁ばりに緊結する．

　　注…高さ4m以下で延べ面積30m²以内の建築物，高さ3m以下のへいは一部緩和される〔令71条〕．

8・13　鉄骨・鉄筋コンクリート造〔令79条の2～令79条の4〕

(1) 鉄骨のかぶり厚〔令79条の3〕

鉄骨に対するコンクリートのかぶり厚さは，5cm以上．

【問題1】　木造建築物の構造に関する次の記述のうちで，建築基準法上，誤っているものはどれか．
1. はりの中央部付近の下端に，耐力上支障のある欠込みをする場合は，その部分を補強しなければならない．
2. 小屋ばり組の隅角には，原則として，火打材を使用しなければならない．
3. 階段が2以上の建築物におけるすみ柱は，原則として，通し柱としなければならない．
4. 構造耐力上主要な部分である柱の有効細長比は，150以下としなければならない．
5. 柱の所要断面積の1/3以上を欠き取る場合は，その部分を補強しなければならない．

【問題2】　イ～ハの条件において，構造耐力上主要な部分である壁，柱及び横架材を木造とした平屋建の建築物に関する下記の文中の□に当てはまる数値として，建築基準法上，誤っているものは，次のうちどれか．ただし，地盤及び風について，特定行政庁が指定した区域ではないものとする．

条件
イ　屋根は瓦葺きとする．
ロ　大断面集成材，方づえ，控柱及び控壁は用いない．
ハ　「壁を設け又は筋かいを入れた軸組」としては，厚さ3cmで幅9cmの木材をたすき掛けに入れた軸組のみを用いる．

延べ面積が□a□m²を超える建築物においては，はり間方向及びけた行方向に配置する壁を設け又は筋かいを入れた軸組は，それぞれの方向につき，当該軸組の長さに□b□を乗じて得た長さの合計を，その床面積に□c□cm/m²を乗じて得た数値以上で，かつ，その見付面積から床面からの高さが□d□m以下の部分の見付面積を減じたものに□e□cm/m²を乗じて得た数値以上としなければならない．

1. a ── 50
2. b ── 1.5
3. c ── 15
4. d ── 1.35
5. e ── 50

【問題3】　図のような木造瓦葺平屋建延べ面積80m²の建築物に，構造耐力上必要な軸組として，厚さ4.5cmで幅9cmの木材の筋かいを入れた軸組を設ける場合，はり間方向の当該軸組の長さの合計の最小必要な数値として，建築基準法上，正しいものは，次のうちどれか．ただし，地盤及び風について，特定行政庁が指定する区域ではないものとする．

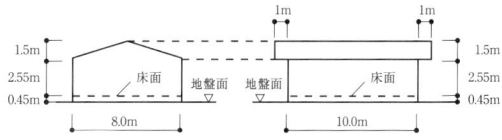

1. 3.9m　2. 4.4m　3. 6.0m　4. 6.6m　5. 7.5m

【問題4】　補強コンクリートブロック造平屋建延べ面積30m²の車庫の設計に関する次の記述のうち，建築基準法に適合するものはどれか．
1. 耐力壁の壁の厚さは，10cmとした．
2. 耐力壁の隅角部に径9mmの鉄筋に配置した．
3. 耐力壁は，縦筋の末端をかぎ状に折り曲げて，縦筋の径の40倍以上基礎に定着させた．
4. 耐力壁の壁長は，はり間方向及びけた行方向のそれぞれの合計をいずれも4mとした．
5. 屋根は金属板ぶきとし，臥梁の有効幅は，15cmとした．

【問題5】　建築基準法上，補強コンクリートブロック造に関する記述で，正しいものは，次のうちどれか．
1. 耐力壁の基礎は，一体の鉄筋コンクリート造の独立基礎としなければならない．
2. 臥梁の有効幅は，20cm以上で，かつ，耐力壁の水平力に対する支点間の距離の1/20以上としなければならない．
3. 各階の耐力壁の中心線により囲まれた部分の水平投影面積は，70m²以下としなければならない．
4. 耐力壁，門又はへいの縦筋は，コンクリートブロックの空洞部内で継がなければならない．
5. へいの高さは4m以下としなければならない．

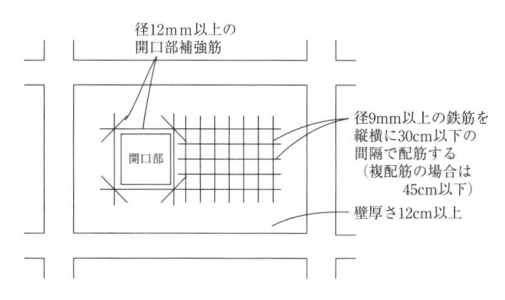

図8・29　耐力壁の構造[*1]

【問題6】　鉄骨造建築物の設計を次のようにした場合，建築基準法に適合しないものはどれか．
1．構造耐力上主要な部分であるはりの圧縮材の有効細長比を，240とする．
2．ボルト孔の径は，ボルトの径より2mm大きくする．
3．構造耐力上主要な部分である鋼材の接合を，高圧ボルト接合とする．
4．リベットの相互間の中心距離を，その径の3倍とする．
5．構造耐力上主要な部分である柱の脚部は，基礎にアンカーボルトで緊結する．

【問題7】　建築基準法上，鉄筋コンクリート造に関する記述で正しいものは，次のうちどれか．
1．コンクリート打込後，5日間は，コンクリートの温度が0℃を下らないように養生しなければならない．
2．構造耐力上主要な床版の厚さは，6cm以上でなければならない．
3．鉄筋に対するコンクリートのかぶり厚さは，柱またははりにあっては，2cm以上としなければならない．
4．柱の主筋は4本以上とし，帯筋と緊結する．
5．主筋の継手は，引張り部分に設け，主筋径の20倍以上としなければならない．

【問題8】　高さが3.5mで，かつ，延べ面積が50m²の鉄筋コンクリート造の倉庫を建築する場合，建築基準法上，誤っているのは，次のうちどれか．
1．コンクリート打込み中及び打込み後5日間は，原則として，コンクリートの温度が2℃を下らないようにする．
2．主筋の継手の重ね長さは，主筋の径（径の異なる主筋をつなぐ場合は細い主筋の径）の20倍以上とする．
3．コンクリートの4週圧縮強度は，1cm²につき120Nとする．
4．構造耐力上主要な部分に係る型わく及び支柱の取りはずしは，国土交通大臣の定める技術的基準による．
5．耐力壁の厚さは，12cm以上とする．

【問題9】　建築基準法上，構造計算により，その構造が安全であることを確かめなければならないものは，次のうちどれか．
1．鉄筋コンクリート造，平屋建，床面積200m²の集会場．
2．鉄骨造，平屋建，床面積150m²の保育所．
3．鉄筋コンクリート造，平屋建，床面積180m²の危険物貯蔵場．
4．補強コンクリートブロック造，平屋建，床面積250m²の倉庫．
5．木造2階建，延べ面積500m²の診療所．

【問題10】　建築基準法上，床の構造計算をする場合，採用する積載荷重の数値で，最も大きいものは，次のうちどれか．
1．病院の病室
2．学校の教室
3．学校の廊下
4．百貨店の屋上広場
5．事務所の階段室

【問題11】　地震力を計算する場合，実況によらない建築物の室の種類に応じた床の積載荷重として，建築基準法に定める数値に該当しないものは，次のうちどれか．
1．店舗の売場に連絡する廊下――――2100N/m²
2．自動車車庫――――――――――――2000N/m²
3．事務所―――――――――――――――800N/m²
4．病院の病室―――――――――――――600N/m²
5．学校のバルコニー――――――――――600N/m²

【問題12】　建築物の構造計算をする場合，構造耐力上主要な部分に用いる「建築材料等」「応力の種類」及び「長期許容応力度に対する短期許容応力度の割合」の組合せとして，建築基準法上，誤っているものは，次のうちどれか．ただし，強度試験の結果に基づき許容応力度を定めることはしないものとする．

	建築材料等	応力の種類	長期許容応力度に対する短期許容応力度の割合
1.	木材（繊維方向）	引張り	2.0倍
2.	一般構造用鋼材	圧縮	1.5倍
3.	鋳鉄	圧縮	1.5倍
4.	コンクリート	せん断	1.5倍
5.	ボルト引張り	引張り	1.5倍

[*1]　片倉ほか『〈建築学テキスト〉建築行政』より

9　道　路

（この9章から13章までは，都市計画区域及び準都市計画区域内に限り適用する．）

(1) 道路の定義〔法第42条〕

「道路」とは，表9・1に該当する幅員4m以上のものをいう（地下におけるものを除く）．

（特定行政庁が，その地方の気候若しくは風土の特殊性又は土地の状況により必要と認めて，都道府県都市計画審議会の議を経て指定する区域内においては6m以上．）

(2) 敷地と道路との関係〔法第43条〕

1. 建築物の敷地は，道路（自動車のみの交通の用に供する道路・特定高架道路を除く）に2m以上接しなければならない（図9・3）．

    ただし特定行政庁が建築審査会の同意を得て許可したものについてはこの限りではない．

2. 地方公共団体は，次の掲げる建築物の敷地に接しなければならない道路の幅員を条例で，必要な制限を付加することができる．
    - 特殊建築物
    - 階数が3以上である建築物
    - 無窓居室の建築物〔令第144条の6，令第116条の2〕
    - 延べ面積が1000m^{2}を超える建築物

(3) 道路内の建築制限〔法第44条，令第145条〕

建築物又は擁壁は道路内に，又は道路に突き出して建築し，又は，築造してはならない．ただし，次の各号のいずれかに該当する建築物については，この限りでない．

一．地盤面下に設ける建築物．

二．公衆便所，巡査派出所その他，これらに類する公益上必要な建築物で特定行政庁が通行上支障がないと認めて建築審査会の同意を得て許可したもの．

三．地区計画の区域内の自動車専用道路又は，特定高架道路等の上空，又は，路面下に設ける建築物のうち，特定行政庁が認めるもの．

四．公共用歩廊等で建築審査会の同意を得て，特定行政庁が許可したもの．
- 道路上空に設ける渡り廊下
    1. 学校・病院・老人ホームなどで通行の危険防止のため．
    2. 建築物の5階以上の階に設けられる避難施設として必要なもの．
    3. 多数の人の通行，又は，物品の運搬用で道路の交通の緩和に寄与するもの．
- 高架道路下の建築物

(4) 私道の変更，又は廃止の制限〔法第45条〕

私道の変更，又は廃止によって道路に接する敷地がなくなる場合においては，特定行政庁は，その私道の変更，又は廃止を禁止し，又は制限することができる．

(5) 壁面線〔法第46条，第47条〕

- 特定行政庁は，街区内における建築物の位置を整え，その環境等の向上を図るため必要と認める場合，建築審査会の同意を得て壁面線を指定することができる．
- 建築物の壁，若しくは，これに変わる柱，又は，高さ2mを超える門，若しくは，塀は壁面線を超えて建築してはならない〔図9・4〕．

表9・1 道路の定義

幅員	条文	道路の種類	実例
4m以上	法42条1項1号	道路法による道路	国道, 都道府県道, 市町村道, (認定道路)
	法42条1項2号	都市計画法, 土地区画整理法, 都市再開発法等による道路	都市計画として決定され都市計画事業・土地区画整理事業等により築造されたもの
	法42条1項3号	法施行の際すでにある道	都市計画区域の決定を受けたとき (本法, 施行の日にすでに都市計画区域の指定を受けていた区域については本法施行の日) 現に存在するものをいう. 公道, 私道にかかわらず幅員4m以上あるもので現に一般交通の用に供しているもの.
	法42条1項4号	都市計画法, 土地区画整理法, 都市再開発法等で2年以内に事業が行われるものとして特定行政庁が指定したもの	実際には, 道路としての効用は果たしていないが特定行政庁が2年以内に事業を執行されるものとして指定したもの
	法42条1項5号	土地を建築物の敷地として利用するため, 政令で定める基準に適合する私道を築造し, 特定行政庁から指定をうけたもの	宅地造成と併行して造られた私道. 私道の基準は政令で定めるほか, 土地の状況等により各特定行政庁で政令と異なる基準を定めることができる (位置指定道路).
4m未満	法42条2項	法施行の際すでに建物が立ち並んでいた幅員4m未満の道で, 特定行政庁が指定したもの	道路の中心線から2mの線をその道路の境界線とみなす. ただし道路の片側が, がけ地, 川, 線路敷等に沿ってある場合は道路の反対側から一方後退4mの線を道路の境界線とみなす (2項道路又はみなし道路)
	法42条3項	土地の状況によりやむをえない場合で特定行政庁が指定したもの	この指定は4m未満2.7m以上 (中心後退は1.35m以上)

注1 特定行政庁が幅員6m以上の区域と指定した区域内については, 4mを6mと読み替える.
注2 法42条1項5号の道路は令144の4の基準を参照すること.

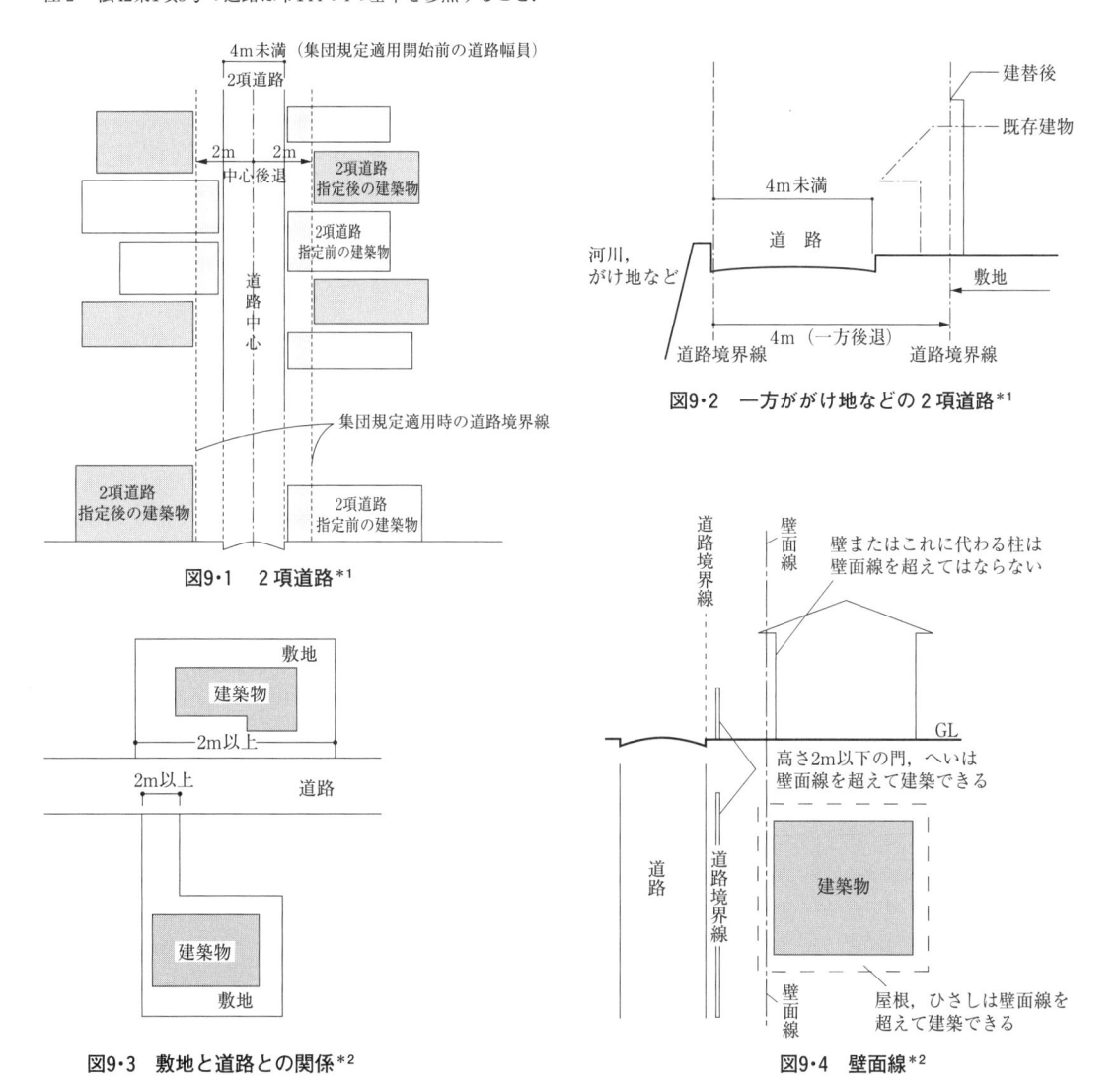

図9・1　2項道路[1]

図9・2　一方ががけ地などの2項道路[1]

図9・3　敷地と道路との関係[2]

図9・4　壁面線[2]

[1] 片倉ほか『〈建築学テキスト〉建築行政』より
[2] 小嶋『〈図解テキスト〉建築法規』より

ただし，地盤面下の部分，又は特定行政庁が建築審査会の同意を得て許可した歩廊等は，この限りでない．

(6) 道に関する基準〔令第144の4〕

法第42条第1項第5号の規定により築造する位置指定道路は，次の基準に適合するものとする．

表9・2　道路の指定基準〔令第144条の4〕*1

法第42条第1項第五号に規定する道路の指定基準（主旨）			
1	両端が他の道路に接続したものであること		図9・5 (a)
	ただし，次のいずれかの場合には袋路状道路にできる．		
	①	延長が35m以下の場合（幅員6m未満の袋路状道路に接続する場合はその道路延長も含む．③も同様）	図9・5 (b)
	②	終端が公園，広場などで自動車の転回に支障がないものに接続している場合	図9・5 (c)
	③	延長が35mを超え，終端及び区間35m以内ごとに告示に適合する自動車の転回広場が設けられている場合	図9・5 (d)
	④	幅員が6m以上の場合	
	⑤	①〜④に準ずる場合で，特定行政庁が周囲の状況により避難，通行の安全上支障がないと認めた場合	図9・5 (e)
2	道が同一平面で交差，接続し，または屈曲する箇所（生ずる内角が120度以上の場合を除く）に角地の隅角をはさむ辺の長さ2mの二等辺三角形の部分を道に含むすみ切りを設けたものであること		図9・6
	ただし，特定行政庁が周囲の状況によりやむを得ない，又はその必要がないと認めた場合はこの限りでない．		
3	砂利敷その他ぬかるみとならない構造であること		
4	縦断勾配が12%以下であり，かつ階段状でないものであること		図9・7
	ただし，特定行政庁が周囲の状況により避難，通行の安全上支障がないと認めた場合はこの限りでない．		
5	道およびこれに接する敷地内の排水に必要な側溝，街渠その他の施設を設けたものであること		

*1　なお，地方自治体は，その地方の気候・風土の特殊性，土地の状況により必要と認める場合には，条例で，区域を限り，これらと異なる基準を定めることができる（緩和する場合には国土交通大臣の承認を得なければならない）．

【問題1】　建築基準法第3章の道路に該当しないものは，次のうちどれか．ただし，幅員は4m以上とし，特定行政庁の道路幅員についての区域の指定はないものとする．
1．建築基準法第3章の規定が適用されるに至った際現に存在していた道．
2．土地区画整理法により築造された道路．
3．道路法による道路．
4．事業の実施が未定の都市計画法による計画道路．
5．特定行政庁から位置の指定を受けて築造した道．

【問題2】　特定行政庁から位置の指定を受けて道を築造する場合の基準として，建築基準法上，誤っているものは，次の内どれか．ただし，特定行政庁が定める基準はないものとする．
1．原則として，縦断勾配が12%以下であり，かつ，階段状でないものとする．
2．幅員が6m以上の場合においては，袋路状道路とすることができる．
3．砂利敷その他ぬかるみとならない構造とする．
4．道が交差する箇所には，長さ1.8mの二等辺三角形の部分を含むすみ切りを設ける．
5．道及びこれに接する敷地内の排水に必要な側溝，暗渠その他の施設を設ける．

【問題3】　建築基準法上，都市計画区域内で，図のように特定行政庁が指定した道路と敷地において，道路の境界線とみなされる線に関する記述で，正しいものは，次のうちどれか．ただし，法42条1項の区域の指定はない．
1．現状のままでよい．
2．2m道路の中心線から2m後退した線．
3．2m道路の中心線から2m後退した線と，3m道路の中心線から2m後退した線．
4．3m道路の中心線から2m後退した線．
5．川の道の側の境界線からの道の側に4m後退した線と，2m道路の中心線から2m後退した線．

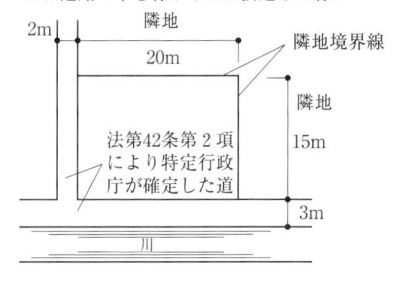

図9・5 道に関する基準[*2]

図9・6 交差部，接続部，屈曲部の隅切り[*2]

図9・7 縦断勾配

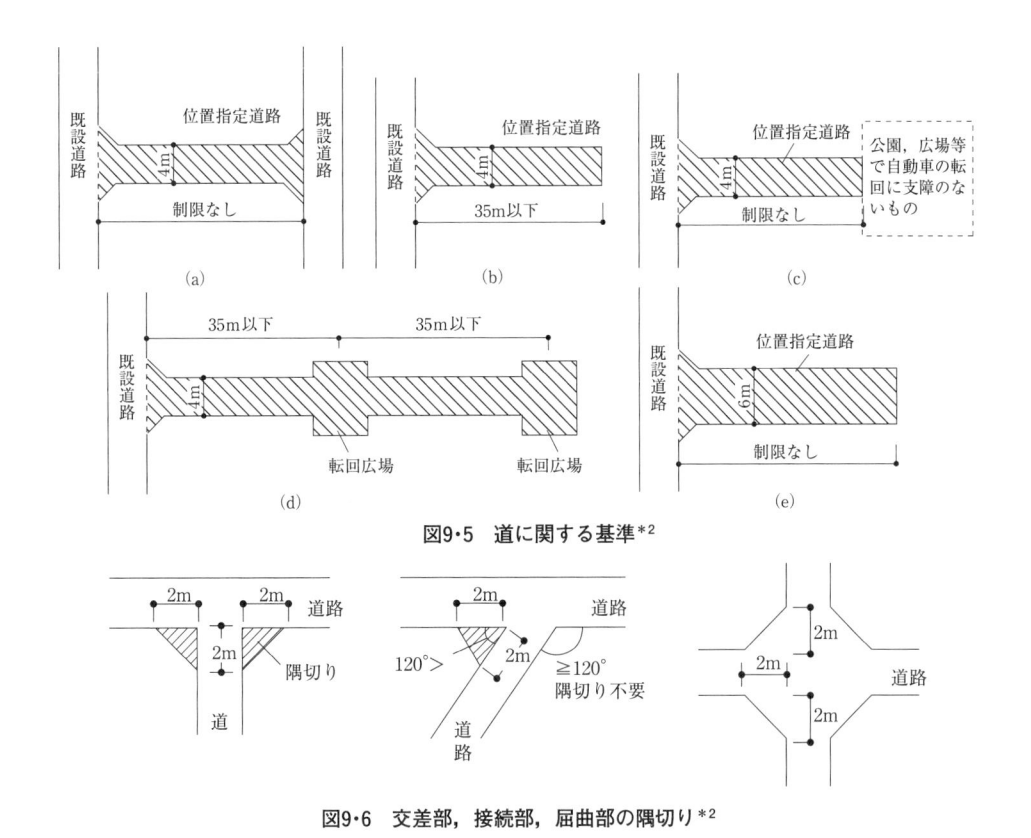

【問題4】 都市計画区域内における道路に関する次の記述のうち，建築基準法上，誤っているものはどれか．
1．災害があった場合において建築する公益上必要な用途に供する応急仮設建築物の敷地であっても，道路に2m以上接しなければならない．
2．都市計画法による新設の事業計画のある幅員8mの道路で，2年以内にその事業が執行される予定のものとして特定行政庁が指定したものは，建築基準法上の道路である．
3．道路内であっても，特定行政庁の許可を受ければ，公共用歩廊を建築することができる．
4．敷地を造成するための擁壁は，道路に突き出して築造してはならない．
5．特定行政庁は，必要な場合においては，私道の変更又は廃止を禁止し，又は制限することができる．

【問題5】 図のような斜線部分の土地に関する次の記述のうち，建築基準法上，正しいものはどれか．
1．高さ2m以下の門又はへいを設けることができる．
2．軒の高さが2.3m以下の物置を建築することができる．
3．敷地を造成するための擁壁を築造することができる．
4．水平距離1m以内の軒は，突き出して建築することができる．
5．敷地面積に算入しない．

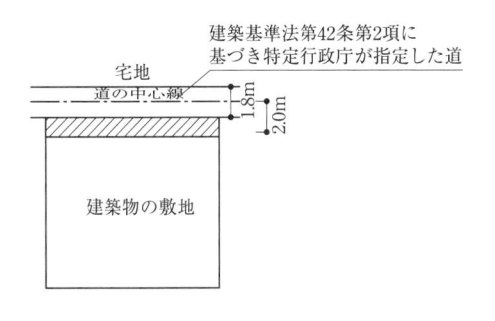

【問題6】 建築基準法上，道路と敷地の関係で，建築物を建築することのできない敷地は，次のうちどれか（いずれも道路に接する敷地の長さは2m以上とする）．
1．都市計画法により新設される計画道路で，現在工事中の幅員8mの道路に接する敷地．
2．都市計画区域内に指定された際，現に存する幅員4mの私道に接する敷地．
3．特定行政庁から，道路の位置の指定を受けて築造した，幅員6mの道路に接する敷地．
4．都市計画区域外で，幅員3mの公道に接する敷地．
5．土地計画整理法により築造した幅員8mの道路に接する敷地．

[*1] 片倉ほか『〈建築学テキスト〉建築行政』より
[*2] 小嶋『〈図解テキスト〉建築法規』より

10 用途地域

10・1 用途地域

(1) 用途地域〔法第48条,法別表第2〕

用途地域は,住居系(7),商業系(2),工業系(3)の計12の地域からなり,居住環境の保護,商業・工業などの都市機能の維持及び発展をはかることを目的とし,都市計画法に基づき定められている(表10・1).

- 市街化調整区域内は,原則として用途地域の指定はされない.

　原則的に禁止されている用途でも,特定行政庁が建築審査会の同意を得て利便上又は,公益上やむを得ず必要と認めた場合は,この限りでない(図10・1).〔第13項・第14項〕

　敷地が区域,地域又は地区をまたがる場合は表10・2,図10・2を参照.〔法第91条〕

(2) 特別用途地区〔法第49条〕

- 特別用途地区内において,その地区の指定の目的のためにする建築物の建築の制限又は,禁止に関して必要な規定は,地方公共団体の条例で定める.
- 地方公共団体は,その地区の指定の目的のために必要と認める場合においては,国土交通大臣の承認を得て,条例で用途地域の規定を緩和することができる.

(3) 特定用途制限地域〔法第49条の2,令第130条の2〕

「都市計画区域及び準都市計画区域で用途地域が定められていない土地の区域(市街化調整区域を除く)内において,その良好な環境の形成又は保持のため,当該地域の特性に応じて合理的に土地利用が行われるように,制限すべき特定の建築物等の用途の概要を定める地域」〔都市計画法第9条14項〕内における建築物の用途の制限は,地方公共団体の条例で定める.

(4) 卸売市場等の用に供する特殊建築物の位置〔法第51条,令第130条の2の2,令第130条の2の3〕

都市計画区域内において,次に掲げる建築物は,都市計画において,その敷地の位置が決定しているものでなければ新築し,又は増築してはならない.

- 卸売市場
- 火葬場,又は,と畜場
- 汚物処理場,ごみ焼却場,ごみ処理施設,産業廃棄物処理施設の用途に供する建築物

ただし,次の一の場合はこの限りでない.

- 特定行政庁が都道府県都市審議会(当該市町村都市計画審議会がある場合は含)の議を経てその敷地の位置が都市計画上支障がないと認めて許可した場合
- 政令で定める規模の範囲内において新築し,若しくは,増築する場合

表10・1　用途地域の種類と目的

	地域の種類	地域設定の目的
住居系	第1種低層住居専用地域	低層住宅に係る良好な住居の環境を保護するために定める
	第2種低層住居専用地域	主として低層住宅に係る良好な住居の環境を保護するために定める
	第1種中高層住居専用地域	中高層住宅に係る良好な住居の環境を保護するために定める
	第2種中高層住居専用地域	主として中高層住宅に係る良好な住居の環境を保護するために定める
	第1種住居地域	住居の環境を保護するために定める
	第2種住居地域	主として住居の環境を保護するために定める
	準住居地域	道路の沿道としての地域の特性にふさわしい業務の利便の増進を図りつつ、これと調和した住居の環境を保護するために定める
商業系	近隣商業地域	近隣の住宅の住民に対する日用品の供給を行うことを主たる内容とする商業その他の業務の利便を増進するために定める
	商業地域	主として商業その他の業務の利便を増進するために定める
工業系	準工業地域	主として環境の悪化をもたらすおそれのない工業の利便を増進するために定める
	工業地域	主として工業の利便を増進するために定める
	工業専用地域	工業の利便を増進するために定める

平成19年11月30日より「用途地域の指定のない区域」が追加される．

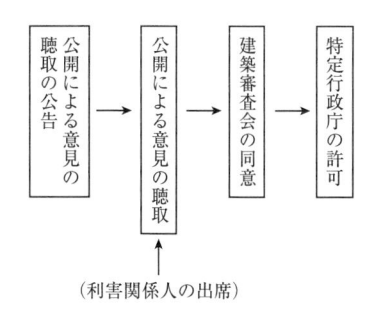

図10・1　法48条例外許可の手続

公開による意見の聴取の公告 → 公開による意見の聴取 → 建築審査会の同意 → 特定行政庁の許可

（利害関係人の出席）

表10・2　敷地が区域，地域又は地区にまたがる場合

区域・地域・地区	原則	適用
容積率〔法52条〕建ぺい率〔法53条〕	平均主義	敷地面積の割合による加重平均
外壁後退〔法54条〕高さ(10m)制限〔法55条〕斜線制限〔法56条〕高度地区〔法58条〕	部分主義	敷地の各部分ごとの制限による
日影規制〔法56条の2〕		日影を生じさせる区域の制限による
防火地域〔法61条〕準防火地域〔法62条〕市街地区域(屋根不燃化〔法22条〕)	全部主義	厳しい方の制限による
用途地域〔法48条〕高度利用地区〔法59条〕	過半主義	敷地の過半の属する区域・地域・地区の制限による

注　道路斜線制限〔法56条1項〕の距離の適用については，敷地が全面道路に接する部分の属する地域又は区域とする〔令130条11項〕．

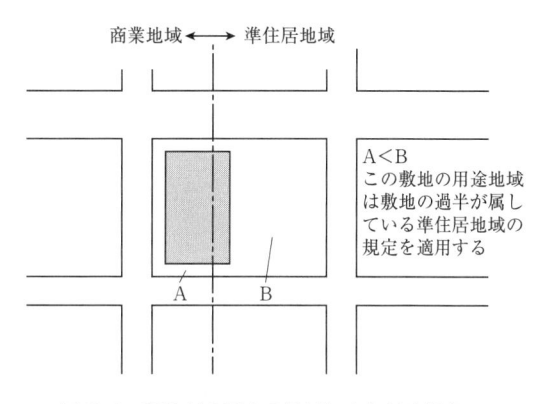

図10・2　敷地が2以上の地域にまたがる場合

商業地域 ←→ 準住居地域

A<B
この敷地の用途地域は敷地の過半が属している準住居地域の規定を適用する

表10·3　用途地域内の建築物の用途制限の概要

建築物の用途・規模	第1種低層住居専用地域	第2種低層住居専用地域	第1種中高層住居専用地域	第2種中高層住居専用地域	第1種住居地域	第2種住居地域	準住居地域	近隣商業地域	商業地域	準工業地域	工業地域	工業専用地域
住宅，共同住宅，寄宿舎，下宿												■
兼用住宅のうち店舗，事務所等の部分が一定規模以下のもの												■
幼稚園，小学校，中学校，高等学校											■	■
図書館等												■
神社，寺院，教会等												
老人ホーム，身体障害者福祉ホーム等												■
保育所等，公衆浴場，診療所												
老人福祉センター，児童厚生施設等	1)	1)										
巡査派出所，公衆電話所等												
大学，高等専門学校，専修学校等	■	■									■	■
病院	■	■									■	■
床面積の合計が150m²以内の一定の店舗，飲食店等	■											4)
床面積の合計が500m²以内の一定の店舗，飲食店等	■	■										4)
上記以外の物品販売業を営む店舗，飲食店	■	■	■	2)	3)	5)	5)				5)	5)
上記以外の事務所等	■	■	■	2)	3)							
ボーリング場，スケート場，水泳場等	■	■	■	■	3)							
ホテル，旅館	■	■	■	■	3)							
自動車教習所，床面積の合計が15m²を超える畜舎	■	■	■	■	3)							
マージャン屋，ぱちんこ屋，射的場，勝馬投票券発売所・場外車券売場	■	■	■	■	■	5)	5)				5)	
カラオケボックス等	■	■	■	■	■							
2階以下かつ床面積の合計が300m²以下の自動車車庫	■	■										
営業用倉庫，3階以上又は床面積の合計が300m²を超える自動車車庫（一定規模以下の附属車庫等を除く）	■	■	■	■	■							
客席の部分の床面積の合計が200m²未満の劇場，映画館，演芸場，観覧場	■	■	■	■	■	■						
客席の部分の床面積の合計が200m²以上の劇場，映画館，演芸場，観覧場	■	■	■	■	■	■	■	6)			■	■
キャバレー，料理店，ナイトクラブ，ダンスホール等	■	■	■	■	■	■	■	■			■	■
個室付浴場業に係る公衆浴場等	■	■	■	■	■	■	■	■		■	■	■
作業場の床面積の合計が50m²以下の工場で危険性や環境を悪化させるおそれが非常に少ないもの	■	■	■	■								
作業場の床面積の合計が150m²以下の自動車修理工場	■	■	■	■								
作業場の床面積の合計が150m²以下の工場で危険性や環境を悪化させるおそれが少ないもの	■	■	■	■	■	■						
日刊新聞の印刷所，作業場の床面積の合計が300m²以下の自動車修理工場	■	■	■	■	■	■						
作業所の床面積の合計が150m²を超える工場又は危険性や環境を悪化させるおそれがやや多いもの	■	■	■	■	■	■	■	■	■			
危険性が大きいか又は著しく環境を悪化させるおそれがある工場	■	■	■	■	■	■	■	■	■	■		
火薬類，石油類，ガス等の危険物の貯蔵，処理の量が非常に少ない施設	■	■	■	2)	3)							
火薬類，石油類，ガス等の危険物の貯蔵，処理の量が少ない施設	■	■	■	■								
火薬類，石油類，ガス等の危険物の貯蔵，処理の量がやや多い施設	■	■	■	■	■	■	■	■				
火薬類，石油類，ガス等の危険物の貯蔵，処理の量が多い施設	■	■	■	■	■	■	■	■	■	■		

□ 建てられる用途，■ 建てられない用途
1) については，一定規模以下のものに限り建築可能．
2) については，当該用途に供する部分が2階以下かつ1500m²以下の場合に限り建築可能．
3) については，当該用途に供する部分が3000m²以下の場合に限り建築可能．
4) については，物品販売店舗，飲食店が建築禁止．
※平成19年11月30日より施行．
5) については，当該用途に供する部分が10,000m²以下の場合に限り建築可能．
6) については，建築可能．
その他「用途地域の指定のない区域」が加わる．

表10・4 政令で定める兼用住宅及び店舗等の内容

建築物の用途		第1種低層住居専用地域	第2種低層住居専用地域	第1種中高層住居専用地域	第2種中高層住居専用地域	第1種住居地域	第2種住居地域	準住居地域	近隣商業地域	商業地域	準工業地域	工業地域	工業専用地域	備　考（条件）
兼用住宅	事務所	※	※	※	○	○	○	○	○	○	○	○	×	（※）汚物運搬用自動車等で駐車施設を同一敷地内に設けて業務運営するものは不可
	食堂, 喫茶店, 理髪店, 美容院, クリーニング取次店, 質屋, 貸衣装屋, 貸本屋, 学習塾, 華道教室, 囲碁教室	※	○	○	○	○	○	○	○	○	○	○	×	（※）居住の用に供する面積が延べ面積の1/2以上で, 兼用する用途部分の床面積の合計が50m²以下のものに限る.
	洋服店, 畳屋, 建具屋, 自転車店, 家庭電気器具店	※	○	○	○	○	○	○	○	○	○	○	×	（※）出力の合計が0.75kWを超える原動機使用のものは不可
	パン屋, 米屋, 豆腐屋, 菓子屋	※	○	○	○	○	○	○	○	○	○	○	×	（※）出力の合計が0.75kW以下の原動機使用の自家販売の食品製造・加工業のみ可
	アトリエ, 工房	※	※	※	○	○	○	○	○	○	○	○	×	（※）出力の合計が0.75kW以下の原動機を使用して美術品, 工芸品を製作するものは可
食堂, 喫茶店, 理髪店, 美容院, クリーニング取次店, 質屋, 貸衣装屋, 貸本屋, 学習塾, 華道教室, 囲碁教室		×	※1	※2	○	○	○	○	○	○	○	○	○	（※1）床面積の合計が150m²以内かつ2階以下のみ可, （※2）床面積の合計が500m²以内かつ2階以下のみ可
洋服店, 畳屋, 建具屋, 自転車店, 家庭電気器具店		×	※1	※2	○	○	○	○	○	○	○	○	○	（※1）（※2）作業場の床面積の合計が50m²以内, 原動機の出力の合計が0.75kw以下のものに限る. （※1）床面積の合計が150m²以内かつ2階以下のみ可, （※2）床面積の合計が500m²以内かつ2階以下のみ可
パン屋, 米屋, 豆腐屋, 菓子屋		×	※1	※2	○	○	○	○	○	○	○	○	○	自家販売の食品製造業で, （※1）床面積の合計が150m²以内かつ2階以下のみ可, （※2）床面積の合計が500m²以内かつ2階以下のみ可

表10・5 用途の規制を受ける工作物（準用工作物）

工作物名 \ 用途地域	第1種低層住居専用地域 第2種低層住居専用地域	第1種中高層住居専用地域 第2種中高層住居専用地域 第1種住居地域 第2種住居地域 準住居地域	近隣商業地域 商業地域	準工業地域	工業地域 工業専用地域
クラッシャープラント・コンクリートプラント等	×	×	×		
アスファルトプラント等	×	×	×	×	
自動車車庫（独立）注1	×（>50m²）	×（>300m²）			
サイロ類	×				
遊戯施設等	×				
処理施設等注2	（都市計画区域内にあるもの）				

注1　工作物である附属車庫の規定については, 建築基準法第138条第3項第二号を参照すること.
注2　処理施設等にはごみ焼却場, 汚物処理場などがある.
　・ごみ処理施設（ごみ焼却場を除く）で1日5t以上の処理を有するもの.
　・廃棄物の処理及び清掃に関する法律第15条, 同法施行令第7条に規定する産業廃棄物処理施設を含む.

10・2　住居系用途地域における自動車車庫の規制

表10・6　住居系用途地域における自動車車庫の規制

用途地域	独立自動車車庫 (都市計画決定したものを含む)	附属自動車車庫	
		一般の附属自動車車庫	総合的設計によるもの
第1種低層住居専用地域〔別表第2い項〕 第2種低層住居専用地域〔別表第2ろ項〕	禁止 (工作物である自動車車庫で, 築造面積50m²以下のものは築造することができる.)	面積制限:600m²以下かつ自動車車庫部分を除いた建築物の延べ面積以下 階数制限:1以下(2階以上は禁止) 〔令第130条の5〕	面積制限:2000m²以下かつ同一団地内にある建築物の延べ面積(自動車車庫部分を除く.)の合計以下 階数制限:1以下(2階以上は禁止) 〔令第130条の5〕
第1種中高層住居専用地域〔別表第2は項〕 第2種中高層住居専用地域〔別表第2に項〕	面積制限:300m²以下(都市計画決定したものは, 制限なし. 工作物である自動車車庫で, 築造面積が300m²以下のものは, 築造することができる.) 階数制限:2階以下(3階以上は禁止)	面積制限:3000m²以下かつ自動車車庫部分を除いた建築物の延べ面積以下(ただし, それが300m²以下となる場合には300m²までは認められる.) 階数制限:2階以下(3階以上は禁止) 〔令第130条の5の5〕	面積制限:10000m²以下かつ同一団地内にある建築物の延べ面積(自動車車庫部分を除く.)の合計以下(ただし, それが300m²以下となる場合には300m²までは認められる.) 階数制限:2階以下(3階以上は禁止) 〔令第130条の5の5〕
第1種住居地域〔別表第2ほ項〕 第2種住居地域〔別表第2へ項〕	面積制限:300m²以下(都市計画決定したものは制限なし. 工作物である自動車車庫で, 築造面積が300m²以下のものは, 築造することができる.) 階数制限:2階以下, ただし都市計画決定したものは制限なし.	面積制限:自動車車庫部分を除いた建築物の延べ面積以下(ただし, それが300m²以下となる場合には300m²までは認められる.) 階数制限:2階以下(3階以上は禁止) 〔令第130条の7の2, 令第130条の8〕	面積制限:同一団地内にある建築物の延べ面積(自動車車庫部分を除く.)の合計以下(ただし, それが300m²以下となる場合には300m²までは認められる.) 階数制限:2階以下(3階以上は禁止) 〔令第130条の7の2, 令第130条の8〕

【問題1】　第1種低層住居専用地域内で, 建築基準法上, 原則として建築することができない建築物は, 次のうちどれか.
1．延べ面積15,000m²の公立の高等学校
2．延べ面積500m²の保育園
3．延べ面積300m²の郵便局
4．延べ面積300m²の教会
5．店舗部分の床面積の合計が60m²の貸本屋兼用住宅

【問題2】　建築基準法上, 第2種中高層住居専用地域内で建築することができるものは, 次のうちどれか.
1．床面積の合計が300m²の2階建旅館
2．床面積の合計が500m²の平家建映画館
3．床面積の合計が800m²の平家建ボーリング場
4．床面積の合計が1,000m²の2階建市役所の支所
5．床面積の合計が1,600m²の平家建スーパーマーケット

【問題3】　第2種住居地域に指定される前から, その地域内に作業場の床面積100m²で, 出力の合計が5kWの原動機を使用している木工場がある. 建築基準法上, 許可を受けないで増築できる作業場の床面積及び増設できる原動機の出力の合計で, 正しいものは, 次のうちどれか.

	床面積	原動機の出力
1.	20m²	1kW
2.	25m²	1.25kW
3.	50m²	2.5kW
4.	80m²	できない
5.	できない	できない

【問題4】　近隣商業地域内で, 建築基準法上, 建築できる建築物は, 次のうちどれか.
1．原動機を使用する作業場の床面積の合計が, 250m²の自動車修理工場
2．出力の合計が1kWの原動機を使用する作業場の床面積の合計が, 100m²の塗料の吹付工場
3．引火性溶剤を用いる作業場の床面積の合計が, 120m²のドライクリーニング工場
4．客席部分の床面積の合計が250m²の映画館
5．料理店

【問題5】　2階建, 延べ面積300m²の次建築物のうち, 建築基準法上, 原則として, 建築してはならないものはどれか.
1．第1種低層住居専用地域内の老人福祉センター
2．第2種低層住居専用地域内の老人ホーム
3．第2種低層住居専用地域内の学習塾
4．第1種中高層住居専用地域内の銀行の支店
5．第1種中高層住居専用地域内の自動車車庫

【問題6】　次の建築物のうち, 建築基準法上, 原則として, 建築してはならないものはどれか.
1．第1種住居地域内のホテル
2．準住居地域内のボーリング場
3．近隣商業地域内のカラオケボックス
4．準工業地域内のキャバレー
5．工業用地域内の飲食店

【問題7】 建築基準法上，新築できるものは，次のうちどれか．ただし，特定行政庁の許可はないものとする．
1．第2種中高層住居専用地域内における55m²の喫茶店を兼ねた延べ面積100m²の住宅
2．第2種住居地域内における倉庫業を営む倉庫
3．近隣商業地域内における料理店
4．第1種低層住居専用地域内における45m²の理髪店を兼ねた延べ面積80m²の住宅
5．第2種住居地域内における原動機を使用する工場で，作業場の床面積が60m²のもの

【問題8】 建築基準法上，原則として，建築することができる建築物の組合せで，正しいものは，次のうちどれか．
イ．第1種低層住居専用地域内の小学校
ロ．第2種中高層住居専用地域内の保育所
ハ．準工業地域内の製紙工場
ニ．工業地域内の病院
ホ．近隣商業地域内の共同住宅
　　1．イ―ロ―ニ
　　2．イ―ロ―ホ
　　3．イ―ニ―ホ
　　4．ハ―ニ―ホ
　　5．ロ―ハ―ニ

【問題9】 図のような敷地において，建築基準法上，特定行政庁の許可を受けずに新築することができる建築物は，次のうちどれか．
1．映画館
2．カラオケボックス
3．料理店
4．ホテル
5．病院

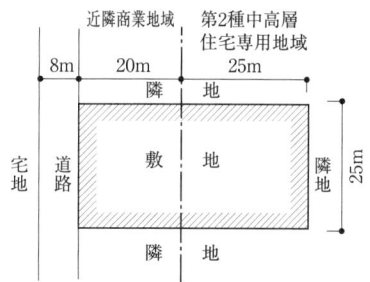

【問題10】 建築基準法上，用途地域内において建築できるものと，原則として建築できないものとの組合せで，誤っているものは，次のうちどれか．

	用途地域 建築物の用	第1種 低層住居 専用地域	第2種 住居地域	近隣商業 地域	工業地域
1.	住宅	○	○	○	○
2.	小学校	○	○	○	×
3.	旅館	×	×	○	×
4.	料理店	×	×	○	×
5.	映画館 (客席の床面積 200m²未満)	×	×	○	×

○印は建築できるもの，×印は建築できないものを示す．

11 面積制限

11・1 容積率〔法第52条〕

(1) 建築物の延べ面積の敷地面積に対する割合

表11・1の数値以下としなければならない．

$$容積率 = \frac{延べ面積}{敷地面積} \times 100\%$$

表11・1 容積率の制限

用途地域 \ 制限値	(A)都市計画で定められる値（用途地域内は下記数値から指定）	(B) 道路幅員による数値（Wが12m未満の場合に限る）W：前面道路の幅員の最大なもの（単位はm）
第1種低層住居専用地域 第2種低層住居専用地域	50, 60, 80, 100, 150, 200%	$W \times 4/10$
第1種中高層住居専用地域 第2種中高層住居専用地域	100, 150, 200, 300, 400, 500%	①$W \times 4/10$ ただし特定行政庁が都道府県都市計画審議会の議を経て指定する区域内では$W \times 6/10$ ②（高層住居誘導地区）$W \times 6/10$ ただし特定行政庁が都道府県都市計画審議会の議を経て指定する区域内では$W \times 4/10$又は$W \times 8/10$
第1種住居地域 第2種住居地域 準住居地域	100, 150, 200, 300, 400, 500% ※(750%)	
近隣商業地域 準工業地域	100, 150, 200, 300, 400, 500%, ※(750%)	$W \times 6/10$ ただし特定行政庁が都道府県都市計画審議会の議を経て指定する区域内では$W \times 4/10$又は$W \times 8/10$
工業地域 工業専用地域	100, 150, 200, 300, 400%	
商業地域	200, 300, 400, 500, 600, 700, 800, 900, 1000, 1100, 1200, 1300%	
用途地域無指定区域（都市計画区域内）	(50, 80, 100, 200, 300, 400%)	

注 用途地域無指定区域における（ ）内は特定行政庁が都道府県都市計画審議会の議を経て指定した区域内に適用される数値である．
※（ ）は，高層住居誘導地区内の建築物で，住宅の用途に供する部分の床面積の合計が2/3以上のもの．（容積率は，750%以下の数値で都市計画で定める．）

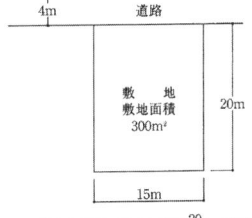

(2) 高層住居誘導地区内

第1種住居・第2種住居・準住居・近隣商業・準工業にあって，その住宅の用途に供する部分の床面積の合計が，その延べ面積の2/3以上である場合．〔法第52条第1項第五号〕

$R \geq 2/3 S$ （Sは延べ面積）

$1.5 Vc \geq V_r$ （%）

- 高層住居誘導地区内の建築物及び法第52条第8項に規定する建築物の容積率の算出方法〔令第135条の14〕

$V_r = 3V_c/3 - R$

V_r：法52条第1項又第8項の規定に基づき算出した数値
V_c：都市計画で定められた容積率の数値
R：建築物の住宅の用途に供する部分の床面積の合計／建築物の延べ面積

(3) 前面道路に対する容積率の制限〔法第52条第2項〕（図11・1）

表11・1の(B)による．(A)と(B)の小さい方の値以下とする．

(A)≧(B)…(B)の値　　(A)≦(B)…(A)の値

(4) 緩和

- 地階の住宅部分（長屋・共同住宅・老人ホーム等含）〔法第52条第3項，第4項，第5項〕

地階で住宅の用途に供する部分の床面積は，住宅の用途に供する部分の床面積の合計の1/3を限度として，延べ面積に算入しない（図11・2，11・3，11・4）(P.32 (5) 地盤面参照)．

- 自動車車庫等〔令第2条第1項第四号，第3項〕

各階床面積の合計の1/5を限度として延べ面積に算入しない（図11・4）．

- 共同住宅の共用部分〔法第52条第6項〕

共同住宅の共用の廊下，階段，エレベーターの昇降路の用に供する部分は，床面積に算入しない．

- 第1種住居地域（指定容積率$\frac{20}{10}$）の場合
道路幅員による数値
（道路幅員）$4 \times \frac{4}{10} = \frac{16}{10}$
したがって，$\frac{16}{10}$が容積率の限度となる．
敷地面積に対する延べ面積の最大は，
（敷地面積）$300 \times \frac{16}{10} = 480 \text{m}^2$となる．

- 近隣商業地域（指定容積率$\frac{30}{10}$），特定行政庁指定区域外の場合
道路幅員による数値
$4 \times \frac{6}{10} = \frac{24}{10}$
したがって，$\frac{24}{10}$が容積率の限度となる．
敷地面積に対する延べ面積の最大は，
（敷地面積）$300 \times \frac{24}{10} = 720 \text{m}^2$となる．

図11・1 最大延べ面積の算定

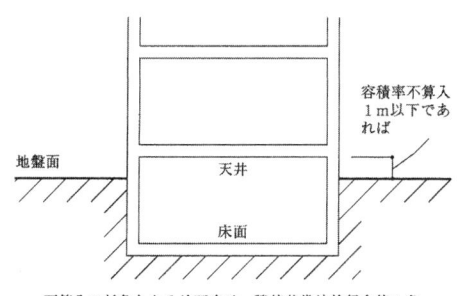

不算入の対象となる地下室は、建築基準法施行令第1条第二号に規定する地階のうち、その天井が地盤面からの高さ1m以下にあるものである。

図11・2　地階と天井の位置と容積率不算入の考え方[*2]

表11・2　容積率の対象となる延べ面積（例）[*1]

A：延べ面積
B：住宅部分の床面積
b：地階で、その天井が地盤面からの高さ1m以下にある住宅部分の床面積
C：自動車車庫などの部分の床面積

C, bの条件	$C>A/5$	$C≤A/5$
$b>B/3$	$A-(A/5)-(B/3)$ $=(4/5)A-(B/3)$	$A-C-(b/3)$
$b≤B/3$	$A-(A/5)-b$ $=(4/5)A-b$	$A-C-b$

- 自動車車庫等　　　　$\frac{1}{5}$
- 備蓄倉庫　　　　　　$\frac{1}{50}$
- 蓄電池設備　　　　　$\frac{1}{50}$
- 自家発電設備設置　　$\frac{1}{100}$
- 貯水槽設置　　　　　$\frac{1}{100}$
- 宅配ボックス設置　　$\frac{1}{100}$

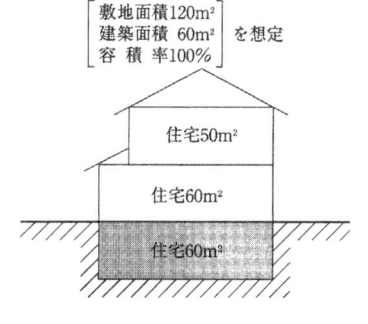

ワンポイントチェック

住宅の用途に供する部分には、住宅の居室のほか、物置、浴室、便所、廊下、階段などの部分も含まれる。（但し、店舗や事務所等が併用されている場合は、店舗、事務所部分は、該当しない。）

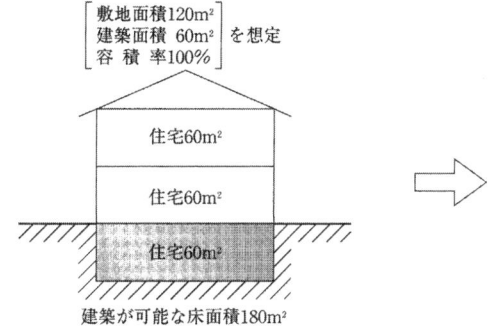

容積率

$$\frac{(60+60+60)-(60+60+60)\times\frac{1}{3}}{120}$$

$$=\frac{180-\left(180\times\frac{1}{3}\right)}{120}=\frac{180-60}{120}=100\%$$

容積率

$$\frac{(60+60+50)-(60+60+50)\times\frac{1}{3}}{120}$$

$$=\frac{170-\left(170\times\frac{1}{3}\right)}{120}=\frac{170-56.67}{120}=94.44\%$$

図11・3　住宅の地下室の容積率の取扱い[*2]

容積率

$$\frac{(60+60+60+45)-(60+60+60)\times\frac{1}{3}-(60+60+60+45)\times\frac{1}{5}}{120}$$

$$=\frac{225-\left(180\times\frac{1}{3}\right)-\left(225\times\frac{1}{5}\right)}{120}=\frac{225-60-45}{120}=100\%$$

容積率

$$\frac{(60+60+50+45)-(60+60+50)\times\frac{1}{3}-(60+60+50+45)\times\frac{1}{5}}{120}$$

$$=\frac{215-\left(170\times\frac{1}{3}\right)-\left(215\times\frac{1}{5}\right)}{120}=\frac{215-56.67-43}{120}$$

$$=\frac{115.33}{120}=96.11\%$$

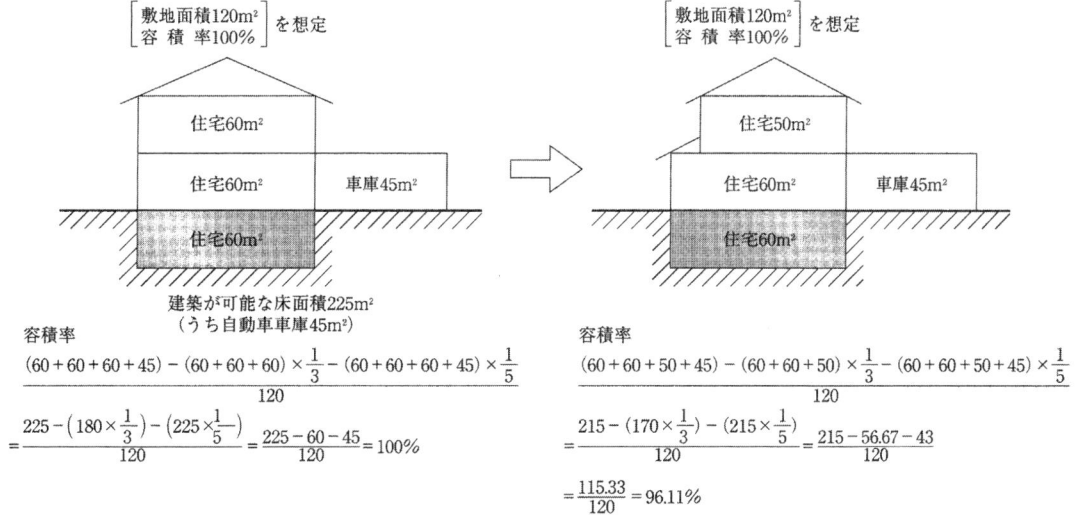

図11・4　住宅の地下室の容積率の取扱い（自動車車庫のある場合）[*2]

[*1]　片倉ほか『〈建築学テキスト〉建築行政』より
[*2]　小嶋『〈図解テキスト〉建築法規』より

(5) 容積率の制限が異なる2以上の地域〔法第52条第7項〕

敷地の加重平均による制限となる（図11・5）．

加重平均の計算法

　容積率制限 x（％）の敷地面積…A

　容積率制限 y（％）の敷地面積…B

　全体の容積率制限値（加重平均値）…Z（％）

$$Z = x \times \frac{A}{A+B} + y \times \frac{B}{A+B}$$

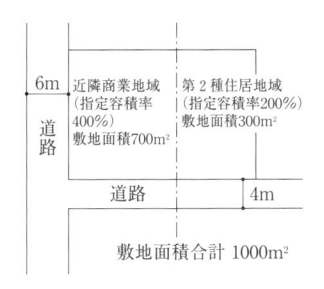

```
       │         │
  6m  │近隣商業地域│第2種住居地域│
  道  │(指定容積率│(指定容積率200%)│
  路  │400%)    │敷地面積300m²│
      │敷地面積700m²│         │
      ├─────────┴─────────┤
           道路         4m
      敷地面積合計 1000m²
```

● 近隣商業地域部分の計算
　$6 \times \dfrac{6}{10} = \dfrac{36}{10}$

　道路幅員が12m未満なので，指定容積率$\dfrac{40}{10}$より小さい，$\dfrac{36}{10}$が制限値となる．

　$700 \times \dfrac{36}{10} = 2520\text{m}^2$

● 第2種住居地域部分の計算
　$6 \times \dfrac{4}{10} = \dfrac{24}{10}$

　指定容積率$\dfrac{20}{10}$の方が小さいので，$\dfrac{20}{10}$が制限値となる．

　$300 \times \dfrac{20}{10} = 600\text{m}^2$

　敷地面積に対する延べ面積の最大は，$2520 + 600 = 3120\text{m}^2$となる．

　当該敷地の容積率制限値は，$\dfrac{3120}{1000} = \dfrac{31.2}{10}$となる．→312％

図11・5　異なった制限値の区域にまたがる場合

(6) 特定道路（幅員15m以上の道路）に接続する幅員6m以上12m未満の前面道路の場合

特定道路より70m以内の範囲内〔法第52条第9項，令第135条の17〕

前面道路幅員（$W_r + W_a$）

$$W_a = \frac{(12 - W_r)(70 - L)}{70}$$

　W_a：前面道路幅員に加える数値（m）
　W_r：前面道路幅員（m）
　L：敷地から特定道路までの距離（m）

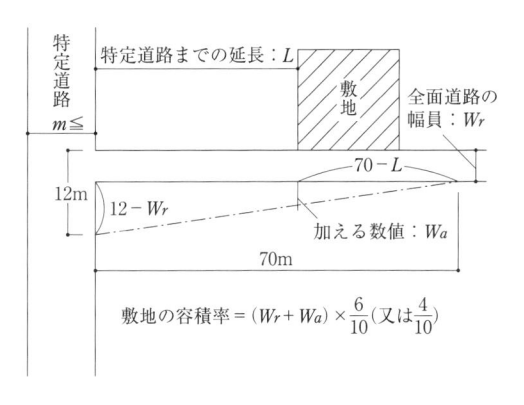

敷地の容積率 $= (W_r + W_a) \times \dfrac{6}{10}$（又は$\dfrac{4}{10}$）

図11・6　特定道路による緩和

(7) 住居系用途地域等（前面道路の幅員に4/10を乗じる建築物に限る）内で，前面道路からの壁面線の指定又は，壁面の位置の制限がある場合

〔法第52条第12項，第13項，令第135条の18〕

壁面線を道路境界線とみなす．

ただし，道路境界線と壁面線までの面積は敷地面積に含まない．

道路幅員4m　壁面後退距離2m
　　　合計6m
　　　　$6 \times 0.4 = 240\%$

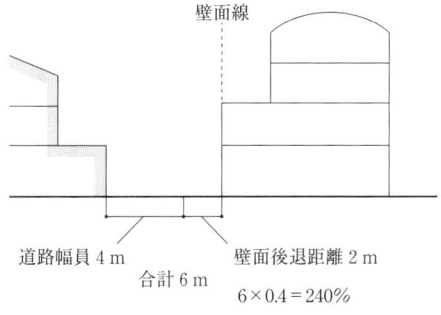

注　容積率制限の緩和は道路幅員×0.6を上限とする

図11・7　容積率の緩和[*2]

(8) 大規模な敷地及び空地がある場合〔法第52条第8項，令第135条の16〕図11・8を参照．

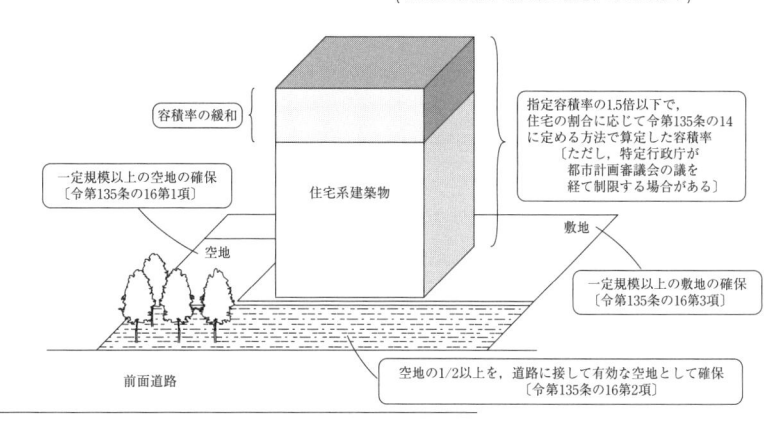

図11・8 大規模空地を有する住宅系建築物の容積率緩和[*1]

表11・3 大規模空地を有する住宅系建築物[*1]

対象となる条件	建物用途	その全部または一部を住宅の用途に供する建築物		
	用途地域	第1種・第2種・準住居地域，近隣商業地域，準工業地域，商業地域（ただし，高層住居誘導地区および特定行政庁が都市計画審議会の議を経て指定する区域を除く．）		
	空地面積〔第1項〕	法第53条による建ぺい率制限値K（×100％）	空地面積S（Aは敷地面積）	ただし，条例で別に定めることができる空地面積Sの範囲
		$K≦0.45$	$(1.15-K)A$	$(1.15-K)A<S≦0.85A$
		$0.45<K≦0.5$		$(1.15-K)A<S≦(1.3-K)A$
		$0.5<K≦0.55$	$0.65A$	$0.65A<S≦(1.3-K)A$
		$0.55<K$	$(1.2-K)A$	$0.2A<S≦0.3A$
	道路に接して有効な空地部分の面積〔第2項〕	上記の空地面積の1/2以上の面積		
	敷地面積〔第3項〕	用途地域	敷地面積A	ただし，条例で別に定めることができる敷地面積Aの範囲
		第1種・第2種・準住居地域，準工業地域	2,000m²	500m²≦A<4,000m²
		近隣商業地域，商業地域	1,000m²	500m²≦A<2,000m²
		・敷地が，これらの地域とそれ以外の地域にわたる場合は，その全部についてこれらの地域に関する規定を適用する． ・敷地が，これらの地域の両方にわたる場合は，その全部について敷地の属する面積が大きい方の地域に関する規定を適用する．		
容積率制限値		容積率の制限値：$V_r=3V_c/(3-R)$ $[≦1.5V_c]$ V_c：指定容積率（建築物がある用途地域に関する都市計画において定められた容積率の数値） R：住宅比率（住宅の床面積合計／延べ面積） ただし，特定行政庁が都市計画審議会の議を経て指定する区域内では，V_cからV_rの範囲内で特定行政庁が都市計画審議会の議を経て別に定めた数値		

（a）一般的な規制の場合

（b）高層住居誘導地区内の場合

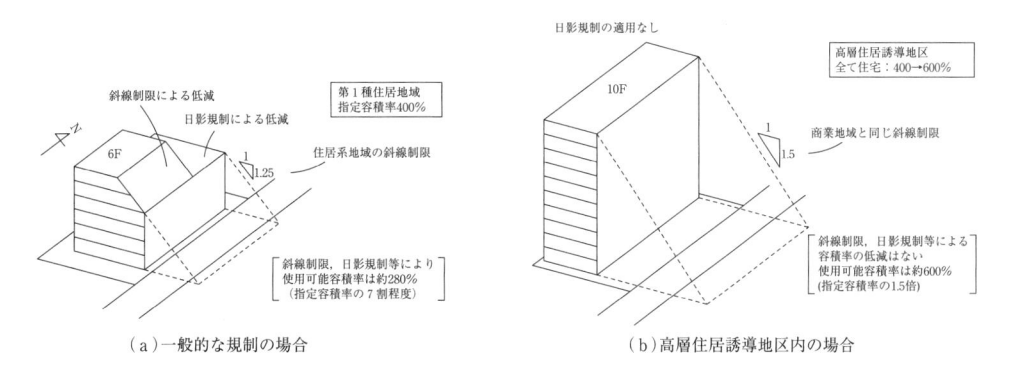

図11・9 第1種住居地域内での一般規制と高層住居誘導地区内の比較例（敷地面積1,000m²，前面道路幅員10mとする）[*1]

*1 片倉ほか『〈建築学テキスト〉建築行政』より
*2 小嶋『〈図解テキスト〉建築法規』より

(9) その他の緩和

表11・4　その他の緩和

計画道路に面する場合	法第52条第10項	特定行政庁が認めて許可した場合，前面道路とみなす
前面道路の境界線又は，その反対側の境界線から，それぞれ後退して壁面線がある場合	法第52条第11項	特定行政庁が認めて許可した場合，壁面線を前面道路とみなす
同一敷地内の建築物の機械室，その他これに類する部分の床面積の合計の建築物の延べ面積に対する割合の建築物の延べ面積に対する割合が著しく大きい場合	法第52条第14項第一号	特定行政庁の許可が必要
敷地の周囲に広い公園・広場・道路・空地等がある場合	法第52条第14項第二号	特定行政庁の許可が必要

(10) 特例容積率適用区域〔法第57条の2〕

商業地域内で，特例容積率適用地域に係る土地について所有者などの権利関係者の同意に基づき，2以上の敷地のそれぞれに適用される，特別の容積率の限度の指定を申請することができる．

離れた敷地間において「容積の飛び移転」ができる（図11・10，11・11，11・12）．

11・2　建ぺい率（法第53条）

(1) 建築物の建築面積敷地面積に対する割合

表11・5の数値を超えてはならない（同一敷地内に2以上の建築物がある場合は，その建築面積の合計）．

$$建ぺい率 = \frac{建築面積}{敷地面積} \times 100 \,(\%)$$

表11・5　建ぺい率制限の原則[*1]

用途地域	建ぺい率の制限値			
	原則	緩和規定〔法第53条第3項，第5項第一号〕		
	都市計画等で定められた建ぺい率 $K(\%)$〔法第53条第1項〕	(a) 防火地域内にある耐火建築物[注1]	(b) 街区の角にある敷地などで特定行政庁が指定するものの内にある建築物	(a)かつ(b)の建築物
第1種低層住居専用地域 第2種低層住居専用地域 第1種中高層住居専用地域 第2種中高層住居専用地域 工業専用地域	30, 40, 50, 60のうち都市計画で定められたもの（以下同様．ただし「無指定の区域」を除く．）	$K+10\%$	$K+10\%$	$K+20\%$
第1種住居地域 第2種住居地域 準住居地域 準工業地域	50, 60			
	80	制限なし		制限なし
近隣商業地域	60	$K+10\%$		$K+20\%$
	80	制限なし		制限なし
商業地域	80			
工業地域	50, 60	$K+10\%$		$K+20\%$
無指定の区域	30, 40, 50, 60, 70 [注2]			

注1　敷地が防火地域の内外にわたる場合で，敷地内の建築物の全部が耐火建築物であるときは，その敷地はすべて防火地域内にあるものとみなす〔法第53条第6項〕．
注2　これらのうち，特定行政庁が都市計画審議会の議を経て定めるもの．
※法第42条第2項道路に接する敷地では，道路とみなされる部分は敷地から除外される（図11・13）．

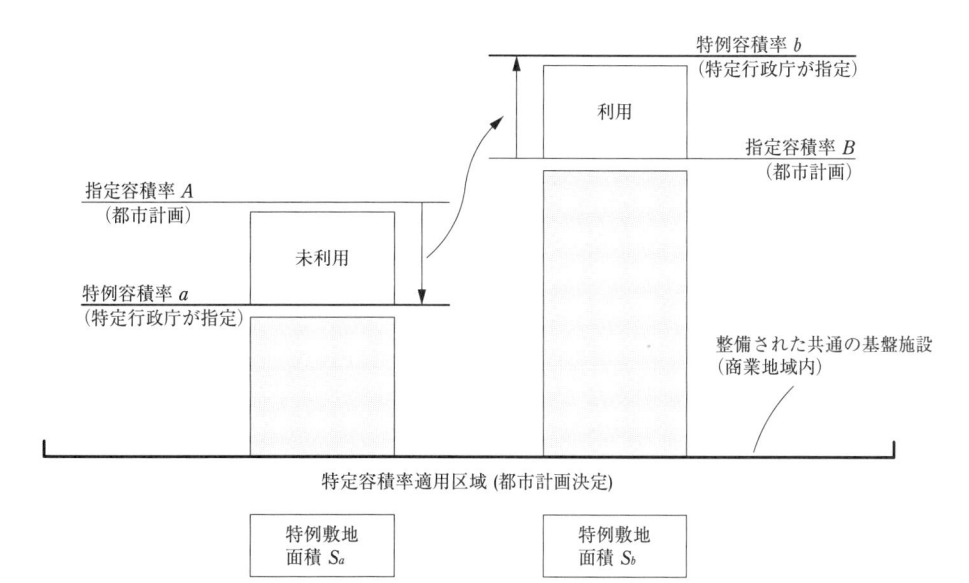

図11・10　特例容積率適用区域内での容積率[*1]

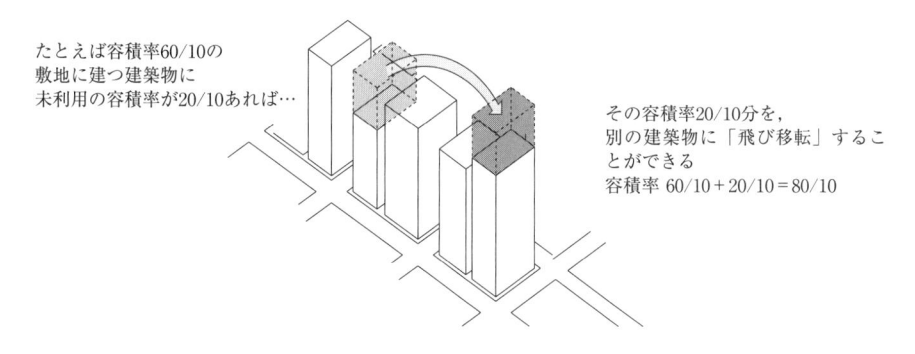

$a \times S_a + b \times S_b \leqq A \times S_a + B \times S_b$：都市計画で定められた容積の範囲

図11・11　特例容積率適用区域制度のイメージ

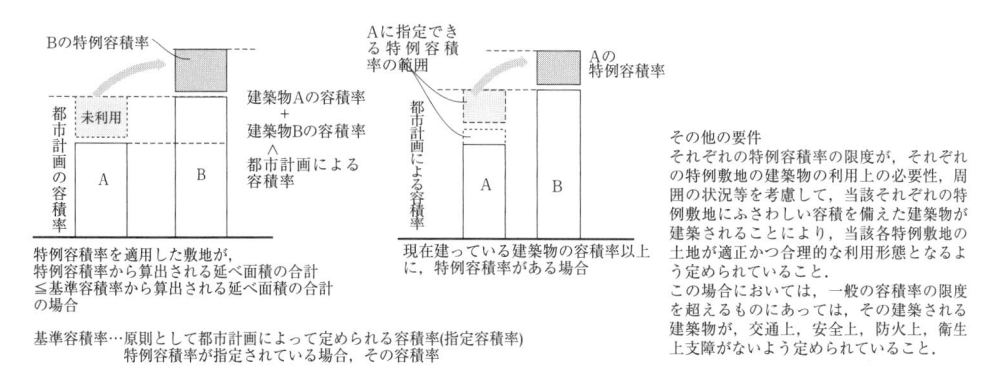

たとえば容積率60/10の敷地に建つ建築物に未利用の容積率が20/10あれば…

その容積率20/10分を、別の建築物に「飛び移転」することができる
容積率 60/10 + 20/10 = 80/10

図11・12　特例容積率が適用される要件

特例容積率を適用した敷地が、特例容積率から算出される延べ面積の合計 ≦ 基準容積率から算出される延べ面積の合計 の場合

基準容積率…原則として都市計画によって定められる容積率(指定容積率)
特例容積率が指定されている場合、その容積率

現在建っている建築物の容積率以上に、特例容積率がある場合

その他の要件
それぞれの特例容積率の限度が、それぞれの特例敷地の建築物の利用上の必要性、周囲の状況等を考慮して、当該それぞれの特例敷地にふさわしい容積を備えた建築物が建築されることにより、当該各特例敷地の土地が適正かつ合理的な利用形態となるよう定められていること．
この場合においては、一般の容積率の限度を超えるものにあっては、その建築される建築物が、交通上、安全上、防火上、衛生上支障がないよう定められていること．

[*1] 片倉ほか『〈建築学テキスト〉建築行政』より

(2) 緩和

- 次の各号のいずれかに該当する建築物については適用しない（制限なし）．〔法第53条第5項〕
    一．第1種・第2種住居地域，準住居地域，準工業地域，近隣商業地域，商業地域で建ペイ率の限度が8/10の地域内でかつ防火地域内にある耐火建築物
    二．巡査派出所・公衆便所・公共用歩廊その他これらに類するもの
    三．公園，広場，道路，川その他これらに類するものの内にある建築物で（特定行政庁が建築審査会の同意を得て許可したもの）

(3) 建築物の敷地が防火地域の内外にわたる場合

その敷地内の建築物の全部が耐火構造であるときは，その敷地はすべて防火地域内にあるものとみなして，第3項第一号又は，前項第一号の規定を適用する（図11·14, 11·15）．

(4) 建築物の敷地面積〔法第53条の2〕

建築物の敷地面積の最低限度が定められたときは，当該最低限度以上でなければならない．（建築物の敷地面積の最低限度を定める場合においては，その最低限度は，200m²を超えてはならない．）

次の各号のいずれかに該当する建築物の敷地については，この限りでない．

一．建ぺい率の限度が8/10の地域内で，かつ防火地域内にある耐火建築物
二．公衆便所，巡査派出所等公益上必要なもの
三．敷地周囲に公園，広場，道路等の空地を有する建築物で特定行政庁が市街地の環境を害するおそれがないと認めて許可したもの
四．特定行政庁が用途上又は，構造上やむを得ないと認めて許可したもの

11·3 第1種・第2種低層住居専用地域内の制限

(1) 第1種低層住居専用地域又は第2種低層住居専用地域内における外壁の後退距離〔法第54条〕

建築物の外壁又は，これに代わる柱の面から敷地境界線までの距離を，「外壁の後退距離」といい，都市計画において限度を定める場合，1.5m又は1.0mとする．この場合，外壁の後退距離は限度以上としなければならない．

ただし，次の各号の一に該当する場合はこの限りでない（図11·16）．

一．外壁又は，これに代わる柱の中心線の長さの合計が3m以下であること．
二．物置その他これに類する用途に供し，軒の高さが2.3m以下でかつ床面積の合計が5m²以内である．

(2) 第1種低層住居専用地域又は第2種低層住居専用地域内における建築物の高さの限度〔法第55条〕

第1種低層住居専用地域又は，第2種低層住居専用地域内においては，建築物の高さは，10m又は12mのうち当該地域に関する都市計画において定められた建築物の高さの限度を超えてはならない（表11·6）．

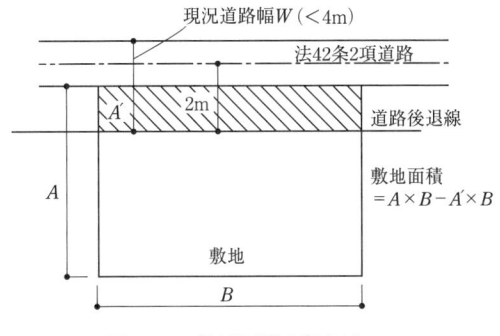

図11・13 敷地面積の算定＊2

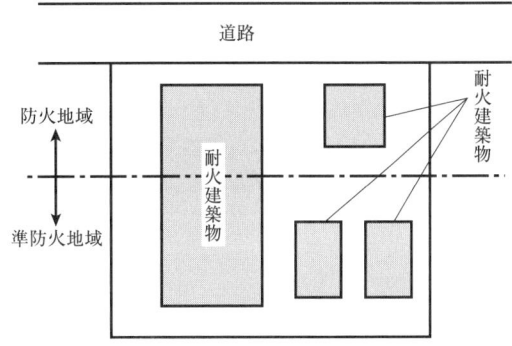

敷地面積 $= A \times B - A' \times B$

図11・14 敷地が防火地域の内外にわたる場合＊2

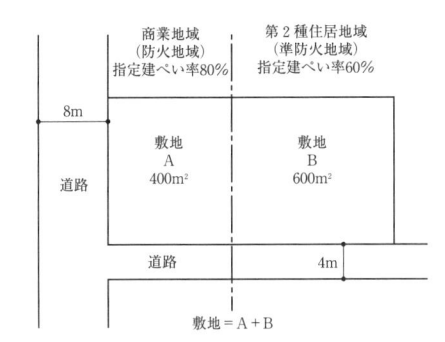

敷地全体を防火地域にあるものとみなす

当該地域(A + B)に耐火建築物を建築する場合
- A 敷地の建ぺい率は，商業地域で防火地域の建築物であるので，10/10である．
- B 敷地の建ぺい率は，第2種住居地域であるが，敷地の一部が防火地域にかかり，かつ角地であり，耐火建築物であるので，6/10 → 8/10に緩和される．

したがって，建築面積の最大限度は，
(A)400 ×(Aに対する建ぺい率) 10/10 +(B)600 ×(Bに対する建ぺい率)8/10 = 400 + 480 = 880m²

図11・15 敷地が制限が異なる2以上の地域にわたる場合(敷地の加重平均)＊2

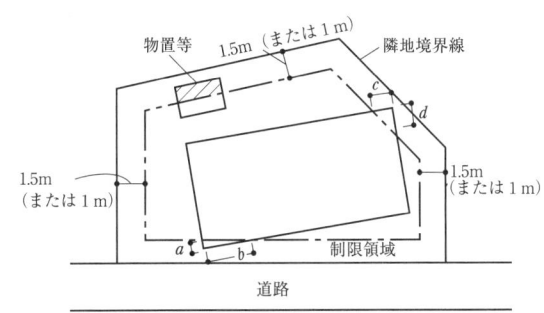

$a+b+c+d \leq 3\text{m}$ ($a \sim d$ 壁・柱の中心線の長さ)
▨ の面積 $\leq 5\text{m}^2$ (軒高 $\leq 2.3\text{m}$)

図11・16 外壁後退距離＊2

表11・6 絶対高さ制限の緩和 〔法第55条第2項～第4項，令第130条の10〕

(ア)	特定行政庁の認定によって10mを12m制限に緩和できる条件	空地率	法第53条の規定による建ぺい率制限値が定められている場合	((100－建ぺい率制限(%))＋10)%以上
			法第53条の規定による建ぺい率制限値が定められていない場合	10%以上
		敷地面積	1,500m²以上（ただし，特定行政庁の規則で750m²以上の範囲で引き下げる場合がある．)
(イ)	特定行政庁の許可によって適用除外されるもの	①敷地周辺に広い公園，広場，道路などの空地がある建築物で，特定行政庁が，低層住宅に係る良好な住居の環境を害するおそれがないと認め，建築審査会の同意を得て許可したもの． ②学校などで，特定行政庁がその用途によってやむを得ないと認め，建築審査会の同意を得て許可したもの．		

＊2 小嶋『〈図解テキスト〉建築法規』より

【問題1】 図のような敷地において，建築基準法上，建築することができる建築物の建築面積の最高限度は，次のうちどれか．ただし，防火地域の指定はないものとする．

1. 480m²
2. 440m²
3. 400m²
4. 360m²
5. 320m²

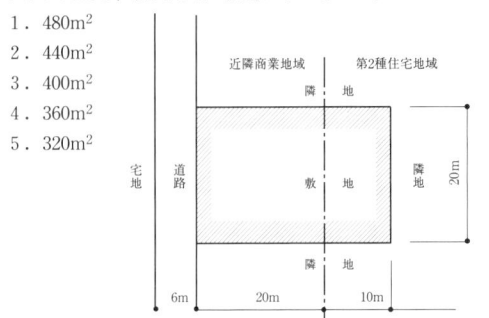

【問題2】 図に示す敷地に，耐火建築物を建築する場合，建築基準法上，許容される建築面積の最大のものは，次のうちどれか．

1. 400m²
2. 420m²
3. 440m²
4. 460m²
5. 500m²

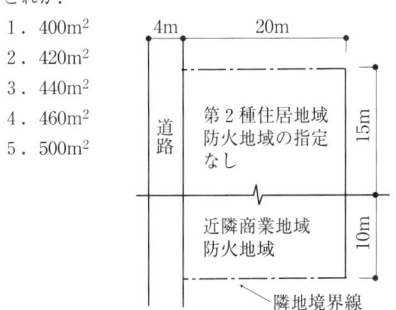

【問題3】 耐火建築物を建築する場合，敷地と建ぺい率（建築面積の敷地面積に対する割合）の最高限度との組合せとして，建築基準法上，正しいものは，次のうちどれか．ただし，角地の指定ではないものとする．

1. 第1種住居地域内で，かつ，準防火地域内の敷地 7/10
2. 準住居地域内で，かつ，防火地域内の敷地 7/10
3. 工業地域内で，かつ，準防火地域内の敷地 7/10
4. 近隣商業地域内で，かつ，防火地域内の敷地 10/10
5. 商業地域内で，かつ，準防火地域内の敷地 10/10

【問題4】 都市計画区域内における建築物の建築面積の敷地面積に対する割合（建ぺい率）に関する次の記述のうち，建築基準法上，正しいものはどれか．ただし，用途地域及び防火地域以外の地域，地区等の指定はないものとする．

1. 近隣商業地域内の建築物の建ぺい率の制限は，7/10である．
2. 用途地域の指定のない区域内の建築物は，建ぺい率の制限を受けない．
3. 敷地に接する道路の幅員によって，建築物の建ぺい率の制限が異なる．
4. 街区の角にある敷地で特定行政庁が指定するものの内にある建築物は，建ぺい率の制限を受けない．
5. 商業地域内で，かつ，防火地域内の耐火建築物は，建ぺい率の制限を受けない．

【問題5】 図のような敷地において，建築基準法上，建築することができる事務所の延べ面積の最高限度は，次のうちどれか．ただし，図に記載されているものを除き地域，地区等及び特定行政庁の指定はないものとし，建築物には，自動車車庫等の用途に供する部分はないものとする．

1. 1,680m²
2. 1,700m²
3. 1,880m²
4. 2,040m²
5. 2,400m²

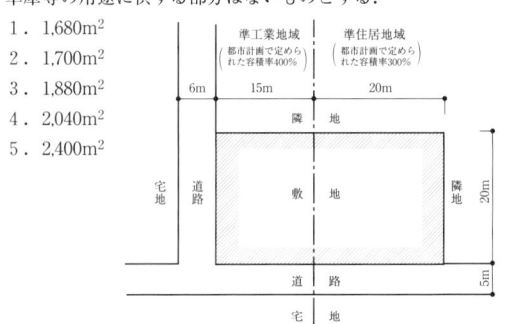

【問題6】 図のような敷地において，地階を有する専用住宅を建築しようとする場合，建築基準法上，建築することができる建築物の床面積の合計の最高限度は，次のうちどれか．ただし，自動車車庫等の用途に供する部分はないものとし，地階の天井は，地盤面からの高さが1m以下にあるものとする．

1. 120m²
2. 160m²
3. 180m²
4. 216m²
5. 240m²

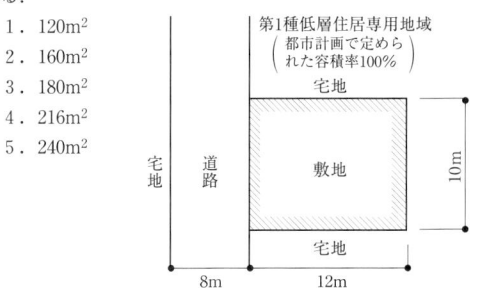

【問題7】 図のような第2種住居地域内の敷地に自動車車庫を有する地階のない住宅を新築する場合，建築基準法上，車庫を含めたこの建築物の各階の床面積の合計の最大限度は，次のうちどれか．ただし，防火地域，準防火地域及び角地の指定はないものとする．（前面道路が建築基準法52条3項の「特定道路」に接続していないものとする．）

1. 160m²
2. 192m²
3. 200m²
4. 300m²
5. 360m²

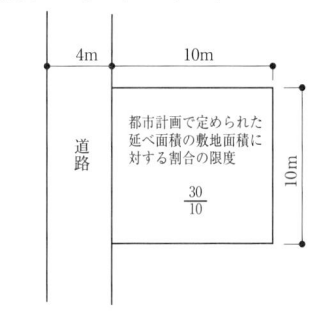

【問題8】 図のような専用住宅を建築する場合，建築基準法上，容積率（延べ面積の敷地面積に対する割合）を算定する際の延べ面積は，次のうちどれか．ただし，自動車車庫等の用途に供する部分はないものとし，地階の天井は地盤面からの高さが1m以下にあるものとする．

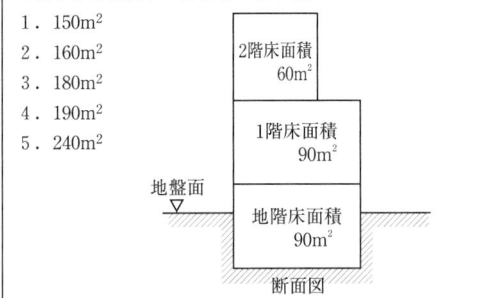

1．150m²
2．160m²
3．180m²
4．190m²
5．240m²

断面図
2階床面積 60m²
1階床面積 90m²
地盤面
地階床面積 90m²

【問題9】 近隣商業地域内にある図のような敷地において，建築基準法上，建築することができる建築物の延べ面積の最高限度は，次のうちどれか．ただし図に記載されているものを除き地域，地区等及び特定行政庁の指定はないものとし，建築物には，住宅，自動車車庫等の用途に供する部分及び地階はないものとする．

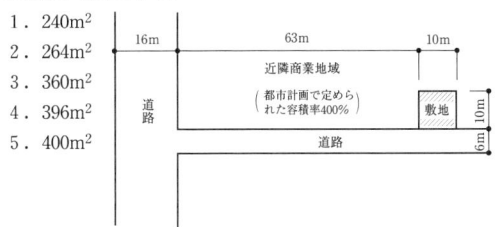

1．240m²
2．264m²
3．360m²
4．396m²
5．400m²

近隣商業地域（都市計画で定められた容積率400%）
16m / 63m / 10m
道路 / 敷地 10m / 道路 6m

【問題10】 都市計画地域内における建築物の容積率（延べ面積の敷地面積に対する割合）の制限及びその容積率を算定する際の延べ面積に関する記述のうち，建築基準法上，誤っているものはどれか．

1．同一敷地内に2以上の建築物がある場合においては，その延べ面積の合計について容積率の制限を受ける．
2．用途地域の指定のない区域内の建築物についても，容積率の制限を受ける．
3．共同住宅の共用の廊下は階段の用に供する部分の床面積は，原則として，延べ面積には算入しない．
4．住宅の地階でその天井が地盤面からの高さ1m以下にあるものの床面積は，50m²を限度として，延べ面積には算入しない．
5．建築物の自動車車庫等の用途に供する部分の床面積を延べ面積に算入しないとする規定は，原則として，当該建築物の各階の床面積の合計の1/5を限度として適用する．

12 建築物の高さ

12・1 道路斜線 〔第56条第1項第一号別表第3〕

地区又は，区域及び容積率の限度の区分に応じ，前面道路の反対側の境界線からの水平距離が右表のLの範囲内において，当該部分から前面道路の反対側の境界線までの水平距離に斜線の勾配（1.25又は1.5）を乗じて得たもの．

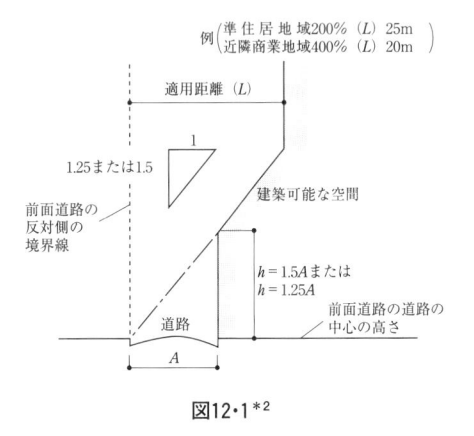

図12・1*2

緩和

1) 建築物を前面道路から後退させた場合の道路斜線制限 〔法第56条第2項〕

前面道路の境界線から後退した建築物に対する前面道路の規定の適用は「前面道路の反対側の境界線から該当建築物の後退距離に相当する距離だけ外側の線」とする（図12・2, 12・3, 12・4）．

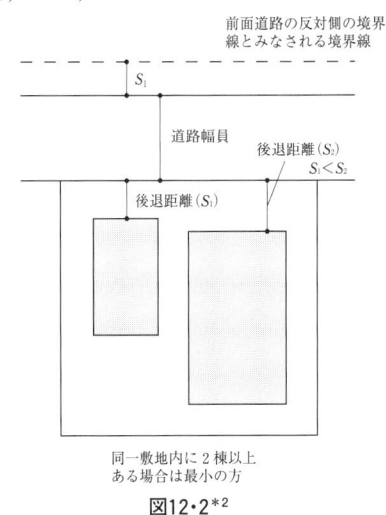

表12・1 道路斜線制限の適用距離と勾配*1 〔法別表第3〕

地域・地区等（都市再生特別地区を除く*4.）		敷地に適用される基準容積率A（％）	適用距離L（m）	斜線の勾配
(一)	1種・2種低層住専，1種・2種中高層住専，1種・2種・準住居〔（四）に掲げるものを除く.〕	$A \leq 200$	20	1.25 (1.5*1, *2)
		$200 < A \leq 300$	25(20)	
		$300 < A \leq 400$	30(25) *1	
		$400 < A$	35(30)	
(二)	近商，商業	$A \leq 400$	20	1.5
		$400 < A \leq 600$	25	
		$600 < A \leq 800$	30	
		$800 < A \leq 1000$	35	
		$1000 < A \leq 1100$	40	
		$1100 < A \leq 1200$	45	
		$1200 < A$	50	
(三)	準工，工業，工専〔（四）に掲げるものを除く.〕	$A \leq 200$	20	1.5
		$200 < A \leq 300$	25	
		$300 < A \leq 400$	30	
		$400 < A$	35	
(四)	1種・2種・準住居，準工地域の高層住居誘導地区内で住宅の用に供する部分の床面積の比率が2/3以上のもの	—	35	
(五)	用途地域の指定のない区域内の建築物	$A \leq 200$	20	1.25または1.5 *3
		$200 < A \leq 300$	25	
		$300 < A$	30	

*1 （ ）内は，1種・2種中高層住専地域（指定容積率が400％以上の地域に限る．）または1種・2種・準住居地域のうち，特定行政庁が都市計画審議会の議を経て指定する区域内の建築物の場合．
*2 1種・2種低層住専地域以外の住居系地域において前面道路幅員Wが12m以上の場合には，$X \geq (W + 2a) \times 1.25$〔$a$は道路境界線から建築物までの後退距離〕の区域内の道路斜線の勾配は1.5とする〔法第56条第3項，第4項〕．
*3 特定行政庁が土地利用状況等を考慮して，当該区域を区分して都市計画審議会の議を経て定める．
*4 都市再生特別地区内の建築物には斜線制限（法第56条）は適用されない〔法第60条の2第5項〕．

図12・2*2

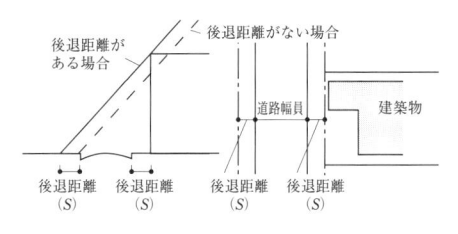

図12・3*2

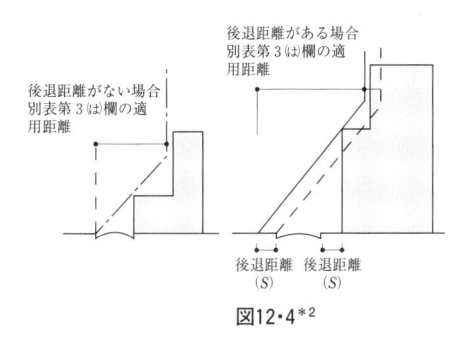

図12・4*2

表12・2 前面道路との関係についての建築物の各部分の高さの制限に係る建築物の後退距離の算定の特例
〔令第130条の12〕

一．物置その他これらに類する用途に供する建築物の部分で，次に掲げる要件に該当するもの（図12・5）．
　　イ．軒の高さが2.3m以下でかつ床面積の合計が5㎡以内
　　ロ．該当部分の水平投影の前面道路に面する長さを，敷地の前面道路に接する部分の水平投影の長さで除した数値（間口率）が1/5以下
　　ハ．当該部分から前面道路の境界線までの水平距離のうち，最小のものが1m以上であること
二．ポーチその他これらに類する建築物の部分で，次に掲げる要件に該当するもの（図12・6）．
　　イ．高さが5m以下
　　ロ．開口率が1/5以下
　　ハ．前面道路の境界線まで1m以上であること
三．道路に沿って設けられる高さが2m以下の門又は塀（高さが1.2mを超えるものにあっては，当該1.2mを超える部分が網状その他これらに類する形状であるものに限る）（図12・7, 12・8）．
四．隣地境界線に沿って設けられる門又は塀（図12・9）．
五．歩廊，渡り廊下その他これらに類する建築物の部分で，特定行政庁がその地方の気候若しくは風土の特殊性又は土地の状況を考慮して規定で定めたもの．
六．建築物の部分で高さが1.2m以下のもの（図12・10）．

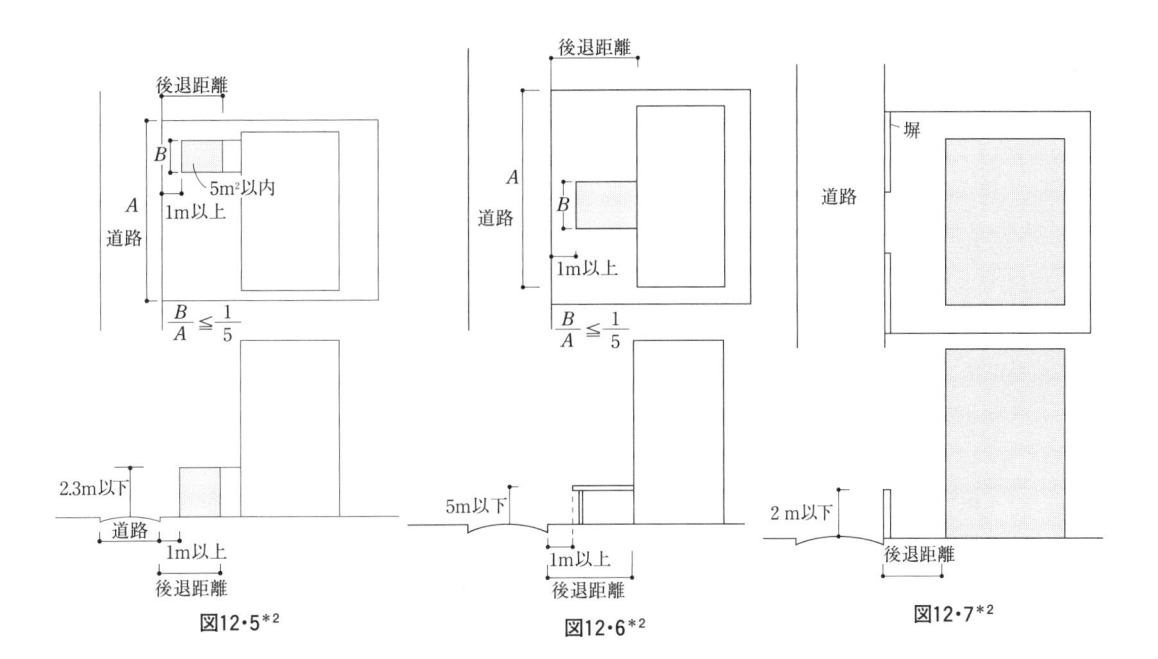

図12・5[*2]　　図12・6[*2]　　図12・7[*2]

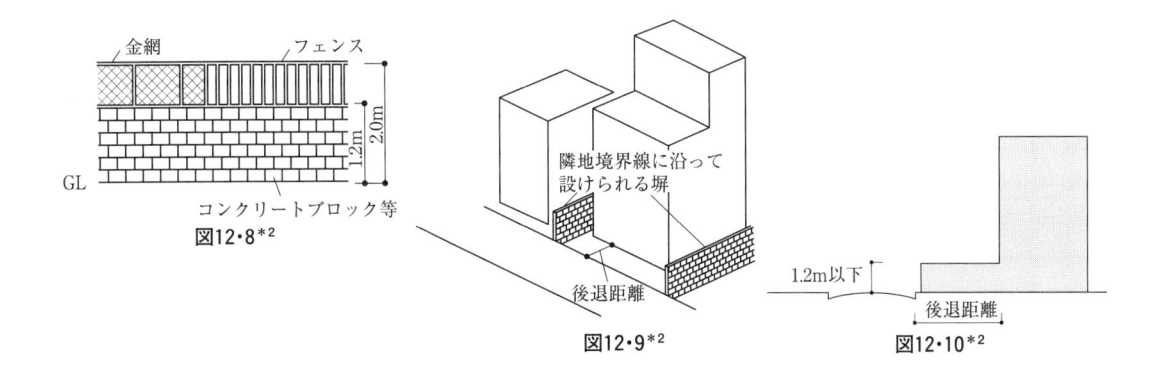

図12・8[*2]　　図12・9[*2]　　図12・10[*2]

[*1] 片倉ほか『〈建築学テキスト〉建築行政』より
[*2] 小嶋『〈図解テキスト〉建築法規』より

2）「第1種中高層住居専用地域，第2種中高層住居専用地域，第1種住居地域，第2種住居地域，準住居地域」内において，前面道路の幅員が12m以上の場合〔第56条第3項〕（図12・11）

W：道路の幅員（$W \geq 12$m）

- 1.25Wの範囲内の部分……1.25
- 1.25W以上の部分…………1.50

3）2以上の用途地域等にまたがる場合〔第56条第5項，令第130条の11〕

前面道路に接する敷地の部分の属する地域，区域

又は，区域とする（図12・12, 12・13）．

4）2以上の前面道路がある場合〔第56条第6項，令第132条〕

大きい方の道路：A

小さい方の道路：B

- 2Aかつ35m以内の範囲内の道路 ……Aの幅員
- 2Aかつ35mを超える範囲の道路で Bの中心線から10m以内の部分 ……Bの幅員
- 2Aかつ35mを超える範囲の道路で Aの幅員 Bの中心線から10mを超える部分 （図12・14, 12・15）

5）前面道路の反対側に公園・広場・水面等がある場合〔第56条第6項，令第134条〕

前面道路の反対側の公園等の反対側の境界線にあるものとみなす（図12・16）．

6）前面道路より1m以上敷地が高い場合〔第56条第6項，令第135条の2〕（図12・17）

H：前面道路の中心から高さ（$H \geq 1.0$m）

緩和される高さ $= \dfrac{H-1}{2}$（m）

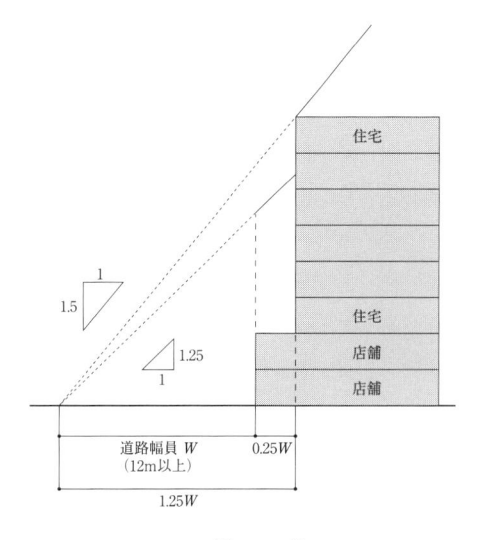

図12・11[*2]

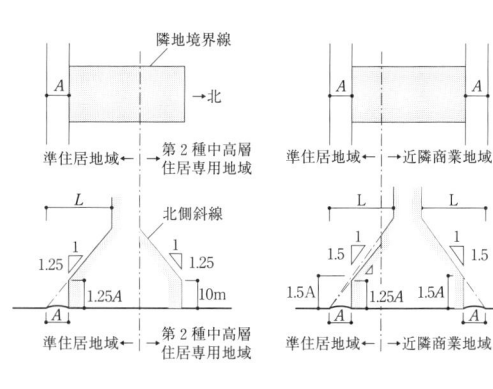

図12・12[*2]

(a) 準住居地域と第2種中高層住居専用地域にわたる場合

(b) 準住居地域と近隣商業地域にわたる場合

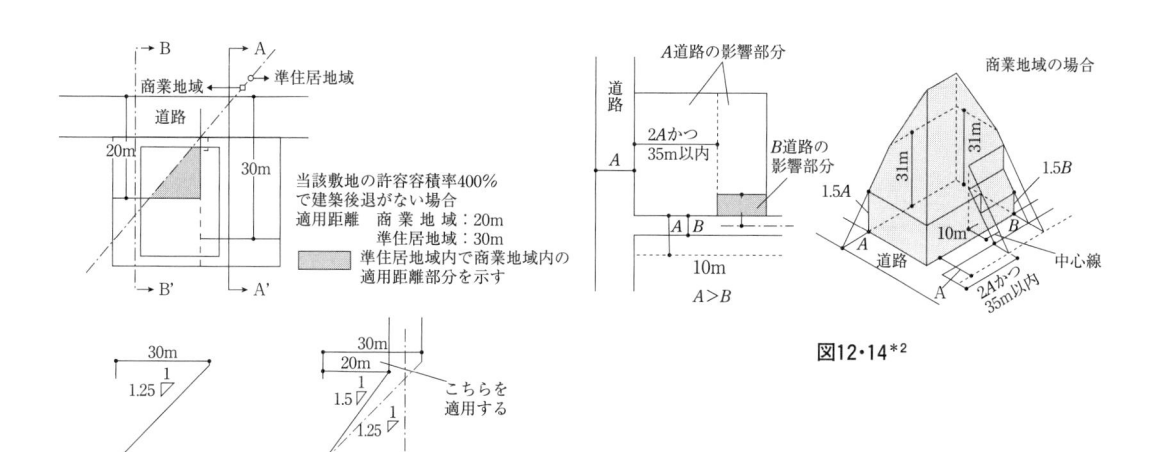

図12・13[*2]

図12・14[*2]

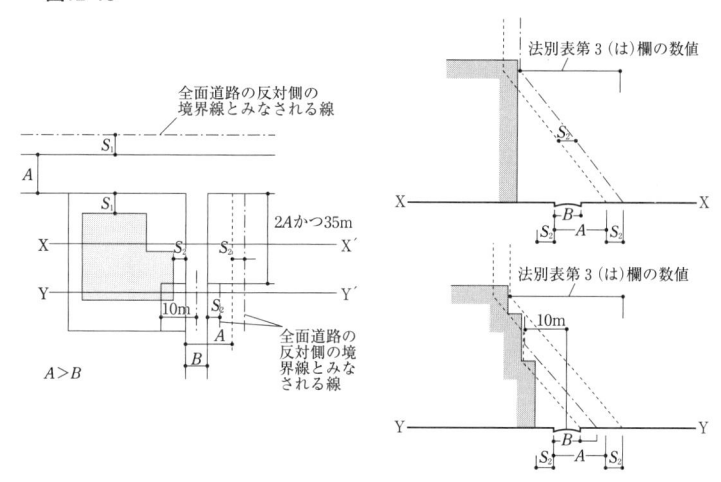

図12・15[*2]

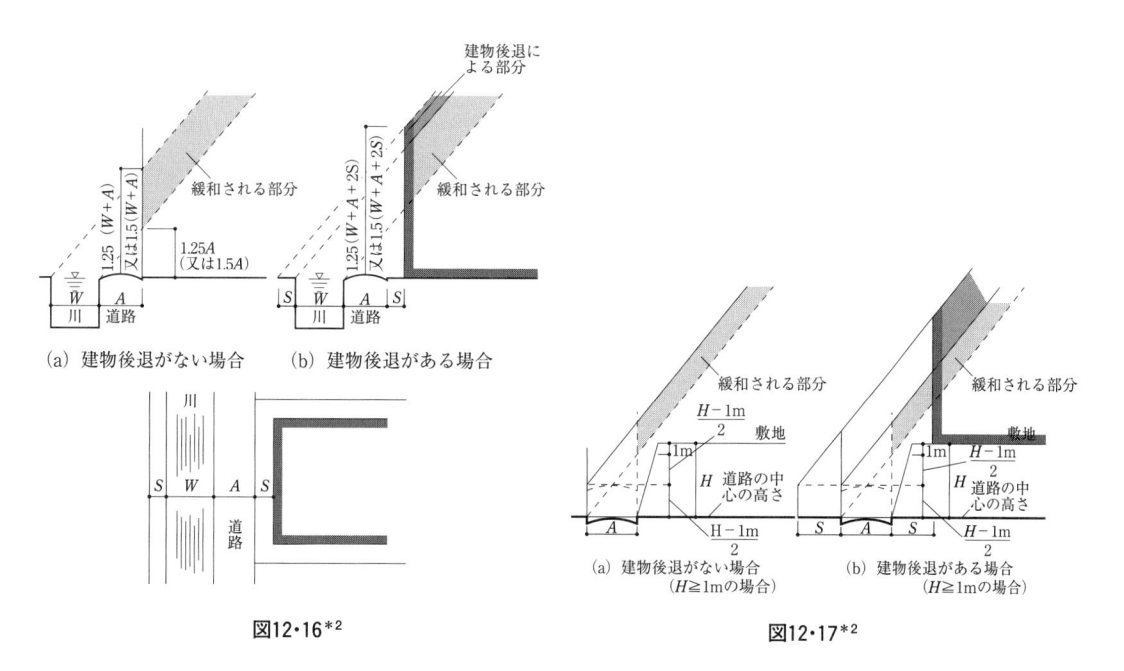

(a) 建物後退がない場合　(b) 建物後退がある場合

図12・16[*2]

(a) 建物後退がない場合　(b) 建物後退がある場合
　　($H≧1m$の場合)　　　　　($H≧1m$の場合)

図12・17[*2]

[*2]　小嶋『〈図解テキスト〉建築法規』より

12・2　隣地斜線〔第56条第1項第一号〕（図12・18, 12・19）

隣地境界線までの水平距離：L（m）

- $1.25L + 20\text{m}$ ｜ 第1種中高層住居専用地域，第2種中高層住居専用地域，第1種住居地域，第2種住居地域，準住居地域，用途地域の指定のない区域で1.25の地域
- $2.50L + 31\text{m}$ ｜ 近隣商業地域，商業地域，準工業地域，工業地域，工業専用地域，高層住居誘導地区内で住宅部分の面積が延べ面積の2/3以上であるもの．用途地域の指定のない区域で2.5の地域

緩和

1）建築物の敷地が公園（児童公園を除く），広場，水面等に接する場合〔第56条第6項，令第135条の3第1項第一号〕（図12・20）

　　公園・広場，水面等の幅の1/2だけ外側にあるものとみなす．

2）隣地の地盤面より，1m以上敷地が低い場合〔第56条第6項，令第135条の3第1項第二号〕（図12・21）

　　H：隣地の地盤面との高低差（$H \geqq 1.0\text{m}$）

$$\text{緩和される高さ} = \frac{H-1}{2}（\text{m}）$$

12・3　北側斜線〔第56条第1項，第三号〕（図12・22）

- 第1種低層住居専用地域，第2種低層住居専用地域　$1.25L + 5\text{m}$
- 第1種中高層住居専用地域，第2種中高層住居専用地域　$1.25L + 10\text{m}$

前面道路の反対側又は，隣地境界線までの真北方向の水平距離に，1.25を乗じて得たものに上記の地域別に，5m又は，10m加えたもの．

緩和

1）北側の前面道路の反対側に水面・線路敷等がある場合（図12・23）

　　北側の隣地に水面・線路敷等がある場合（図12・24）

　　〔令第135条の4第1項第一号〕

　　水面・線路敷の幅の1/2だけ外側にあるものとみなす．

2）北側の隣地の地盤面より1m以上，敷地が低い場合

　　〔令第135条の4第1項第二号〕（図12・25）

　　H：隣地の地盤面との高低差（$H \geqq 1.0\text{m}$）

$$\text{緩和される高さ} = \frac{H-1}{2}（\text{m}）$$

3）計画道路又は，予定道路を前面道路とみなす場合

　　〔令第135条の4第1項第三号〕

　　計画道路又は，予定道路内の隣地境界線はないものとみなす．なぜならば，道路斜線が発生するからである．

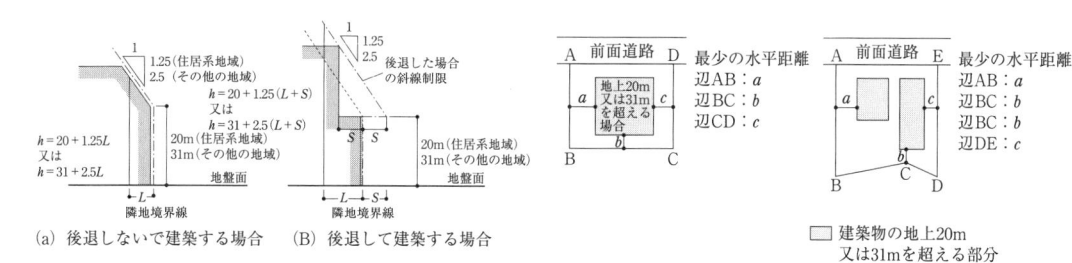

(a) 後退しないで建築する場合　(B) 後退して建築する場合

図12・18　隣地斜線[*2]

図12・19　最少の水平距離の算定[*2]

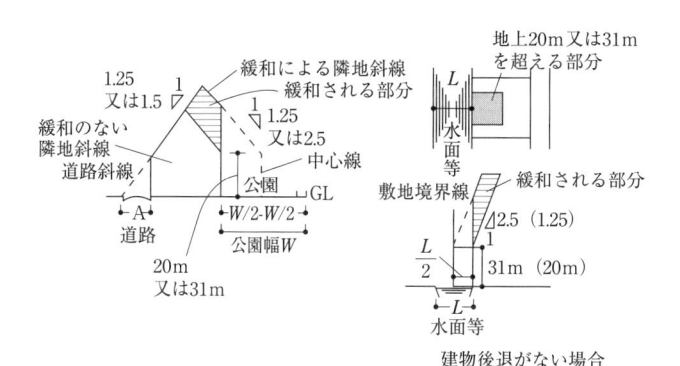

図12・20　公園・広場等に接する場合[*2]

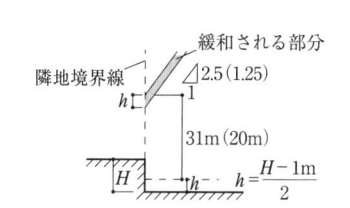

図12・21　地盤面に高低差がある場合[*2]

$h = \dfrac{H-1\text{m}}{2}$

(a) 第1種・第2種低層住居専用地域　(B) 第1種・第2種中高層住居専用地域

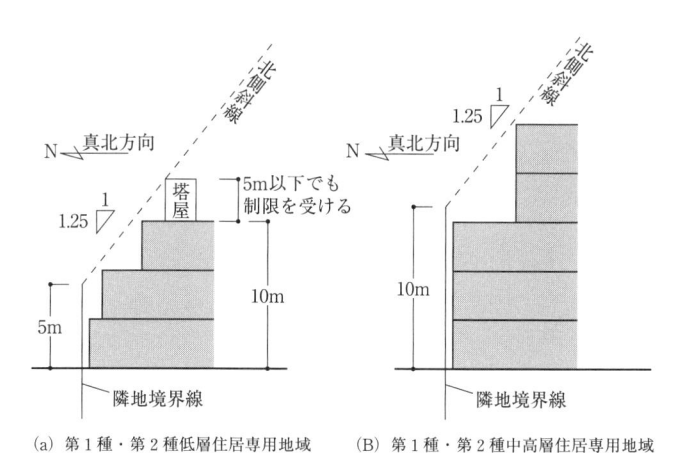

図12・22　北側斜線制限[*2]

注)
1. 2以上の地域にまたがる場合，異なる区域に属する制限が適用される．
2. 日影規制の対象区域に指定された第1種中高層住居専用地域，第2種中高層住居専用地域は，北側斜線制限は適用されない．
3. 塔屋等の屋上部分の緩和はない．

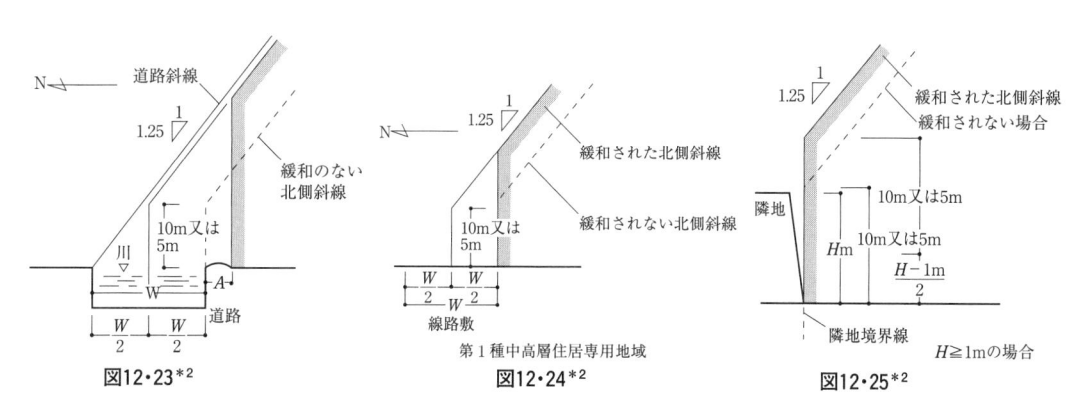

図12・23[*2]

第1種中高層住居専用地域
図12・24[*2]

$H \geqq 1\text{m}$の場合
図12・25[*2]

[*2]　小嶋『〈図解テキスト〉建築法規』より

⎛第1種低層住居専用地域⎞
⎝第2種低層住居専用地域⎠

北側斜線
1.0
1.25

道路斜線
1.0
1.25

W
道路

5m

10m
又は
12m

1.25W

隣地境界線

N

⎛第1種中高層住居専用地域⎞
⎝第2種中高層住居専用地域⎠

隣地斜線
1.0
1.25

道路斜線
1.0
1.25

北側斜線
1.0
1.25

W
道路

10m

20m 1.25W

隣地境界線

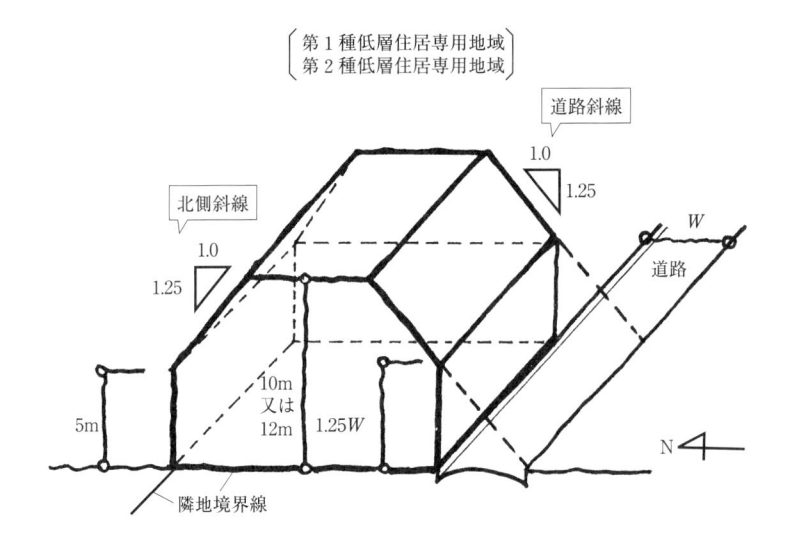

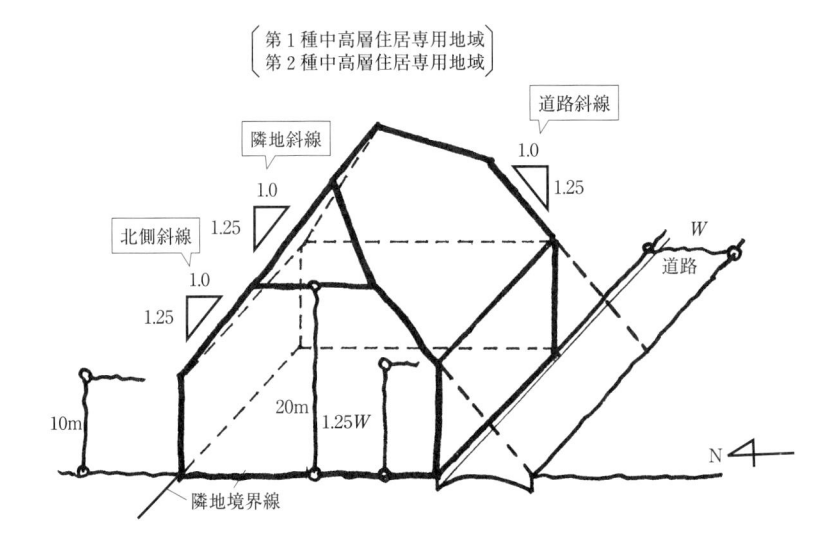

N

図12・26　用途地域による建築物の高さの制限（1）

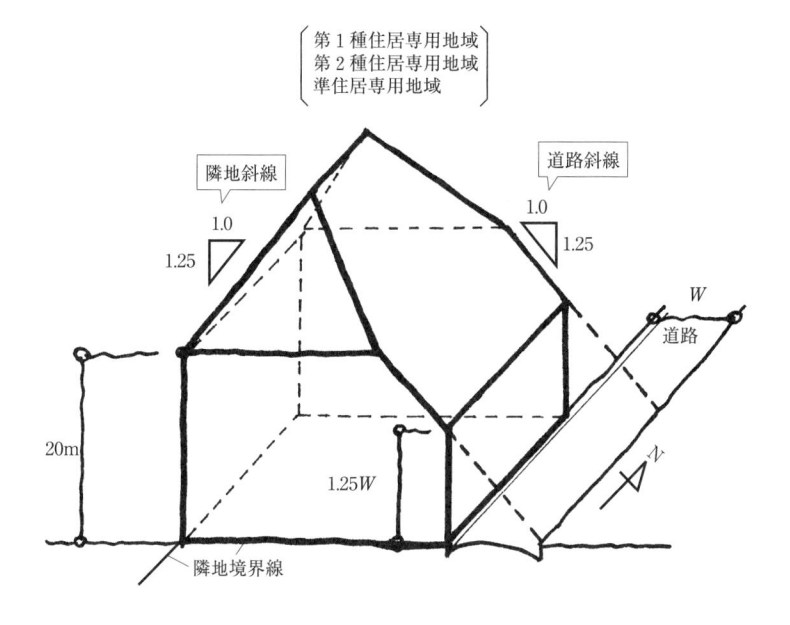

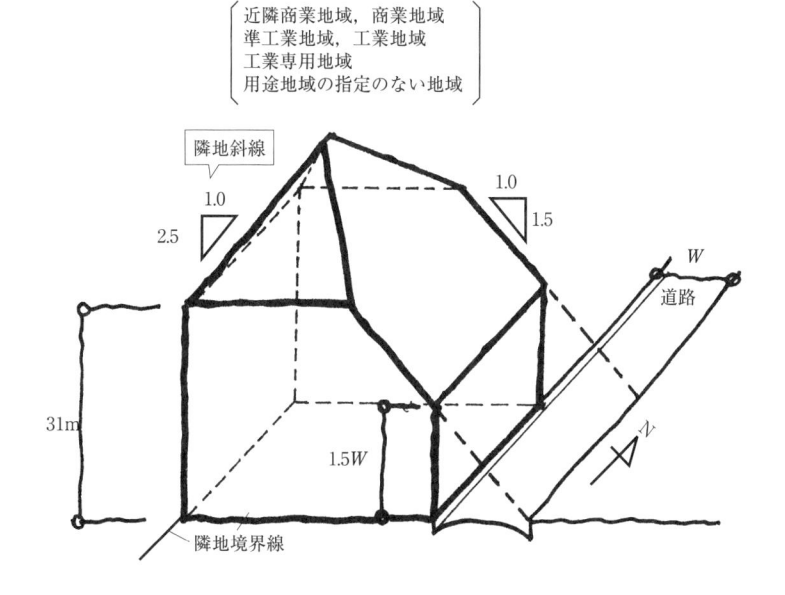

図12・27 用途地域による建築物の高さの制限（2）

12・4　斜線制限の適用の除外（天空率）

斜線制限と同程度以上の採光・通風等を確保する建築物に係る斜線制限の適用の除外〔第56条第7項，令第135条の5～11〕

斜線制限により確保される採光・通風等を，ある一定の位置において同程度以上の採光・通風等が確保されるものとして，政令で定める基準に適合する建築物については，各斜線制限は適用しない．

天空率〔令第135条の5〕（図12・28）

$Rs = \dfrac{As - Ab}{As}$

Rs：天空率
As：地上のある位置を中心として，その水平面上に想定する半球（以下「想定半球」という．）の水平投影面積．

$Rs_2 > Rs_1$

Ab：建築物及びその敷地の地盤をAsの想定半球と同一の想定半球に投影した投影面の水平投影面積．

Rs_1：「斜線制限による場合」の天空率（適合建築物）（図12・29(a)）
Rs_2：「斜線制限が適用されない場合」の天空率　　　（図12・29(b)）

　　斜線制限の性能規定化が図られ，天空率が適合建築物と同程度以上である場合，斜線制限を適用しない．

天空率の測定点の位置
- 道路斜線制限の場合〔第56条第7項第一号，令第135条の9〕（図12・30）
    - 前面道路の反対側の境界線上
    - 前面道路の幅員の1/2を超えるときは，当該位置の間の境界線上に当該前面道路の幅員の1/2以内の間隔で均等に配置した位置．
- 隣地斜線制限の場合〔第56条第7項第二号，令第135条の10〕（図12・31）
    - $1.25L + 20$mの地域
        隣地境界線から外側に……16m
        均等の間隔………………… 8 m以内ごと
    - $2.5L + 31$mの地域
        隣地境界線から外側に……12.4m
        均等の間隔…………………6.2m以内ごと
- 北側斜線制限の場合〔第56条第7項第三号，令第135条の11〕（図12・32）
    - $1.25L + 5$mの地域
        隣地境界線から真北方向へ外側に…… 4 m
        均等の間隔………………………………1.0m以内ごと
    - $1.25L + 10$mの地域
        隣地境界線から真北方向へ外側に…… 8 m
        均等の間隔……………………………… 2 m以内ごと

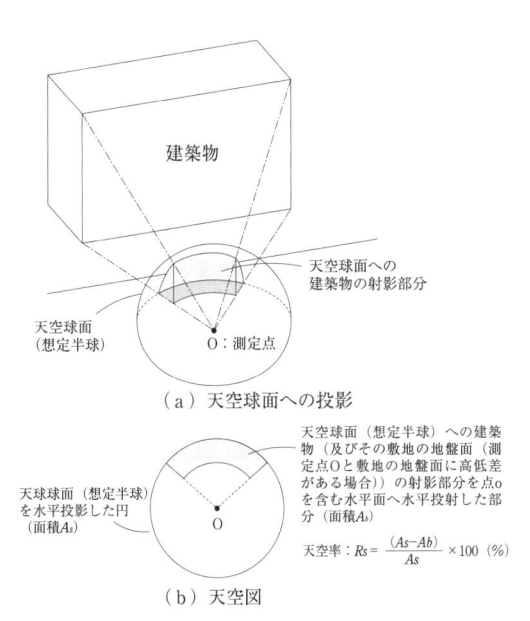

(a) 天空球面への投影

天空球面（想定半球）への建築物（及びその敷地の地盤面（測定点Oと敷地の地盤面に高低差がある場合））の射影部分を点oを含む水平面へ水平投射した部分（面積A_b）

天球面（想定半球）を水平投射した円（面積A_s）

天空率：$Rs = \dfrac{(As - Ab)}{As} \times 100$ (%)

(b) 天空図

図12・28　天空率[*1]

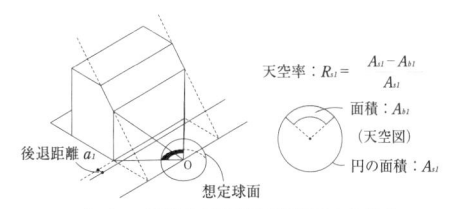

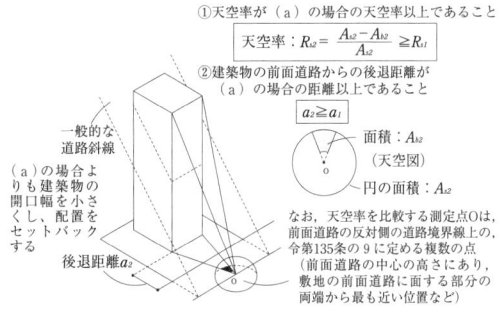

天空率：$R_{s1} = \dfrac{A_{s1} - A_{b1}}{A_{s1}}$

面積：A_{b1}（天空図）

円の面積：A_{s1}

(a) 一般的な道路斜線規制による場合

① 天空率が (a) の場合の天空率以上であること

天空率：$R_{s2} = \dfrac{A_{s2} - A_{b2}}{A_{s2}} \geq R_{s1}$

② 建築物の前面道路からの後退距離が (a) の場合の距離以上であること

$a_2 \geq a_1$

面積：A_{b2}（天空図）

円の面積：A_{s2}

なお，天空率を比較する測定点Oは，前面道路の反対側の道路境界線上の，令第135条の9に定める複数の点（前面道路の中心の高さにあり，敷地の前面道路に面する部分の両端から最も近い位置など）

(b) 一般的な道路斜線制限が適用されない場合

図12・29　天空率の比較による道路斜線制限の緩和
（敷地の地盤面と測定点Oに高低差がない場合）[*1]

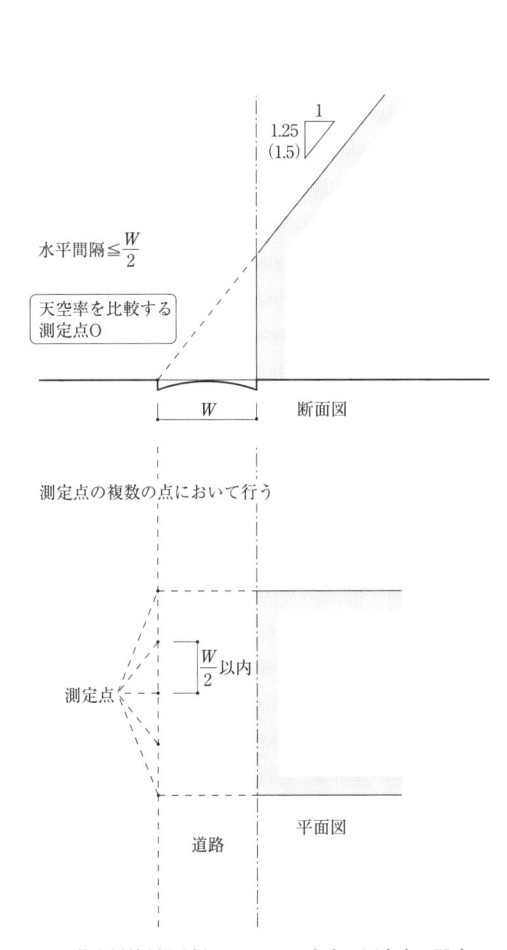

水平間隔 ≦ $\dfrac{W}{2}$

天空率を比較する測定点O

断面図

測定点の複数の点において行う

$\dfrac{W}{2}$ 以内

測定点

道路

平面図

図12・30　道路斜線制限緩和における天空率の測定点の設定

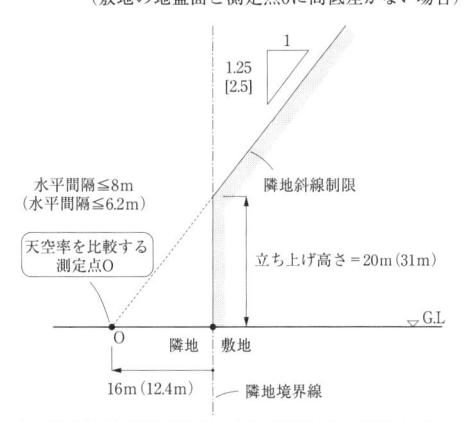

水平間隔 ≦ 8m（水平間隔 ≦ 6.2m）

天空率を比較する測定点O

隣地斜線制限

立ち上げ高さ = 20m (31m)

G.L

16m (12.4m)　隣地境界線

天空率を比較する測定点Oは，上図の位置にある令135条の10に定める複数の点（原則として，敷地の地盤面の高さにあり，敷地に面する部分の両端上の位置など）

図12・31　隣地斜線制限緩和における天空率の測定点の設定[*1]

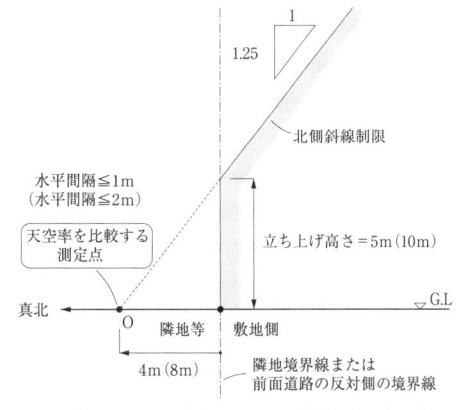

水平間隔 ≦ 1m（水平間隔 ≦ 2m）

天空率を比較する測定点

北側斜線制限

立ち上げ高さ = 5m (10m)

真北　隣地等　敷地側　G.L

4m (8m)　隣地境界線または前面道路の反対側の境界線

天空率を比較する測定点Oは，上図の位置にある令135条の11に定める複数の点（原則として，敷地の地盤面の高さにあり，敷地の真北に面する部分の両端から真北方向の位置など）

図12・32　北側斜線制限緩和における天空率の測定点の設定[*1]

[*1] 片倉ほか『〈建築学テキスト〉建築行政』より

12・5　日影による中高層の建築物の高さの制限〔第56条の2，別表4〕

表12・3　日影による中高層建築物の高さの制限

	（い）地域又は区域	（ろ）制限を受ける建築物	（は）平均地盤面からの高さ	（に）	敷地境界線からの水平距離が10m以内の範囲における日影時間	敷地境界線からの水平距離が10mを超える範囲における日影時間
一	第1種低層住居専用地域又は第2種低層住居専用地域	軒の高さが7mを超える建築物又は地階を除く階数が3以上の建築物	1.5m	(1)	3時間（道の区域内にあっては，2時間）	2時間（道の区域内にあっては，1.5時間）
				(2)	4時間（道の区域内にあっては，3時間）	2.5時間（道の区域内にあっては2時間）
				(3)	5時間（道の区域内にあっては，4時間）	3時間（道の区域内にあっては，2.5時間）
二	第1種中高層住居専用地域又は第2種中高層住居専用地域	高さが10mを超える建築物	4m又は6.5m	(1)	3時間（道の区域内にあっては，2時間）	2時間（道の区域内にあっては，1.5時間）
				(2)	4時間（道の区域内にあっては，3時間）	2.5時間（道の区域内にあっては，2時間）
				(3)	5時間（道の区域内にあっては，4時間）	3時間（道の区域内にあっては，2.5時間）
三	第1種住居地域，第2種住居地域，準住居地域，近隣商業地域又は準工業地域	高さが10mを超える建築物	4m又は6.5m	(1)	4時間（道の区域内にあっては，3時間）	2.5時間（道の区域内にあっては，2時間）
				(2)	5時間（道の区域内にあっては，4時間）	3時間（道の区域内にあっては，2.5時間）
四	用途地域の指定のない区域（地方公共団体がその地方の気候及び風土，当該区域の土地利用の状況を勘案して条で指定する区域）	軒の高さが7mを超える建築物又は地階を除く階数が3以上の建築物	1.5m	(1)	3時間（道の区域内にあっては，2時間）	2時間（道の区域内にあっては，1.5時間）
				(2)	4時間（道の区域内にあっては，3時間）	2.5時間（道の区域内にあっては，2時間）
				(3)	5時間（道の区域内にあっては，4時間）	3時間（道の区域内にあっては，2.5時間）
		高さが10mを超える建築物	4m	(1)	3時間（道の区域内にあっては，2時間）	2時間（道の区域内にあっては，1.5時間）
				(2)	4時間（道の区域内にあっては，3時間）	2.5時間（道の区域内にあっては，2時間）
				(3)	5時間（道の区域内にあっては，4時間）	3時間（道の区域内にあっては，2.5時間）

表において，平均地盤面からの高さとは，当該建築物が周囲の地面と接する位置の平均の高さにおける水平面からの高さをいうものとする．

注1　（　）内の時間は北海道の区域にかかるもの．
注2　屋上突出部（階段室等で屋上部分の水平投影面積が建築面積の1/8以下の場合に限る）については，その部分の高さが5mまでは高さに算入しない．
注3　高層住居誘導地区内の建築物（住宅の用途に供する部分の床面積の合計が延べ面積の2/3以上のもの．）については，地区内は適用除外（法57条の2，4項）
注4　表中（二）（三）の項においては，当該各項に掲げる平均地盤面の高さのうちから地方公共団体が条例で指定する．
注5　都市再生特別地区内は，適用除外．

表12・3に掲げる地域，建築物で冬至日の真太陽時による，午前8時から午後4時まで（北海道は午前9時から午後3時まで）の間において，（は）に掲げる平均地盤面の高さの水平面で測定した日影時間は，敷地境界線からの水平距離，5mを超え10m以内の範囲，10mを超える範囲に，上記の表に掲げる日影時間以上を生じさせないこと（図12・33，12・34）．

- 同一敷地内に2以上の建築物がある場合，これらの建築物を一の建築物とみなす（図12・35，12・36）．〔第56条の2第2項〕
- 道路・水面等に接する場合〔第56条の2第3項，令第135条の12第1項第一号〕
  10m以下の場合，その幅の1/2だけ外側にあるものとみなす（図12・37）
  10mを超える場合，反対側の境界線から敷地側に5mの線（図12・38）
- 北側の隣地より1m以上低い場合（図12・39）〔令第135条の12第1項第二号〕
- 対象区域外にある10mを超える建築物で対象区域内に日影を生じさせる場合は，日影規制が適用される〔第56条の2第4項〕

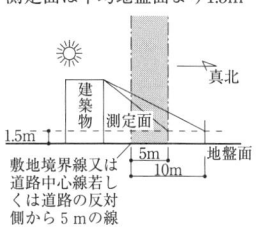

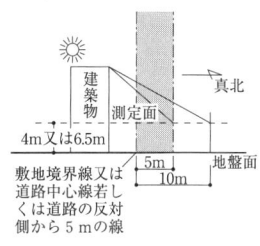

図12·33 日影の測定面*2

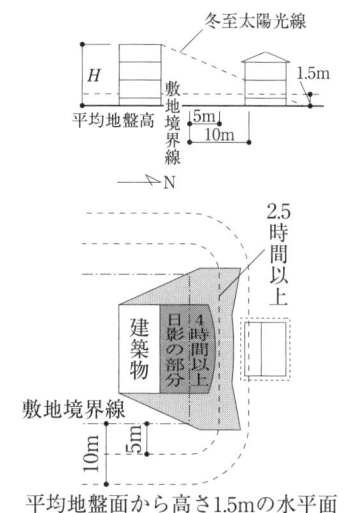

図12·34 日影時間の測定範囲*2
(a) 第1種・第2種低層住居専用地域〔規制時間の種類(2)の場合〕
(b) 第1種・第2種中高層住居専用地域〔規制時間の種類(3)の場合〕

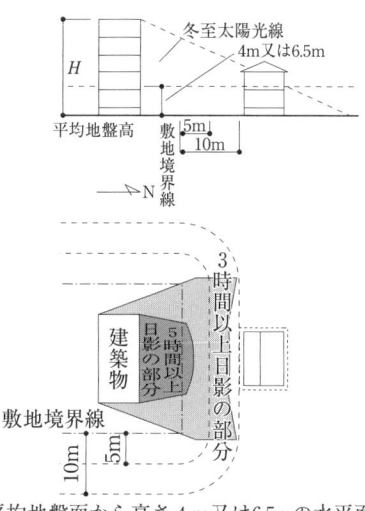

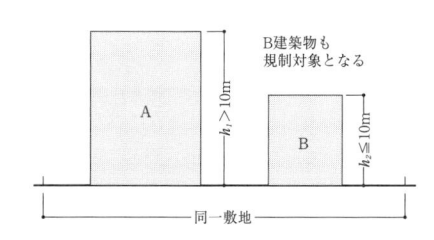

図12·35 敷地内に2棟の建築物がある場合
(第1種低層住居専用地域, 第2種低層住居専用地域以外)*2

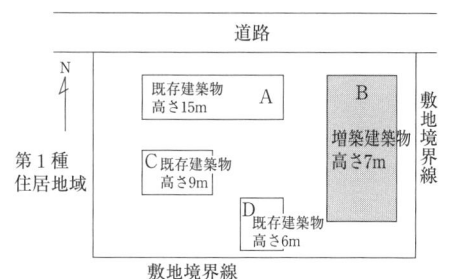

図12·36 同一敷地内に2以上の建築物がある場合*2
（例）既存建築物Aが規制対象建築物として高さを有しているため，A，B，C，D，全部が日影規制を受ける．（ただし，A，B，C，Dとも用途上不可分にあたる建築物である．）

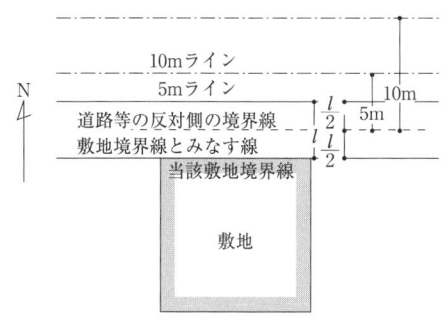

図12·37 10m以下の場合*2

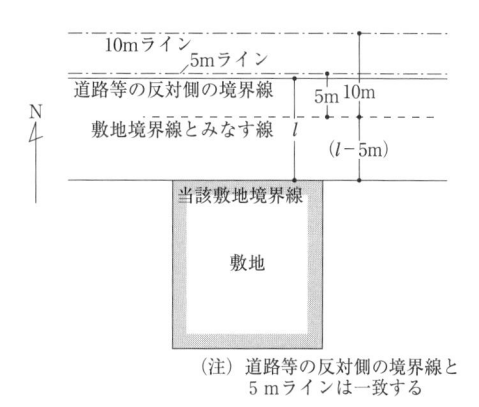

図12·38 10mを超える場合*2
（注）道路等の反対側の境界線と5mラインは一致する

*2 小嶋『〈図解テキスト〉建築法規』より

【問題1】 建築基準法上, 建築物の高さの制限についての記述で, 誤っているものは, 次のうちどれか.
1. 第1種低層住居専用地域では, 軒の高さが7mをこえる建築物, 又は地上階数2以上の建築物について日影規制が適用される.
2. 第2種中高層住居専用地域内における真北方向の隣地境界線からの建築物の各部分の高さは, 地盤面からの高さによる.
3. 都市計画区域外では, 当該部分から前面道路の反対側の境界線までの水平距離による高さの制限を受けない.
4. むね飾, 防火壁の屋上突出部分は高さに算入しない.
5. 都市計画区域内における当該部分から前面道路の反対側の境界線までの水平距離による高さの制限は, 前面道路の中心から測った高さになる.

【問題2】 近隣商業地域内の敷地に, 配置図のように道の境界線から2m後退して建築物を建築する場合, 配置図のa〜a′における前面道路による建築物の各部分の高さの限度(道路斜線制限)を示す断面として, 建築基準法上, 正しいものは次のうちどれか. ただし, 敷地と道路との高低差, 門及び塀はないものとし, 配置図に記載されているものを除き地域, 地区及び建築行政庁の指定等はないものとする. 容積率は200%とする.

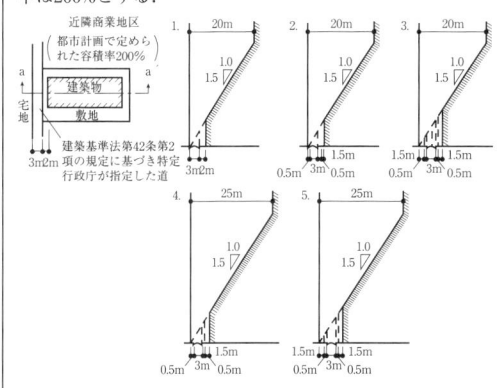

【問題3】 第1種低層住居専用地域内にある図のような敷地に建築物を建築する場合, 建築基準法上, 建築物のA点及びB点における高さの限度の組合せとして, 正しいものは, 次のうちどれか. ただし, 敷地, 隣地及び道路の相互間には高低差はないものとし, 門及び塀はないものとする.

	A点の高さの限度	B点の高さの限度
1.	6.25m	10.00m
2.	6.25m	7.50m
3.	7.50m	7.50m
4.	7.50m	10.00m
5.	7.50m	12.00m

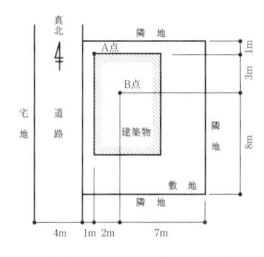

【問題4】 近隣商業地域内に図のような建築物を建築する場合, 建築基準法上, 前面道路に関係する建築物の各部分の高さの制限(道路斜線制限)によるA点における建築物の高さの制限は, 次のうちどれか. ただし, 敷地と道路の高低差, 門及び塀はないものとする.
1. 13.5m
2. 15.0m
3. 16.5m
4. 18.0m
5. 21.0m

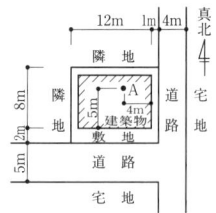

【問題5】 第1種低層住居専用住宅地域内にある図のような敷地に, 道路境界線から1.2m後退して建築物を建築する場合, 建築基準法上, A点における建築物の高さの限度は, 次のうちどれか. ただし, 敷地, 隣地及び道路の相互間には高低差はないものとし, 門及び塀はないものとする.
1. 6.5m
2. 7.8m
3. 8.0m
4. 9.6m
5. 10.0m

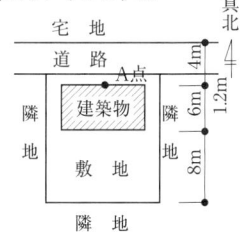

【問題6】 第1種低層住居専用地域内に図のような建築物を建築する場合, 建築基準法上, A点における建築物の高さの限度は12mとし, 敷地, 隣地及び道路の相互間の高低差並びに門及び塀はないものとする.
1. 7.50m
2. 8.75m
3. 9.00m
4. 10.00m
5. 12.00m

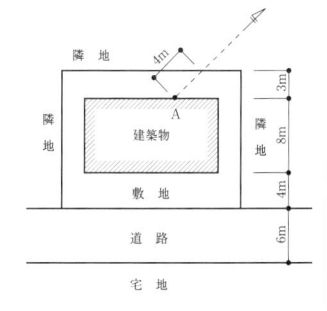

【問題7】 中高層建築物の日影規制に関する次の記述のうち, 建築基準法上, 誤っているものはどれか.
1. 日影規制の対象区域は, 地方公共団体の条例で指定する.
2. 近隣商業地域内においては, 原則として, 高さが10mを超える建築物について, 日影規制を適用する.
3. 建築物の敷地が幅員10mを超える道路に接する場合, 当該道路に接する敷地境界線は, 当該道路の幅の1/2だけ外側にあるものとみなして, 日影規制を適用する.
4. 特定街区内の建築物については, 日影規制は適用しない.
5. 平均地盤面からの高さとは, 当該建築物が周囲の地面と接する位置の平均の高さにおける水平面からの高さをいう.

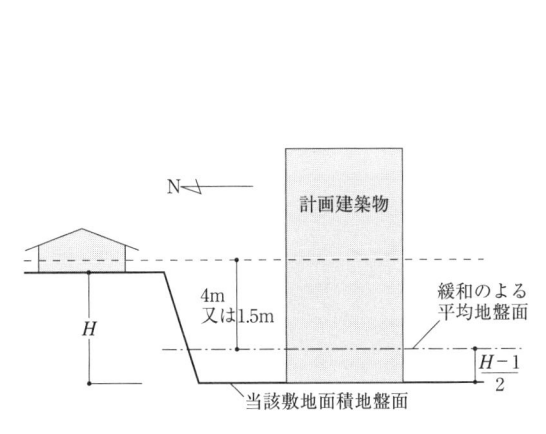

図12・39 北側の隣地より1m低い場合*2

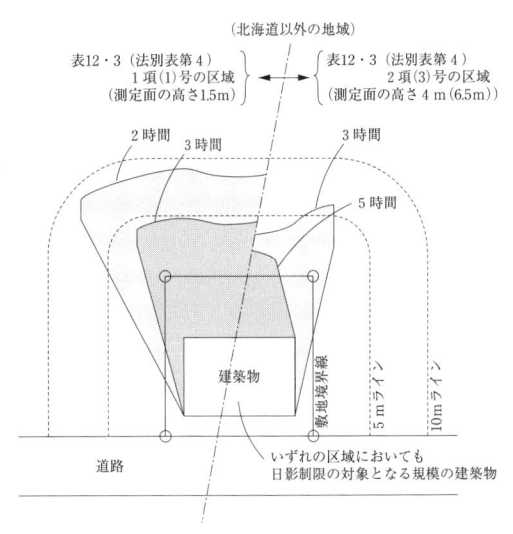

図12・40 建築物が日影時間の制限の異なる区域の内外にわたる場合の例*1

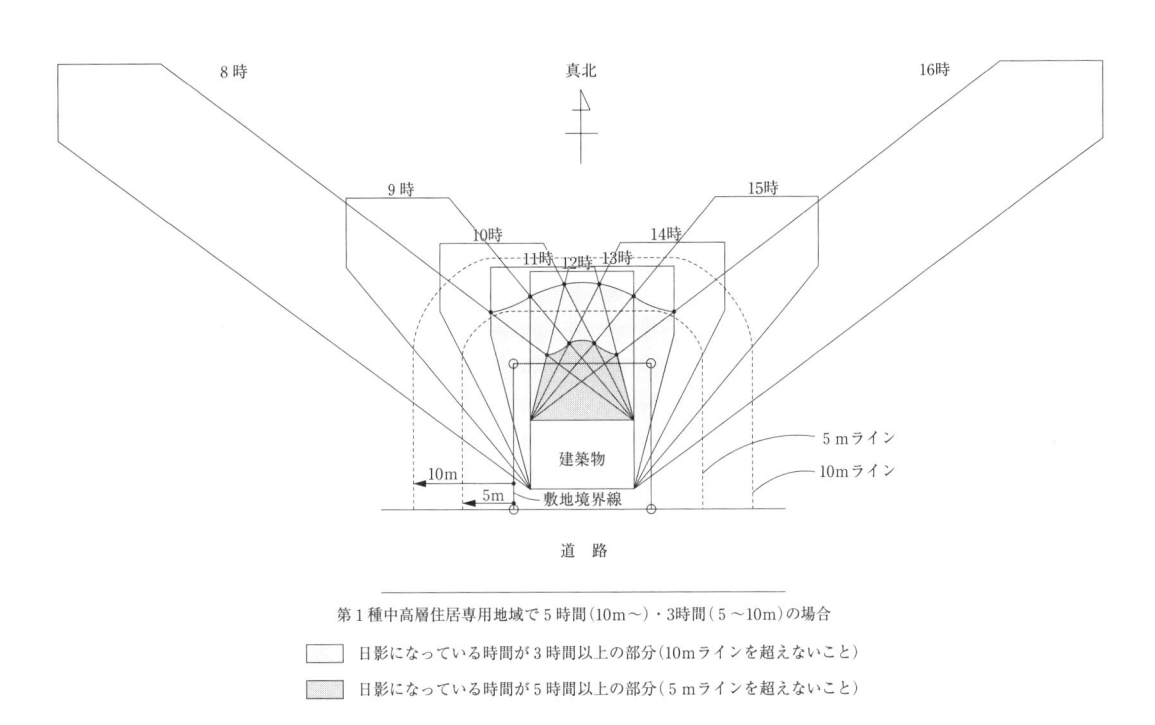

第1種中高層住居専用地域で5時間（10m～）・3時間（5～10m）の場合

□ 日影になっている時間が3時間以上の部分（10mラインを超えないこと）

■ 日影になっている時間が5時間以上の部分（5mラインを超えないこと）

図12・41　日影規制の例*1

*1　片倉ほか『〈建築学テキスト〉建築行政』より
*2　小嶋『〈図解テキスト〉建築法規』より

13 防火地域・準防火地域

13・1 防火地域・準防火地域

(1) 防火地域内の建築物及び準防火地域内の建築物〔法第61条，法第62条〕

表13・1 防火・準防火地域内の建築制限*1

地域		対象建築物等		構造等	
(ア)	防火地域	(1)	地階を含む階数≧3または延べ面積>100m²の建築物	耐火建築物	（適用除外されるもの） ①延べ面積≦50m²の平屋建附属建築物で，外壁と軒裏が防火構造のもの ②主要構造部が不燃材料でつくられた卸売市場の上屋・機械製造工場，または類似の構造で同等以上に火災の発生のおそれの少ない用途のもの ③不燃材料でつくられたまたはおおわれた，高さ>2mの門または塀 ④高さ≦2mの門または塀
		(2)	(1)以外の建築物	耐火建築物または準耐火建築物	
		(3)	屋上設置または高さ>3mの看板，広告塔，装飾塔等	主要部分を不燃材料でつくるか，おおうこと	
	準防火地域	(1)	地上階数≧4または延べ面積>1,500m²の建築物	耐火建築物	（適用除外されるもの） 上記②のもの
		(2)	地上階数≦3かつ500m²<延べ面積≦1,500m²の建築物	耐火建築物または準耐火建築物	
		(3)	地上階数=3かつ延べ面積≦500m²の建築物	耐火建築物，準耐火建築物または令第136条の2に定める技術的基準に適合するもの	
		(4) 木造建築物等	延べ面積≦500m²かつ地上階数≦2の木造建築物等	外壁・軒裏の延焼のおそれのある部分を防火構造にすること	
			木造建築物等に附属する高さ>2mの門または塀	1階であるとした場合に延焼のおそれのある部分に該当する部分を不燃材料でつくるか，おおうこと	
(イ)	防火地域または準防火地域	すべての建築物	屋根	右欄①～②のいずれかの構造，または国土交通大臣の認定を受けたものとすること	①屋根を不燃材料でつくるか，ふく ②屋根を準耐火構造（屋外に面する部分は準不燃材料でつくる）とする ③屋根を耐火構造（屋外に面する部分は準不燃材料でつくり，勾配は30度以内）の屋外側に一定の断熱材（厚さ合計≦50mm）および防水材を張ったものとする ④難燃材料でつくるか，ふく	④は，次のいずれかの場合に限る． 1) スケート場，水泳場，スポーツ練習場等 2) 不燃性物取扱荷捌き場等，火災発生のおそれの少ない用途 3) 畜舎，堆肥舎，水産物の増殖場・養殖場
			延焼のおそれのある部分の外壁開口部	右欄の仕様の防火設備，または国土交通大臣の認定を受けた防火設備を設けること	防火設備としての防火戸が枠または他の防火設備と接する部分は，相じゃくりとし，または定規縁もしくは戸当たりを設けるなど，閉鎖した際にすき間が生じない構造とし，かつ，防火設備の取付金物は，取付部分が閉鎖した際に露出しないように取付けること	

(2) 外壁の開口部の防火戸〔法第64条〕

防火地域又は，準防火地域内にある建築物は，その外壁の開口部で延焼のおそれのある部分に，防火戸その他，政令で定める防火設備を設けなければならない．（表13・4）

(3) 隣地境界線に接する外壁〔法第65条〕

防火地域又は，準防火地域内にある，外壁が耐火構造のものについては，その外壁を隣地境界線に接して設けることができる．

(4) 看板等防火措置〔法第66条〕

防火地域内にある看板，広告塔，装飾塔その他これらに類する工作物で次のものは，その主要な部分を不燃材料で造り，おおわなければならない．

- 建築物の屋上にあるもの
- 高さが3mを超えるもの

(5) 建築物が防火地域又は，準防火地域の内外にわたる場合の措置〔法第67条〕

- その全部について制限のきびしい地域の規定を適用する
- 防火壁で区画されている場合は，この限りでない（図13・2）

図13・1 準防火地域内でできる木造3階の建築物[*2]
〔法第62条, 令第136条の2〕

図の引き出し線説明：
- 屋根：不燃材料で造るかまたは葺く（平成12年告示1365号）
- 屋根の屋内側または屋根の直下の天井：石こうボード12mm＋9mm等
- 軒裏：防火構造
- 3階の室の部分の区画：壁または戸を設ける
- 隣地境界線から5m以下の部分：
  ①隣地境界線からの距離に応じてその面積を制限，
  ②延焼のおそれある部分は防火戸
- 床の裏側または床の直下の天井：石こうボード12mm等
- 主要構造物である柱・はり：小径を12cm以上とするか，または石こうボード12mm等で被覆
- 外壁：防火構造＋石こうボード12mm等
- 隣地境界線から1m以下の部分にある開口部：防火設備

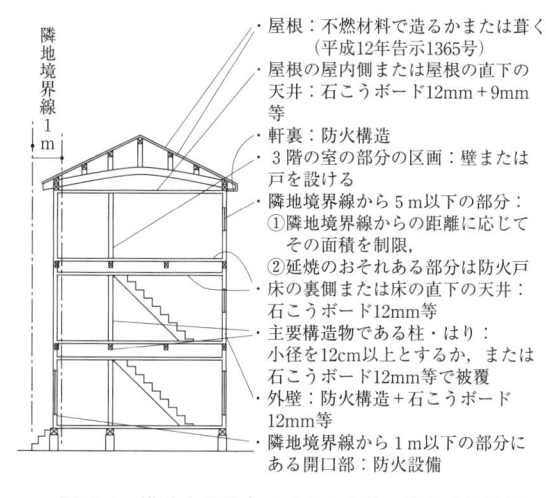

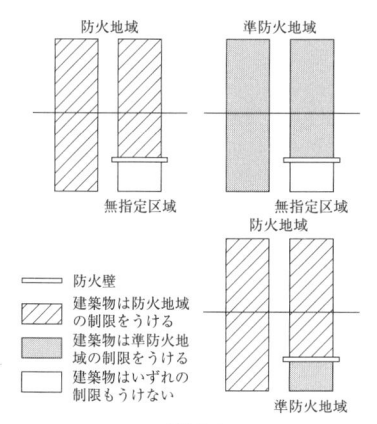

図13・2

凡例：
- 防火壁
- 建築物は防火地域の制限をうける
- 建築物は準防火地域の制限をうける
- 建築物はいずれの制限もうけない

表13・2 準防火地域内で建築できる地階を除く階数が3である建築物の技術的基準〔令136条の2〕

外壁の開口部構造	（注1）・隣地境界線等から1m以下の外壁の開口部には，常時閉鎖式又は煙・熱感知器連動閉鎖式で法2条9号の2のロに規定する防火設備（はめごろし戸も含む）等を設ける．ただし，換気孔又は便所，浴室等（居室及び火気使用室を除く）の換気用の0.2m²以下の窓を除く
面積制限	・隣地境界線等又は道路中心線から5m以下にある開口部は水平距離に応じて面積制限する〔昭和62年告示1903号〕
外壁の構造	・防火構造かつ，屋内側からの火熱で燃え抜けないこと，石こうボード12mm等〔昭和62年告示1905号〕
軒裏	防火構造
主要構造部である柱・梁，その他国土交通大臣指定の建築物の部分（注2）	①小径は12cm以上　ただし，防火上有効に被覆した壁又は床の内部，天井裏等にあるものは除く，石こうボード12mm等〔昭和62年告示1905号〕　②通常火災により容易に倒壊するおそれのない構造
床（最下階の床を除く），又はその直下の天井	・容易に燃え抜けないこと　石こうボード12mm〔昭和62年告示1905号〕
屋根又はその直下の天井	・容易に燃え抜けないこと　石こうボード12mm＋9mm等〔昭和62年告示1905号〕
3階の部分	・室とその他の部分とを壁・戸（ふすま，障子を除く）で区画する

注1　隣地境界線等：隣地境界線及び同一敷地内の他の建築物（同一敷地内の建築物が500m²以内である場合における当該地の建築物を除く）との外壁間の中心線

注2　国土交通大臣指定の建築物の部分〔昭和62年告示1904号〕：枠組壁工法の建築物の床（最下階の床を除く），耐力壁，小屋根トラスの直下の天井

表13・3 屋根に必要な性能[*2]

屋根	火災	要件
22条区域の建築物の屋根（法第22条，令第109条の5）	通常の火災	・防火上有害な発炎をしないこと．・屋内に火炎が達する損傷を生じないこと．防火上有害な損傷を生じないこと（不燃性の物品を保管する倉庫等で屋根以外の主要構造部が準不燃材料で造られたものの屋根を除く．）
防火地域及び準防火地域の建築物の屋根（法第63条，令第136条の2の2）	市街地における通常の火災	

注　市街地における通常の火災による火の粉は，通常の区域よりも建築物周辺の市街地が稠密であり，火の粉の大きさも大きくなることが予想されるため，当該地域での火災の状況を考慮してより大きな火の粉に対する性能を求めることとした．

ワンポイントアドバイス

「屋根を不燃材料で造る」とは，屋根の構成材料を不燃で造ること．

「屋根を不燃材料で葺く」とは，屋根下地の如何にかかわらず，屋根葺き材を不燃材料ですること．

表13・4 防火地域又は準防火地域内にある建築物の開口部の延焼のおそれのある部分に設ける防火設備の構造方法を定める件〔平成12年告示1366号〕

1	令136条の2の3に定める技術的基準に適合する防火設備の構造方法は，法2条9号の二，ロに規定する構造とする
2	1に定めるもののほか，防火戸が枠又は他の防火設備と接する部分は，相じゃくりとし，又は定規縁若しくは戸当たりを設ける等閉鎖した際に隙間が生じない構造とし，かつ，防火設備の取付金物は，取付部分が閉鎖した際に露出しないように取付けなければならない

---

*1　片倉ほか『〈建築学テキスト〉建築行政』より
*2　小嶋『〈図解テキスト〉建築法規』より

13・2　その他の地区・地域等

(1) 高度地区〔法第58条，都計法9条第16項〕

高度地区内においては，建築物の高さは，高度地区に関する都市計画において定められた内容に適合するものでなければならない．

(2) 高度利用地区〔法第59条，都計法9条第17項〕

高度利用地区においては，建築物の容積率，建ぺい率，建築面積は，高度利用地区に関する都市計画において定められた内容に適合するものでなければならない．

ただし，次の各号の一に該当する建築物についてはこの限りでない．

1. 木造・鉄骨造，コンクリートブロック造で階数が2以下で，かつ地階を有しない建築物で，容易に移転し又は，除却できるもの．
2. 公衆便所・巡査派出所等で公益上，必要なもの．
3. 学校，駅舎，卸売市場等で公益上必要な建築物で，特定行政庁が用途上又は，構造上やむを得ないと認めて許可したもの．

(3) 総合設計制度〔法第59条の2，令第136条〕

その敷地内に表13・5の空地を有し，かつ，その敷地面積が，表13・6の規模以上である建築物で，特定行政庁が建ぺい率，容積率，各部分の高さについて総合的な配慮がなされていることにより市街地の環境の整備改善に資すると認めて許可したものの，容積率又は各部分の高さは，その許可の範囲内において，各規定による限度を超えるものとすることができる．

(4) 特定街区〔法第60条〕

特定街区内においては，容積率，建築物の高さは，特定街区に関する都市計画において定められた限度以下でなければならない．

特定街区内の建築物について，法第52条〜法第59条の2までの規定は適用しない．

表13・5　総合設計制度の適用条件：敷地内の空地の規模[*1]

法第53条による建ぺい率の限度 K ($\times 100\%$)	空地率（＝空地面積/敷地面積）	
	容積率制限（法第52条）を緩和する場合	高さ制限（法第55条，第56条）のみを緩和する場合
$K \leq 0.5$	$1-K+0.15$	$1-K+0.1$
$0.5 < K \leq 0.55$	0.65	0.6
$0.55 < K$	$1-K+0.2$	$1-K+0.15$

表13・6　総合設計制度の適用条件：敷地面積の規模[*1]

用途地域	敷地面積の規模	特定行政庁が規則で定めることができる敷地面積の規模
第1種・第2種低層住居専用地域	3,000m²以上	1,000m²以上3,000m²未満
第1種・第2種中高層住居専用地域，第1種・第2種・準住居地域，準工業地域，工業地域，工業専用地域	2,000m²以上	500m²以上2,000m²未満
近隣商業地域，商業地域	1,000m²以上	500m²以上1,000m²未満
用途地域の指定のない区域	2,000m²以上	1,000m²以上2,000m²未満

表13・7　特定街区と総合設計との相違

	特定街区	総合設計
発意主体	地方公共団体，地主等の全員同意が義務づけられているため，実態上は開発者の発意による場合が多い	開発者（地主，建築主等）
手続き	都市計画決定（案の縦覧，都計審の議，知事の同意）	建築基準法上の認可（建築審査会の同意，特定行政庁の許可）
適用対象	都市計画上の意味の大きい位置，規模の街区（実態上は，一定の道路に接した一定面積以上の街区）	一定面積以上の任意の建築敷地
ボーナス	ある程度大胆なボーナスが可能	本来の制限の趣旨の範囲内で運用すべきもの
総合評価	行政側が街区にあるべき姿として能動的に指定するという建前から，相当な都市計画上の大義名分（貢献する内容）が求められる	一般的制限の特例措置であるので，良好な街づくりにとっての積極面がなければならないが，特定街区に比して技術的な判断で割り切りやすい

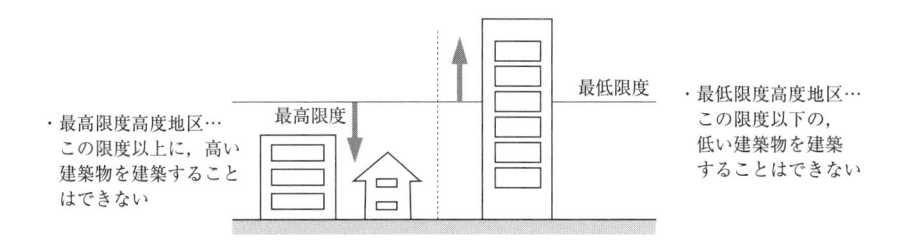

図13・3 高度地区の種類〔建基法第58条・都計法第9条第16項〕

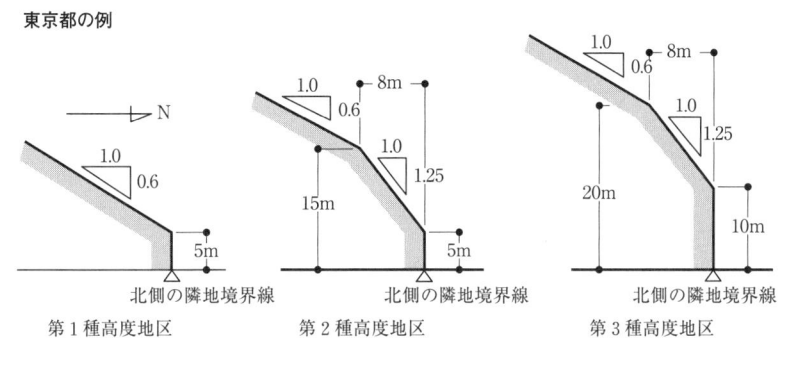

・最高限度高度地区…この限度以上に，高い建築物を建築することはできない

・最低限度高度地区…この限度以下の，低い建築物を建築することはできない

東京都の例

第1種高度地区 / 第2種高度地区 / 第3種高度地区

横浜市の例

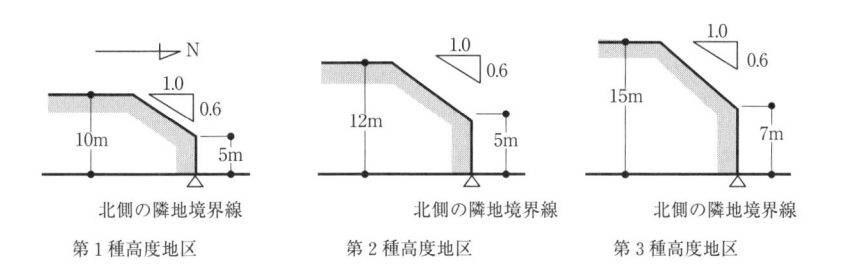

第1種高度地区 / 第2種高度地区 / 第3種高度地区

図13・4 高度地区の指定例（日照対策として建築物に北側斜線制限している）

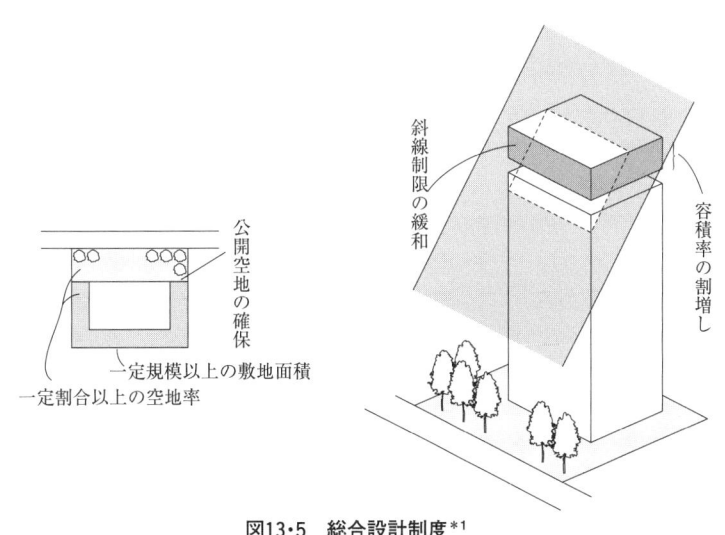

図13・5 総合設計制度[*1]

*1 片倉ほか『〈建築学テキスト〉建築行政』より

(5) 都市再生特別地区〔法第60条の2〕

都市再生特別地区内においては，容積率及び建ぺい率，建築面積，建築物の高さは，都市再生特別地区に関する都市計画において定められた内容に適合するものでなければならない．

ただし，次の各号の一に該当する建築物についてはこの限りでない．

法第59条第1項第一号，第二号，第三号．

(6) 景観地区〔法第68条〕

景観法の施行に伴い基準法第68条の美観地区から景観地区へ改正になった．

景観地区内の制限の規定

    建築物の高さ

    壁面の位置

    敷地面積の最低限度

景観地区内の景観重要建築物（景観法第19条の指定を受けた建築物）で，特定行政庁が認めたものについては，建築物の各部分の高さ（斜線制限）等を条例により定め，緩和することができる．〔法第85条の2〕

【問題1】 防火地域内または準防火地域内の建築物で，建築基準法上，耐火建築物としなければならないのは，次のうちどれか．
1. 防火地域内にある延べ面積30m²以内の平家建附属建築物（外壁及び軒裏が防火構造のもの）
2. 準防火地域内にある延べ面積1,400m²の平家建事務所
3. 防火地域内にある高さ1.8mの門
4. 準防火地域内にある延べ面積450m²の2階建店舗
5. 防火地域内にある延べ面積110m²の平家建店舗

【問題2】 建築基準法上，準防火地域内に建築物を新築する場合，耐火建築物としなければならないものは，次のうちどれか．
1. 延べ面積300m²の3階建共同住宅（政令で定める技術基準に不適合）
2. 延べ面積800m²の2階建展示場
3. 延べ面積1,200m²の2階建営業用倉庫
4. 延べ面積1,500m²の平家建マーケット
5. 延べ面積1,800m²の平家建卸売市場の上屋で主要構造部が不燃材料で造られたもの

【問題3】 次の建築物のうち，建築基準法上，耐火建築物又は準耐火建築物のいずれともしなくてよいものはどれか．ただし，地階はないものとする．
1. 防火地域内の延べ面積90m²の平家建住宅
2. 防火地域内の延べ面積60m²の平家建事務所
3. 準防火地域内の延べ面積600m²の2階建事務所
4. 準防火地域内の延べ面積300m²の3階建病院
5. 準防火地域内の延べ面積400m²の2階建マーケット

【問題4】 次の記述のうち，建築基準法上，誤っているものはどれか．ただし，地階はないものとする．
1. 準防火地域内の3階建延べ面積250m²の学校は，耐火建築物としなければならない．
2. 防火地域内の建築物に設ける高さ4mの看板は，その主要な部分を準不燃材料でおおわなければならない．
3. 準防火地域内の木造2階建延べ面積190m²の倉庫の外壁は，延焼のおそれのある部分を防火構造としなければならない．
4. 防火地域内の平家建延べ面積110m²の住宅は，耐火建築物としなければならない．
5. 防火地域内の3階建延べ面積80m²の事務所は，耐火建築物としなければならない．

【問題5】 防火地域内又は準防火地域内の建築物について，建築基準法上，誤っているものは，次のうちどれか．
1. 防火地域内にある建築物で，外壁が耐火構造のものについては，その外壁を隣地境界線に接して設けることができる．
2. 準防火地域内においては，建築物の屋根で耐火構造でないものは，不燃材料で造り，又はふかなければならない．
3. 防火地域内においては，階数が4の建築物は耐火構造としなければならない．
4. 準防火地域内においては，地階を除く階数が3で，延べ面積が，1,000m²の建築物は準耐火建築物とすることができる．
5. 防火地域及び準防火地域にわたる建築物は，敷地の過半の属する地域の規定が適用される．

表13・8 都市再生特別地区と類似制度の比較[*1]

	項　　目	都市再生 特別地区	高度利用 地区	特定街区	高層住居 誘導地区	地区計画 (再開発等 促進区)	特別用途 地　区
都市計画決定項目	用　途						(条例で決定)
	容積率の最高限度						
	容積率の最低限度						
	建ぺい率の最高限度						
	敷地面積の最低限度						
	建築面積の最低限度						
	高さの最高限度						
	高さの最低限度						
	壁面の位置の制限						
制限の緩和	用途制限	◎	×	×	×	○ (条例)	○ (条例)
	容積率の最高限度	◎	◎	◎	◎ (住宅)	○ (認定要)	×
	前面道路幅員による限度	×	×	◎	×	○ (認定要)	×
	斜線制限　道　路	◎	○ (許可要)	◎	×	○ (許可要)	×
	その他	◎	◎	◎	×	○ (許可要)	×
	日影規制	◎	×	◎	◎	×	×
備　考				指定には権利 者同意が必要			

〔凡例1〕　☐ 必ず決定する項目　　☐ 必要な場合に決定する項目　　☐ 決定できない項目

〔凡例2〕　◎：都市計画決定のみでの緩和　　○：許認可等の一定条件によって緩和可能　　×：緩和対象外

【問題6】　建築基準法上，準防火地域内における建築物に関する記述で，誤っているものは，次のうちどれか．ただし，建築基準法第27条に規定する特殊建築物でないものとする．
1．延べ面積が，500m²以下のものは，木造2階建でもよい．
2．地上からの高さが，3mの看板は，木造でもよい．
3．高さ2m以下の塀は，木造でもよい．
4．延焼のおそれのある部分の開口部に設ける特定防火設備は，防火戸でもよい．
5．工事現場に設ける，延べ面積100m²の仮設の下小屋は，その屋根を不燃材料でふかなくてもよい．

【問題7】　延べ面積が150m²の木造2階建住宅（準耐火建築物ではなく，また，屋根は準耐火構造ではないものとする．）に関する次の記述のうち，建築基準法上，誤っているものはどれか．
1．防火地域内においては，建築してはならない．
2．準防火地域内においては，外壁及び軒裏で延焼のおそれのある部分を防火構造としなければならない．
3．準防火地域内においては，屋根で延焼のおそれのある部分を防火構造としなければならない．
4．準防火地域内においては，外壁の開口部で延焼のおそれのある部分に，特定防火設備その他の防火設備を設けなければならない．
5．準防火地域内においては，当該住宅に附属する高さ2.1mの塀で当該塀が建築物の1階であるとした場合に延焼のおそれのある部分に該当する部分は，不燃材料で造り，又はおおわなければならない．

【問題8】　敷地及び一つの建築物が，図のように防火地域及び準防火地域にわたる場合，図中の建築物のA～Dの部分に関する次の記述のうち，建築基準法上，正しいものはどれか．
1．A, B, C, Dは，いずれも防火地域内の制限を受ける．
2．A, B, Cは防火地域内の制限を，Dは，準防火地域内の制限を受ける．
3．A, Bは防火地域内の制限を，C, Dは準防火地域内の制限を受ける．
4．Aは防火地域内の制限を，B, C, Dは準防火地域内の制限を受ける．
5．A, B, C, Dはいずれも準防火地域内の制限を受ける．

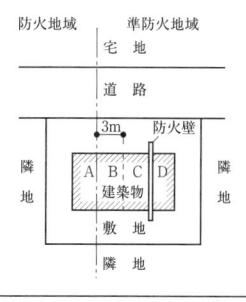

*1　片倉ほか『〈建築学テキスト〉建築行政』より

14　基準法のその他の規定

14・1　建築協定〔法第69条～第77条〕

(1) 建築協定の目的〔法第69条〕

- 住宅地としての環境又は，商店街としての利便を高度に維持増進する等，建築物の利用を増進し，かつ土地の環境を改善するために必要と認めた協定．
- 市町村は，土地の所有者等が当該土地について一定の区域を定め，その区域内における建築物の（敷地・位置・構造・用途・形態・意匠・建築設備）に関する基準について「建築協定」を締結することができる旨，条例で定めることができる（表14・1）．

14・2　地区計画等の区域〔法第68条の2～第68条の8〕

(1) 市町村の条例に基づく制限〔法第68条の2，都計法第12条の4〕

地区計画等の区域（図14・3，表14・2）内において建築物の敷地，構造，建築設備又は用途に関する事項で当該地区計画等の内容として定められたものを条例で，これらに関する制限として定めことができる．

表14・1　建築協定における建築に関する基準の例[*1]

項　目	建築基準の例
敷　地	区画の変更の禁止，敷地の分割の禁止，敷地面積の最低限度，地盤面の高さの変更の禁止
位　置	前面道路からの後退距離，隣地境界線からの後退距離，人または車両の出入口の位置の制限，塀の位置の制限
構　造	木造，耐火構造などに限定
用　途	住宅に限定，共同住宅の禁止，併用住宅の制限，特定の用途に制限，特定の用途を禁止
形　態	高さ・軒高の制限，階数の制限，建ぺい率・容積率の制限，戸数の制限，日影規制・北側斜線制限に類する制限
意　匠	屋根形状の制限，各部分の材料・色彩の制限，広告物・看板などの制限，生垣・柵などの形状・高さの制限，植栽の設置
建築設備	無線アンテナの設置の禁止，屋上温水設備の禁止

表14・2　地区計画制度の種類[*1]

地区計画の種類		根拠条文	
			建築基準法
地区計画	誘導容積型	都計法第12条の6	第68条の4
	容積適正配分型	都計法第12条の7	第68条の5
	用途別容積型	都計法第12条の9	第68条の5の3
	街並み誘導型	都計法第12条の10	第68条の5の4
	再開発等促進区型	都計法第12条の5第3項	第68条の3
	高度利用地区型	都計法第12条の8	第68条の5の2
沿道地区計画	誘導容積型	沿道法第9条の2	第68条の5
	容積適正配分型	沿道法第9条の3	第68条の5
	用途別容積型	沿道法第9条の5	第68条の5の3
	街並み誘導型	沿道法第9条の6	第68条の5の4
	沿道再開発等促進区型	沿道法第9条第3項	第68条の3
	高度利用地区型	沿道法第9条の4	第68条の5の2
防災街区整備地区計画	誘導容積型	密集法第32条の2	第68条の4
	用途別容積型	密集法第32条の3	第68条の5の3
	街並み誘導型	密集法第32条の4	第68条の5の4

＊沿道法：幹線道路の沿道の整備に関する法律
　密集法：密集市街地における防災街区の整備の促進に関する法律

表14・3　地区計画と建築協定の比較

	地区計画	建築協定
根拠法	都市計画法	建築基準法
決定主体	市区町村（区域内住民等の合意を図る）	区域内住民（合意した住民に対し効力が働く）
対象区域	市街化区域，市街化調整区域，未線引きの用途地域の指定区域	全域（都市計画区域外含む）
計画事項	下記の両方を都市計画決定 ・地区計画の方針・方針に基づく地区整備計画	住宅地としての良好な環境や商店街としての利便を高度に維持するため，法の基準よりも高度の基準を定める
手続き	市町村→公聴会又は縦覧→利害関係者の意見→案の縦覧→住民等の意見→知事の同意（必要事項のみ）→市町村都市計画決定告示	区域内住民（全員の合意）→公聴会→市町村の意見→特定行政庁の認可・公告
建築物の規制	・土地の区画形質の変更，建築物の建築や用途，形態，意匠の変更を行うものは，市町村に届出をしなければならない ・届出内容が地区計画に適合しない場合，届出者に対し設計変更等の勧告ができる ・建築物に関する事項を条例化した場合，建築確認の審査基準となる	・建築物の敷地，位置，構造，用途，形態，意匠又は建築設備に関する基準を協定し協定委員会等で自主的に審査，規制する ・違反者に対しては協定委員会等で措置し，従わないときは裁判所へ訴願できる
期　限	期限なし	協定で定める期間

図14・1　協定締結の一般的な手続

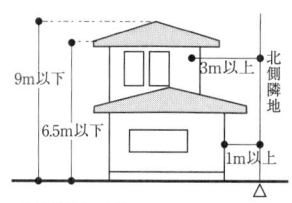

図14・2　住宅地における建築協定の例

〔建築協定の例〕
・建築物は，戸建専用住宅のみ
・地上の階数は，2以下
・高さ9m以下，軒の高さ6.5m以下
・北側隣地から2階は3m後退する
・隣地及び道路境界から1m後退する

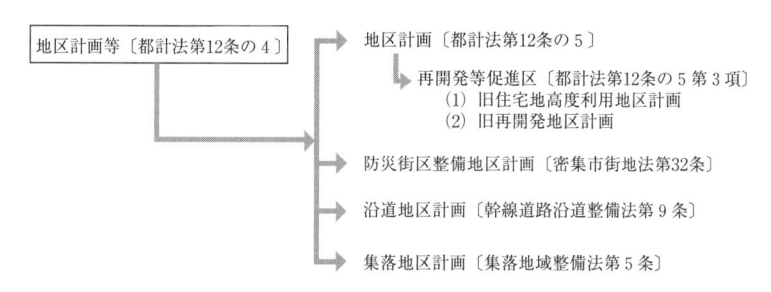

図14・3　地区計画等の種類

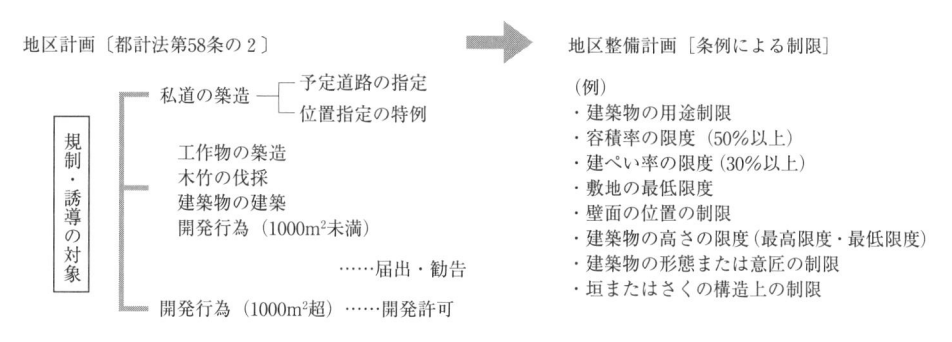

地区計画等〔都計法第12条の4〕
　→ 地区計画〔都計法第12条の5〕
　　　→ 再開発等促進区〔都計法第12条の5第3項〕
　　　　(1) 旧住宅地高度利用地区計画
　　　　(2) 旧再開発地区計画
　→ 防災街区整備地区計画〔密集市街地法第32条〕
　→ 沿道地区計画〔幹線道路沿道整備法第9条〕
　→ 集落地区計画〔集落地域整備法第5条〕

図14・4　地区計画と地区整備計画

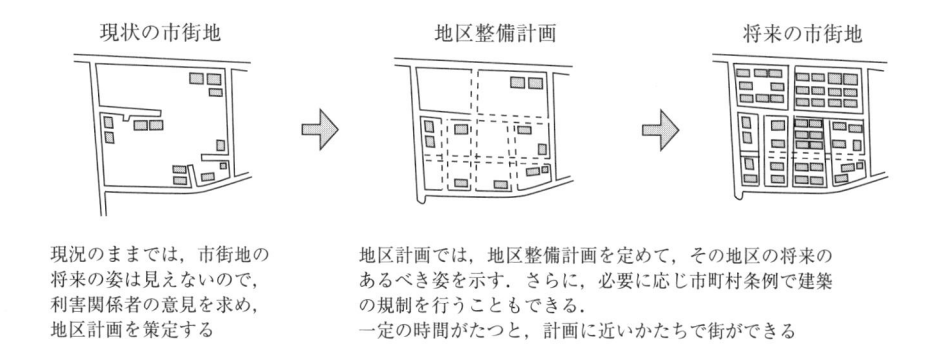

地区計画〔都計法第58条の2〕

規制・誘導の対象
　・私道の築造 ── 予定道路の指定／位置指定の特例
　・工作物の築造
　・木竹の伐採
　・建築物の建築
　・開発行為（1000m²未満）
　　……届出・勧告
　・開発行為（1000m²超）……開発許可

地区整備計画［条例による制限］
（例）
・建築物の用途制限
・容積率の限度（50%以上）
・建ぺい率の限度（30%以上）
・敷地の最低限度
・壁面の位置の制限
・建築物の高さの限度（最高限度・最低限度）
・建築物の形態または意匠の制限
・垣またはさくの構造上の制限

図14・5　地区計画による誘導

現状の市街地　　地区整備計画　　将来の市街地

現況のままでは，市街地の将来の姿は見えないので，利害関係者の意見を求め，地区計画を策定する

地区計画では，地区整備計画を定めて，その地区の将来のあるべき姿を示す．さらに，必要に応じ市町村条例で建築の規制を行うこともできる．
一定の時間がたつと，計画に近いかたちで街ができる

*1　片倉ほか『〈建築学テキスト〉建築行政』より

14・3 一定の複数建築物に対する制限の特例

```
一定の複数建築物に対する     →  一団地の建築物の総合的設計〔第1項〕
制限の特例〔法第86条〕
                          →  (連担建築物設計制度)
                             現に存する建築物の位置及び構造を前提と
                             し，総合的見地からした設計〔第2項〕
```

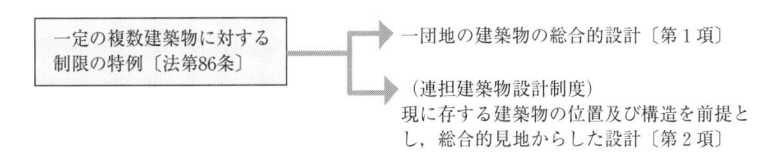

図14・6 複数建築物に対する制限の特例

(1) 一団地の建築物の総合的設計〔法第86条第1項〕

一団地内に2以上の構えを成す建築物で総合的設計によって建築されるもののうち特定行政庁がその各建築物の位置及び構造が安全上，防火上及び衛生上支障がないと認めるものに対し「特例対象規定（表14・4）」の適用については，これらの建築物は，同一敷地内にあるものとみなす（図14・8）．

(2) 連担建築物設計制度〔法第86条第2項〕

一定の一団地の土地の区域内に現に存する建築物の位置及び構造を前提として，安全上，防火上及び衛生上必要な基準に従い総合的見地からした設計によって当該区域内に建築物が建築される場合，特定行政庁がその位置及び構造が安全上，防火上及び衛生上支障がないと認める当該区域内に存することとなる各建築物に対する「特例対象規定（表14・5）」の適用についてはこれらの建築物は，同一敷地内にあるものとみなす（図14・9）．

表14・4 特例対象規定〔法第86条〕*1

	条　項	規定事項
①	法第23条	法22条指定区域内の木造建築物等の外壁制限
②	法第43条	敷地と道路の関係
③	法第52条 第1項～第14項	容積率制限
④	法第53条 第1項，第2項	建ぺい率制限
⑤	法第54条第1項	外壁の後退距離
⑥	法第55条第2項	第1・2種低層住居専用地域内の高さ制限
⑦	法第56条 第1項～第4項，第6項，第7項	斜線制限
⑧	法第56条の2 第1項～第3項	日影規制
⑨	法第57条の2	特例容積率適用区域
⑩	法第57条の3 第1項～第4項	特例容積率の指定取消
⑪	法第59条第1項	高度利用地区
⑫	法第59条の2第1項	総合設計制度
⑬	法第60条第1項	特定街区
⑭	法第60条の2第1項	都市再生特別地区
⑮	法第62条第2項	準防火地域内の木造建築物等の防火上の制限
⑯	法第64条	外壁開口部の防火戸
⑰	法第68条の3 第1項～第3項	再開発等促進地区等内の制限の緩和

表14・5 連担建築物設計制度の基準〔規則第10条の17〕*1

	項　目	措　置
(1)	有効な通路	対象区域内の各建築物の用途・規模・位置・構造に応じ，避難および通行の安全のために十分な幅員を有する通路で，道路に通ずるものを設けること．
(2)	外壁開口部の防火措置	対象区域内の各建築物の外壁開口部の位置・構造は，各建築物間の距離に応じ，防火上適切な措置を講じること．
(3)	採光・通風用の空地	対象区域内の各建築物の各部分の高さに応じ，区域内に採光および通風上有効な空地等を確保すること．
(4)	居住部分への日影規制	対象区域内に建築する建築物の高さは，区域内の他の建築物の居住用の部分に対し，その区域の日影規制と同程度に日影を生じさせないものとすること．

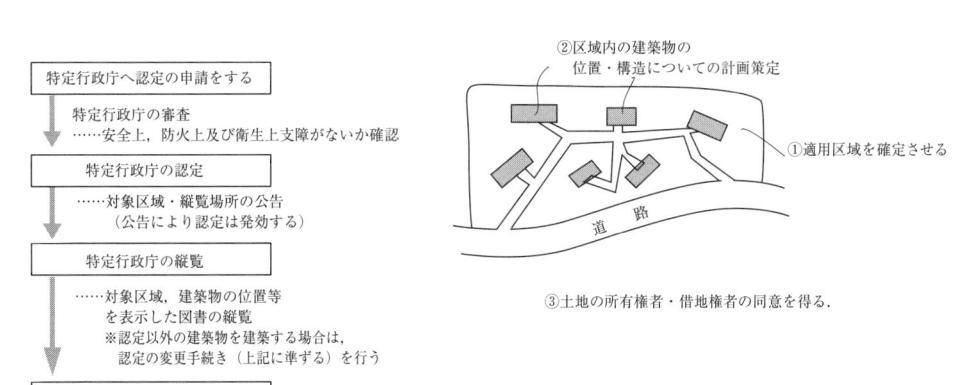

図14・7　特定行政庁への認定手続き

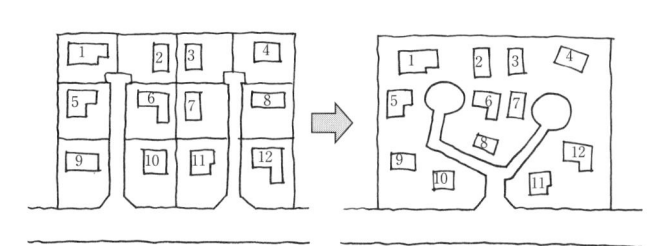

図14・8　総合的設計とは

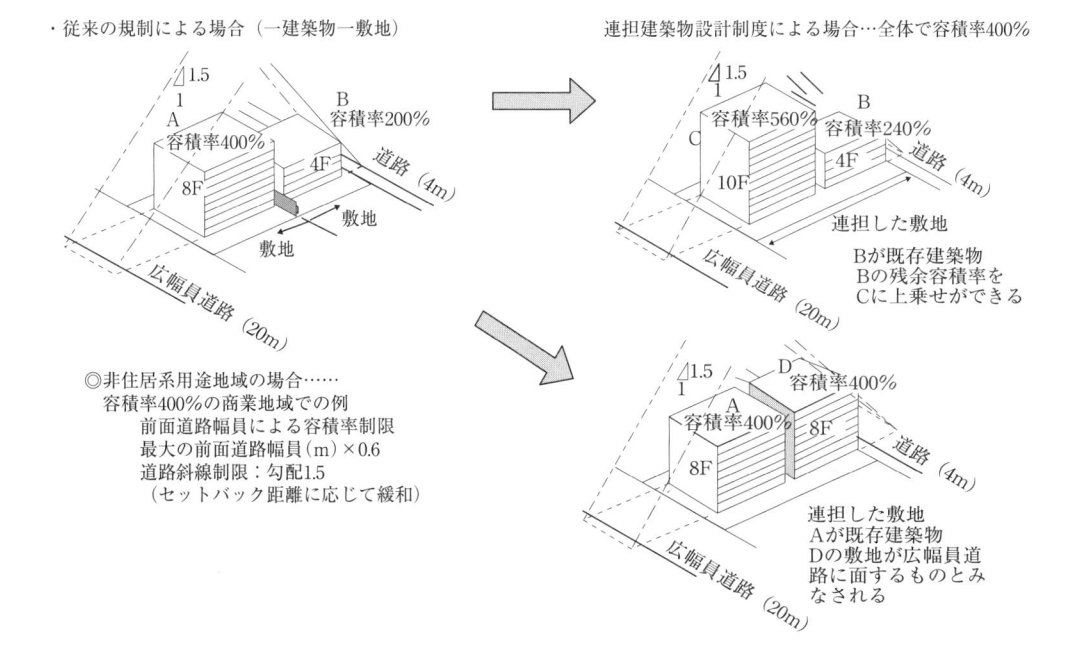

図14・9　連担建築物設計制度

*1　片倉ほか『〈建築学テキスト〉建築行政』より

14・4　簡易な構造の建築物に対する制限の緩和

(1) 簡易な構造の建築物の指定〔法第84条の2，令第136条の9，平成5年建設省告示1427号〕

```
簡易な構造の建築物          ┌─ 開放的簡易建築物…図(a)参照
●階数は1に限る．         ─┤
●床面積3000m²以内         └─ 帆布造簡易建築物…図(b)参照
```

1. 壁を有しない建築物
2. 間仕切壁を有しない建築物
（床面積の1/6以上常時開放開口部を有する等，表14・8の基準に適合すること．）

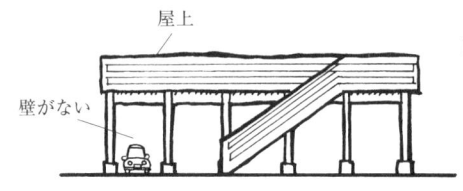

［用途］
1. 自動車車庫
2. 運動施設
  （スケート場・水泳場・スポーツの練習場）
3. 不燃性物品の保管庫
4. 畜舎，堆肥舎，水産物の増殖・養殖場

(a) 開放的な簡易建築物（高い開放性の基準に適合）

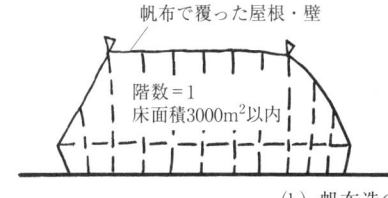

帆布で覆った屋根・壁
階数＝1
床面積3000m²以内

［用途］
1. 運動施設
  （スケート場・水泳場・スポーツの練習場）
2. 不燃性物品の保管庫
3. 畜舎，堆肥舎，水産物の増殖・養殖場
  （自動車車庫は不可）

(b) 帆布造の簡易建築物

図14・10　簡易な構造の建築物

(2) 簡易構造の建築物の基準〔令第136条の10〕

表14・6　簡易な構造の建築物の構造基準〔令第136条の10第一号〕

規模	構造部・位置	柱・はり 延焼のおそれのある部分	柱・はり その他の部分	外壁 延焼のおそれのある部分	外壁 その他の部分	屋根
	防火地域	準耐火構造 不燃材料で造る	制限なし	準耐火構造 不燃材料で造る 国土交通大臣指定の構造	制限なし	準耐火構造 不燃材料で造る 国土交通大臣指定の構造
準防火地域	500m²を超える					
	500m²以下					
	法22条指定区域					
その他の地域	1000m²を超える					
	1000m²以下	制　限　な　し				

表14・7　自動車車庫に供する開放的簡易建築物の構造基準〔令第136条の10第三号〕

規模	構造部・位置	柱・はり 延焼のおそれのある部分	柱・はり その他の部分	外壁 延焼のおそれのある部分	外壁 その他の部分	外壁の開口部・屋上[1] 隣地境界線から1m以下の部分	外壁の開口部・屋上[1] その他の部分	屋根
1000m²を超える[2]		準耐火構造 不燃材料で造る	制限なし	準耐火構造 不燃材料で造る 国土交通大臣指定構造[3]	制限なし	塀その他で国土交通大臣が定める基準[4]に適合するものを設置	制限なし	準耐火構造 不燃材料で造る 国土交通大臣指定構造[3] その他[5]
1000m²以下，150m²以上								
150m²未満	防火地域							準耐火構造 不燃材料で造る 国土交通大臣指定構造[3]
	準防火地域	制限なし		制限なし				
	法22条指定区域							
	その他の地域	制　限　な　し						

注1) 自動車車庫の用途に供する部分に限る
2) 屋上を自動車車庫の用途に供するものに限る
3) 平5建告1428号
4) 平5建告1434号
5) 平5建告1435号に適合し，2以上の直通階段（車路も含む）の設置されたもの

表14・8　高い開放性を有する簡易建築物〔平成5年建設省告示1427号〕

一　壁を有しない建築物
二　次に掲げる基準に適合する建築物又は建築物の部分（間仕切壁を有しないものに限る.）
　イ　建築物又は建築物の部分の常時開放されている開口部の面積の合計が，その建築物又は建築物の部分の外壁又はこれに代わる柱の中心線（軒，ひさし，はね出し縁その他これらに類するものがある場合においては，その端）で囲まれた部分の水平投影面積の1/6以上であること.
　ロ　高さが2.1m以上の常時開放された開口部の幅の総和が外壁又はこれに代わる柱の中心線の長さの1/4以上であること.
　ハ　建築物又は建築物の部分の各部分から外壁の避難上有効な開口部に至る距離が20m以内であること.

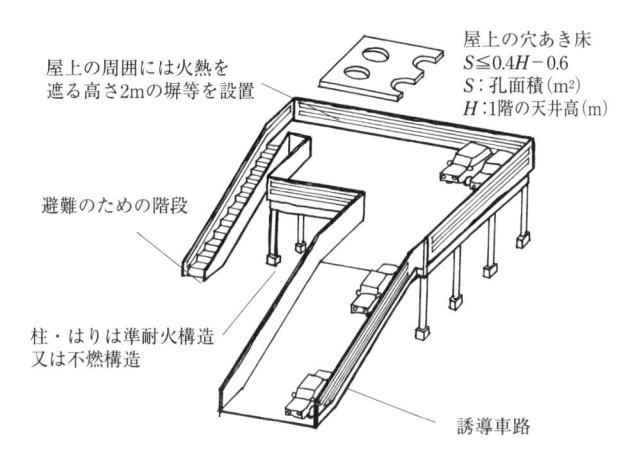

屋上の周囲には火熱を遮る高さ2mの塀等を設置

屋上の穴あき床
$S \leq 0.4H - 0.6$
S：孔面積(m^2)
H：1階の天井高(m)

避難のための階段

柱・はりは準耐火構造又は不燃構造

誘導車路

図14・11　開放的簡易建築物に対する付加基準（防火地域内での例）

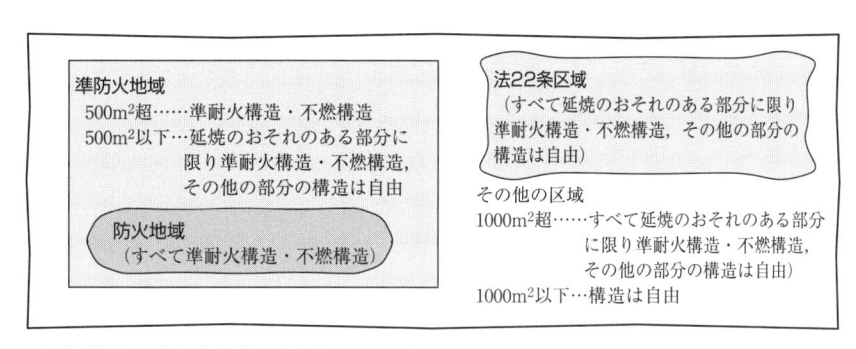

準防火地域
　500m^2超……準耐火構造・不燃構造
　500m^2以下…延焼のおそれのある部分に
　　　　　　　　限り準耐火構造・不燃構造，
　　　　　　　　その他の部分の構造は自由

防火地域
（すべて準耐火構造・不燃構造）

法22条区域
（すべて延焼のおそれのある部分に限り準耐火構造・不燃構造，その他の部分の構造は自由）

その他の区域
1000m^2超……すべて延焼のおそれのある部分に限り準耐火構造・不燃構造，その他の部分の構造は自由）
1000m^2以下…構造は自由

主要構造部（外壁・屋根）の構造
外壁・屋根は次による
　1) 準耐火構造とする
　2) 不燃材料造とする
　3) 四ふっ化エチレン樹脂加工をしたガラス繊維織物等〔平成5年建設省告示1428号〕とする

図14・12　防火上の地域による主要構造部（柱・はり）の構造

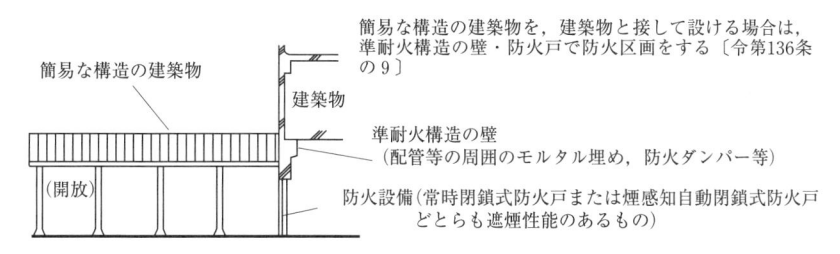

簡易な構造の建築物

簡易な構造の建築物を，建築物と接して設ける場合は，準耐火構造の壁・防火戸で防火区画をする〔令第136条の9〕

建築物

準耐火構造の壁
（配管等の周囲のモルタル埋め，防火ダンパー等）

（開放）

防火設備（常時閉鎖式防火戸または煙感知自動閉鎖式防火戸どちらも遮煙性能のあるもの）

図14・13　建築物との防火区画

14・5　仮設建築物・応急仮設建築物

(1) 仮設建築物に対する制限の緩和〔法第85条，令第147条〕

```
仮設建築物           ┌─ 1. 応急仮設建築物……非常災害時に，指定区域内に建てられる
(期間を限定する建築物) ┤
                     └─ 2. 仮設建築物
                          (1) 工事現場の仮設建築物……事務所・材料置場等に使用する
                          (2) 仮設店舗・博覧会建築物…期限を定めて許可される
```

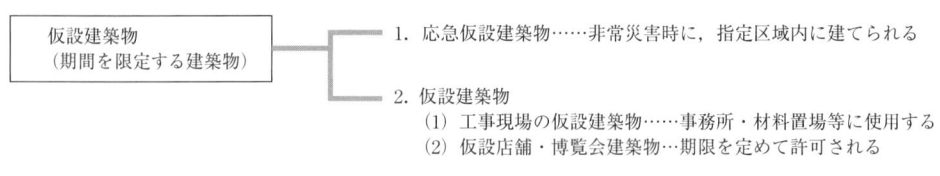

図14・14　仮設建築物とは

仮設建築物の適用の除外範囲は，表14・9による．

表14・9　仮設建築物の適用除外〔法85条，令147条〕　　（表中○‥‥適用除外）

区分／対象となる仮設建築物 適用除外条項・内容		法85条1項 （防火地域以外） 1号（非常災害時に国などが救助用に建築するもの） 2号（被災者自家用 ≦30m²）	法85条2項前段 （停車場，郵便局，官公署など，一般災害時の公益上必要な応急建築物）	法85条2項後段 （工事施工のための現場事務所，材料置場，下小屋）	法85条5項 （特定期間の興行用説興行場，博覧会用建築物，建替え工事のための仮設事務所，仮設店舗など）
設置期間		3ヶ月 許可→2年以内の存続	3ヶ月 許可→2年以内の存続	工事に要する期間	1年以内（建替え工事は特定行政庁が認める間）
許可の要否		不要（3ヶ月を超えるとき，要）			要
第一章	法6・18条　確認・計画通知			○	適用
	法7条〜　検査と使用法，7条の6　承認			○	適用
	法12条　定期報告			○	
	法15条　届出・統計			○	適用
第二章	法19条　敷地の安全等			○	適用
	法21条〜法23条　大規模建物の構造，屋根，外壁			○	
	法26条　防火壁			○	
	法27条　耐火・準耐火とすべき特殊建築物			適用	○
	法31条　便所			○	
	法33条　避雷設備			○	適用
	法34条　昇降機			適用（2項を除く）	
	法35条　特殊建築物の避難防火	○		○	適用
	法35条の2　特殊建築物の内装			適用	○
	法35条の3　無窓の居室の主要構造部			適用	○
	法37条　建築材料の品質			○	適用
	法39条　災害危険区域			○	適用
	法40条　地方公用団体の制限の付加			○	適用
第三章	法63条　防火・準防火地域の屋根の不燃化			○ （防火・準防火地域内の>50m²のもの適用）	○
	第6節　美観地区			○	適用
	上記以外の第3章の規定			○	
令147条	令22，28〜30，46，49，67，70条，第5章の2，129条の2の4，129条の13の2，129条の13の3条			○	
	令40〜43，48条，第5章			○	適用

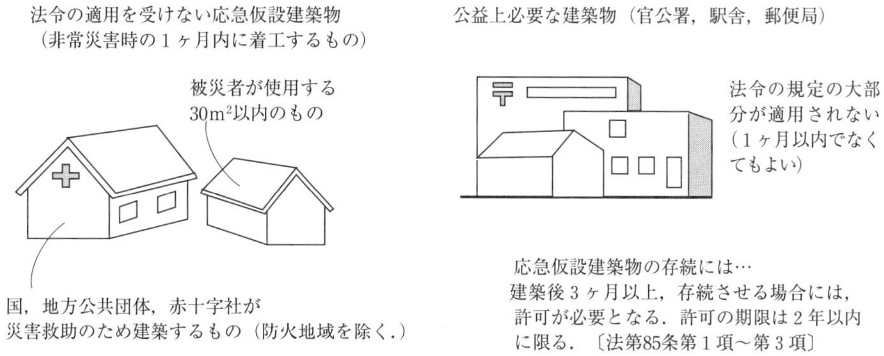

法令の適用を受けない応急仮設建築物
（非常災害時の1ヶ月内に着工するもの）

被災者が使用する30m²以内のもの

国，地方公共団体，赤十字社が災害救助のため建築するもの（防火地域を除く．）

公益上必要な建築物（官公署，駅舎，郵便局）

法令の規定の大部分が適用されない（1ヶ月以内でなくてもよい）

応急仮設建築物の存続には…
建築後3ヶ月以上，存続させる場合には，許可が必要となる．許可の期限は2年以内に限る．〔法第85条第1項～第3項〕

図14・15　応急仮設建築物の例〔法第85条第1項～第3項，指定区域内で全面的適用除外〕

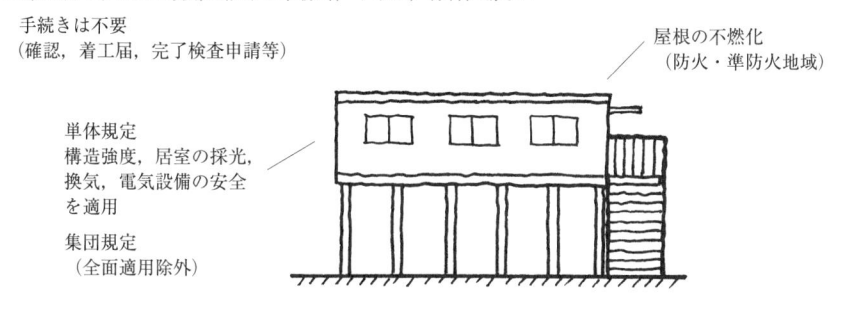

工事を施工するため現場に設ける事務所，下小屋，材料置場など

手続きは不要
（確認，着工届，完了検査申請等）

屋根の不燃化
（防火・準防火地域）

単体規定
構造強度，居室の採光，換気，電気設備の安全を適用

集団規定
（全面適用除外）

(a) 工事現場の仮設建築物〔法第85条第2項〕

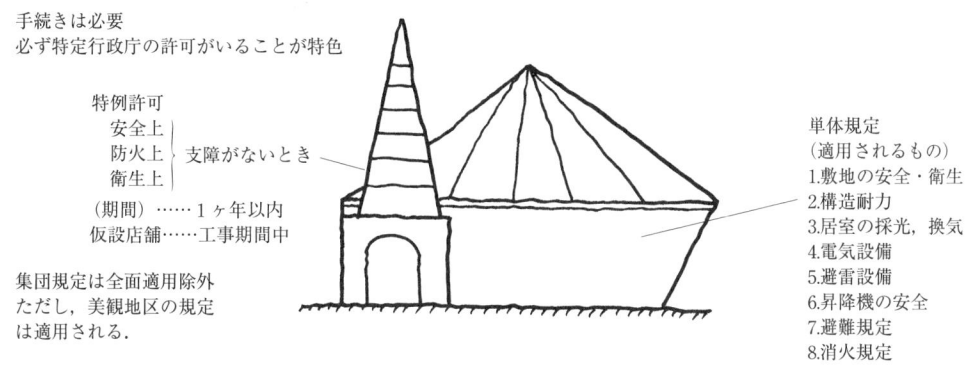

手続きは必要
必ず特定行政庁の許可がいることが特色

特例許可
　安全上
　防火上　支障がないとき
　衛生上
（期間）……1ヶ年以内
仮設店舗……工事期間中

集団規定は全面適用除外
ただし，美観地区の規定は適用される．

単体規定
（適用されるもの）
1. 敷地の安全・衛生
2. 構造耐力
3. 居室の採光，換気
4. 電気設備
5. 避雷設備
6. 昇降機の安全
7. 避難規定
8. 消火規定

(b) 仮設店舗，博覧会建築物〔法第85条第4項……特定行政庁の許可による〕

図14・16　仮設建築物

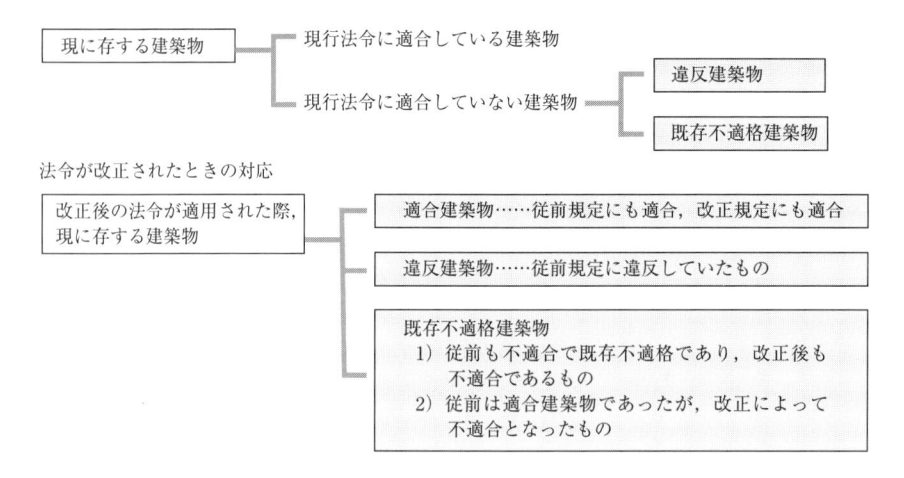

14・6 既存不適格建築物

(1) 既存不適格建築物に対する制限の緩和〔法第3条，法第86条の7，令第137条～第137条の12〕

```
現に存する建築物 ─┬─ 現行法令に適合している建築物
                  └─ 現行法令に適合していない建築物 ─┬─ 違反建築物
                                                      └─ 既存不適格建築物

法令が改正されたときの対応
改正後の法令が適用された際，─┬─ 適合建築物……従前規定にも適合，改正規定にも適合
現に存する建築物              ├─ 違反建築物……従前規定に違反していたもの
                              └─ 既存不適格建築物
                                  1) 従前も不適合で既存不適格であり，改正後も
                                     不適合であるもの
                                  2) 従前は適合建築物であったが，改正によって
                                     不適合となったもの
```

図14・17 既存不適格建築物に対する制限の緩和

　違反建築物とは区分し，小規模の増改築に関して，法第86条の7の規定に基づき，制限の緩和を受けることができる（表14・10）．

　既存不適格建築物の増改築に伴い別の建築物とみなすことができる部分として政令で定めた部分（独立部分）の場合（図14・18参照），増築等をする独立部分（図14・18の独立部分2）以外の独立部分（図14・18の独立部分1）は，構造関係規定（法第20条）及び，特殊建築物の避難等〔法第35条〕に関しては適用しない．〔法第86条の7第2項〕

　増築等をする部分以外の部分に対しては，下記の規定は適用しない．〔法第86条の7第3項〕

　　　　居室の採光及び換気〔法第28条〕
　　　　石綿その他の物質の飛散又は発散に対する措置〔法第28条の2〕の一部〔令第20条の7～9に係わる部分〕
　　　　地階における住宅等の居室〔法第29条〕
　　　　長屋又は共同住宅の各戸の界壁〔法第30条〕
　　　　便所〔法第31条〕
　　　　電気設備〔法第32条〕
　　　　昇降機〔法第34条第1項〕
　　　　無窓の居室等の主要構造部〔法第35条の3〕
　　　　補足するため必要な技術的基準の一部〔法第36条〕

　既存の一の建築物について2以上の工事に分けて増改築等を行う場合，特定行政庁の認定を受けることにより，全体計画に係るすべての工事の完了後，建築基準法の規定に適合することを条件に緩和をしている．〔法第86条の8〕

表14・10 既存建築物の制限の緩和〔法86条の7，令137条～令137条の12〕*2

不適格条項	内容	関係法令	緩 和 の 範 囲
法26条	防火壁	令137条の3	・基準時以後の増改築の床面積の合計≦50m²
法27条	特殊建築物の耐火	令137条の4	・基準時以後の増改築の床面積の合計≦50m² （劇場の客席，病院の病室，学校の教室など特殊建築物の主たる用途に供する部分は増築できない．）
法28条の2	石綿等	令137条の4の2	・石綿等を添加及び使用しないこと
		令137条の4の3	・増築又は改築に係わる床面積の合計≦基準時の延べ面積の1/2 ・石綿等を添加及び使用しないこと ・増築又は改築部分以外で石綿等がある場合は被覆又は固着する措置は国土交通大臣の基準に適合すること
法30条	長屋・共同住宅の界壁	令137条の5	・増築後の延べ面積≦1.5×基準時の延べ面積・改築部分の床面積≦1/2×基準時の延べ面積
法34条2項	非常用の昇降機の設置	令137条の6	・増築部分の高さ≦31m，かつ，増築部分の床面積の合計≦1/2×基準時の延べ面積 ・改築部分の高さ≦基準時の高さ，かつ，改築部分の床面積の合計≦1/5×基準時の延べ面積
法48条1項～12項	用途地域	令137条の7	・増改築部分が基準時の敷地内で，かつ，増改築後の容積率及び建ぺい率が基準時の敷地に対して適合 ・増築後の床面積の合計≦1.2×基準時の床面積の合計 ・増築後の法48条に適合しない用途部分の床面積の合計≦1.2×基準時の当該部分の床面積の合計 ・増築後の出力，台数，容量（適合しない事由が出力，台数，容量の場合）の合計≦1.2×基準時の出力，台数，容量の合計
法52条1項～8項	容積率	令137条の8	・増改築部分がエレベーターの昇降部分，共同住宅又は老人ホーム等の共用廊下又は階段，自動車車庫等部分，備蓄倉庫部分，蓄電池設置部分，自家発電設備設置部分又は宅配ボックス設置部分となる． ・上記の部分以外の部分の床面積の合計が基準時における当該部分の床面積の合計を超えないこと． ・上記の床面積の合計が，令第2条第3項各号に掲げる建築物の部分の区分に応じ，増改築における当該建築物の合計に当該各号に定める割合を乗じて得た面積を超えないこと．
法59条1項	高度利用地区	令137条の9	・増築後の建築面積≦1.5×基準時の建築面積 ・増築後の延べ面積≦1.5×基準時の延べ面積 ・増築後の建築面積≦2/3×建築面積の最低限度 ・増築後の容積率≦2/3×容積率の最低限度 ・改築部分の床面積≦1/2×基準時における延べ面積
法61条	防火地域	令137条の10	・木造の建築物は，外壁・屋内面・軒裏が耐火・準耐火・防火構造に限る ・基準時以後の増改築部分の床面積の合計≦50m²，かつ，基準時における延べ面積の合計 ・増改築後の階数≦2，かつ，延べ面積≦500m²・増改築部分の外壁・軒裏は，耐火・準耐火・防火構造とする
法62条1項	準防火地域	令137条の11	・木造の建築物は，外壁・屋内面・軒裏が耐火・準耐火・防火構造に限る ・基準時以後の増改築部分の床面積の合計≦50m² ・増改築後の階数≦2 ・増改築部分の外壁・軒裏は，耐火・準耐火・防火構造とする
	大規模の修繕 大規模の模様替	令137条の12	・修繕または模様替のすべて

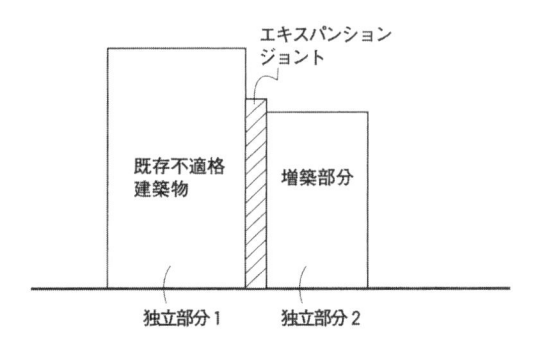

図14・18 既存不適格建築物の増改築

*2 小嶋『〈図解テキスト〉建築法規』より

14・7 工事現場の危害の防止

(1) 工事現場の危害の防止〔法第90条, 令第136条の2の20, 令第136条の3〜8〕

建築物の建築, 修繕, 模様替又は除却のための工事の施工者は, 当該工事の施工に伴う地盤の崩落, 建築物又は, 工事用の工作物の倒壊等による危害を防止するために必要な措置を講じなければならない.

措置の技術的基準は表14・11による.

【問題1】 高度利用地区, 地区計画の区域, 建築協定の区域及び特定街区以外の区域内において, 次の記述のうち, 建築基準法上, 誤っているものはどれか.
1. 第1種低層住居専用地域内においは, 原則として, 専用の事務所は建築してはならない.
2. 道路内に公共用歩廊を建築する場合, 特定行政庁の許可を受けなければならない.
3. 商業地域内で, かつ, 防火地域内にある耐火建築物は, 建築面積の敷地面積に対する割合の制限を受けない.
4. 前面道路の反対側の境界線からの水平距離による建築物の各部分の高さの制限の規定は, 前面道路の境界線から後退した建築物の場合, その後退距離に応じて適用される.
5. 防火地域及び準防火地域にわたる建築物の場合, 原則として, 当該建築物の各部分が属する地域内の建築物に関する規定が適用される.

【問題2】 建築基準法に関する記述で, 正しいものは, 次のうちどれか.
1. 都市計画区域内で, 用途地域の指定のない区域の建築物は, 延べ面積の敷地面積に対する割合に関する規定は適用されない.
2. 都市計画区域外においては, 建築物の敷地は, 原則として道路に2m以上接していなければならない.
3. 工事現場に設ける仮設建築物の場合は, 敷地が道路に2m以上接していなくてもよい.
4. 都市計画区域外においては, 居室の採光に関する規定は適用されない.
5. 準防火地域内にある木造建築物の外壁の開口部で, 延焼のおそれのある部分は, 特定防火設備その他の防火設備を設けなくてもよい.

【問題3】 屋根及び外壁が帆布で造られ, 間仕切を有しない建築物の場合, 所定の基準に適合すれば, 建築基準法84条の2の規定に基づき,「簡易な構造の建築物に対する制限の緩和」の適用を受けることができるものは, 次のうちどれか.
1. 平家建延べ面積150m²の木材の倉庫
2. 平家建延べ面積250m²の畜舎
3. 平家建延べ面積1,600m²の自転車庫
4. 2階建延べ面積100m²の店舗
5. 2階建延べ面積200m²のスポーツの練習場

【問題4】 屋根及び外壁が帆布で造られ, 間仕切壁を有しない建築物で, 建築基準法84条の2の規定による「簡易な構造の建築物に対する制限の緩和」の適用を受けることができないものは, 次のうちどれか.
1. 平家建延べ面積800m²の畜舎
2. 平家建延べ面積250m²の水泳場
3. 平家建延べ面積300m²のスポーツの練習場
4. 地上2階建延べ面積100m²の不燃性の物品を保管する倉庫
5. 平家建延べ面積200m²の魚の養殖場

【問題5】 壁を有しない自転車車庫, 屋根を帆布としたスポーツの練習場その他の政令で指定する簡易な構造の建築物又は建築物の部分で, 政令で定める基準に適合するものについて, 次の建築基準法の規定のうち, 適用が除外されるものはどれか.
1. 第20条（構造耐力）
2. 第22条（屋根）
3. 第28条（居室の採光及び換気）
4. 第31条（便所）
5. 第33条（避雷設備）

【問題6】 工事現場の危害の防止に関する以下の記述の中にある□□に入るべき数値の組合せとして, 建築基準法上, 正しいものは, 次のうちどれか.

　建築工事等において工事現場の境界線からの水平距離が ア m以内で, かつ, 地盤面からの高さが イ 以上の場所からくず, ごみ等を投下する場合においては, ダストシュートを用いる等くず, ごみ等が工事現場の周辺に飛散することを防止するための措置を講じなければならない.

	ア	イ
1.	3	5
2.	5	3
3.	5	5
4.	5	7
5.	7	5

表14・11 危害を防止するための措置

	条　　　文	措　置　の　内　容
(1)	令136条の2の20 (仮囲い)	以下の建築工事等を行う場合は，工事期間中の工事現場に，地盤面より高さ1.8mの仮囲いを設けねばならない． ①高さ13m若しくは軒高9mを超える木造建築物． ②木造以外の2階建以上の建築物．
(2)	令136条の3 (根切り工事，山留め工事等を行う場合)	①根切り工事，山留め工事その他の基礎工事を行う場合は，地下の配管設備（ガス管，ケーブル，水道管，下水道管）の損壊を，あらかじめ防止する． ②地階の根切り工事その他の深い根切り工事（これに伴う山留め工事を含む）は，地盤調査による地層及び地下水の状況に応じて作成した施工図に基づいて工事を行う． ③隣接する建築物や工作物に接して根切り工事や掘削を行う場合，その建築物の基礎又は地盤を補強し，急激な排水を避けるなどをして，傾斜，倒壊等の危害の防止をする． ④深さ1.5m以上の根切り工事を行う場合は，山留めを行う．など ⑤山留めの切ばり，矢板，腹起その他主要な部分は，土圧に対して，定められた方法による構造計算により安全であることが確かめられる最低の耐力以上の耐力を有する構造とする． ⑥根切り及び山留めについては，その工事の施工中必要に応じて点検を行い，山留めを補強し，排水を適当に行うとともに，矢板の抜取りに際しては，周辺地盤の沈下による危害の防止のための措置をとる．
(3)	令136条の4 (基礎工事用機械等の転倒防止)	くい打機（他に，くい抜機，アース・ドリル，リバース・サーキュレーション・ドリル，チュービングマシンを有するせん孔機，アース・オーガー，ペーパー・ドレーン・マシン）などの自走式基礎工事用機械又はつり上げ重量0.5トン以上の移動式クレーンを使用する場合は，敷板，敷角などの使用等により転倒を防止する．
(4)	令136条の5 (落下物に対する防護)	①工事現場の境界線から5m以内で，かつ，地盤面からの高さが3m以上の場所から，くず・ごみ，その他の飛散するおそれのある物を投下するときはダストシュートを設ける． ②同じく5m以内で，かつ，高さが7m以上の部分で工事を行う場合，落下物により工事現場の周辺に危害を生ずるおそれがあるときは，鉄網又は帆布でおおう．
(5)	令136条の6 (建て方)	①建築物の建て方を行う場合は，筋かいなどを設けて，荷重又は外力による倒壊を防ぐ． ②鉄骨造の建て方におけるボルトの仮締めは，荷重又は外力に対し十分安全なものとする．
(6)	令136条の7 (工事用材料の集積)	工事用材料の集積は，倒壊，崩落等の危険のない場所に集積し，山留め周辺又は架構の上に集積する場合は，予定荷重を超えないようにする．
(7)	令136条の8 (火災の防止)	火気を使用する場合，その場所に不燃材料の囲いを設ける等防火上の措置をとる．

【問題7】 建築工事現場の危害の防止に関する次の記述のうち，建築基準法上，誤っているものはどれか．
1．鉄骨造2階建の建築物の建築工事を行う場合は，原則として，工事期間中，工事現場の周囲に地盤面からの高さが1.8m以上の板塀等の仮囲いを設けなければならない．
2．つり上げ荷重が0.5トン以上の移動式クレーンを使用する場合においては，原則として，敷板，敷角等の使用等によりその転倒による工事現場の周辺への危害を防止するための措置を講じなければならない．
3．深さ1.5m以上の根切り工事を行う場合には，原則として，山留めを設けなければならない．
4．土圧によって山留めの主要な部分の断面に生ずる応力度が，鋼材の場合にあっては，長期応力に対する許容応力度の2倍を超えないことを計算によって確かめなければならない．
5．工事をする部分が，工事現場の境界線から水平距離が5m以内で，かつ，地盤面からの高さが7m以上にある場合は，国土交通大臣の定める基準に従って，落下物による危害を防止するための措置を講じなければならない．

【問題8】 建築基準法上，既存不適格となった建築物の増築又は改築のできる条件で，誤っているものは，次のうちどれか．
1．増築又は改築が基準時における敷地内におけるものであること．
2．建ぺい率，容積率が基準時における敷地面積に対して制限値を超えないこと．
3．増築後の床面積の合計は，基準時における床面積の1.2倍を超えないこと．
4．増築後の不適格部分の床面積の合計が，基準時におけるその部分の床面積の1.2倍を超えないこと．
5．増築後の不適格な原動機の出力，容器等の容量等が基準時におけるそれらの1.5倍未満であること．

15　建築士法・建設業法

15・1　建築士法

(1) 目的〔士法第1条〕

建築物の設計・工事監理を行う技術者の資格を定めて，その業務の適正をはかり建築物の質の向上に寄与させることを目的とする．

(2) 定義〔士法第2条〕

一級建築士〔第2項〕国土交通大臣の免許を受け，設計・工事監理等の業務を行う者

二級建築士〔第3項〕都道府県知事の免許を受け，設計・工事監理等の業務を行う者

木造建築士〔第4項〕都道府県知事の免許を受け，設計・工事監理等の業務を行う者

設 計 図 書〔第5項〕建築物の建築工事実施のために必要な図書（現寸図その他これらに類するものを除く）及び仕様書

設　　　計〔第5項〕その者の責任において設計図書を作成すること

構 造 設 計〔第6項〕基礎伏図，構造計算書その他の建築物の構造に関する設計図書で国土交通省令で定めるもの（以下「構造設計図書」という．）の設計を，「設備設計」とは建築設備（建築基準法第2条第三号に規定する建築設備をいう．以下同じ．）の各階平面図及び構造詳細図その他の建築設備に関する設計図書で国土交通省令で定めるもの（以下「設備設計図書」という．）の設計をいう．

工 事 監 理〔第7項〕その者の責任において工事を設計図書と照合し，設計図書のとおりに実施されているかいないかを確認すること

(3) 建築士でなければできない設計，又は工事監理〔士法第3条，第3条の2，第3条の3〕

表15・1に示す．

(4) 免許・登録〔士法第4条，第5条〕

表15・2に示す．

(5) 住所等の届出〔士法第5条の2〕

- 免許証の交付の日から30日以内に，住所等（表15・3）を表15・2に示す所へ，届け出なければならない．

(6) 構造設計一級建築士証及び設備設計一級建築士証の交付等〔士法第10条の2〕

次の各号のいずれかに該当する一級建築士は，国土交通大臣に対し，構造設計一級建築士証の交付を申請することができる．〔第1項〕

1．一級建築士として5年以上構造設計の業務に従事した後，「登録講習機関が行う講習の課程をその申請前1年以内に修了した一級建築士

2．国土交通大臣が，構造設計に関し前号に掲げる一級建築士と同等以上の知識及び技能を有すると認める一級建築士

次の各号のいずれかに該当する一級建築士は，国土交通大臣に対し，設備設計一級建築士証の交付を申請することができる．〔第2項〕

1．一級建築士として5年以上設備設計の業務に従事した後，登録講習機関が行う講習の課程を

表15・1　建築士資格と設計・工事監理の範囲〔士法第3条～第3条の3〕*1

構造	木造の建築物またはその部分				鉄筋コンクリート造, 鉄骨造, 石造, れんが造, コンクリートブロック造, 無筋コンクリート造の建築物またはその部分		
高さ・階数	高さ13m以下かつ軒高9m以下			高さ13m超, または軒高9m超	高さ13m以下かつ軒高9m以下		高さ13m超, または軒高9m超
	階数1	階数2	階数3以上		階数2以下	階数3以上	
規模 延べ面積 30m²以下							
30m²超, 100m²以下							
100m²超, 200m²以下							
200m²超, 300m²以下							
300m²超, 500m²以下							
500m²超, 1000m²以下							
1,000m²超							

平成18年12月20日より2年以内に,「構造設計一級建築士」「設備設計一級建築士」が新設される.

■ 一級建築士でなければできない

▨ 一級建築士, 二級建築士でなければできない. ただし, 学校, 病院, 劇場, 映画館, 観覧場, 公会堂, 集会場(オーデトリアムを有するもの), 百貨店で, 延べ面積が500m²を超えるものは, 一級建築士でなければできない

░ 一級建築士, 二級建築士, 木造建築士でなければできない

□ 建築士以外でもできる

＊増築, 改築, 大規模の修繕, 大規模の模様替の場合は, その部分の面積

表15・2　届出先

	試験 第13条	免許 第4条	登録 第5条	名簿 第6条	住所等の届出 第5条の2	事務所登録 第23条の2	変更の届出 第23条の5
一級建築士		国土交通大臣				事務所の所在地の管轄の都道府県知事	
二級建築士	都道府県知事				免許を受けた都道府県知事及び住所地の都道府県知事		
木造建築士							

表15・3　住所その他国土交通省令で定める事項〔施行規則第8条〕

- 登録番号及び登録年月日
- 本籍・住所・氏名・生年月日・性別
- 建築に関する業務に従事する者にあっては, その業務の種別並びに勤務先の名称(建築士事務所にあっては, その名称及び開設者の氏名)及び所在地

表15・4　絶対的欠格事由〔士法第7条〕免許を与えない

一．未成年者
二．成年被後見人又は被保佐人
三．禁錮以上の刑に処せられ, その刑の執行を終わり, 又は執行を受けることがなくなった日から5年を経過しない者
四．この法律の規定に違反して, 又は建築物の建築に関し罪を犯して罰金の刑に処せられ, その刑の執行を終わり, 又は執行を受けることがなくなった日から5年を経過しない者
五．第9条第1項第4号又は第10条第1項の規定により免許を取り消され, その取消しの日から起算して5年を経過しない者
六．第10条第1項の規定による業務の停止の処分を受け, その停止の期間中に第9条第1項第1号の規定によりその免許が取り消され, まだその期間が経過しない者

表15・5　相対的欠格事由〔士法第8条〕免許を与えないことができる

一．禁錮以上の刑に処せられた者(前条第3号に該当する者を除く.)
二．この法律の規定に違反して, 又は建築物の建築に関し罪を犯して罰金の刑に処せられた者(前条第4号に該当する者を除く.)

表15・6　免許の取消し〔士法第9条〕

一．本人から免許の取消しの申請があったとき．
二．前条の規定による届出があったとき．
三．前条の規定による届出がなくて同条各号に掲げる場合のいずれかに該当する事実が判明したとき．
四．虚偽又は不正の事実に基づいて免許を受けたことが判明したとき．
五．第13条の2第1項又は第2項の規定により一級建築士試験, 二級建築士試験又は木造建築士試験の合格の決定を取り消されたとき．

表15・7　懲戒〔士法第10条〕

次の各号の一に該当する場合, 戒告を与え, 1年以内の期間を定めて業務の停止を命じ, 又は免許を取り消すことができる．
一．建築士法, 建築物の建築に関する法律, 命令, 条例の規定等に違反した時
二．業務に関して不誠実な行為をした時
業務の停止を命じようとするときは, 公開に聴聞を行い, 建築士審査会の同意を得なければならない

*1　片倉ほか『〈建築学テキスト〉建築行政』より

その申請前1年以内に修了した一級建築士
2. 国土交通大臣が，設備設計に関し前号に掲げる一級建築士と同等以上の知識及び技能を有すると認める一級建築士

(7) 設計及び工事監理〔士法第18条〕

1. 設計を行う場合においては，設計に係る建築物が法令又は条例の定める建築物に関する基準に適合するようにしなければならない．
2. 設計を行う場合においては，設計の委託者に対し，設計の内容に関して適切な説明を行うように努めなければならない．
3. 工事監理を行う場合において，工事が設計図書のとおりに実施されていないと認めるときは，直ちに，工事施工者に対して，その旨を指摘し，当該工事を設計図書のとおりに実施するよう求め，当該工事施工者がこれに従わないときは，その旨を建築主に報告しなければならない．

(8) 業務に必要な表示行為〔士法第20条〕

1. その設計図書に一級建築士等である旨の表示をして記名及び押印をしなければならない．設計図書の一部を変更した場合も同様とする．
2. 構造計算によって建築物の安全性を確かめた場合においては，遅滞なく，国土交通省令で定めるところにより，その旨の証明書を設計の委託者に交付しなければならない．ただし，次条第1項又は第2項の規定の適用がある場合は，この限りでない．
3. 工事監理を終了したときは，直ちに，国土交通省令で定めるところにより，その結果を文書で建築主に報告しなければならない．

(9) 構造設計に関する特例・設備設計に関する特例

構造設計一級建築士は，第3条第1項に規定する建築物のうち建築基準法第20条第一号又は第二号に掲げる建築物に該当するものの構造設計を行った場合においては，前条第1項の規定によるほか，その構造設計図書に構造設計一級建築士である旨の表示をしなければならない．構造設計図書の一部を変更した場合も同様とする．〔士法第20条の2第1項〕

設備設計一級建築士は，階数が3以上で床面積の合計が5000平方メートルを超える建築物の設備設計を行った場合においては，第20条第1項の規定によるほか，その設備設計図書に設備設計一級建築士である旨の表示をしなければならない．設備設計図書の一部を変更した場合も同様とする．〔士法第20条の3第1項〕

(10) その他の業務〔士法第21条〕

設計及び工事監理を行うほか，次の業務を行うことができる．

- 建築工事契約に関する事務
- 建築工事の指導監督
- 建築物に関する調査又は鑑定
- 建築に関する法令又は条例に基づく手続の代理

(11) 定期講習〔士法第22条の2〕

建築士は，3年以上5年以内において定める期間ごとに，「登録講習期間」が行う定める講習を受けなければならない．

表15・8　設計等の内容〔士法第21条〕

①設計
②工事監理
③建築工事契約に関する事務
④建築工事の指導監督
⑤建築物に関する調査・鑑定
⑥建築に関する法令・条例に基づく手続の代理

表15・9　登録の申請〔士法第23条の2〕

登録申請者（建築士事務所について登録を受けようとする者は，次に掲げる事項を記載した登録申請書を管轄する都道府県知事に提出．
一．建築士事務所の名称及び所在地
二．一級建築士事務所，二級建築士事務所，又は木造建築士事務所の別
三．登録申請者が個人である場合はその氏名，法人である場合はその名称及び役員の氏名
四．建築士事務所を管理する建築士の氏名及び，その者の一級建築士，二級建築士又は木造建築士の別
五．その他，国土交通省令で定める添付書類（施行規則第19条）
注）2以上の都道府県に営業所を設ける建設業者が各支店において，設計の業を行う場合は，各支店それぞれ建築士事務所登録が必要となる．

表15・10　廃業等の届出〔士法第23条の7〕

建築士事務所の開設者が次の各号の一に該当することとなった場合においては，当該各号に掲げる者は，30日以内にその旨を当該都道府県知事に届け出なければならない．

	事　項	届け出者
一	登録を受けた建築士事務所に係る業務を廃止した時	建築士事務所の開設者であった者
二	建築士事務所の開設者が死亡した時	相続人
三	建築士事務所の開設者が破産した時	破産管財人
四	法人が合併により解散した時	役員であった者
五	法人が破産又は合併以外の事由により解散した時	清算人

表15・11　登録の抹消〔士法第23条の8〕

一．廃業等の届出〔士法第23条の6〕があった時
二．登録の有効期間の満了の際，更新の登録の申請がなかった時
三．監督処分〔士法第26条第1項，第2項〕の規定により登録を取り消した時

表15・12　業務に関する記載事項

一．契約の年月日
二．契約の相手方の氏名又は名称
三．業務の種類及びその概要
四．業務の終了の年月日
五．報酬の額
六．業務に従事した建築士及び建築設備士の氏名
七．業務の一部を委託した場合は，委託に係る業務の概要並びに受託者の氏名又は名称及び住所
八．法24条第2項の規定により意見を述べられたときは，当該意見の概要

表15・13　業務に関する図書

一．配置図，各階平面図，2面以上の立面図，2面以上の断面図
二．基準法第6条第二号，第三号の場合は基礎伏図，各階床伏図，小屋伏図，構造詳細図，構造計算書
三．工事監理報告書

(12) **建築士事務所登録**〔士法第23条〕

他人の求めに応じて報酬を得て，表15・8の内容を行うことを業とするときは，建築士事務所の登録を受けなければならない．
- 登録は，5年間有効
- 更新の登録は，有効期間満了の日前30日までに登録申請書を提出しなければならない〔施行規則第18条〕

(13) **変更の届出**〔士法第23条の5〕

建築士事務所の開設者（登録を受けた者）は，登録申請書の事項に変更があった場合は，2週間以内に，その旨を当該都道府県知事に届け出なければならない．

(14) **建築士事務所の管理**〔士法第24条〕

一級建築士事務所，二級建築士事務所又は木造建築士事務所を管理する専任の一級建築士，二級建築士又は木造建築士を置かなければならない．〔第1項〕

「管理建築士」は，建築士として3年以上の設計その他の業務に従事した後，「登録講習機関」が行う講習の課程を修了した建築士でなければならない．〔第2項〕

(15) **帳簿の備付け等及び図書の保存**〔士法第24条の4，施行規則第21条〕
- 開設者は，業務に関する事項を記載した帳簿を備え，各事業年度の末日から15年間保存しなければならない（表15・12）
- 開設者は，業務に関する図書（建築士でなければ作成ができないもの）を作成した日から15年間保存しなければならない（表15・13）

(16) **標識の掲示**〔士法第24条の5，施行規則第22条〕

開設者は，公衆の見やすい場所に標識を掲げなければならない．

(17) **書類の閲覧**〔士法第24条の6，施行規則第22条の2〕

開設者は，業務の実績，実務の経験等を記載した書類を建築士事務所に備え置き，建築主の求めに応じ，閲覧させなければならない．

(18) **書面の交付**〔士法第24条の8〕

開設者は，建築主から設計，又は工事監理の委託を受けたときは，次に掲げる事項を記載した書面を建築主に交付しなければならない．
一．設計又は工事監理の種類及びその内容
二．設計又は工事監理の実施の期間及び方法
三．報酬の額及び支払の時期
四．契約の解除に関する事項
五．国土交通省令で定める事項〔施行規則第22条の3〕

(19) **監督処分**〔士法第26条〕

都道府県知事は，開設者に対し，建築士事務所登録の取り消し，又は戒告を与え，1年以内の期間を定めて，建築士事務所の閉鎖又は，登録を取り消すことができる．

懲戒処分と同様に聴聞を行い，都道府県建築士審査会の同意を得なければならない．

表15・14　建設工事の種類に対応する建設業の区分〔業法別表〕[*1]

建設工事の種類	建設業
①土木一式工事	土木工事業
②建築一式工事	建築工事業
③大工工事	大工工事業
④左官工事	左官工事業
⑤とび・土工・コンクリート工事	とび・土工工事業
⑥石工事	石工事業
⑦屋根工事	屋根工事業
⑧電気工事	電気工事業
⑨管工事	管工事業
⑩タイル・れんが・ブロック工事	タイル・れんが・ブロック工事業
⑪鋼構造物工事	鋼構造物工事業
⑫鉄筋工事	鉄筋工事業
⑬舗装工事	舗装工事業
⑭しゅんせつ工事	しゅんせつ工事業
⑮板金工事	板金工事業
⑯ガラス工事	ガラス工事業
⑰塗装工事	塗装工事業
⑱防水工事	防水工事業
⑲内装仕上工事	内装仕上工事業
⑳機械器具設置工事	機械器具設置工事業
㉑熱絶縁工事	熱絶縁工事業
㉒電気通信工事	電気通信工事業
㉓造園工事	造園工事業
㉔さく井工事	さく井工事業
㉕建具工事	建具工事業
㉖水道施設工事	水道施設工事業
㉗消防施設工事	消防施設工事業
㉘清掃施設工事	清掃施設工事業

表15・15　軽微な建設工事

- 建築一式工事　1500万円未満
- 延べ面積が　150m²未満の木造住宅工事
- 建築一式工事以外の建設工事　500万円未満

表15・16　建設工事の種類に対応する建設業の区分〔業法別表〕

工事1件の予定価格	見積り期間
(一)　500万円未満	1日以上
(二)　500万円以上5000万円未満	10日以上
(三)　5000万円以上	15日以上

表15・17　請負契約の内容

①工事内容
②請負代金の額
③工事着手の時期および工事完成の時期
④請負代金の全部, 一部の前金払, 出来形部分に対する支払の時期および方法
⑤当事者の一方から設計変更, 工事着手の延期, 工事の全部または一部の中止の申出があった場合の工期の変更, 請負代金の額の変更, 損害の負担およびそれらの額の算定方法に関する定め
⑥天災その他不可抗力による工期の変更または損害の負担およびその額の算定方法に関する定め
⑦価格などの変動, 変更による請負代金の額または工事内容の変更
⑧工事の施工により第三者が損害を受けた場合における賠償金の負担に関する定め
⑨注文者が工事に使用する資材を提供し, または建設機械その他の機械を貸与するときは, その内容および方法に関する定め
⑩注文者が工事の全部又は一部の完成を確認するため検査の時期及び方法並びに引渡しの時期
⑪工事完成後の請負代金の支払の時期および方法
⑫工事の目的物の瑕疵を担保すべき責任又は当該責任の履行に関して講ずべき保証保険契約の締結その他の措置に関する定めをするときはその内容
⑬各当事者の履行の遅滞その他債務の不履行の場合における延滞利息, 違約金その他の損害金
⑭契約に関する紛争の解決方法

表15・18　主任技術者の要件[*1]

①高等学校または中等教育学校を卒業した後5年以上, 大学または高等専門学校を卒業した後3年以上, 建設工事に関する実務経験を有する者で, 在学中に国土交通省令で定める学科を修めた者.
②建設工事に関する10年以上の実務経験を有する者.
③国土交通大臣が①②と同等以上の知識および技術または技能を有すると認めた者.

表15・19　監理技術者の要件[*1]

①建築, 土木, 造園, 管工事などの施工管理技師の国家試験に合格した者, または, 国土交通大臣が定める免許を受けた者.
②主任技術者の要件に該当する者で, 発注者から直接請け負う工事で請負代金が4,500万円以上のものに関し2年以上の指導監督的な実務経験を有する者.
③国土交通大臣が①②と同等以上の能力を有すると認めた者. ただし, 指定建設業(土木工事業, 建築工事業, 電気工事業, 管工事業, 鋼構造物工事業, 舗装工事業, 造園工事業)の場合, ①または国土交通大臣が①と同等以上の能力を有すると認めた者に限る.

表15・20　専任の技術者が必要な公共性のある工事[*1]

建設工事の種類	規模
①国または地方公共団体が注文者である工作物に関する工事 ②鉄道, 軌道, 索道, 道路, 橋, 護岸, 堤防, ダム, 河川に関する工作物, 砂防用工作物, 飛行場, 港湾施設, 運河, 上水道, 下水道, 電気事業用施設, ガス事業用施設 ③学校, 児童福祉施設, 集会場, 図書館, 美術館, 博物館, 陳列館, 教会, 寺院, 神社, 工場, ドック, 倉庫, 病院, 市場, 百貨店, 事務所, 興行場(劇場, 映画館, 演芸場, 観覧場など), ダンスホール, ホテル, 旅館, 下宿, 共同住宅, 寄宿舎, 公衆浴場, 鉄塔, 火葬場, と畜場, ごみ処理場, 熱供給施設, 石油パイプライン事業用施設, 第一種電気通信事業用施設	工事1件の請負代金の額が2,500万円以上(建築一式工事の場合, 5,000万円以上)

*1　片倉ほか『〈建築学テキスト〉建築行政』より

15・2　建設業法

(1) 目的〔業法第1条〕

建設業を営む者の資質の向上，建設工事の請負契約の適正化等を図ることによって建設工事の適正な施工を確保し，発注者を保護するとともに建設業の健全な発達を促進し，もって公共の福祉の増進に寄与することを目的とする．

(2) 定義〔業法第2条〕

1．建設工事　表15・14による．
2．建　設　業　建設工事の完成を請け負う営業をいう．
3．建設業者　許可を受けて建設業を営む者をいう．
4．下請契約　建設工事を請け負った者と他の建設業を営む者との間で当該建設工事について締結される請負契約をいう．
5．発　注　者　建設工事の注文者
　　元請負人　下請契約における注文者で建設業者であるもの．
　　下請負人　下請契約における請負人

(3) 建設業の許可〔業法第3条，令1条，2条〕

1．2以上の都道府県に営業所を設けて営業する場合…国土交通大臣の許可
　　1の都道府県のみ営業所を設けて営業する場合……都道府県知事の許可
　　1号　一般建設業（特定建設業以外の建設業）
　　2号　特定建設業　1件の建設工事金額3000万円以上（建築工事業は4500万円以上）
　　　　ただし，軽微な建設工事のみを請け負う場合はこの限りでない（表15・15）．
2．許可は，5年ごとに更新を受けなければならない．

(4) 建設工事の請負契約の原則〔業法第18条〕

請負契約の当事者は，各々の対等な立場における合意に基いて公正な契約を締結し，信義に従って誠実にこれを履行しなければならない．

(5) 建設工事の請負契約の内容〔業法第19条〕

契約の締結に際して表15・17の事項を書面に記載し，署名又は記名押印をして相互に交付しなければならない．

(6) 建設工事の見積り等〔業法第20条令6条〕

建設工事の見積りを表15・16の日時で行うよう努めなければならない．

(7) 一括下請負の禁止〔業法第22条，令6条の3〕

1．建設業者は，一括して他人に請け負わせてはならない．
2．元請負人があらかじめ発注者の書面による承諾を得た場合は適用しない．（ただし，共同住宅を新築する場合は除く．）

(8) 下請負人の変更請求〔業法第23条〕

注文者は不適当と認められる下請負人があるときは，その変更を請求することができる．ただし，あらかじめ注文者の書面による承諾を得て選定した請負人についてはこの限りでない．

(9) 主任技術者と監理技術者〔業法第26条〕

表15・18, 19, 20による．

(10) 建設工事紛争審査会〔業法第25条～25条の24〕

【問題1】 次の建築物を新築する場合，建築士法上，二級建築士が設計してはならないものはどれか．
1．延べ面積200m^2，高さ8m，鉄筋コンクリート造2階建の専用住宅
2．延べ面積250m^2，高さ12m，軒の高さ9m，鉄筋コンクリート造3階建の店舗
3．延べ面積350m^2，高さ5m，鉄骨造平家建の工場
4．延べ面積500m^2，高さ6m，木造平家建の集会場
5．延べ面積700m^2，高さ8m，木造2階建の共同住宅

【問題2】 二級建築士に関する次の記述のうち，建築士法上，誤っているものはどれか．
1．延べ面積600m^2，高さ8m，木造2階建の共同住宅の新築に係る設計を行うことができる．
2．工事監理を行う場合において，工事が設計図書のとおりに実施されていないと認めるときは，直ちに，建築主事にその旨を報告しなければならない．
3．他の二級建築士の設計した設計図書の一部を変更する場合において，当該建築士の承諾が得られなかったときは，自己の責任において，その設計図書の一部を変更することができる．
4．工事監理を終了したときは，直ちに，その結果を文章で建築主事に報告しなければならない．
5．所定の設計及び工事監理を行うほか，建築工事契約に関する事務，建築物に関する調査又は鑑定の業務を行うことができる．

【問題3】 建築士の業務に関する次の記述のうち，建築士法上，正しいものはどれか．
1．建築士は，設計及び工事監理を行うほか，建築工事契約に関する事務，建築物に関する調査又は鑑定等の業務を行うことができる．
2．建築士は，工事監理を行う場合，工事が設計図書のとおりに実施されていないと認めるときは，直ちに，建築主事にその旨を報告しなければならない．
3．建築士は，他の建築士の設計した設計図書については，当該建築士の承諾が得られなければ，その設計図書を変更することはできない．
4．建築士は，工事監理を終了したときは，直ちに，その結果を口頭で建築主に報告しなければならない．
5．建築士は，設計を行った場合において，その設計図書に建築士たる表示をして記名及びなつ印をしなければならないが，建築図書の一部を変更した場合であればその必要はない．

【問題4】 二級建築士として，建築士法にもとづく工事監理を行う場合に，最も基本的なことは，次のうちどれか．
1．工事が建築基準法その他の法令に適合して行われていることを確認すること．
2．工事を設計図書と照合し，それが設計図書のとおりに実施されているかどうかを確認すること．
3．不正工事が行われていないように監督すること．
4．工事が期限内に竣工するように工事の促進をはかること．
5．工事現場において工事用図面を作成すること．

【問題5】 建築士事務所に関する次の記述のうち，建築士法上，誤っているものはどれか．
1．二級建築士は，他人の求めに応じ報酬を得て，設計を行うことを業としょうとするときは，二級建築士事務所を定めて，所定の登録を受けなければならない．
2．建築士事務所の開設者は，その建築士事務所において，公衆の見易い場所に所定の標識を揚げなければならない．
3．建築士事務所の開設者は，その業務に関する所定の帳簿を備え，これを各事業年度末日から15年間保存しなければならない．
4．建築士事務所の開設者は，建築士事務所を管理する建築士の氏名に変更があったときは，2週間以内に，その旨を都道府県知事に届け出なければならない．
5．建築士事務所の登録は，3年間有効であり，その更新の登録を受けようとする者は，有効期限満了の日前30日までに登録申請書を提出しなければならない．

【問題6】 建築士事務所に関する次の記述のうち，建築士法上，誤っているものはどれか．
1．管理建築士は，他の建築士事務所の管理を兼ねることはできない．
2．建築士事務所の所在地を変更したときは，建築士事務所の開設者は，1か月以内に，その旨を都道府県知事に届け出なければならない．
3．建築士事務所の開設者は，その業務に関する所定の帳簿を備え，これを当該事業年度の末日から15年間保存しなければならない．
4．建築士以外のものであっても，建築士事務所の開設者となることができる．
5．建築士事務所の登録は，5年間有効である．

【問題7】 建設工事の請負契約を締結する場合，建設業法上，書面に記載する必要がない事項は，次のうちどれか．
1．工事着手の時期及び工事完成の時期
2．工事完成後における請負代金の時期及び方法
3．契約に関する紛争の解決方法
4．注文者が，工事の全部又は一部の完成を確認するための検査の時期及び方法並びに引渡しの時期
5．工事現場の主任技術者の資格及び氏名

【問題8】 次の記述のうち，建設業法上，誤っているものはどれか．
1．建設業の許可は，5年ごとにその更新を受けなければその期間の経過によって，効力を失う．
2．注文者は，請負人に対して，下請負人の変更を請求してはならない．
3．建設工事の請負契約に関する紛争の解決を図るため，建設工事紛争審査会が置かれている．
4．建設業者は，あらかじめ発注者の書面による承諾を得た場合を除き，請け負った建設工事を一括して他人に請け負わせてはならない．
5．建築工事一式について許可を受けた建設業者は，建設工事に附帯する電気工事を請け負うことができる．

【問題9】 建設業に関する次の記述のうち，建設業法上，誤っているものはどれか．
1．委託その他何らの名儀をもってするを問わず，報酬を得て建設工事の完成を目的として締結する契約は，建設工事の請負契約とみなす．
2．建設工事の請負契約を締結するときは，工事の施工により第三者が損害を受けた場合における賠償金の負担に関する定めを書面に記載する必要がある．
3．延べ面積が150m^{2}未満の木造住宅工事のみを請け負うことを営業とする者は，建設業の許可を受けなくてもよい．
4．下請契約を締結して，元請負人から請け負った建設工事のみを施工する下請人は，建設業の許可を受けなくてもよい．
5．元請負人は，建設工事を施工するための工程の細目，作業方法等を定めるときは，あらかじめ，下請負人の意見をきかなければならない．

【問題10】 建設業法に関する記述で，誤っているものは次のうちどれか．
1．建設業者が建設工事を施工するときは，主任技術者を置かなければならない．
2．建設業者は，5年ごとに許可の更新をうけなければならない．
3．材料の支給を受けない工事1件の請負代金の額が，500万円に満たない工事のみを請け負う者は，許可をうけなくてもよい．
4．2以上の都道府県に営業所を設けるものは，国土交通大臣の許可をうけなければならない．
5．建設業者の店舗ならびに工事現場に掲げる標識は，様式化されていない．

16 その他の法律

16・1 消防法

(1) 用語の定義〔法第2条, 令別表第1〕

- 防火対象物：表16・1に分類されている.
- 特定防火対象物：防火対象物のうち, 不特定多数者が出入りするもの.
- 複合用途防火対象物：異なる2以上の用途に属する部分をもつ防火対象物
- 無窓階：表16・2による.

表16・2　無窓階[*1]

階	定　義
11階以上	直径50cm以上の円が内接できる開口部の面積の合計が階の床面積の1/30を超える階（普通階）以外の階
10階以下	直径1m以上の円が内接できる開口部または幅75cm以上高さ1.2m以上の開口部が2以上ある普通階以外の階

(2) 消防用設備等〔令第7条〕

表16・3による.

表16・3　消防用設備等

消防用設備	消火設備	①消火器, 簡易消火器具（水バケツ, 水槽, 乾燥砂） ②屋内消火栓設備 ③スプリンクラー設備, 水噴霧消火設備, 泡消火設備, 粉末消火設備等 ④屋外消火栓設備 ⑤動力消防ポンプ設備
	警報設備	①自動火災報知設備 ②電気火災警報器 ③消防機関へ通報する火災報知設備 ④警鐘, 非常ベル, サイレン等
	避難設備	①すべり台, 避難はしご, 救助袋, 緩降機等 ②誘導灯, 誘導標識
消防用水		①防火水槽 ②貯水池
消火活動上必要な設備		①排煙設備 ②連結送水管 ③非常コンセント設備 ④無線通信補助設備

表16・1　防火対象物〔消防令別表第1〕[*1]

項		防火対象物	特定防火対象物
(1)	イ	劇場, 映画館, 演芸場または観覧場	○
	ロ	公会堂又は集会場	
(2)	イ	キャバレー, カフェー, ナイトクラブその他これらに類するもの	○
	ロ	遊技場またはダンスホール	
	ハ	風俗営業等の規制及び業務の適正化等に関する法律第2条第5項に規定する性風俗関連特殊営業を営む店舗（(1)項イ, (4)項, (5)項イ及び(9)項イに掲げる防火対象物の用途に供されているものを除く）その他これに類するものとして総務省令で定めるもの	
(3)	イ	待合, 料理店その他これらに類するもの	○
	ロ	飲食店	
(4)		百貨店, マーケットその他の物品販売業を営む店舗または展示場	○
(5)	イ	旅館, ホテルまたは宿泊所	○
	ロ	寄宿舎, 下宿または共同住宅	—
(6)	イ	病院, 診療所または助産所	○
	ロ	老人福祉施設, 有料老人ホーム, 介護老人保健施設, 救護施設, 更生施設, 児童福祉施設（母子生活支援施設および児童厚生施設を除く）, 身体障害者更生援護施設（身体障害者を収容するものに限る), 知的障害者援護施設または精神障害者社会復帰施設	
	ハ	幼稚園, 盲学校, 聾学校または養護学校	
(7)		小学校, 中学校, 高等学校, 中等教育学校, 高等専門学校, 大学, 専修学校, 各種学校その他これらに類するもの	—
(8)		図書館, 博物館, 美術館その他これらに類するもの	—
(9)	イ	公衆浴場のうち, 蒸気浴場, 熱気浴場その他これらに類するもの	○
	ロ	イ以外の公衆浴場	
(10)		車輛の停車場または船舶もしくは航空機の発着場（旅客の乗降または待合いの用に供する建築物に限る）	—
(11)		神社, 寺院, 教会その他これらに類するもの	—
(12)	イ	工場または作業場	
	ロ	映画スタジオまたはテレビスタジオ	
(13)	イ	自動車車庫または駐車場	
	ロ	飛行機または回転翼航空機の格納庫	
(14)		倉庫	—
(15)		前各項に該当しない事業場	—
(16)	イ	複合用途防火対象物のうち, その一部が(1)項から(4)項まで, (5)項イ, (6)項または(9)項イに掲げる防火対象物の用途に供されているもの	○
	ロ	イ以外の複合用途防火対象物	
(16の2)		地下街	○
(16の3)		建築物の地階（(16の2)項に掲げるものの各階を除く）で連続して地下道に面して設けられたものと当該地下道とを併せたもの（(1)項から(4)項まで, (5)項イ, (6)項または(9)項イに掲げる防火対象物の用途に供される部分が存するものに限る）	○
(17)		文化財保護法（昭和25年法律第214号）の規定によって重要文化財, 重要有形民俗文化財, 史跡若しくは重要な文化財として指定され, または旧重要美術品等の保存に関する法律（昭和8年法律第43号）の規定によって重要美術品として認定された建造物	—
(18)		延長50m以上のアーケード	—
(19)		市町村長の指定する山林	—
(20)		総務省令で定める舟車	—

表16・4　特殊な消火設備を設置すべき防火対象物[*1]
〔消防令第13条〕

防火対象物またはその部分	消火設備
航空機格納庫，回転翼航空機などの屋上発着場	泡消火設備，粉末消火設備
防火対象物内の道路部分で，屋上600m²以上，その他400m²以上のもの	水噴霧消火設備，泡消火設備，二酸化炭素消火設備，粉末消火設備
防火対象物内の自動車修理・整備に使用される部分で，地階または2階以上は200m²以上，1階は500m²以上のもの	泡消火設備，二酸化炭素消火設備，ハロゲン化物消火設備，粉末消火設備
防火対象物内の駐車場部分で，地階または2階以上は200m²以上，1階は500m²以上，屋上は300m²以上のもの（車両が同時に屋外に出ることができる階を除く）機械式駐車場で，収容台数が10以上のもの	水噴霧消火設備，泡消火設備，二酸化炭素消火設備，ハロゲン化物消火設備，粉末消火設備
発電機，変圧器などの電気設備が設置されている部分で，200m²以上のもの 鍛造場，ボイラー室，乾燥室などの火気を使用する部分で，200m²以上のもの 通信機器室で500m²以上のもの	二酸化炭素消火設備，ハロゲン化物消火設備，粉末消火設備
指定可燃物を一定量以上貯蔵し，または取り扱うもの	可燃物の種類ごとに定められた特殊な消火設備

表16・5　屋内消火栓設備を設置すべき防火対象物[*1]

防火対象物〔消防令別表第1の項〕	延べ面積	地階，無窓階，4階以上の階の床面積
(1)項	500m²以上	100m²以上
(2)項〜(10)項，(12)項，(14)項	700m²以上	150m²以上
(11)項，(15)項	1,000m²以上	200m²以上
(16の2)項	150m²以上	―

[*1]　主要構造部を耐火構造とし，かつ壁・天井の仕上げを難燃材料としたものは，上記数値を3倍とし，主要構造部を耐火構造としたその他の防火対象物は上記数値を2倍とし，主要構造部を準耐火構造またはそれと同等なものとし，かつ壁・天井の仕上げを難燃材料としたものは，上記数値を2倍とする．ただし，総務省令で定める福祉施設（(6)項に該当）で主要構造部を耐火構造などとしたものは，この規定にかかわらず1,000m²以上とする．
一定量以上の指定可燃物を扱うものにも設置する〔消防令第11条第1項第五号〕
・基準面積1000m²以上の有床診療所・病院は屋内消火栓設備の設置が義務化（平成28年4月1日施行）

表16・6　屋外消火栓を設置すべき防火対象物[*1]

建築物の種類	1階および2階の床面積の合計
耐火建築物	9,000m²以上
準耐火建築物	6,000m²以上
その他	3,000m²以上

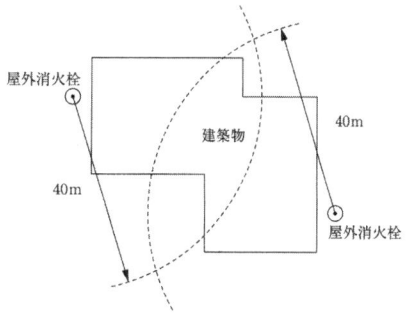

消火栓から半径40mの範囲に建築物がすべて包含されるように消火栓を配置する

屋外消火栓設備の配置

表16・7　スプリンクラー設備を設置すべき防火対象物[*1]

設置防火対象物〔消防令別表第1の項〕	設置すべき部分とその規模
(1)項	・舞台部（大道具室，小道具室を含む）の床面積が500m²以上（地階，無窓階，4階以上の階にあるときは300m²以上）の舞台部分
(1)〜(4)項，(5)項イ，(6)項，(9)項イ	・11階以上のもの ・平屋建を除き，延べ面積6,000m²以上（自治省令で定める福祉施設は1,000m²以上，店舗，展示場，病院は3,000m²以上） ・地階，無窓階で1,000m²以上の階 ・4〜10階で床面積1,500m²以上の階（(2)，(4)項は1,000m²以上の階）
(16の2)項	・延べ面積1,000m²以上
(16の3)項	・延べ面積1,000m²以上，かつ，特定防火対象物が500m²以上含まれる
(16)項のイ	・11階以上のもの，特定防火対象物が3,000m²以上のもののうち，当該特定用途が含まれる階（地階，無窓階は1,000m²以上，4〜10階は床面積1,500m²以上の階（ただし，(2)，(4)項は1,000m²以上の階））
(14)項	・天井の高さが10mを超え，延べ面積700m²以上のラック式倉庫

[*1]　すべての防火対象物について，11階以上の階に設置する一定量以上の指定可燃物を扱うものにも設置する〔消防令第12条第1項第六号〕
・有床診療所・病院はスプリンクラー設置が義務化（平成28年4月1日施行）

[*1]　片倉ほか『〈建築学テキスト〉建築行政』より

表16・8 誘導灯，誘導標識を設置すべき防火対象物*1

種　類	防火対象物〔消防令別表第1の項〕
避難口誘導灯 通路誘導灯	(1)項～(4)項，(5)項イ，(6)項，(9)項，(16)項イ，(16の2)項，(16の3)項
	(5)項ロ，(7)項，(8)項，(10)項～(15)項，(16)項ロの防火対象物の地階，無窓階，11階以上の階
客席誘導灯	劇場，映画館，演芸場，観覧場，公会堂，集会場
誘導標識	(1)項～(16)項

表16・9 連結送水管を設置する防火対象物

・地上7階以上の防火対象物
・地上5階または6階で，延べ面積が6,000m²の防火対象物
・延べ面積が1,000m²の地下街
・延長50m以上のアーケード
・道路の用に供される部分を有する防火対象物

表16・10 防炎防火対象物*1

防火対象物 〔消防令別表第1の項〕	条　件
(1)項～(4)項，(5)項イ，(6)項，(9)項イ，(16)項イ	地階を除く階数3以上，かつ，収容人員30人以上
(16)項ロ	地階を除く階数5以上，かつ，収容人員50人以上
高層建築物（高さ31m超） (16の2)項，(16の3)項	―
防炎対象品	カーテン，布製ブラインド，暗幕，じゅうたん，毛せんなどの床敷物，展示用合板，どん帳，舞台において使用する幕や大道具用の合板，工事用シート

(3) 危険物

- 消防法上の危険物は，表16・12による．

  危険物のうち，第4類がほとんどであり，規制を表16・13に示す．

- 用途地域に基づく立地制限〔建築基準法別表第2，同令第130条の9〕

  危険物（第4類）の貯蔵場等を指定数量の倍数によって表16・11に示す．

表16・11 用途地域に基づく立地制限

用　途　地　域	指定数量
（第1種・第2種）低層住居専用地域，第1種中高層住居専用地域	禁　止
第2種中高層住居専用地域，（第1種・第2種）住居地域，準住居地域	5倍（注）
近隣商業地域，商業地域	10倍（注）
準工業地域	50倍
工業地域，工業専用地域	無制限

地下貯蔵槽で貯蔵する第1石油類は500000ℓ以下，第2・第3・第4石油類は数量を問わない．
（注）特定屋内貯蔵所等において貯蔵する場合の緩和措置がある．

(4) 危険物施設

- 貯蔵所
  - （屋内貯蔵所）屋内の場所において危険物を貯蔵し，取扱う貯蔵所
  - （屋外タンク貯蔵所）屋外にあるタンクにおいて危険物を貯蔵し，取扱う貯蔵所
  - （屋内タンク貯蔵所）屋内にあるタンクにおいて危険物を貯蔵し，取扱う貯蔵所
  - （地下タンク貯蔵所）地盤面下にあるタンクにおいて危険物を貯蔵し，取扱う貯蔵所
  - （簡易タンク貯蔵所）簡易タンク（容量600ℓ以下）において危険物を貯蔵し，取扱う貯蔵所
  - （移動タンク貯蔵所）車両に固定されたタンク（タンクローリー）において危険物を貯蔵し，取扱う貯蔵所
  - （屋外貯蔵所）屋外の場所において危険物を貯蔵し，取扱う貯蔵所

- 取扱所
  - （給油取扱所）固定された給油設備によって自動車等の燃料タンクへ直接給油するため危険物を取扱う取扱所（いわゆるガソリンスタンド）
  - （販売取扱所）店舗において容器入りのままで販売するため危険物を取扱う取扱所で，第1種（指定数量の15倍以下）と第2種（指定数量の15倍超40倍以下）の別がある
  - （移送取扱所）配管・ポンプ・これらに附属する設備によって危険物の移送を行う取扱所（いわゆるパイプライン）
  - （一般取扱所）上記以外の取扱所

- 製造所
  - （製造所）危険物を製造するための施設

表16・12 消防法上の危険物（消防法別表）

類別	性質	品名
第1類	酸化性固体	一　塩素酸塩類 二　過塩素酸塩類 三　無機過酸化物 四　亜塩素酸塩類 五　臭素酸塩類 六　硝酸塩類 七　よう素酸塩類 八　過マンガン酸塩類 九　重クロム酸塩類 十　危険物政令第1条の3で定めるもの 十一　前各号に掲げるもののいずれかを含有するもの
第2類	可燃性固体	一　硫化りん 二　赤りん 三　硫黄 四　鉄粉 五　金属粉 六　マグネシウム 七　危険物政令第1条の4で定めるもの 八　前各号に掲げるもののいずれかを含有するもの 九　引火性固体
第3類	自然発火性物質及び禁水性物質	一　カリウム 二　ナトリウム 三　アルキルアルミニウム 四　アルキルリチウム 五　黄りん 六　アルカリ金属（カリウム及びナトリウムを除く）及びアルカリ土類金属 七　有機金属化合物（アルキルアルミニウム及びアルキルリチウムを除く） 八　金属の水素化物 九　金属のりん化物 十　カルシウム又はアルミニウムの炭化物 十一　危険物政令第1条の5で定めるもの 十二　前各号に掲げるもののいずれかを含有するもの
第4類	引火性液体	一　特殊引火物 二　第1石油類 三　アルコール類 四　第2石油類 五　第3石油類 六　第4石油類 七　動植物油類
第5類	自己反応性物質	一　有機過酸化物 二　硝酸エステル類 三　ニトロ化合物 四　ニトロソ化合物 五　アゾ化合物 六　ジアゾ化合物 七　ヒドラジンの誘導体 八　ヒドロキシルアミン 九　ヒドロキシルアミン塩類 十　危険物政令第1条の7で定めるもの 十一　前各号に掲げるもののいずれかを含有するもの
第6類	酸化性液体	一　過塩素酸 二　過酸化水素 三　硝酸 四　危険物政令第1条の8で定めるもの 五　前各号に掲げるもののいずれかを含有するもの

表16・13 消防法上の指定数量（第4類）（危険物の規制に関する政令別表第3）

品名	性質	指定数量（ℓ）
特殊引火物		50
第1石油類	非水溶性液体	200
	水溶性液体	400
アルコール類		400
第2石油類	非水溶性液体	1000
	水溶性液体	2000
第3石油類	非水溶性液体	2000
	水溶性液体	4000
第4石油類		6000
動植物油類		10000

（注）水溶性液体とは、1気圧において、温度20℃で同容量の純水と緩やかにかき混ぜた場合に、流動がおさまった後も当該混合液が均一な外観を維持するものであることをいい、非水溶性液体とは、水溶性液体以外のものであることをいう。

*1　片倉ほか『〈建築学テキスト〉建築行政』より

16・2 都市計画法

(1) 目的〔法第1条〕

都市計画に関して必要な事項を定めることにより，都市の健全な発展と秩序ある整備を図り，もって国土の均衡ある発展と公共の福祉の増進に寄与することを目的とする．

(2) 都市計画の基本理念〔法第2条〕

都市計画は農林漁業との健全な調和を図りつつ，健康で文化的な都市生活及び機能的な都市活動を確保すべきこと並びにこのためには適正な制限のもとに土地の合理的な利用が図られるべきことを基本理念として定めるものとする．

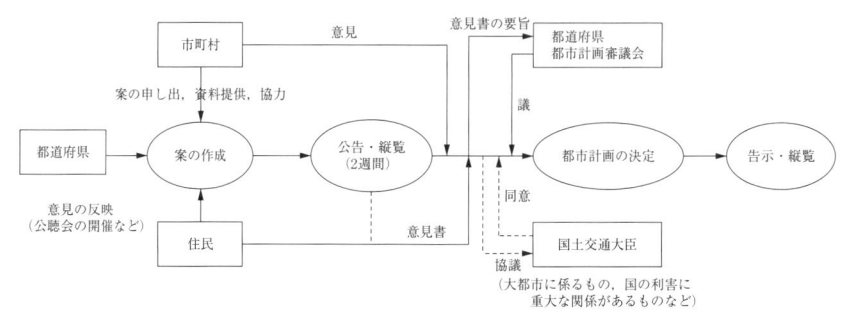

(a) 都道府県が立案する場合

(b) 市町村が立案する場合

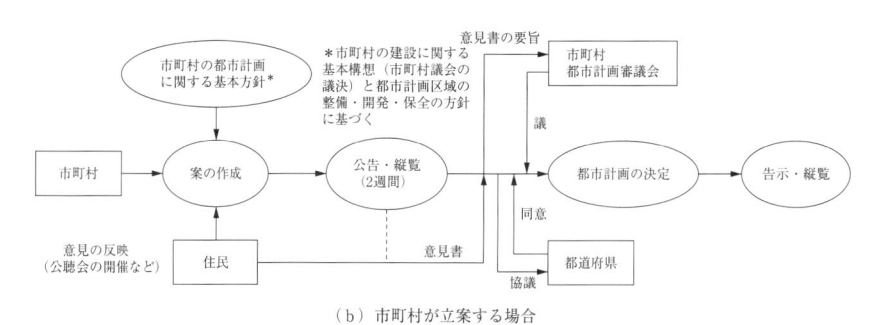

図16・1 都市計画の決定手続き[1]

表16・14 都市計画の内容[1]

条文	地域,地区,区域	内容
都計法7条	市街化区域・市街化調整区域の区分	無秩序な市街化を防止し，計画的な市街化を図るため，都市計画区域を区分し，市街化区域，市街化調整区域とする
都計法8条	地域地区	適正な土地利用計画に基づいて地域や地区を定めることにより，都市機能を維持増進や環境の保護をする．用途地域，特定街区，防火地域，風致地区など
都計法11条	都市施設	道路や都市高速鉄道などの交通施設，公園や広場などの公共空地，水道や下水道などの供給処理施設など
都計法12条	市街地開発事業	土地区画整理事業や市街地再開発事業などの開発事業
都計法10条の2	促進区域	都市計画に基づく積極的な土地の利用を図るために，定められた区域内の土地所有者に2〜5年以内に所定の土地利用を実現させる．市街地再開発促進区域など
都計法12条の2	市街地開発事業等予定区域	予定区域を大規模な用地買収を伴う市街地開発事業を定める前に定め，定めてから3年以内に都市計画を定め，施行予定者によって計画後2年以内に事業許可申請を行う
都計法12条の4	地区計画等の計画	地区計画，再開発地区計画などがある
都計法10条の4	被災市街地復興推進地域	地震や火災などの災害により失われた市街地を復興させることを推進する

表16・15 特定工作物〔都計法第4条第11項〕[1]

分類	内容	種類
第一種特定工作物	周辺の環境悪化をもたらすおそれのあるもの	コンクリートプラント，アスファルトプラント，クラッシャープラント，危険物の貯蔵・処理施設
第二種特定工作物	1ha以上の大規模なもの	ゴルフコース，野球場，庭球場，陸上競技場，遊園地，動物園など

表16・16 区域区分を定めなければならない地域[1]
〔都計法第7条〕

地域を規定する法令	地域	備考
首都圏整備法	第2条第3項に規定する既成市街地	左記の区域の全部または一部を含む都市計画区域については，区域区分を定めるものとする．
	第2条第4項に規定する近郊整備地帯	
近畿圏整備法	第2条第3項に規定する既成都市区域	
	第2条第4項に規定する近郊整備区域	
中部圏開発整備法	第2条第3項に規定する都市整備区域	
都計令	第3条に定める地方自治法第252条の19第1項の指定都市	

表16・17　地域地区〔都計法第8条，第9条〕*1

地域地区の種類		内容	準都市計画区域に定めることができる地域地区
用途地域	第1種低層住居専用地域	低層住宅に係る良好な住居の環境を保護するため定める地域	○
	第2種低層住居専用地域	主として低層住宅に係る良好な住居の環境を保護するため定める地域	
	第1種中高層住居専用地域	中高層住宅に係る良好な住居の環境を保護するため定める地域	
	第2種中高層住居専用地域	主として中高層住宅に係る良好な住居の環境を保護するため定める地域	
	第1種住居地域	住居の環境を保護するため定める地域	
	第2種住居地域	主として住居の環境を保護するため定める地域	
	準住居地域	沿道としての地域の特性にふさわしい業務の利便の増進を図りつつ，これと調和した居住の環境を保護するため定める地域	
	近隣商業地域	近隣の住宅地の住民に対する日用品の供給を行うことを主とする商業などの利便を増進するため定める地域	
	商業地域	主として商業などの利便を増進するため定める地域	
	準工業地域	主として環境悪化をもたらすおそれのない工業の利便を増進するため定める地域	
	工業地域	主として工業の利便を増進するため定める地域	
	工業専用地域	工業の利便を追求するため定める地域	
特別用途地区		地区の特性にふさわしい土地利用の増進，環境保護などの目的の実現を図るため，用途地域の指定を補充して定める地区	○
特定用途制限地域		用途地域が定められていない区域（市街化調整区域を除く）内において，良好な環境の形成または保持のため，地域の特性に応じて合理的な土地利用が行われるよう制限すべき特定の用途の概要を定める地域	○
特例容積率適用地区		建築物の容積率の限度からみて未利用となっている容積の活用を促進して，土地の高度利用を図るために定める地区	—
高層住居誘導地区		住居と住居以外の用途とを適正に配分し，利便性の高い高層住宅の建設を誘導するため，第一種住居地域，第二種住居地域，準住居地域，近隣商業地域，準工業地域で容積率が40/10又は50/10と定められたものの内において，容積率と建ぺい率の最高限度，敷地面積の最低限度を定める地区	—
高度地区		用途地域内において，敷地の環境を維持し土地利用の増進を図るため，建築物の高さの最高限度または最低限度を定める地区	○
高度利用地区		用途地域内の市街地における土地の合理的かつ健全な高度利用と都市機能の更新とを図るため，容積率の最高限度と最低限度，建ぺい率の最高限度，建築面積の最低限度，壁面の位置の制限を定める地区	—
特定街区		市街地の整備改善を図るため街区の整備または造成が行われる地区について，容積率，高さの最高限度，壁面の位置の制限を定める街区	—
都市再生特別地区		都市再生緊急整備地域のうち，都市の再生に貢献し，土地の合理的かつ健全な高度利用を図る特別の用途・容積・高さ・配列などの建築物の建築を誘導する必要がある区域で，誘導すべき用途，容積率，建ぺい率の最高限度，建築面積の最低限度，高さの最高限度，壁面の位置の制限を定める区域	—
防火地域，準防火地域		市街地における火災の危険を防除するため定める地域	—
景観地区		市街地の良好な景観の形成を図るために定める地区	○
風致地区		都市の風致を維持するため定める地区	○
駐車場整備地区		商業地域など一定の用途地域内において，自動車交通が著しくふくそうする地区などで，道路の効用を保持し，円滑な道路交通を確保する必要があると認められる区域に定める地区	—
臨港地区		港湾を管理運営するため定める地区	—
伝統的建造物群保存地区		文化財保護法第83条の3第1項の規定により定められる地区	○
その他		歴史的風土特別保存地区，第一種歴史的風土保存地区，第二種歴史的風土保存地区，緑地保全地区，緑化地域，流通業務地区，生産緑地地区，航空機騒音障害防止地区，航空機騒音障害防止特別地区	—

表16・18　都市施設〔都計法第11条〕*1

①交通施設（道路，都市高速鉄道，駐車場，自動車ターミナルなど）
②公共空地（公園，緑地，広場，墓園など）
③供給施設または処理施設（水道，電気供給施設，ガス供給施設，下水道，汚物処理場，ごみ焼却場など）
④水路（河川，運河など）
⑤教育文化施設（学校，図書館，研究施設など）
⑥医療施設または社会福祉施設（病院，保育所など）
⑦市場，と畜場，火葬場
⑧一団地の住宅施設（一団地における50戸以上の集団住宅および附帯する通路などの施設）
⑨一団地の官公庁施設（一団地の国家機関または地方公共団体の建築物および附帯する通路などの施設）
⑩流通業務団地
⑪電気通信事業用施設または防風，防火，防水，防雪，防砂，防潮の施設

表16・19　市街地開発事業*1

市街地開発事業の種類	規定する法令
①土地区画整理事業	土地区画整理法
②新住宅市街地開発事業	新住宅市街地開発法
③工業団地造成事業	首都圏の近郊整備地帯及び都市開発区域の整備に関する法律，近畿圏の近郊整備区域及び都市開発区域の整備及び開発に関する法律
④市街地再開発事業	都市再開発法
⑤新都市基盤整備事業	新都市基盤整備法
⑥住宅街区整備事業	大都市地域における住宅及び住宅地の供給の促進に関する特別措置法

表16・20　地区計画等〔都計法第12条の4〕*1

地区計画等の種類	規定する法令
①地区計画	都市計画法第12条の5第1項
②防災街区整備地区計画	密集市街地における防災街区の整備の促進に関する法律第32条第1項
③沿道地区計画	幹線道路の沿道の整備に関する法律第9条第1項
④集落地区計画	集落地域整備法第5条第1項

*1　片倉ほか『〈建築学テキスト〉建築行政』より

(3) 開発行為の許可〔法第29条,令第19条～22条〕

表16・21 許可を要しない開発行為*1

	市街化区域内	区域区分が定められていない都市計画区域及び準都市計画区域内
一定規模未満のもの〔法29条1号,令19条〕	規模1000m²(3大都市圏の一定の市街化区域においては500m²)未満のもの(知事,中核市の長又は特例市の長は300～1000m²未満の間の別な規模を定められる)	規模3000m²未満のもの(知事,中核市の長又は特例市の長は300～3000m²未満の間の別な規模を定められる)
農・林・漁業用建設物のための開発行為〔法29条2号,令20条〕		農業,林業,漁業用の建築物及びこれらの業務を行う者の居住用の建築物のためのもの
公益上必要な建築物のための開発行為〔法29条3号,〕	駅舎などの鉄道の施設,図書館,公民館,変電所,その他政令で30項目にわたって規制されている	
都市計画事業〔法29条4号〕	都市計画事業の施行として行うもの	
土地区画整理事業〔法29条5号〕	土地区画整理事業の施行として行うもの	
市街地再開発事業〔法29条6号〕	市街地再開発の事業の施行として行うもの	
住宅街区整備事業〔法29条7号〕	住宅街区整備事業の施行として行うもの	
防災街区整備事業〔法29条8号〕	防災街区整備事業の施行として行うもの	
公有水面埋立事業〔法29条9号〕	公有水面埋立法による免許を受けて,まだ告示されていないもの	
非常災害のために行う開発行為〔法29条10号〕	非常災害のための応急措置として行うもの	
軽易な行為その他の行為〔法29条11号,令22条〕	仮設建築物,車庫,物置などの付属建築物のためのもの10m²以内の増築行為のためのもの等	
		調整区域内居住者の利便のための店舗等(延べ面積50m²以内かつ50%以上がこの業務の用に供されるもの)(開発規模100m²以内)

表16・22 開発許可の基準〔都計法第33条〕*1

①建築物などの用途が,用途地域などの制限に適合していること.
②自己の居住用の住宅のための開発行為以外の場合,道路,公園などの公共空地が,環境保全,災害防止,通行の安全,事業の効率上支障がないこと.
③排水施設が,施設の内外にわたって,下水を有効に排出させる構造であること.
④自己の居住用の住宅のための開発行為以外の場合,水道などの供給施設が需要を満足すること.
⑤地区計画等が定められているときは,建築物の用途や開発行為が地区計画等の内容にふさわしいものであること.
⑥公共施設,学校,病院などの公益的施設,開発区域内の建築物の用途の建築物の用途の配分が,区域内の利便性と区域内外の環境保全を考慮して定められていること.
⑦地盤の軟弱な土地,がけ崩れや出水のおそれが多い土地などは,地盤改良や擁壁設置などの安全上必要な措置をとること.
⑧自己の居住用または業務用の建築物のための開発行為以外の場合,その区域内に地すべり防止区域,土砂災害特別警戒区域などの危険な区域を含まないこと.
⑨1ha(環境保全のため特に必要がある場合は0.3～1haの範囲で知事が定める)以上の開発行為の場合,樹木の保存,表土の保全などの措置をとること.
⑩1ha以上の開発行為の場合,騒音,振動などによる環境悪化の防止上必要な緑地帯など(幅4～20m).
⑪40ha以上の開発行為の場合,道路,鉄道などによる輸送の便について支障がないこと.
⑫申請者の資力,信用および工事施工者の開発遂行能力があること.
⑬開発行為の区域における土地や建築物などの権利者の同意があること.

表16・23 市街化調整区域における開発許可の付加事項*1〔都計法第34条〕

①周辺地域の居住者の日用品の販売・加工・修理などを行う店舗などの建築のためのもの.
②鉱物資源,観光資源の利用上必要な建築物や第一種特定工作物の建設のためのもの.
③特別な空調を必要とするため市街化区域で建設することが困難な建築物や第一種特定工作物の建設のためのもの.
④農林漁業のための建築物や農林水産物を処理・貯蔵・加工するための建築物や第一種特定工作物の建設のためのもの.
⑤農林業の活性化のための基盤施設の建設のためのもの.
⑥中小企業の事業の共同化,工場や店舗の集団化のための建築物や第一種特定工作物の建設のためのもの.
⑦市街化調整区域において現に操業している工業と密接に関連する建築物や第一種特定工作物の建設のためのもの.
　上記のほか,市街化区域内において建築することが不適当または困難なものなどとして都計法第34条の各号に規定される開発行為でなければ,都道府県知事は許可をしてはならない.

(a) 都市計画区域の指定

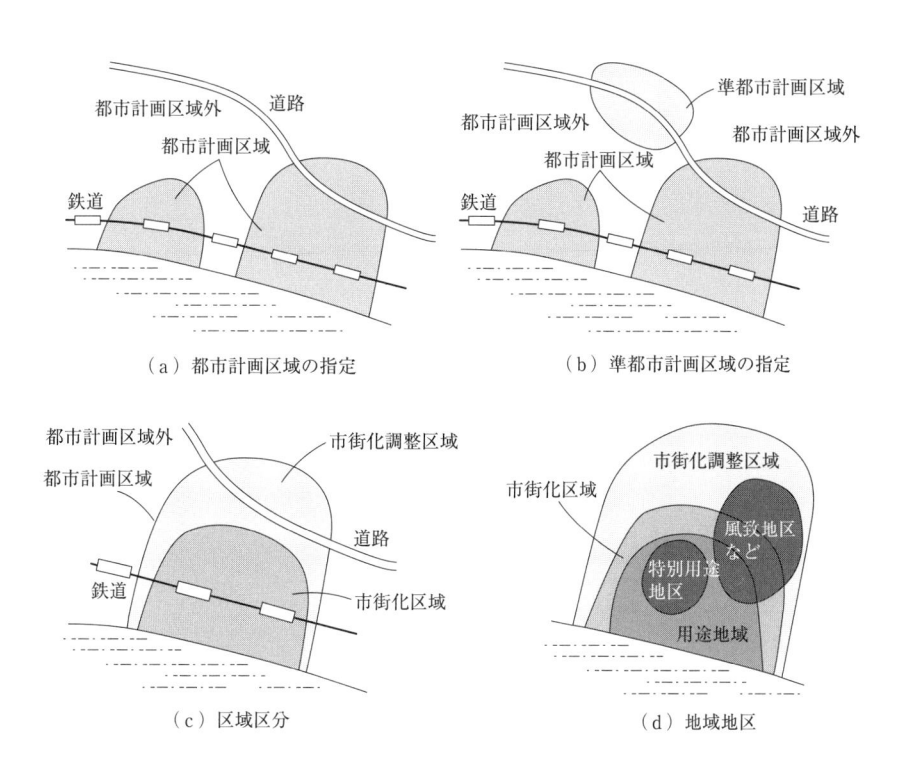

(b) 準都市計画区域の指定

(c) 区域区分

(d) 地域地区

図16・2　都市計画区域などの指定と土地利用の計画[*1]

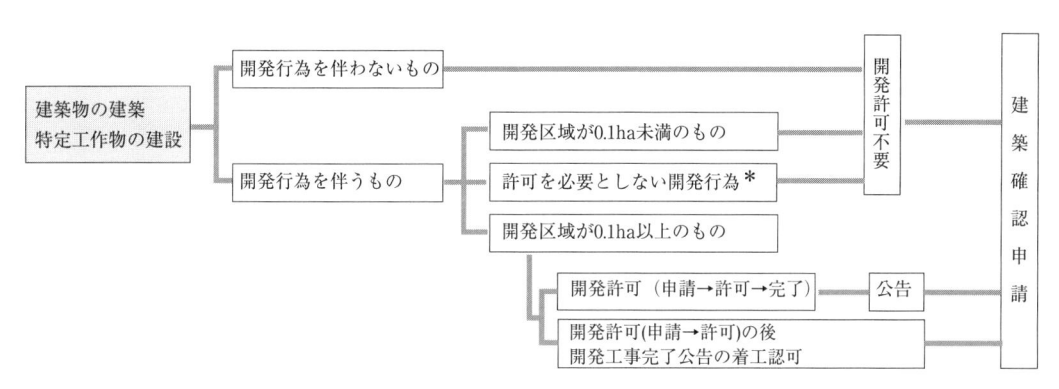

図16・3　市街化区域の開発許可　　＊表16・21に該当するもの

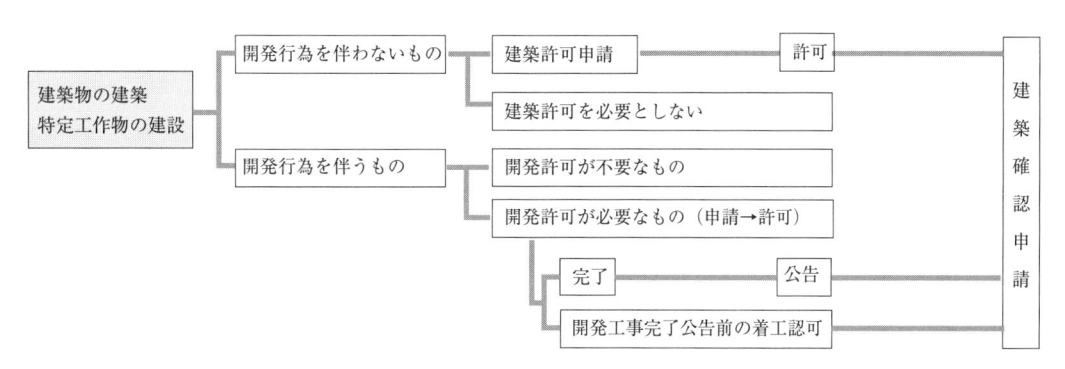

図16・4　市街化調整区域の開発許可

[*1]　片倉ほか『〈建築学テキスト〉建築行政』より

16・3　住宅の品質確保の促進等に関する法律（品確法）

(1) 目的〔法第1条〕
　住宅の性能に関する表示基準及びこれに基づく評価の制度を設け，住宅に係る紛争の処理体制を整備するとともに，新築住宅の請負契約又は売買契約における瑕疵，担保責任について特別の定めとすることにより，住宅の品質確保の促進，住宅購入者等の利益の保護及び住宅に係る紛争の迅速かつ適正な解決を図り，もって国民生活の安定向上と国民経済の健全な発展に寄与することを目的とする．

(2) 定義〔法第2条〕
- 新築住宅……新たに建設された住宅で，まだ人の居住の用に供したことのないもの（建設工事の完了の日から起算して1年を経過したものを除く）
- 日本住宅性能表示基準……住宅の性能に関して表示すべき事項及びその表示の方法の基準〔法第3条〕（表16・24）

(3) 住宅性能評価〔法第5条〕
　登録住宅性能評価機関は，申請により住宅性能評価に従って評価を行い，標章を付した評価書「住宅性能評価書」を交付することができる（図16・6）．

- 設計住宅性能評価書〔規則2条，3条〕
　設計された住宅に係る住宅性能評価書
　　　　交付等…確認申請も「確認済証」がおりていない場合は交付できない〔規則4条〕
- 建設住宅性能評価書〔規則5条〕
　建設に係る住宅性能評価書
　　　　申請…（設計住宅性能評価書及び確認済証）又は写しを添付〔規則5条〕
　　　　交付…検査済証がおりていない場合は交付できない〔規則7条〕

(4) 指定住宅紛争処理機関の業務〔法67条〕
　建設住宅性能評価書が交付された住宅の建設工事の請負契約又は売買契約に関する紛争の当事者の双方，又は一方からの申請により，当該紛争のあっせん，調停及び仲裁「住宅紛争処理」の業務を行うものとする．

(5) 住宅の新築工事の請負人の瑕疵担保責任の特例〔法第94条〕
　住宅を新築する建設工事の請負契約においては，請負人は，注文者の引き渡した時から10年間，住宅のうち構造耐力上主要な部分又は，雨水の浸入を防止する部分「住宅の構造耐力上主要な部分等」の瑕疵担保の責任を負う（表16・26）．

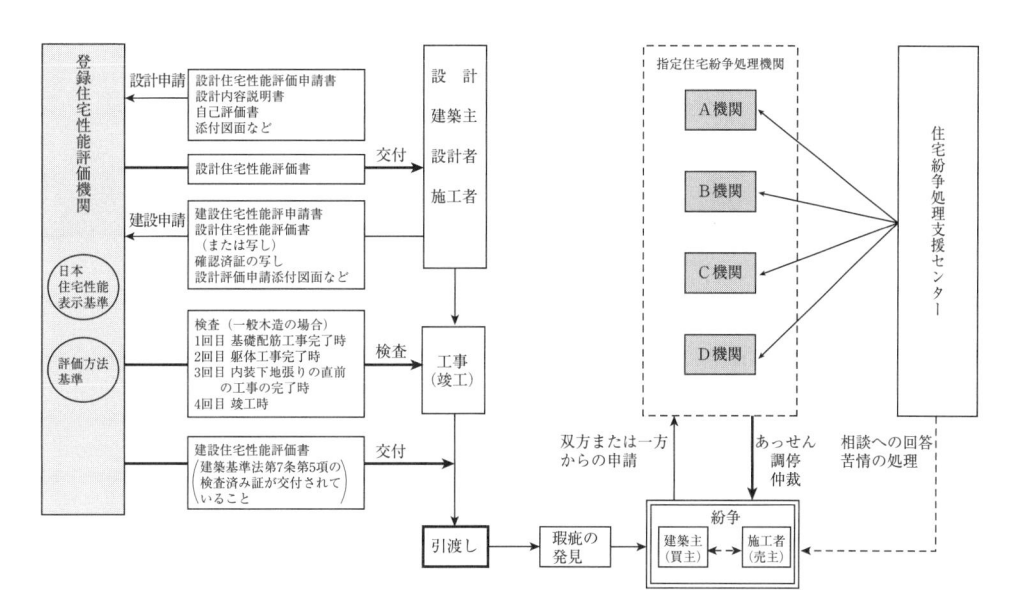

図16・5　品確法の概要

(a) 設計住宅性能評価書用のマーク（新築住宅）　　(b) 建設住宅性能評価書用のマーク（新築住宅）　　(c) 建設住宅性能評価書用のマーク（既存住宅）

図16・6　標章

表16・24　日本住宅性能表示基準の表示すべき事項[*1]

分　類	表示すべき事項
(1) 構造の安定に関すること	①耐震等級（構造躯体の倒壊等防止），②同左（構造躯体の損傷防止），③耐風等級，④耐積雪等級，⑤地盤または杭の許容支持力等およびその設定方法，⑥基礎の構造方法および形式等，⑦免震建築物か否かの表示
(2) 火災時の安全に関すること	①感知警報装置設置等級（自住戸火災時），②同左（他住戸火災時），③避難安全対策，④脱出対策，⑤耐火等級（延焼のおそれのある部分（開口部），⑥同左（同左（開口部以外），⑦同左（界壁および界床）
(3) 劣化の軽減に関すること	①劣化対策等級（構造躯体等）
(4) 維持管理への配慮に関すること	①維持管理対策等級（専用配管），②同左（共用配管），更新対策（共用配管・専用配管）
(5) 温熱環境に関すること	省エネルギー対策等級
(6) 空気環境に関すること	①ホルムアルデヒド対策（内装および天井裏等），②換気対策，③室内空気中の化学物質の濃度，④石綿含有建材の有無，⑤室内空気中の石綿の粉じん濃度等
(7) 光・視環境に関すること	①単純開口率，②方位別開口比
(8) 音環境に関すること	①重量床衝撃音対策，②軽量床衝撃音対策，③透過損失等級（界壁），④同左（外壁開口部）
(9) 高齢者等への配慮に関すること	①高齢者等配慮対策等級（専用部分），②同左（共用部分）
(10) 防犯に関すること	①開口部への侵入防止対策

* 原則として，一戸建て住宅または共同住宅に適用される．
ただし，(1)-④は多雪区域，(2)-②③⑦，(4)-②，(8)-①②③，(9)-②は共同住宅，
(2)-④は地上階数3以上の一戸建て住宅または共同住宅に限り適用される．
既存住宅については，表示すべき事項に「現況検査により認められる劣化等の状況」が加わる．

表16・25　住宅紛争処理センターの業務[*1]

1. 紛争処理の業務の実施に要する費用の助成
2. 情報及び資料の収集・整理及び提供，調査及び研究
3. 紛争処理委員又は職員の研修
4. 紛争処理業務の連絡調整を図る
5. 評価住宅及び評価住宅以外の住宅の請負契約等に関する相談，助言及び苦情の処理
6. 住宅購入者等の利益の保護及び住宅に係る紛争の迅速かつ適正な解決を図るために必要な業務

表16・26　構造耐力上主要な部分等〔品確令第6条〕[*1]

構造耐力上主要な部分等	構造耐力上主要な部分	住宅の基礎，基礎ぐい，壁，柱，小屋組，土台，斜材（筋かい，方づえ，火打材など），床版，屋根版，横架材（梁，桁など）で，自重，積載荷重，積雪，風圧，土圧，水圧，地震その他の振動，衝撃を支える部分
	雨水の浸入を防止する部分	住宅の屋根，外壁，開口部に設ける建具，排水管のうち，屋根，外壁の内部または屋内にある部分

[*1]　片倉ほか「〈建築学テキスト〉建築行政」より

16・4　高齢者・障害者等の移動等の円滑化の促進に関する法律（バリアフリー新法）

(1) 目的〔法第1条〕

高齢者・障害者等の自立した日常生活及び社会生活を確保することの重要性にかんがみ，移動上及び施設の利用上の利便性及び安全性の向上の促進を図り，もって公共の福祉の増進に資することを目的とする．

(2) 定義

表16・27　特定建築物〔令第4条〕

① 学校
② 病院又は診療所
③ 劇場，観覧場，映画館又は演芸場
④ 集会場又は公会堂
⑤ 展示場
⑥ 卸売市場又は百貨店，マーケットその他の物品販売業を営む店舗
⑦ ホテル又は旅館
⑧ 事務所
⑨ 共同住宅，寄宿舎又は下宿
⑩ 老人ホーム，保育所，身体障害者福祉ホームその他これらに類するもの
⑪ 老人福祉センター，児童厚生施設，身体障害者福祉センターその他これらに類するもの
⑫ 体育館，水泳場，ボーリング場その他これらに類する運動施設又は遊技場
⑬ 博物館，美術館又は図書館
⑭ 公衆浴場
⑮ 飲食店又はキャバレー，料理店，ナイトクラブ，ダンスホールその他これらに類するもの
⑯ 郵便局又は理髪店，クリーニング取次店，質屋，貸衣装屋，銀行その他これらに類するサービス業を営む店舗
⑰ 自動車教習所又は学習塾，華道教室，囲碁教室その他これらに類するもの
⑱ 工場
⑲ 車両の停車場又は船舶若しくは航空機の発着場を構成する建築物で旅客の乗降又は待合いの用に供するもの
⑳ 自動車の停留又は駐車のための施設
㉑ 公衆便所
㉒ 公共用歩廊

表16・28　特別特定建築物〔令第5条〕

① 盲学校，聾学校又は養護学校
② 病院又は診療所
③ 劇場，観覧場，映画館又は演芸場
④ 集会場又は公会堂
⑤ 展示場
⑥ 百貨店，マーケットその他の物品販売業を営む店舗
⑦ ホテル又は旅館
⑧ 保健所，税務署その他不特定かつ多数の者が利用する官公署
⑨ 老人ホーム，身体障害者福祉ホームその他これらに類するもの（主として高齢者，身体障害者等が利用するものに限る．）
⑩ 老人福祉センター，児童厚生施設，身体障害者福祉センターその他これらに類するもの
⑪ 体育館（一般公共の用に供されるものに限る．），水泳場（一般公共の用に供されるものに限る．）若しくはボーリング場又は遊技場
⑫ 博物館，美術館又は図書館
⑬ 公衆浴場
⑭ 飲食店
⑮ 郵便局又は理髪店，クリーニング取次店，質屋，貸衣装屋，銀行その他これらに類するサービス業を営む店舗
⑯ 車両の停車場又は船舶若しくは航空機の発着場を構成する建築物で旅客の乗降又は待合いの用に供するもの
⑰ 自動車の停留又は駐車のための施設（一般公共の用に供されるものに限る．）
⑱ 公衆便所
⑲ 公共用歩廊

（特定施設）〔令第6条〕
出入口，廊下，階段（踊り場含），傾斜路（踊り場含），昇降機，便所，ホテル又は旅館の客室，敷地内の通路，駐車場，その他国土交通省令で定める施設

(3) 特別特定建築物の建築等における義務等〔法第14条・令第9条〕

- 特別特定建築物で2000m²以上の建築をしようとする者は，当該特別特定建築物を建築物移動等円滑化基準に適合させなければならない．
- 地方公共団体は，条例で「建築物移動等円滑化基準」に必要な事項を付加することができる．

(4) 特別特定建築物に対する基準適合命令等〔法第15条〕

1. 所管行政庁は，規定に違反していると認める特別特定建築物の建築又は維持保全する者に対して，相当の猶予期限を付け，是正するために必要な措置をとることを命ずることができる．
2. 国，都道府県又は，建築主事を置く市町村の特別特定建築物については，管理する機関の長に通知し，是正の措置をとるべきことを要請しなければならない．
3. 所管行政庁は，「建築物移動等円滑化基準」への適合に関する事項に関し報告させ又は，現場の立入り，検査させることができる．

(5) 特定建築物の建築等における努力義務等〔法第16条〕

1. 特定建築物の建築をしようとする者は，当該特定建築物を「建築物移動等円滑化基準」に適合させるために必要な措置を講ずるよう努めなければならない（修繕又は模様替も含む）．
2. 所管行政庁は，特定建築物又は特定施設の設計及び施工に係る事項について必要な指導及び助言をすることができる．

(6) 計画の認定〔法第17条〕

1. 特定建築物の建築，修繕又は模様替をしようとする者，特定建築物に建築等及び維持保全の計画を作成し，所管行政庁の認定を申請することができる．
2. 記載事項
   ①特定建築物の位置
   ②特定建築物の延べ面積，構造方法及び用途並びに敷地面積
   ③計画に係る特定施設の構造及び配置並びに維持保全に関する事項
   ④特定建築物の建築等の事業に関する資金計画
   ⑤その他国土交通省令で定める事項（事業の実施時期）
3. 所管行政庁は適合と認めるときは認定「計画の認定」をすることができる．
   ①「建築物移動等円滑化基準」に適合すること．
4. 「計画の認定」の申請をする者は，所管行政庁に対し，当該申請に併せて建築確認申請して，当該申請に係る特定建築物の建築等の計画が適合する旨の建築主事の通知（適合通知）を受けるよう申し出ることができる．
5. 所管行政庁が適合通知を受けて計画の認定をしたときは，確認申請の確認済証の交付があったものとみなす．

(7) 認定建築物の容積率の特例〔法第19条・令第24条〕

建築物の容積率の算定の基礎となる延べ面積には，特定施設の床面積のうち，通常の建築物の特定施設の床面積を超えることとなるもので，認定建築物の延べ面積の1/10を限度として床面積に算入しないものとする．

16・5 建築物の耐震改修の促進に関する法律

(1) 目的〔法第1条〕

地震による建築物の倒壊等の被害から国民の生命，身体及び財産を保護するため，建築物の耐震改修の促進のための措置を講ずることにより建築物の地震に対する安全性の向上を図り，もって公共の福祉の確保に資することを目的とする．

(2) 特定既存耐震不適格建築物所有者の努力〔法第6条，令第2条〕

特定既存耐震不適格建築物（表16・29）の所有者は，当該特定既存耐震不適格建築物について，耐震診断を行い，必要に応じ，耐震改修を行うよう努めなければならない．

(3) 指導及び助言並びに指示等〔法第7条，令第2条〜5条〕

1. 所管行政庁は耐震診断及び耐震改修の適確な実施を確保するため，必要があると認めるときは特定既存耐震不適格建築物の所有者に対し，指導及び助言することができる．
2. 所管行政庁は表16・30に掲げる特定既存耐震不適格建築物の所有者に対し，必要な指示をすることができる．
3. 所管行政庁は表16・30に掲げる特定既存耐震不適格建築物の所有者に対し，「地震に対する安全性に係る事項」に関し報告させ，又，建築物に入り，検査することができる．

(4) 計画の認定〔法第8条〕

- 耐震改修をしようとする者は，計画を作成し，所管行政庁の認定を申請することができる（表16・31）．
- 所管行政庁は，申請があった場合，適合すると認めるときは，その旨の認定「計画の認定」をすることができる．

16・6 その他の法規

(1) 宅地造成等規制法

目的〔第1条〕宅地造成に伴いがけくずれ又は土砂の流出を生ずるおそれが著しい市街地等において，宅地造成に関する工事等について災害の防止のため必要な規制を行うことにより，国民の生命及び財産の保護を図り，もって公共の福祉に寄与することを目的とする．

宅地造成工事規制区域〔第3条〕
　　都道府県知事，指定都市，中核市又は特例市の長は，区域を指定することができる．

宅地造成〔令第3条〕
1. 切土＞高さ2m
2. 盛土＞高さ1m
3. 切土と盛土を同時にする場合…盛土は1m以下のがけを生じかつ切土及び盛土をした土地の部分に高さ2mを超えるがけを生ずることとなるもの．
4. 1〜3に該当しない切土又は，盛土であって，土地の面積が500m^{2}を超えるもの．

擁壁の水抜穴〔令第10条〕
　　擁壁の壁面3m^{2}以内ごとに少なくとも1個の内径が7.5cm以上の陶管その他これに類する耐水材料を用いた水抜穴を設ける．

表16・29　特定既存耐震不適格建築物
〔耐促法第6条，耐促令第2条〕

用　途	規　模　等	備　考
①学校，体育館，ボーリング場，スケート場，水泳場，その他これらに類する運動施設 ②病院，診療所 ③劇場，観覧場，映画館，演芸場 ④集会場，公会堂 ⑤百貨店，卸売市場，マーケットその他の物品販売業を営む店舗 ⑥ホテル，旅館 ⑦賃貸共同住宅，寄宿舎，下宿 ⑧老人ホーム，保育所，身体障害者福祉ホームその他これらに類するもの ⑨老人福祉センター，児童厚生施設，身体障害者福祉センターその他これらに類するもの ⑩博物館，美術館，図書館 ⑪遊技場 ⑫公衆浴場 ⑬飲食店，キャバレー，料理店，ナイトクラブ，ダンスホールその他これらに類するもの ⑭理髪店，質屋，貸衣装屋，銀行その他これらに類するサービス業を営む店舗 ⑮工場 ⑯車両の停車場または船舶もしくは航空機の発着場を構成する建築物で，旅客の乗降または待合いの用に供するもの ⑰自動車車庫その他の自動車または自転車の停留または駐車のための施設 ⑱郵便局，保健所，税務署，その他これらに類する公益上必要な建築物	階数3以上かつ床面積1000m²以上	地震に対する安全性に係わる建基法またはこれに基づく命令もしくは条例の規定（耐震関係規定）に適合していない既存不適格建築物であること．

表16・30　地震に対する安全性の向上が特に必要な特定既存耐震不適格建築物〔耐促令第5条〕

用　途	規　模　等	備　考
①体育館（一般公共用），ボーリング場，スケート場，水泳場，その他これらに類する運動施設 ②病院，診療所 ③劇場，観覧場，映画館，演芸場 ④集会場，公会堂 ⑤展示場 ⑥百貨店，マーケットその他の物品販売業を営む店舗 ⑦ホテル，旅館 ⑧老人福祉センター，児童厚生施設，身体障害者福祉センターその他これらに類するもの ⑨博物館，美術館，図書館 ⑩遊技場 ⑪公衆浴場 ⑫飲食店，キャバレー，料理店，ナイトクラブ，ダンスホールその他これらに類するもの ⑬理髪店，質屋，貸衣装屋，銀行その他のサービス業を営む店舗 ⑭車両の停車場または船舶もしくは航空機の発着場を構成する建築物で，旅客の乗降または待合いの用に供するもの ⑮自動車車庫その他の自動車または自転車の停留または駐車のための施設で，一般公共用のもの ⑯郵便局，保健所，税務署その他これらに類する公益上必要な建築物 ⑰幼稚園，小学校 ⑱老人ホーム，老人短期入所施設，保育所，福祉ホーム	床面積2000m²以上	表16・29に示す特定既存耐震不適格建築物であって，不特定かつ多数の者が利用するもの

表16・31　耐震改修計画に示す事項

- 建築物の位置
- 建築物の階数，延べ面積，構造方法及び用途
- 建築物の耐震改修の事業の内容
- 建築物の耐震改修の事業に関する資金計画
- 建築物の建築面積及び耐震改修の事業の実施時期

- 資格を有する者の設計によらなければならない措置〔令第7条〕
  1. 高さ5mを超える擁壁の設置
  2. 切土又は盛土をする土地の面積が1500m²をこえる土地における排水施設の設置

(2) 急傾斜地の崩壊による災害の防止に関する法律
- 目的〔第1条〕　急傾斜地の崩壊による災害から国民の生命を保護するため急傾斜地の崩壊を防止するために必要な措置を講じ，もって民生の安定と国土の保全とに資することを目的とする．
- 急傾斜地崩壊危険区域の指定〔第3条〕
　　　　都道府県知事は，関係市町村長の意見をきいて，指定することができる．

(3) 土地区画整理法
- 目的〔第1条〕　土地区画整理事業に関して，その施行者，施行方法，費用の負担等必要な事項を規定することにより，健全な市街地の造成を図り，もって公共の福祉の増進に資することを目的とする．
- 建築行為等の制限〔第76条〕
　　　　土地区画整理事業　・国土交通大臣が行うもの────国土交通大臣の許可
　　　　　　　　　　　　　・その他の施行者──────────都道府県知事の許可
- 建築物等の移転及び除却〔第77条〕
　　　　施行者は，仮換地若しくは，仮換地について仮に権利の目的となるべき宅地若しくはその部分を指定した場合，従前の建築物等を移転し，又は除却することができる．
- 換気計画の決定及び認可〔第86条〕
　　　　施行者は，施行地区内の宅地について換気計画を定め，都道府県知事の許可を受けなければならない．
- 換地〔第89条〕　換地及び従前の宅地の位置，地積，土質，水利，利用状況，環境等が照応するように定めなければならない．
- 仮換地の指定〔第98条〕
　　　　施行者は，換地処分を行う前において，施行地区内の宅地について仮換地を指定することができる．

(4) 下水道法
- 目的〔第1条〕　流域別下水道整備総合計画の策定に関する事項並びに公共下水道流域下水道及び都市下水路の設置等を定め，下水道の整備を図り，もって都市の健全な発達及び公衆衛生の向上に寄与し，あわせて公共用水域の水質の保全に資することを目的とする．

(5) エネルギーの使用の合理化に関する法律（省エネ法）
- 目的〔第1条〕　内外におけるエネルギーをめぐる経済的社会的環境に応じた燃料資源の有効な利用の確保に資するため，工場，建築物及び機械器具についてのエネルギーの使用の合理化に関する所要の措置，その他エネルギーの使用の合理化を総合的に進めるために必要な措置を講ずることとし，もって国民経済の健全な発展に寄与することを目的とする．

(6) 建設工事に係る資材の再資源化等に関する法律（建設リサイクル法）

- 目的〔第1条〕　特定の建設資材について，その分別解体等及び再資源化等を促進するための措置を講ずるとともに，解体工事業者について登録制度を実施すること等により，再生資源の十分な利用及び廃棄物の減量等を通じて，資源の有効な利用の確保及び廃棄物の適正な処理を図り，もって生活環境の保全及び国民経済の健全な発展に寄与すること．
- 再資源化〔第2条第4項〕
  1. 分別解体等に伴って生じた建設資材廃棄物について，資材又は原材料として利用することができる状態にする行為．
  2. 燃焼の用に供することができるもの又は，その可能性のあるものについて，熱を得ることに利用することができる状態にする行為．
- 縮減〔第2条第7項〕
  　焼却，脱水，圧縮その他の方法により建設資材廃棄物の大きさを減ずる行為．
- 再資源化等〔第2条第8項〕
  　再資源化及び縮減をいう．
- 特定建設資材〔令第1条〕
  - コンクリート
  - コンクリート及び鉄から成る建設資材
  - 木材
  - アスファルトコンクリート
- 建設工事の規模に関する基準〔令第2条〕
  1. 建築物の解体工事　延べ面積 $\geq 80\mathrm{m}^2$
  2. 建築物の新築・増築工事　延べ面積 $\geq 500\mathrm{m}^2$
  3. 建築物の修繕・模様替　請負金額 ≥ 1 億円
  4. 土木等その他の工事　請負金額 ≥ 500 万円

(7) 建築物における衛生的環境の確保に関する法律

- 目的〔第1条〕　多数の者が使用し，又は利用する建築物の維持管理に関して環境衛生上必要な事項等を定めることにより，その建築物における衛生的な環境の確保を図り，もって公衆衛生の向上及び増進に資することを目的とする．
- 特定建築物〔第2条，令第1条〕
  1. 興行場，百貨店，集会場，図書館，博物館，美術館又は遊技場
  2. 店舗又は事務所
  3. 学校教育法第1条に規定する学校以外の学校（研修所を含む）
  4. 旅館
  5. 学校（学校教育法第1条に規定する学校）

  1～4までは，3000m^2以上の建築物
  5は，　　　　8000m^2以上の建築物

(8) 住宅金融公庫法
- 目的〔第1条〕 国民大衆が健康で文化的な生活を営むに足る住宅の建設及び購入に必要な資金で，銀行その他一般の金融機関が融通することを困難とするものを融通することを目的とする．

(9) 宅地建物取引業法
- 目的〔第1条〕 宅地建物取引業を営む者について免許制度を実施し，その事業に対し必要な規制を行うことにより，その業務の適正な運営と宅地及び建物の取引の公正とを確保するとともに，宅地建物取引業の健全な発達を促進し，もって購入者等の利益の保護と宅地及び建物の流通の円滑化とを図ることを目的とする．

(10) 駐車場法
- 目的〔第1条〕 都市における自動車の駐車のために施設の整備に関し，必要な事項を定めることにより，道路交通の円滑化を図り，もって公衆の利便に資するとともに，都市の機能の維持及び増進に寄与することを目的とする．
- 建築物の新築又は増築の場合の駐車施設の設置〔第20条〕

    地方公共団体は，駐車場整備地区内又は商業地域内若しくは，近隣商業地域内において，延べ面積2000m^{2}以上の条件で定める規模以上の建築物の新築，増築する者に対し，駐車施設を設けなければならない旨を定めることができる．

(11) 民法
- 建築築造に関する距離保存〔第234条〕

    原則として，建物を築造するには，境界線より50cm以上距離をはなすこと．

(12) 労働基準法
- 寄宿舎の設備及び安全衛生〔第96条〕

    事業の付属寄宿舎について，換気，採光，照明，保温，防湿，清潔，避難，定員の収容，就寝に必要な措置その他労働者の健康，風紀及び生命の保持に必要な措置を講じなければならない．

(13) 労働安全衛生法
- 目的〔第1条〕 労働災害の防止のための危害防止基準の確立，責任体制の明確化及び自主的活動の促進の措置を講ずる等その防止に関する総合的計画的な対策を推進することにより，職場における労働者の安全と健康を確保するとともに，快適な職場環境の形成を促進することを目的とする．
- 労働安全衛生規則——建設業等の作業における危害防止に関する基準

(14) 景観法
- 目的〔第1条〕 良好な景観の形成を促進するため，整備又は保全をし潤いのある豊かな生活環境の創造等を図り国民生活等の向上を目的とする．

    景観行政団体は，景観計画を定めることができる．

(15) 特殊建築物の関する法律

　　学校教育法——幼稚園・小学校・中学校・高等学校・大学・専修学校・各種学校

　　児童福祉法——児童福祉施設（保育所・乳児院・養護施設等）

　　医　療　法——病院・診療所等

老人福祉法──老人福祉施設等

旅館業法──ホテル・旅館・簡易宿泊所・下宿

風俗営業の規制及び業務の適正化等に関する法律──キャバレー・待合・料理店・ナイトクラブ・ダンスホール・喫茶店・バー・マージャン屋・パチンコ屋等

【問題1】 次の記述のうち，都市計画法上，誤っているものはどれか．
1. 市街化区域内で，医療施設を建築するために行う1,200m²の開発行為は，許可を必要とする．
2. 市街化調整区域内で，農業を営む者の住居の用に供する住宅を建築するために行う600m²の開発行為は，許可を必要としない．
3. 開発許可を受けた開発区域内の土地においては，開発行為に関する工事の完了公告があるまでの間は，原則として，建築物を建築してはならない．
4. 市街化調整区域のうち，開発許可を受けた開発区域以外の区域内において，周辺住居者の日常生活のため必要な物品の販売を営む延べ面積100m²の店舗の建築を行う場合は，許可を必要としない．
5. 都市計画施設として定められた道路の区域内において，住宅を新築する場合，原則として，都道府県知事の許可を受けなければならない．

【問題2】 都市計画法上，市街化調整区域内における開発行為で，開発行為の許可を必要とするものは，次のうちどれか．
1. 農家を建築するために行う開発行為．
2. 幼稚園を建築するために行う開発行為．
3. 老人ホームを建築するために行う開発行為．
4. コンクリート・プラントを建設するために行う開発行為．
5. 病院を建築するために行う開発行為．

【問題3】 都市計画法上の区域，地域又は地区に該当しないものは，次のうちどれか．
1. 災害危険地域
2. 市街地再開発促進区域
3. 準防火地域
4. 高度利用地区
5. 高層住居誘導地区

【問題4】 「高齢者，身体障害者等が円滑に利用できる特定建築物の建築の促進に関する法律」に規定する特定施設に該当しないものは，次のうちどれか．
1. 浴室
2. 便所
3. 駐車場
4. 階段の踊場
5. 敷地内の通路

【問題5】 「建築物の耐震改修の促進に関する法律」による耐震改修計画について次の記述のうち，正しいものはどれか．
1. 特定建築物以外の建築物については，耐震改修計画の認定を受けることはできない．
2. 大規模の模様替を伴う耐震改修においては，建築基準法のすべての規定について，既存の不適格状態が存続するものであってはならない．
3. 耐火構造の一部を模様替する耐震改修においては，耐火建築物とすべき規定に必ず適合するものでなければならない．
4. 耐震改修計画の認定申請に当たっては，資金計画を作成する必要はない．
5. 所管行政庁の認定を受け耐震改修計画の工事に当たっては，確認申請の必要はない．

【問題6】 宅地造成工事規制区域内で行われる宅地造成に関する次の記述のうち，宅地造成等規制法上，誤っているものはどれか．
1. 盛土をした土地に1.5mのがけを生ずるものは，造成面積にかかわらず，都道府県知事の許可を受けなければならない．
2. 切土又は盛土をする部分の土地の面積が600m²のもので切土をした土地に高さが2mのがけを生ずるものは，都道府県知事の許可を受けなければならない．
3. 宅地造成等規制法施行令5条の規定により設置する擁壁には，その裏面の排水をよくするため，壁面積が3m²以内ごとに内径が7.5cm以上の水抜穴を設けなければならない．
4. 切土又は盛土をする場合は，がけの上端に続く地盤面は，原則として，そのがけの反対方向に雨水その他の地表水が流れるように勾配をとらなければならない．
5. 切土又は盛土をする土地の面積が1,000m²の土地における排水施設の設置の工事は，宅地造成等規制法施行令で定める資格を有する者の設計によらなければならない．

【問題7】 次の用語とそれを規定している法律との組合せのうち，誤っているものはどれか．
1. 建設工事紛争審査会──建設業法
2. 取引主任者──宅地造成等規制法
3. 地域地区──都市計画法
4. 換地計画──土地区画整理法
5. 防火管理者──消防法

【問題8】 次の記述のうち，関係法令上，誤っているものはどれか．
1. 建築物を築造する際，原則として，隣地境界線より50cm以上の距離を保持するよう規定した法律は，民法である．
2. 宅地建物取引業を営む者は，宅地建物取引業法上，3年ごとに免許の更新を受けなければ，その期間の経過によって，免許の効力を失う．
3. 宅地造成工事規制区域内において，高さ6mの擁壁を設置するときは，宅地造成等規制法に規定する資格を有する者の設計によらなければならない．
4. 消防法に規定する消防の用に供する設備には，消火設備，警報設備及び避難設備がある．
5. 都市計画施設として定められた計画道路内に，木造2階建の建築物を建築しようとする場合は，都市計画法上，原則として，許可を受けなければならない．

複合問題

【問題1】 イ～ニの記述について，関係法令上，正しいもののみの組合せは，次のうちどれか．
イ．「建築基準法」における特定建築物の構造計算をするに当たっては，地上部分の層間変形角が，原則として，1/200以内であることを確かめなければならない．
ロ．「高齢者，身体障害者等が円滑に利用できる特定建築物の建築の促進に関する法律」における特定建築物の建築及び維持保全の計画の認定の申請は，特定建築主が建築主事に対して行う．
ハ．「建築物の耐震改修の促進に関する法律」における特定建築物でなければ，所管行政庁は，耐震改修の計画を認定することができない．
ニ．「建築物における衛生環境の確保に関する法律」における特定建築物に，病院は該当しない．

1．イとロ
2．イとハ
3．イとニ
4．ロとハ
5．ロとニ

【問題2】 次の記述のうち，誤っているものはどれか．
1．延べ面積が350m²の飲食店には，消防法上，原則として，自動火災報知設備を設けなければならない．
2．材料の支給を受けない工事で，一件の請負代金の額が1,500万円未満の建築一式工事のみを請け負う者は，建設業法上，建設業の許可を受けなくてもよい．
3．2以上の都道府県の区域内に事務所を設置して宅地建物取引業を営もうとする者は，宅地建物取引業法上，国土交通大臣の免許を受けなければならない．
4．建築基準法においては，防火地域内にある建築物で，外壁が耐火構造のものについては，その外壁を隣地境界線に接して設けることができる旨規定している．
5．宅地造成等規制法施行令5条の規定により設置する擁壁には，壁面の面積5m²以内ごとに内径7.5cm以上の水抜穴を設けなければならない．

【問題3】 イ～ニの記述で，建築基準法上，正しいもののみの組合せは，次のうちどれか．
イ．建築協定は，都市計画区域内においてのみ，締結することができる．
ロ．準防火地域内において，補強コンクリートブロック造平家建の建築物を床面積8m²増築する場合，確認申請は必要ない．
ハ．第2種低層住居専用地域内においては，建築物の敷地面積は，原則として，都市計画において最低限度が定められたときは，その最低限度以上でなければならない．
ニ．水洗便所の屎尿浄化槽の規定は，都市計画区域外においても適用される．

1．イとロ
2．イとハ
3．ロとハ
4．ロとニ
5．ハとニ

【問題4】 イ～ホの記述のうち，建築基準法上，都市計画区域外においても適用される規定のみの組合せとして，正しいものは，次のうちどれか．
イ．建築面積の敷地面積に対する割合（建ぺい率）に関する規定
ロ．居室の採光及び換気に関する規定
ハ．用途地域内の建築物の制限に関する規定
ニ．特殊建築物等の内装に関する規定
ホ．建築工事現場の危害の防止に関する規定

1．イ―ロ―ニ
2．イ―ハ―ニ
3．イ―ハ―ホ
4．ロ―ハ―ホ
5．ロ―ニ―ホ

【問題5】 木造建築物に関する次の記述のうち，誤っているものはどれか．
1．2階建，延べ面積350m²の飲食店を新築する場合，消防法上，原則として，自動火災報知設備を設置しなければならない．
2．2階建，延べ面積140m²の住宅の新築工事の場合，建設業法上，建設業の許可を受けなくても当該工事を請け負うことを営業とすることができる．
3．都市計画施設の区域内において，2階建で地階を有しない住宅を新築する場合，都市計画法上，都道府県知事は，容易に移転し，若しくは除去することができると認めるときは，許可しなければならない．
4．2階建，延べ面積300m²，軒の高さ10mの集会場を新築する場合，建築士法上，二級建築士は設計することができる．
5．建築主は，建築基準法上，特定工程に係る工事を終えた日から4日が経過する日までに指定確認検査機関が中間検査を引き受けたときは，建築主事への中間検査の申請を要しない．

【問題6】 建築基準法上，工事を施工するため現場に設ける事務所に関する記述で，誤っているものは，次のうちどれか．
1．道路に接しない敷地に建築できる．
2．建築する際，許可も確認も必要としない．
3．下水道法の規定による処理区域内に建築する場合，その便所は，くみ取便所とすることができる．
4．準防火地域内において，延べ面積100m²のものを建築する場合，屋根は不燃材料でふかなければならない．
5．基礎については，構造耐力上の安全に関する規定の適用は除外されている．

【問題7】 建築基準法に関する記述で，正しいものは，次のうちどれか．
1．壁面線の指定は，建築審査会の同意を得て，建築主事が行う．
2．道路内に通行上支障のない公衆便所を建築する場合は，特定行政庁の許可を受けなければならない．
3．商業地域内にある耐火建築物については，建築面積の敷地面積に対する割合に関する規定は適用されない．
4．建築物の各部分の高さの算定は，すべて地盤面からの高さによる．
5．防火地域ないで，地下1階，地上2階の建築物は，原則として準耐火建築物では，建築できない．

【問題8】 次の記述のうち，建築基準法上，誤っているものはどれか．
1．日影による中高層の建築物の高さの制限の対象区域と日影時間は，地方公共団体が条例で指定する．
2．防火地域と準防火地域にわたる建築物で，防火壁がない場合においては，その全部について，防火地域内の建築物に関する規定を適用する．
3．建築物の敷地の地盤面が前面道路より1m以上高い場合においては，前面道路の反対側の境界線までの水平距離による建築物の部分の高さの制限の規定は，緩和される．
4．高度地区内においては，建築物の高さは，高度地区に関する都市計画において定められた内容に適合するものとする．
5．都市計画区域内で用途地域の指定のない区域における建築物については，建築物の延べ面積の敷地面積に対する割合（容積率）の最大限度は50/10である．

【問題9】 準耐火建築物である木造3階建共同住宅に関する記述のうち，建築基準法上，誤っているものはどれか．ただし，防火壁及び地階はないものとする．
1．延べ面積が3,000m²を超えるものは，建築してはならない．
2．主要構造部である外壁のうち耐力壁は，耐火構造又は通常の火災時の加熱に1時間以上耐える性能を有する準耐火構造でなければならない．
3．建築物の地上部分の層間変形角は，1/180以内でなければならない．
4．防火地域内には，建築してはならない．
5．建築物の周囲（道に接する部分を除く．）には，原則として，幅員が3m以上の通路（敷地に接する道まで達するものに限る．）を設けなければならない．

[問題]の解答編

2 用語の定義

【問題1】 正解　2
1．基準令第1条第三号　「構造耐力上主要な部分」とは、基礎、基礎ぐい、壁、柱、小屋組、土台、斜材（筋かい、方づえ、火打材、その他これらに類するもの）、床版、屋根版又は横架材。
2．基準法第2条第十四号　「大規模の修繕」とは、建築物の主要構造部の一種以上について行う過半の修繕であり、「建築物の主要構造部」は、法第2条第五号より、壁、柱、床、はり、屋根又は階段をいい、土台は含まれない。
3．基準法第2条第三号　消火設備の中に含まれる。
4．基準法第2条第九の三号　イ及びロ
5．基準法第2条第一号

【問題2】 正解　5
1．基準令第13条の3第一号
2．基準法第2条第四号
3．基準法第2条第八号，基準令第108条及び平12建告1359号第1第一号ハ(3)(ii)(ロ)
4．基準法第2条第五号
5．基準法第2条第七の二号，基準令第107条の2の表により、45分以上とされている。

【問題3】 正解　5
1．基準法第2条第十六号
2．基準令第1条第四号
3．基準法第2条第十二号
4．基準法第2条第十三号
5．基準令第13条の3第一号より、直接地上に通ずる出入口のある階を「避難階」という。

【問題4】 正解　3
1．法2条一号のかっこ書により、貯蔵槽は除く。よりガスタンクは、建築物ではない。
2．法2条一号に該当しないので建築物ではない。
3．法2条一号より、駅舎は建築物であり、これに附属する塀も建築物である。
4．サイロも貯蔵槽であるので建築物ではない。また、法88条の工作物への準用、令138条1項四号の工作物の指定より、高さ8mを超えていないサイロは工作物の指定も受けない。
5．法2条一号に該当しないので建築物ではない。また、令138条1項二号の工作物の指定より、高さ15mを超えない鉄柱は工作物の指定も受けない。

【問題5】 正解　2
1．基準法第2条第四号
2．基準法第2条第十五号　建築物の主要構造部の一種以上について行う過半の模様替である。
3．基準法第2条第六号，基準法第2条第一号により、「延焼のおそれのある部分」は、隣地境界線、道路中心線等の中心線から、1階にあっては、3m以下、2階以上にあっては5m以下の距離にある建築物の部分をいい、法第2条第一号に、「これに附属する門若しくは塀」も建築物である。
4．基準法第2条第三号　屎尿浄化槽は、汚物処理の設備に含まれ、建築設備である。
5．基準法第2条第十二号

【問題6】 正解　4
1．基準法第2条第九号，平12建告1400号
2．基準法第2条第八号，平12建告1359号第1第一号ロ(2)(i)
3．基準法第2条第九の三号より、耐火建築物以外の建築物

で，同条イ又はロに該当し，外壁の開口部で延焼のおそれのある部分に，政令で定める防火設備を有するもの．
4．基準法第2条第十五号，同第五号より，アルミサッシは，主要構造部ではないため「大規模の模様替」には，該当しない．
5．基準令第1条第三号

【問題7】正解　5
1．基準法第2条第八号，平12建告1359号第1第一号ハ(3)(ii)(イ)
2．基準法第2条第七号，基準令第107条，屋根は30分
3．基準法第2条第八号　平12建告1359号第1第一号ロ(2)(i)より，鉄網モルタル塗は，15mm以上が防火構造
4．基準法第2条第七号　基準令第107条，平12建告第1399号第6第二号，第三号
5．基準法第2条第八号　平12建告1359号第2第一号より，準耐火構造以上で，準不燃又は不燃材料のものでる．

【問題8】正解　4
1．基準法第2条第一号　鉄道及び軌道の線路敷地内の運転保安に関する施設，並びに跨線橋，プラットホームの上家は，建築物ではないが，駅舎は建築物であるので注意すること．
2．基準法第2条第二号
3．基準法第2条第五号　最下階の床は含まれない．
4．基準法第2条第九の二号　主要構造部を耐火構造で造り，外部の開口部で延焼のおそれのある部分を防火設備を有するものである．
5．基準法第2条第四号

【問題9】正解　4
　延べ面積の合計が500m²以上であるので，個々の建築物として，延焼のおそれのある部分を考える．
1F　木造平屋建　1+16+1=18m
　　 木造2階建　2+10+2=14m　　32m
2F　木造2階建　4+10+20+10+1　45m
　よって，1階32m，2階45m

3　面積・高さ等の算定

【問題1】正解　4
　地階は，地盤面上1m以下の部分は算入しないことより，この場合は1.1mのため建築面積に算入される．
　庇は，地階が算入されることより，地階のラインより，1mの範囲内となり，算入されない．
　$10 \times (3+7+3) = 130$m²

【問題2】正解　3
　建築面積：$(12 \times 15) + (1 \times 4) = 184$m²
　　　　　　　1階　　　　2階
　延べ面積：$(10 \times 15) + (12 \times 15) = 330$m²

【問題3】正解　1
　敷地面積：南側道路が第42条第2項道路により，1mセットバックとなり，$24 \times (20-1) = 456$m²
　建築面積：$10 \times 10 = 100$m²
　　　　　　　　　地階　　　1階　　　2階
　延べ面積：$(6 \times 10) + (8 \times 10) + (10 \times 10) = 240$m²

【問題4】正解　3
1．基準令第2条第1項六号イ
2．基準令第2条第1項六号イ
3．基準令第2条第1項六号ハにより，正しい．
4．基準令第2条第1項七号より，建築の高さは，地盤面（平均地盤面）からの高さである．
5．基準令第2条第2項より，高低差3m以内ごとの平均の高さにおける水平面．

【問題5】正解　1
1．基準令第2条第1項七号より，地盤面（平均地盤面）からの高さであるので，誤り．
2．基準令第2条第1項第六号ロ
3．基準令第21条第3項
4．基準令第22条
5．本文のとおり

【問題6】正解　3
　基準令第2条第1項八号より，水平投影面積が建築面積の1/8以下のものは，階数に算入されない．よって，階数は5である．

【問題7】正解　1
1．敷地面積　$(20-0.75) \times 25 = 481.25$m²
2．建築面積　$8 \times 12 = 96$m²
3．延べ面積　地階　　1階　　2階
　　　　　$(8 \times 3) + (8 \times 10) + (8 \times 12) = 200$m²
4．建築物の高さ　$3.5 + 3.5 = 7.0$m
5．階数
　　地階　建築面積
　　　　　　　$96 \times 1/8 = 12$m² < 24m²より，階数に算入．
　　よって3階．

【問題8】正解　5
1．基準令第2条第1項第六号ロに該当しないため，階数に算入される．
2．基準令第2条第1項第八号に該当するため，階数に算入されない．
3．基準令第2条第1項第六号ハ
4．基準法第56条の規定は，都市計画区域内に適用され，都市計画区域外は，適用外となり，制限は受けない．
5．基準令第2条第1項第四号の規定により，算入される．

【問題9】正解　1
1．大規模の建築物の高さ——基準令第2条第1項第六号ロ
　〔法21条1項〕　　　　　により，1/8以内の場合，12mまでは，算入しないので正しい．
2．避雷針——基準令第2条第1項第六号ロ
　〔法33条〕　　　　　　により，すべて算入される．
3．非常用の昇降機——基準令第2条第1項第六号ロ
　〔法34条2項〕　　　　より，12mまでは算入しない．
4．絶対高さ——基準令第2条第1項第六号ロ
　〔法55条1項〕　　　　より，5mまでは算入しない．
5．北側斜線——基準令第2条第1項第六号ロ
　〔法56条第1項第三号〕より，すべて算入される．

4　建築手続

【問題1】正解　4
　建築確認申請，基準法第6条第1項に規定している．
1．同第一号より特殊建築物で100m²を超える場合及び同第三号より，木造以外の構造で2階以上又は，延べ面積200m²を超える場合に，確認が必要であり，2階＞平家，100m²＞90m²であり，どちらも不要となる．
2．同第二号より，木造3F，延べ面積＞500m²，高さ＞13m，軒の高さ＞9mが確認が必要．3F＞2F，500m²＞300m²，9m＞8mであり，不要となる．
3．高架水槽で，建築物として準用工作物となる場合は，（基準法88条，基準令第138条第1項第三号により），高さ8mを超えるものが確認が必要．8m＞7mであり，不要．

4．同第三号より，木造以外の構造で2階以上，又は延べ面積200m²を超える場合に必要となり，本文は2階建のため，確認が必要となる．
5．用途変更をし，特殊建築物に変更になる場合も，第6条の規定に準用する．同第一号，第三号の規定より，2階＞平家．延べ面積100m²を超えるより，100m²は含まれないため，確認は不要となる．

【問題2】 正解　5
1．基準法第42条第1項第五号，施行規則第10条
2．基準法第12条第1項，基準令第16条
3．基準法第6条第1項，基準法第6条の2
4．基準法第15条第1項
5．基準法第7条，基準法第7条の2より，建築主は，工事を完了したときは完了検査の申請を建築主事又は指定確認検査機関に届けなければならないため，誤り．
（建築工事届は，基準法第15条第1項の規定により，都道府県知事に届け出なければならない．）

【問題3】 正解　5
都市計画区域外の確認申請の必要があるものは，基準法第6条第1項第一号から第三号までの規定に該当するもの．
1．第一号より，特殊建築物で100m²を超えるものであり，該当．
2．第三号より，木造以外の建築物で2階以上であり，該当．
3．第一号より，特殊建築物で100m²を超えるものであり，該当．
4．第一号より，特殊建築物で100m²を超えるものであり，該当．
5．第二号より，木造3階以上又は500m²以上が適用になり，木造2階，500m²＞350m²より，該当しない．よって，確認申請は，不要となる．

【問題4】 正解　3
都市計画区域外の確認申請の必要があるものは，基準法第6条第1項第一号から第三号までの規定に該当するもの．
1．第一号より，該当．
2．第二号より，該当．500m²＜600m²
3．用途変更の場合，類似の用途変更の場合は確認申請が不要．基準法第87条，基準令第137条の9の2第六号より，美術館と図書館は類似の建築物であり，確認申請不要．
4．第三号より，増築後の延べ面積が200m²を超えるため，該当．
5．第一号より，該当．

【問題5】 正解　2
基準法第6条第1項による．
1．基準法第85条第4項の規定により，建築許可が必要と共に，規模・構造により，確認申請が必要となる．
2．基準法第85条第2項の規定により，規模・構造にかかわりなく，確認申請は不要となる．
3．基準法第87条第1項，基準法第6条第1項第一号より，該当．
4．基準法第88条第1項，基準令第138条第1項第五号により，建築物扱いとなり，確認申請が必要となる．
5．基準法第85条第4項の規定により，建築許可が必要と共に，制限の緩和はあるが規模・構造により確認申請が必要．

【問題6】 正解　3
1．基準法第12条第3項
2．基準法第9条第1項
3．基準法第15条第1項により，都道府県知事に届け出なければならない．
4．基準法第7条の3第1項

5．基準法第15条第1項

【問題7】 正解　2
1．基準法施行規則第11条の3
2．基準法第12条第1項により，一級建築士，二級建築士又は国土交通大臣が定めた資格を有する者により，誤り．
3．基準法施行規則第1条の3表1（い）欄
4．基準法第8条第1項
5．基準法第15条第1項

【問題8】 正解　5
1．基準法施行規則第4条の16第1項
2．基準法施行規則第9条
3．基準法施行規則第1条の3表1（い）欄
4．同上
5．基準法施行規則第4条第2項

【問題9】 正解　1
準工業地域内においては，旅館は建築できるため，許可の必要はない．基準法第6条第1項および基準法第87条第1項基準令第137条の9の2より，特殊建築物で延べ面積100m²を超えるため，確認が必要となる．

【問題10】 正解　4
基準法第94条第1項より，建築審査会に対して，審査請求をすることができる．

5　一般構造・設備規定

【問題1】 正解　2
A．$\{(2.5)^2\pi/2\}/5 = 1.9625m \leq 2.1m$（居室の天井）
B．$\{(2.7+3.2)/2 \times 8\}/8 = 2.95m \leq 3.0m$
C．倉庫は，居室に該当しないので，天井高の制限はないため，適合．よって，2

【問題2】 正解　4
1．基準令第23条
2．基準令第21条第1項
3．基準令第22条第一号
4．基準令第22条第二号より，壁の長さ5m以下ごとであり，誤り．
5．基準令第23条

【問題3】 正解　4
居室の採光は，基準法第28条第1項，基準令第19条第3項より，
1．$7m^2 \times 1/7 = 1m^2$
2．$14m^2 \times 1/7 = 2m^2$
3．$14m^2 \times 1/7 = 2m^2$
4．$50m^2 \times 1/10 = 5m^2$　よって，誤り．
5．$60m^2 \times 1/5 = 12m^2$

【問題4】 正解　1
1．基準令第20条の2第1項第一号ロ(1)より，20を乗じて得た面積を減ずることはできない．
2．基準令第129条の2の6第2項第一号
3．基準令第129条の2の6第1項第五号
4．基準令第28条
5．基準法第28条第2項

【問題5】 正解　3
基準法第30条，基準令第22条の3，昭45建告1827号より，
1．同告示第1第一号
2．令第22条の3
3．同告示第2第一号(イ)より，塗厚は，2cm以上のものより1.5cmでは該当しないため，誤り．

4．同告示第1第二号
5．同告示第2第一号(イ)

【問題6】正解　3
　基準令第20条第2項より，窓全面を採光上有効にするとは，開口部面積がそのまま有効な面積になることで$\lambda=1$となる．
　第一種住居地域内の場合
　　$\lambda=(D/H)\times 6-1.4$
　　$\chi_1=\dfrac{(X-0.4)}{2}\times 6-1.4$
　　　$X=1.2$m

【問題7】正解　5
　基準令第20条第2項より，採光上有効な面積を最も大きくするとは$\lambda=3$の場合である．
　第一種住居地域内の場合
　　$\lambda=(D/H)\times 6-1.4$
　　$3=\dfrac{(X-0.7)}{1.9}\times 6-1.4$
　　　$X=2.09$

【問題8】正解　2
1．基準令第20条の5第1項第三号
2．平15国交省告274号第1第三号イ，ロより，使用不可能であり，誤り．
3．基準令第20条の6第1項第一号イ
4．基準令第20条の5第4項
5．基準令第20条の5第1項第四号表

6　防火

【問題1】正解　3
1．基準法第22条，基準令第109条の5，平12建告1365号より，不燃材料で造るか葺くことより，適合．
2．基準法第24条の特殊建築物ではなく，軒裏の規定はないので，適合．
3．基準法第23条，平12建告1362号第1第二号ロ(2)より，下地は準不燃材料で造りより，木造下地では，適合しない．
4．5．特に規定はないので，適合．

【問題2】正解　4
　基準法第27条・法別表第1
1．基準法第27条第1項第三号より，主階が1階にないものは，耐火建築物としなければならない．
2．別表(6)(い)により，150m²以上≦150m²　準耐火建築物以上．
3．別表(2)(い)により，2階部分300m²以上≦300m²　準耐火建築物以上．
4．別表(5)(い)より，3階以上の部分が200m²以上　該当しない．
5．別表(1)(い)より，客席の床面積200m²以上≦200m²　耐火建築物．

【問題3】正解　1
　木造3階建共同住宅　法第27条第1項ただし書により，準耐火建築物とすることができる．
1．基準令第115条の2の2第1項第四号より，建築物の周囲に幅員3m以上の通路が設けられていること．誤り．
2．基準令第115条の2の2第1項第一号イ
3．基準法第20条第二号
4．基準法第27条第1項ただし書
5．基準法第21条第2項

【問題4】正解　1
1．基準令第113条第1項第四号により，特定防火設備としなければならない．

2．基準法第2条第九の二，ロより，防火設備．
3．基準令第129条の7第二号，出入口は難燃材料．
　基準令第112条第9項より，防火設備．
4．基準令第123条第2項第二号により，防火設備．
5．基準令第123条第3項第九号により，防火設備．

【問題5】正解　3
　基準令第112条　防火区画
1．第15項
2．第16項
3．第14項第一号イにより，常時閉鎖又は随時閉鎖であり誤り．
4．第9項
5．第3項

【問題6】正解　1
　基準令第112条　防火区画
1．第9項は竪穴区画の記述であり，廊下は該当しない．
2．～5．第9項の内容により該当．

7　避難施設等

【問題1】正解　4
　基準令第121条　2以上の直通階段を設ける場合．
1．第1項第三号　床面積による．
2．3．第1項第四号　床面積による．
4．第1項第一号　面積にかかわらずその階から避難階に通ずる2以上の直通階段が必要．
5．第1項第五号ロ　床面積による．

【問題2】正解　2
　基準令第126の3　排煙設備の構造
1．第一号
2．第十一号　床面積の合計1000m²を超える地下街より，誤り．
3．第三号
4．第五号
5．第八号

【問題3】正解　4
　基準令第126条の4　非常用の照明装置
1．第1項第二号
2．第1項　延べ面積500m²を超える建築物の居室により，該当しない．
3．第1項第一号
4．第1項第二号　病院は特殊建築物であるが，居室は該当しないが廊下・階段は，該当する．
5．第1項第三号　学校等の中に体育館が含まれる．〔令第126条の2第1項第二号〕

【問題4】正解　2
1．基準令第119条より，100m²を超える場合，両側に居室がある場合1.6m以上，片側の場合1.2m以上であり，誤り．
2．基準令第121条第1項第四号より，100m²を超える場合2以上の直通階段を設けなければならない．正しい．
3．基準法第62条第2項より，外壁で延焼のおそれのある部分を防火構造としなければならないであり，誤り．
4．基準令第114条第1項より，準耐火構造であり，誤り．
5．基準令第121条の2より，木造としてはならないであり，誤り．

【問題5】正解　5
1．基準令第126条の6より3階以上の階，不要．
2．基準令第126条の4第二号より，適用除外．
3．基準令第122条第1項より5階以上の階，不要．

4．基準令第126条の2第1項より特殊建築物で延べ面積500m²を超えるものより，不要．
5．基準令第121条第1項第三号より，階の床面積50m²を超えるものであり，設けなければならない．

【問題6】 正解　2
1．基準令第126条第1項
2．基準令第126条の4第1項第一号より住戸は除外されるので，誤り．
3．基準令第123条第2項第三号
4．基準令第121条第1項第一号
5．基準令第118条

【問題7】 正解　5
　基準法第35条の2，基準令第128条の4
1．～4．までは構造・規模により，内装制限を受ける．
5．第2項により，内装制限を受ける．

【問題8】 正解　5
　基準法第35条の2，基準令第128条の4
1．第1項第一号表(3)その他建築物・200m²以上より，内装制限を受ける．
2．第4項　内装制限を受ける．
3．第1項第一号表(2)準耐火建築物・2階部分300m²以上より，内装制限を受ける．
4．設問3と同じ．内装制限を受ける．
5．第2項より，学校等の用途に供するものを除くであり，内装制限を受けない．

【問題9】 正解　5
　基準令第129条
1．2．第1項第一号　適合
3．内装制限の適用なし　適合
4．5．第1項第二号より，準不燃以上であり，5．は不適合となる．

【問題10】 正解　4
1．基準令第128条の3第1項第三号
2．基準令第129条の13の3第3項第五号
3．基準令第123条第1項第三号
4．基準令第129条第1項により，床は適用外であり，誤り．
5．基準令第129条第6項

8　構造強度

【問題1】 正解　1
1．基準令第44条　欠込みをしてはならないにより，誤り．
2．基準令第46条第3項
3．基準令第43条第5項
4．基準令第43条第6項
5．基準令第43条第4項

【問題2】 正解　2
基準令第46条第4項
1．a　本文
2．b　3cm×9cmたすき掛は，表1(6)の値
　　　　　　$1.5 \times 2 = 3.0$となり，誤り
3．c　平家瓦葺　表2より15，正しい
4．d　本文
5．e　　　　　表3より50，正しい

【問題3】 正解　5
● 地震力に対して
　床面積　$80m^2 \times 0.15 = 12$
　筋かい45×90　表1より，倍率2
　　　　　　　　∴$12 \div 2 = 6$m以上

● 風圧力に対して
　見付面積　$(12 \times 1.5) + |10 \times (2.55 - 1.35)| = 30m^2$
　　　　　　$30 \times 0.5 = 15$
　筋かい倍率2
　　　　　　　　∴$15 \div 2 = 7.5$m以上
● 地震力及び風圧力の計算によって出た値の大きい方の値となる．$6 < 7.5$mとなる．

【問題4】 正解　3
1．基準令第62条の4第3項　耐力壁の厚さは15cm以上
2．基準令第62条の4第4項　隅角部は径12mm以上
3．基準令第62条の4第5項　適合
4．基準令第62条の4第2項　$30m^2 \times 0.15 = 4.5m$以上必要
5．基準令第62条の5第2項　20cm以上

【問題5】 正解　2
2．基準令第62条の5第2項により，正しい．
3．基準令第62条の4第1項　60m²以下としなければならないので，誤り．
4．基準令第62条の4第2項　空洞部内で継いではならないので，誤り．
5．基準令第62条の8第一号　2.2m以下とすることより，誤り．

【問題6】 正解　2
1．基準令第65条
2．基準令第68条第3項　ボルトの径より1mmを超えて大きくしてはならないより，誤り．
3．基準令第67条第1項
4．基準令第68条第1項　中心距離はその径の2.5倍以上より，正しい．
5．基準令第66条

【問題7】 正解　4
1．基準令第75条　2℃を下らないようにより，誤り．
2．基準令第77条の2第1項第一号　厚さは8cm以上により，誤り．
3．基準令第79条第1項　3cm以上により，誤り．
4．基準令第77条第一号　正しい
5．基準令第73条第2項　25倍以上により，誤り．

【問題8】 正解　2
1．基準令第75条
2．基準令第73条第2項　25倍以上により，誤り．
3．基準令第74条第1項第一号
4．基準令第76条第2項
5．基準令第78条の2第1項第一号

【問題9】 正解　4
基準法第20条第2項により，
　法第6条第1項
　　二号　木造3階以上又は，500m²，高さ13m，軒高9mを超えるもの
　　三号　木造以外の建築物で2階以上又は，200m²を超えるもの
　よって4．が該当する．

【問題10】 正解　3
基準令第85条第1項，表い欄
1．1800N/m²
2．2300N/m²
3．3500N/m²
4．2900N/m²
5．2900N/m²
　　∴3

【問題11】正解　5
　基準令第85条第1項，表ハ欄
1．～4．記述のとおり
5．1300N/m² よって5．誤り．
【問題12】正解　4
基準令第89条～第92条の2
1．基準令第89条
2．3．基準令第90条
4．基準令第91条　2倍により，誤り．
5．基準令第92条の2

9　道路

【問題1】正解　4
基準法第42条
1．第1項第三号
2．第1項第二号
3．第1項第一号
4．第1項第四号　2年以内にその事業が執行される予定のものとして特定行政庁が指定したものであり，誤り．
5．第1項第五号
【問題2】正解　4
基準令第144条の4
1．第1項第四号
2．第1項第一号（二）
3．第1項第三号
4．第1項第二号　長さ2mにより，誤り．
5．第1項第五号
【問題3】正解　5
　基準法第42条第2項道路
　　道路中心線から水平距離2m
　　川やがけがある場合は，道路の反対側の境界線より水平距離4m
　よって5．が正しい．
【問題4】正解　1
1．応急仮設建築物（法第85条第2項）により，基準法第3章（都市計画区域等における建築物の敷地，構造，建築設備及び用途（法第41条の2～第68条の8）は適用しないため，誤り．
2．基準法第42条第1項第四号
3．基準法第44条第1項第四号
4．基準法第44条第1項
5．基準法第45条
【問題5】正解　5
1．2．3．4．基準法第44条第1項により，誤り．
5．基準令第2条第1項第一号
【問題6】正解　1
1．基準法第42条第1項第四号　特定行政庁が指定したものより，誤り．
2．基準法第42条第1項第三号
3．基準法第42条第1項第五号
4．都市計画区域外では適用対象外
5．基準法第42条第1項第二号

10　用途地域

【問題1】正解　5
　法別表2㈠
1．第四号
2．第六号
3．第九号，令第130条の4第一号　500m²以内のもの
4．第五号
5．第二号，令第130条の3第1項より，店舗部分50m²以下より，建築できない．
【問題2】正解　4
　法別表2
1．㈮第四号
2．㈮第一号，㈭第三号
3．㈮第三号
4．㈮第八号　1500m²超えないので建築することができる．
5．㈮第八号
【問題3】正解　1
　基準法第86条の7，基準令第137条の4
　第二号　建築可能面積（100m²×1.2倍）－100＝20m²
　第四号　容量可能出力（5kw×1.2倍）－5kw＝1kw
【問題4】正解　1
　法別表2
1．㈯第一号　㈣項に揚げるもの
　　　　　　（第二号に自動車修理工場は300m²超えるもの）により，建築できる．
2．㈯第一号　㈣項に揚げるもの
　　　　　　第三号（6）により，不可
3．㈯第一号　㈣項に揚げるもの
　　　　　　第三号（3）により，不可
4．㈯第二号　200m²以上により，不可
5．㈯第三号　により，不可
【問題5】正解　3
　法別表2
1．㈠第九号，令第130条の4，600m²以内により，建築できる．
2．㈡第一号㈠項第六号により，建築できる．
3．㈡項に該当しないため，不可．
4．㈣項第五号，令第130条の5の3第三号により，建築できる．
5．㈣項第六号　300m²以内により，建築できる．
【問題6】　正解　5
　法別表2
1．～4．該当なし
5．㈥を第五号により，建築不可
【問題7】正解　1
　法別表2
1．㈮該当ない，建築できる．
2．㈭第五号により，不可．
3．㈯第三号により，不可．
4．㈠第二号，令第130条の3
　　　　　店舗部分が50m²以下
　　　　　延べ面積1/2以下
　　　　80m²÷2＝40m²＜45m²により，不可．
5．㈭第二号により，不可
【問題8】正解　2
　法別表2
（イ）㈠第四号により，建築できる．
（ロ）㈮該当なし，建築できる．
（ハ）㈳第一号(18)により，不可．
（ニ）㈥第六号により，不可
（ホ）㈯該当なし，建築できる．
　　　　よって，（イ）（ロ）（ホ）．

【問題9】正解　5
　基準法第91条により，過半が属する地域を適用．よって，第二種中高層住居専用地域内にあるものとする．
法別表2
1．(に)第一号　(へ)項第三号，により不可
2．(に)第一号　(ほ)項第三号，により不可
3．(に)第一号　(ち)項第三号，により不可
4．(に)第四号，により不可．
5．(に)該当なし，建築できる．
【問題10】正解　4
1．，2．，3．，5．は，該当
4．(ち)第三号　近隣商業地域内では，料理店は建築することができない．

11　面積制限

【問題1】正解　1
　建ぺい率，基準法第53号，基準法第91条
　異なる用途地域にまたがる場合は，面積の按分となる．
・近隣商業地域の最大建ぺい率　8/10
・第2種住居地域の最大建ぺい率　8/10
　　(20×20×8/10) + (10×20×8/10) = 480m²
【問題2】正解　5
　建ぺい率　基準法第53条
　防火指定　基準法第61条，基準法第67条
　　　　　より，全地域，防火地域の適用となる．
　防火地域内でかつ，耐火建築物の場合
　基準法第53条第5項第一号により，10/10となる．
　　　(20×15×10/10) + (20×10×10/10) = 500m²
【問題3】正解　4
　建ぺい率，基準法第53条
1．第1項第二号，8/10，誤り．
2．第1項第二号，第5項第一号，10/10，誤り．
3．第1項第五号，6/10，誤り．
4．第1項第三号，第5項第一号，10/10，正しい．
5．第1項第四号，8/10，誤り．
【問題4】正解　5
　建ぺい率，基準法第53条
1．第1項第三号，8/10，誤り．
2．第1項第六号，制限を受ける，誤り．
3．前面道路の幅員による制限のあるのは，容積率である，誤り．
4．第3項第二号，誤り．
5．第1項第四号，第5項第一号，正しい．
【問題5】正解　5
　容積率，基準法第52条第2項，基準法第91条
　準工業地域　6m×6/10＝360%＜400%　∴360%
　準住居地域　6m×4/10＝240%＜300%　∴240%
　　(15×20×3.6) + (20×20×2.4) = 2040m²
【問題6】正解　3
　容積率　基準法第52条
　　6m×4/10＝240%＞100%　∴100%
　12m×10m×100%＝120m²……容積率の算定の床面積
　第3項により，住宅の延べ床面積の合計の1/3までは，地下は緩和することができる．
　よって　120m²は2/3分であり，
　　　　　120×3/2＝180m²
【問題7】正解　3
　容積率，基準法第52条，基準令第2条第1項第四号

　　4×4/10＝160%＜300%　∴160%
　　10m×10m×160%＝160m²
　基準令第2条第1項第四号より，床面積の合計の1/5までは，緩和することができる．
　　よって，160m²は，4/5分であり，
　　　　　160×5/4＝200m²
【問題8】正解　2
　容積率，基準法第52条
　　90＋90＋60＝240m²
　地階，緩和面積は，
　　240m²×1/3＝80m²
　よって，容積率の算定の延べ床面積は，
　　240－80＝160m²
【問題9】正解　4
　容積率，基準法第52条第9項，令第135条の16
　　$W_a = \dfrac{(12-W_r)(70-L)}{70} = \dfrac{(12-6)(70-63)}{70} = 0.6$m
　　6m＋0.6m＝6.6m　前面道路の幅員となる．
　近隣商業　6.6×6/10＝396%
　　10×10×396%＝396m²
【問題10】正解　4
1．基準法第52条第1項
2．基準法第52条第1項第六号
3．基準法第52条第6項
4．基準法第52条第3項　住宅の床面積の合計の1/3を限度により，誤り
5．基準令第2条第1項第四号

12　建築物の高さ

【問題1】正解　1
1．基準法第56条の2，別表第4(1)項，(3)欄
　　　軒の高さ7mを超える建築物
　　　又は，3階以上の建築物により，誤り．
2．基準法第56条第1項第三号，基準令第2条第1項第六号，適合．
3．都市計画区域外は，基準法第3章の規定は，適用対象外であり，適合．
4．基準令第2条第1項第六号(ハ)，適合．
5．基準令第2条第1項第六号(イ)，適合．
【問題2】正解　3
　基準法第56条第1項第一号，第4項，別表第3(2)項
　前面道路3mにより，第42条2項道路により，道路中心線から2mずつとなり，0.5mずつ道路分となり，建築物の後退距離は，2m－0.5m＝1.5mとなる．
　前面道路の反対側から0.5＋1.5m後退した位置からの道路斜線となる．
　また容積率200%から別表第3により，20m以上の部分は道路斜面の緩和となりよって，3．が正しい．
【問題3】正解　1
　A．道路斜線　(1＋4＋1)×1.25＝7.5
　　　北側斜線　(1×1.25)＋5.0＝6.25　　　よって，6.25m
　B．道路斜線　(1＋4＋1＋2)×1.25＝10.0
　　　北側斜線　(1＋3)×1.25＋5.0＝10.0　よって，10.0m
【問題4】正解　3
　南側道路　(2＋5＋2＋5)×1.5＝21m
　東側道路
　　南側道路の2Aかつ35m以内の範囲内
　　2×5＝10mは，幅員5mとみなされる．

$(1+5+1+4) \times 1.5 = 16.5$m
よって，21m＞16.5m　　　16.5mとなる．

【問題5】 正解　3
道路斜線　$(1.2+4.0+1.2) \times 1.25 = 8.0$m
北側斜線　$(4+1.2) \times 1.25 + 5 = 11.5$m
よって，11.5m＞8.0m　8.0mとなる．

【問題6】 正解　4
絶対高さ　（基準法第55条第1項）　12m
道路斜線　$(4+6+4+8) \times 1.25 = 27.5$m
北側斜線　$(4+1.25) + 5 = 10.0$m
よって12m＞10m　　　10mとなる．

【問題7】 正解　3
1．基準法第56条の2第1項
2．基準法第56条の2第1項，法別表第4(3)(ろ)欄
3．基準令第135条の12第1項第一号ただし書，10mを超える場合は，反対側の境界線より，敷地側に水平距離5mの線を境界線とみなすより，誤り．
4．基準法第60条第3項
5．法別表第4

13　防火地域・準防火地域

【問題1】 正解　5
1．基準法第61条　準耐火建築物
2．基準法第62条　準耐火建築物
3．基準法第61条　第四号，適用外
4．基準法第62条　準耐火建築物
5．基準法第61条　100m超える建築物は耐火建築物＜110m²

【問題2】 正解　1
1．基準法第27条第1項ただし書により，準耐火建築物とすることができるが，政令で定める技術的基準に適合するものに限るにより，耐火建築物となる．
2．3．4．基準法第62条第1項　準耐火建築物
5．基準法第62条第1項ただし書

【問題3】 正解　5
1．基準法第61条　準耐火建築物
2．基準法第61条　準耐火建築物
3．基準法第62条　準耐火建築物
4．基準法第62条　準耐火建築物
5．基準法第62条　4階以上の建築物又は1500m²超える建築物，耐火建築物
　　500m²＜A＜1500m²　｝準耐火建築物
　　3階以上の建築物
いずれも該当しない．

【問題4】 正解　2
1．基準法第27条第1項第一号，法別表第1，3項(3)欄
2．基準法第66条　不燃材料で造り，又はおおわなければならないより，誤り．
3．基準法第62条第2項
4．5．基準法第61条

【問題5】 正解　5
1．基準法第65条
2．基準法第63条　平12建告1365号
3．基準法第61条
4．基準法第62条
5．基準法第67条第2項　全部について防火地域内の規定を適用するより，誤り．

【問題6】 正解　5
1．基準法第62条第1項
2．基準法第66条
3．基準法第62条第2項
4．基準法第64条，基準令第109条
5．基準法第85条第2項，50m²を超えるものは，法第63条の規定に適合しなければならない．
平12建告1365号より不燃材料でふかなければならない．

【問題7】 正解　3
1．基準法第61条
2．基準法第62条第2項
3．基準法第63条　平12建告1365号より不燃材料でふかなけらばならない．
4．基準法第64条
5．基準法第62条第2項

【問題8】 正解　2
基準法第67条第2項より．

14　基準法のその他の規定

【問題1】 正解　5
1．基準法別表第2(い)項
2．基準法第44条第1項第四号
3．基準法第53条第3項第一号
4．基準法第56条第2項
5．基準法第67条第2項　防火地域及び準防火地域にわたる場合においては，その全部について防火地域内の建築物に関する規定を適用するにより，誤り．

【問題2】 正解　3
1．基準法第52条第1項第六号により，誤り．
2．基準法第43条第1項に定められているが，都市計画区域内に限って適用され，都市計画区域外は，適用外となるので，誤り．
3．基準法第85条第2項　第3章（法第41条の2～法第68条の9）の規定は適用しないにより，正しい．
4．基準法第28条　都市計画区域の内外を問わず適用されるため，誤り．
5．基準法第64条により，誤り．

【問題3】 正解　2
基準法第84条の2，基準令第136条の9第二号
1．(ハ)には，該当しない．
2．(ニ)により，該当．
3．(イ)は適用外なので，該当しない．
4．5．2階建の建築物により，該当しない．

【問題4】 正解　4
基準法第84条の2，基準令第136条の9第二号
1．(ニ)
2．(ロ)
3．(ロ)
4．2階建の建築物により，該当しない．
5．(ニ)

【問題5】 正解　2
基準法第84条の2より第22条の規定は，適用しない．

【問題6】 正解　2
基準令第136条の5第1項本文により，水平距離5m，地盤面からの高さ3m以上．

【問題7】 正解　4
1．基準令第136条の2の20
2．基準令第136条の4
3．基準令第136条の3第4項
4．基準令第136条の5第5項第三号(ロ)　短期に生ずる力に

に対する許容応力度より，誤り．
5．基準令第136条の5第2項
【問題8】正解 1
1．基準令第137条の4第一号
2．基準令第137条の4第一号
3．基準令第137条の4第二号
4．基準令第137条の4第三号
5．基準令第137条の4第四号 1.2倍を超えないことにより，誤り．

15 建築士法・建設業法

【問題1】正解 3
1．2．建築士法第3条の2第1項第1号，建築士法第3条の1第1項第三号
鉄筋コンクリート造300m²，又は高さ13m又は軒の高さ9mを越える建築物が一級建築士でなければ設計できない建築物で，これら以下の場合は設計可能となる．
3．建築士法第3条の2第1項第1号，建築士法第3条の1第1項第三号
鉄骨造で350m²であるため，一級建築士のみ設計可能であり，誤り．
4．建築士法第3条の1第1項第二号
特殊建築物（集会室）500m²以下で木造高さ13m，又は軒の高さ9m以下であるので，設計可能．
5．建築士法第3条の1第1項第二号，第四号
木造高さ13m，又は軒の高さ9m以下であるので設計可能．

【問題2】正解 2
1．建築士法第3条の1第1項第二号，第四号
2．建築士法第18条第4項 建築主に報告により，誤り．
3．建築士法第19条ただし書き
4．建築士法第20条第2項
5．建築士法第21条

【問題3】 正解 1
1．建築士法第2条により，正しい．
2．建築士法第18条第4項 建築主に報告により，誤り．
3．建築士法第19条ただし書 変更することができるにより，誤り．
4．建築士法第20条第2項 文章で建築主に報告により，誤り．
5．建築士法第20条第1項 変更した場合も同様であるにより，誤り．

【問題4】 正解 2
建築士法第2条第6項「工事監理」

【問題5】正解 5
1．建築士法第23条第1項
2．建築士法第24条の3
3．建築士法第24条の4第1項，規則第21条第3項
4．建築士法第23条の5第1項
5．建築士法第23条第2項 登録は5年間有効により，誤り．規則第18条

【問題6】正解 2
1．建築士法第24条第1項
2．建築士法第23条の5第1項 2週間以内により，誤り．
3．建築士法第24条の4第1項 規則第21条第3項
4．建築士法第23条第1項
5．建築士法第23条第2項

【問題7】正解 5
建設業法第19条
1．第三号，2．第九号，3．第十一号
4．第八号，5．該当しない

【問題8】正解 2
1．建設業法第3条第3項
2．建設業法第23条第1項 変更を請求することができるにより，誤り．
3．建設業法第25条第1項
4．建設業法第22条
5．建設業法第4条

【問題9】正解 4
1．建設業法第24条
2．建設業法第19条
3．建設業法第3条ただし書，令第1条の2第1項
4．建設業法第2条第2項 元請，下請その他いかなる名義をもってするかを問わずにより，誤り．
5．建設業法第24条の2

【問題10】正解 5
1．建設業法第26条第1項
2．建設業法第3条第3項
3．建設業法第3条第1項，令第1条の2第1項
4．建設業法第3条第1項
5．建設業法第40条により，誤り．

16 その他の法律

【問題1】正解 4
1．都市計画法第29条第1項第三号
2．都市計画法第29条第1項第二号
3．都市計画法第37条
4．都市計画法第34条第一号により，許可が必要なので，誤り．
5．都市計画法第53条第1項

【問題2】正解 4
1．都市計画法第29条第1項第二号
2．3．5．都市計画法第29条第1項第三号
4．該当なし．許可が必要．

【問題3】正解 1
1．建築基準法第39条第1項 地方公共団体の条例で指定することができるにより，誤り．
2．都市計画法第10条の2第1項第一号
3．都市計画法第8条第1項第五号
4．都市計画法第8条第1項第三号
5．都市計画法第8条第1項第二の三号

【問題4】正解 1
「高齢者，障害者等の移動等の円滑化の促進に関する法律施行令」第6条により，選択肢1の浴室が該当しない．

【問題5】正解 5
「建築物の耐震改修の促進に関する法律」
1．第2条，第5条第1項により，誤り．
2．第5条第3項第三号，第6項により，誤り．
3．第5条第3項第四号，第6項により，誤り．
4．第5条第2項第四号により，誤り．
5．第5条第8項により，正しい．

【問題6】正解 5
「宅地造成等規制法」
1．第8条第1項，令第3条第二号
2．令第2条第四号
3．令第10条

4．令第4条第1項
5．第9条第2項，令第17条第二号　1500m²を超える場合により，誤り．
【問題7】正解　2
1．建設業法第25条
2．取引主任者は宅地建物取引業法（第15条第1項）により，誤り．
3．都市計画法第8条
4．土地区画整理法第86条
5．消防法第8条
【問題8】正解　2
1．民法第234条
2．宅地建物取引業法第3条第2項　有効期限は5年とするにより，誤り．
3．宅地造成等規制法第9条，令第17条第一号
4．消防法施行令第7条
5．都市計画法第53条

複合問題

【問題1】正解　3
イ．基準令第82条の2により，正しい．
ロ．「高齢者，身体障害者等が円滑に利用できる特定建築物に建築の促進に関する法律」第6条第1項，第2条第六号により，所管行政庁（市町村又は，特別区の長，都道府県知事）に対して行うため，誤り．
ハ．「建築物の耐震改修の促進に関する法律」第2条により，特殊建築物に限定されたものではなく，誤り．
ニ．「建築物における衛生的環境の確保に関する法律」（ビル衛生管理法）第2条第1項，令第1条により，正しい．
　　よって（イ）と（ニ）
【問題2】正解　5
1．消防法令第21条第1項第三号，別表第1(3)項ロ，飲食店で300m²以上設置により，正しい．
2．建設業法第3条第1項ただし書，令第1条の2第1項，第3項により，正しい．
3．宅地建物取引業法第3条第1項により，正しい．
4．建築基準法第65条により，正しい．
5．宅地造成等規制法令第10条　壁面の面積3m²以内ごとにより，誤り．
【問題3】正解　5
イ．基準法第69条　都市計画区域内のみの規定はなく，誤り．
ロ．基準法第6条第2項により，確認申請は必要であり，誤り．
ハ．基準法第53条の2第1項により，正しい．
ニ．基準法第31条第2項により，都市計画区域外においても適用され，正しい．
　　よって（ハ）と（ニ）
【問題4】正解　5
　基準法第4条の2の規定により，第3章（第8節を除く，第42条～第68条の8）は，都市計画区域及び準都市計画区域内に限り適用する．
イ．法第53条
ロ．法第28条
ハ．法第48条
ニ．法第35条の2
ホ．法第90条
　　よって（ロ）（ニ）（ホ）
【問題5】正解　4
1．消防法令第21条第1項第三号別表第1(3)項ロ，飲食店で300m²以上設置により，正しい．
2．建設業法第3条第1項ただし書，令第1条の2第1項　150m²に満たないにより，正しい．
3．都市計画法第54条第三号イにより，正しい．
4．建築士法第3条第1項第二号，第三号
構造を問わず，軒の高さが9mを超えるものは，一級建築士でなければ設計することができないにより，誤り．
5．基準法第7条の4第1項により，正しい．
【問題6】正解　5
　基準法第85条
1．第2項　「第3章の規定（法41条の2～68条の9）は適用しない」により，正しい．
2．第2項　「法第6条から法第7条の6まで適用しない」により，正しい．
3．第2項　「法31条は適用しない」により，正しい．
4．第2項ただし書，法第63条により，正しい．
5．第2項　法第20条の適用の除外はないため，誤り．
【問題7】正解　5
1．基準法第46条第1項　特定行政庁が行うにより，誤り．
2．基準法第44条第1項第二号　建築審査会の同意を得て特定行政庁が許可したものにより，誤り．
3．基準法第53条第5項第一号　商業地域内，防火地域内にある耐火建築物は建ぺい率の適用はないにより，誤り．
4．基準令第2条第1項第六号により，誤り．
5．基準法第61条　階数3以上の建築物は耐火建築物としなければならないにより，正しい．
【問題8】正解　5
1．基準法第56条の2第1項
2．基準法第67条第2項
3．基準法第56条第6項，令第135条の2
4．基準法第58条
5．基準法第52条第1項第六号　40/10により，誤り．
【問題9】正解　3
1．基準法第21条第2項
2．基準法第27条第1項ただし書，令第115条の2の2
3．基準令第109条の2の2　1/150以内により，誤り．
4．基準法第27条第1項
5．基準令第115条の2の2第1項第四号

引用・参考文献

・片倉健雄，大西正宜，建築法制研究会『〈建築学テキスト〉建築行政』学芸出版社（図表出典は＊1と表記）
・小嶋和平『〈図解テキスト〉二級建築士学科Ⅱ　建築法規』学芸出版社（図表出典は＊2と表記）
・〈建築のテキスト〉編集委員会編『初めての建築法規』学芸出版社
・高木任之『改訂版イラストレーション　建築基準法』学芸出版社
・中井多喜雄・石田芳子『イラストでわかる二級建築士用語集』学芸出版社
・国土交通省住宅局建築指導課，財団法人日本建築技術者指導センター　編集『基本　建築関係法令集』平成15年度版，霞ヶ関出版社
・建築申請実務研究会編『建築申請 memo 2003』新日本法規出版
・建築消防実務研究会編『建築消防 advice 2003』新日本法規出版
・国土交通省住宅局建築指導課，国土交通省住宅局住宅生産課，国土交通省国土技術政策総合研究所，独立行政法人建築研究所，日本建築行政会議，シックハウス対策マニュアル編集委員会〈改正建築基準法に対応した〉建築物のシックハウス対策マニュアル－建築基準法・住宅性能表示制度の解説及び設計施工マニュアル－』工学図書

◆執筆者紹介

＊福田健策

1948年生まれ，工学院大学専門学校建築科卒業，一級建築士，スペースデザインカレッジ所長，株式会社KAI代表取締役．住宅設計，店舗デザイン，家具デザインなど数多くの設計・デザイン業務を手がけるとともに，建築士・インテリアデザイナーを養成する学校を主宰する．著書に『二級建築士製計製図の基本』『〈専門士課程〉建築計画』『〈専門士課程〉建築施工』『〈専門士課程〉建築構造』などがある．

＊渡邊亮一

1959年生まれ，東京工芸大学工学部建築学科卒業，一級建築士，住宅性能評価員，スペースデザインカレッジ講師，渡邊設計室主宰．住宅建築を中心に，数多くの設計業務を手がけるとともに，新築住宅の性能評価検査にも携わる．著書に『〈専門士課程〉建築施工』がある．

〈専門士課程〉建築法規

2003年12月20日　第1版第1刷発行
2005年 3月20日　改訂版第1刷発行
2006年 2月20日　第3版第1刷発行
2007年 4月20日　第4版第1刷発行
2009年 1月20日　第5版第1刷発行
2019年 2月20日　第5版第5刷発行

著　者　福田健策・渡邊亮一
発行者　前田裕資
発行所　株式会社　学芸出版社
　　　　京都市下京区木津屋橋通西洞院東入　〒600-8216
　　　　tel 075-343-0811　　fax 075-343-0810
　　　　http：//www.gakugei-pub.jp
組版　立生
印刷　イチダ写真製版
製本　山崎紙工
装丁　前田俊平

Ⓒ福田健策・渡邊亮一 2003
Printed in Japan　ISBN 978-4-7615-2324-4

JCOPY 〈(社)出版者著作権管理機構委託出版物〉
本書の無断複写は著作権法上での例外を除き禁じられています．複写される場合は，そのつど事前に，(社)出版者著作権管理機構（電話03-5244-5088，FAX 03-5244-5089，e-mail: info@jcopy.or.jp）の許諾を得てください．
また本書を代行業者等の第三者に依頼してスキャンやデジタル化することは，たとえ個人や家庭内での利用でも著作権法違反です．